李汉宁

编著

中小学書法名師之路

云南大学出版社
YUNNAN UNIVERSITY PRESS

图书在版编目（CIP）数据

中小学书法名师之路/李汉宁编著. -- 昆明：云
南大学出版社，2020
ISBN 978 - 7 - 5482 - 3930 - 7

Ⅰ.①中… Ⅱ.①李… Ⅲ.①书法课 - 教学研究 - 中
小学 Ⅳ.①G633.955.2

中国版本图书馆 CIP 数据核字（2020）第 001024 号

策划编辑：王翌泮
责任编辑：王翌泮
封面设计：刘　雨

中小学书法名师之路

李汉宁　编著

出版发行：云南大学出版社
印　　装：云南荣德印务有限公司
开　　本：787mm×1092mm 1/16
印　　张：22
字　　数：550 千
版　　次：2020 年 9 月第 1 版
印　　次：2020 年 9 月第 1 次印刷
书　　号：ISBN 978 - 7 - 5482 - 3930 - 7
定　　价：88.00 元

社　　址：昆明市一二一大街 182 号（云南大学东陆校区英华园内）
邮　　编：650091
电　　话：(0871) 65033244　65031071
网　　址：http：//www.ynup.com
E - mail：market@ ynup.com

若发现本书有印装质量问题，请与印厂联系调换，联系电话：0871 - 65302051。

我的前半生（代序）

书名安得很气派，我却知道自己还不具备书写这本书的能力，我只是一个半路出家的一线书法教师。但是，我一直走在通往名师的路上，与名师的差距在慢慢地缩小。我写这本书主要想记录自己前半生走过的路。

我前半生的经历充满意外。在学业选择、职业变换中，我走过了许多不寻常的路。我高中学理科，大学考上了物理专业，入读后转入英语专业。大学毕业后，我没有和其他同学一样被分配到中学做英语老师，而是被留校做书法教师。大学任教期间，我成为书法副教授，加入中国书法家协会，我的高等师范书法教育成果获中国书法最高奖——兰亭奖·教育奖。此后我便辞去公职，到深圳一所民办小学做代课书法教师。后来，我通过招调考试，成为中学正编书法教师，一直从事中学书法教育工作至今。其间，我主持书法教育工作的中小学校获兰亭奖·教育奖集体提名奖，我出版了被媒体誉为"我国基础教育史上第一本书法教学法专著"的《中小学书法教学法》，我的"中小学书法教学法"课程教学成果获广东省教育教学成果奖（基础教育）一等奖，我还评上了中小学书法正高级教师。有一天，我在网上发现2018年6月25日的《人民日报（海外版）》以"为书法教师李汉宁点赞"为题对我进行了报道，我深感意外。

我的半前生，除了求学就是工作，工作也比较单一，只教书法。我专职教过大学生、中小学生，兼职教过中专生、幼儿、在职教师、老年大学学员，还多次到国内外支教。一步步走来，有辛酸苦楚，也有成功喜悦。

这是我完成的关于中小学书法的第十本书。在这十本书中，最让我感到自豪的除了2013年出版的《中小学书法教学法》，就是这一本。这本书要出版了，我很想找个人帮忙写序，但我怕因为写作水平实在有限，让别人写序，人家出于好意想捧你两句都不知道要说什么好，那不是为难人家嘛。这本书记载的是我前半生在书法教育路上的经历，考虑再三，我决定干脆来个自言自语，说点自己的体会和感悟，题为"我的前半生"，就当作序吧。

人生之路没有彩排，但每一个未来都可以去设计，只要用过心了，即便没有满意的结果也不会后悔。在书法教育工作中我深深体会到，一个人要读懂自己，路才不会走错，因为成功从来不是闭着眼睛乱撞就能获得的，一个人只有读懂自己，找到合适自己发展的模式，才会有所收获。我还体会到，角度决定高度，因为只有在独特的角度里你才能看到被别人忽略但很有价值的东西，好好重视这些东西，它们就能给你带来惊喜，成就与众不同的你。

人生要走很多段路，要学会用不同的方法走每一段路。有些路段可能是艰难而没有其他选择的，比如石山、沙丘、泥地，但因为没有其他选择，你可以专注地用同一种迈步方式去行走。有些路段的路况可能是错综复杂的，好比趟过河流，河里有水、泥沙、坑坑洼洼，你需要先抓好拐杖，保持身体平衡，然后在每走一步之前不时跺脚，试探水中哪里是泥，哪里是石头，哪里有坑，能不能走，怎么走。光懂得迈步，不懂得跺脚，你一定走得不踏实。

同样，要成为中小学书法名师，也要走很多段路，要学会用不同的方法走不同的路。中小学书法名师之路是什么样的路呢？那就是创作、理论与教学三方面综合并举之路，这是专业素养的要求，我们要用心去走，去学习和钻研。评职称、评先进要看的是教学成果、育人成绩，还要看论著、论文的出版、发表情况，教材编写情况，课题、课程、公开课、学术讲座开展情况以及社会评价或影响等，要长期去做积累。每一部分都是不可或缺、环环紧扣的，忽略了哪个部分都不可行。如果你只埋头搞创作，轻视教学，你可能成为书法家，但成不了名师；如果你只埋头搞教学，不做科研，你成不了名师；同样的，如果你只埋头教书，不育人，你也成不了名师。

我们书法教师在教学工作中应该根据自己的实际，围绕着整体素质的提升，设计好每个阶段性的目标。比如，在达到职称评定要求前的几年，你可以按时间顺序规划，把课题、论文、公开课、教学成果等硬性条件逐一完成，也可以全面兼顾，同步铺开，同步完成。其实，这些工作有时是交叉的，它们互相促进、相辅相成，其中一项的完成可能会带出完成另一项的路子来，你只要动手去做就行，一样不动，可能样样都没有思路。

名师之路很漫长，想要把路走顺，需要一点智慧。比如关于中小学教学专著定位的问题，你要大致明白，选题方向要符合时代要求，选题角度要独特新颖，内容安排要力求实用，阐述方法要能给人启示。

我从名师和职称申报所涉及的内容出发，将前半生在书法教育之路上的经验浓缩在这里，整理成这本书。全书设置了职业经历及中小学书法名师申报、名师工作室创建、书法教育特色学校创建、课题研究与课程开发、网站创建、论著或教材出版、公开课与学术讲座举办、文稿发表、教学成果奖申报、正高级教师职称申报、媒体报道与评论、大学书法教师时期学术论文发表等13章，呈现了我作为中小学书法教师的理想与思考、追求与努力、经验与教训、奋斗与收获。每一章我都设置了一节的篇幅谈自己的心得，然后在其他节展示原始、真实的范例材料，在范例材料的主要段落后面进行思想意图、策略方法上的说明或点评，努力提供相对完整的有一定操作性的项目模板，希望能引起同行读者的讨论，同时给后生们带来一点有益的启示。

因个人水平有限，书中难免有错漏，敬请专家、同行、读者批评指正！

衷心感谢我的恩师，著名书法家、中国美术学院书法博士生导师白砥教授为本书题写书名。

2019 年冬于深圳市李汉宁书法名师工作室

目　　录

第一章　从大学书法教师到中小学书法教师

第一节　从英语专业学生到大学书法教师

一、大学入读英语专业开始学习书法

1. 高考被师范物理专业录取

20 世纪 80 年代，大学、中专学生毕业后都是由国家统一分配工作的。我在县城最好的高中读书，一个班能考上中专的通常也不过七八人，能上大学本、专科的也就是个别人。大家对做老师这一行都不感兴趣，宁可读中专也不上师范类大专。我一心想上个好的中专，但因为考出的分数比中专高，其他非师范类的大专录不上，我又不小心填了"服从录取分配"一栏，就被右江民族师范高等专科学校物理专业录取了。我当时感到很失落，这对我是很大的打击。我的理想是能上个中专，毕业后能分配在县城的机关部门上班。

2. 入读师范改学英语专业

接到录取通知书，我父母很高兴，因为这意味着我就要走出"农门"了。我哥哥是中师毕业，分配在农村做老师，也刚刚考上广西民族学院物理专业。

李汉宁入读右江民族师范高等
专科学校时留影

他强烈反对我入读师范、入读同一个专业，建议我复读一年高中。但是，全家人经过反复思考，为了保险起见，决定还是让我读师专。进入师专后，我要求学校让我改学英语专业，意外地得到同意。当时英语专业比较热门，能改到这样的专业，让我对读师范有了兴趣。

3. 为了师范生基本功开始学习书法

我所在的师专，也是刚刚从中师升格建成的，学校对师范生教学基本功非常关注，特别是"三笔字"。虽然学校没有开设"三笔字"课程，但是书法学习方面的气氛还是比较好的。我入学的那年，书法协会刚成立，成为全校第一个，也是为数不多的学生社团。我报名入会，并有幸聆听了学校请来的书法家的讲座和表演。这激起了我对书法的兴趣。于是我买庞中华的硬笔字帖临摹，买毛笔范本，自学起来。

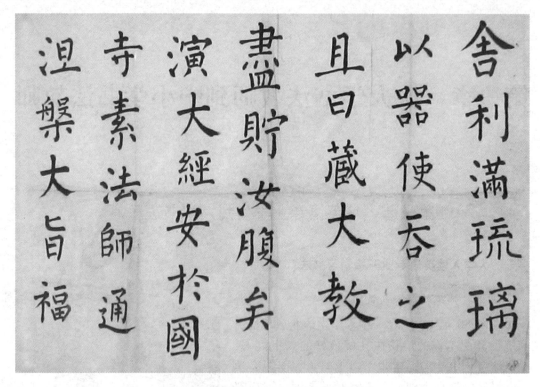

李汉宁入读师范后第一次用毛边纸练的字

◎路子选择说明：我从物理专业成功改入热门的英语专业，提振了精神，这让我对师范少了一些反感。既来之则安之，定心读书吧。因为师范有"三笔字"基本功的要求，从小对写字有点偏爱的我，自然开始学习书法。

二、加入中国书法家协会广西分会

1. 在抄抄写写中获得成就感

那个年代，电脑没有普及，文件还是铅字复印或是刻蜡纸复印的。学习生活中，要抄抄写写的很多，各种标语、通知、海报都需要手写。学校里会写毛笔字的同学不多，有时学校部门，诸如团委、学生会的宣传活动，各系、其他班级的板报比赛活动，需要抄写时，还会找到你去帮写。我记得一进入英语专业，班主任黄锦华老师发现我爱好写字，特别安排了两个文艺委员，我是其中之一，专门负责歌曲抄写，另一个文艺委员教大家唱歌。就在这样的环境下，我的一手好字慢慢在校园里传开。我有了点小名气，时常得到老师的表扬，很有成就感。我在同学中，似乎有点文艺青年的特质，得到了认可。

那时候，学校除了周末举办舞会、放电影，平时娱乐活动比较贫乏，学生对书法、美术、音乐、舞蹈等艺术还是比较崇拜的。因此，我对于书法，开始发自内心地喜欢。

无意中，我被学校的美术老师何宁明先生注意到。他偶尔邀请我到他家，看他写字画画。从他那里，我才开始认识什么是宣纸，领会毛笔在宣纸上的神秘表现力，对书画更加热爱。之后，就跟他学习，能跟他练字画画，周围的同学羡慕不已。

2. 多次被学校选派到南宁参加书法培训

在师专的几年里，我当选学校书法协会理事、副会长（当时的会长由老师兼任），积极参与学校的书法活动，我得到了很好的锻炼。如果说师范基本功的要求激起了我对书法的兴趣，那促使我坚持学习的，应该是学校给我创造了多次到南宁培训的机会。那时，中国书法家协会广西分会驻会的副秘书长陆鑫先生，对我们师专非常关心。他多次与学校领导沟通联络，由学校提供经费，寒暑假选送学生到南宁培训。培训班聘请广西艺术学院书法副教授先生及南宁市青年书法家李创奇、梁恩溢、吕惟诚等老师给我们上课。我连续参加了三期，从柳公权楷书开始学起，走上了比较正规的学习道路。

那时候，老秘书长陆鑫先生、广西著名书法家陈政先生等对我的勤奋好学非常赞赏。所接触过的这些老师，不少人给我送笔送纸，送字帖，有的送我作品。我深受鼓舞，充满信心按老师们的要求，不间断地训练。我不间断地把作业寄往南宁让老师们批改。回想起来，这些老师都是我书法路上、人生路上的恩人。他们的关爱和启蒙教导，坚定了我走书法这条路的信念。

李汉宁（二排左六）读师范时在南宁参加书法培训班留影

李汉宁读师范时在南宁参加书法培训后写的楷书作品

3. 作品获奖后加入中国书法家协会广西分会

那时候，我很热衷于参加各种书法比赛，哪怕获得一个不入等级的鼓励奖也足以让自己感动。我获奖的消息，偶尔会成为学校新闻，刊登上刻蜡纸油印的 A3 大小单面的校园周刊上。我所获的奖，从学校一等奖，到 1986 年百色地区"右江奔腾"书法大赛三等奖，到 1987 年广西高等学校师生书法展览的最高奖——优秀作品奖（全区 10 人），还有其他不入流的全国奖。这些获奖的作品，有时在校报、《右江日报》刊登出来，让身边的同学投来羡慕的目光。不谦虚地说，那个时候我成了校园里的红人之一。在大学毕业之前，在学校美术老师何宁明、学校书法协会顾问覃若萍老师、百色地区书法协会主席凌奇松、中国书法家协会广西分会理事周策横、驻会副秘书长陆鑫等老师的支持下，我先后加入了百色市（县级）书法协会、百色地区书法协会、中国现代硬笔书法研究会、中国书法家协会广西分会。

在当时来说，大学生加入中国书法家协会广西分会的，在全广西应该说是极少的，整个百色地区也只有几个老前辈加入而已。为此，中文系覃若萍老师、英语系师弟黄源联合写了一篇关于我的专题报道《一枝红杏出墙来》刊发于《右江日报》。从此，我受到了百色地区书法界、教育界的关注，算是小有名气。在那个年代，有这样的荣誉和特长，大学毕业后寻找接收单位时是比较受欢迎的。

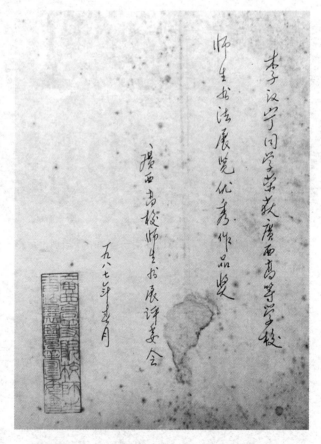

李汉宁获广西高等学校师生书法展览优秀作品奖证书

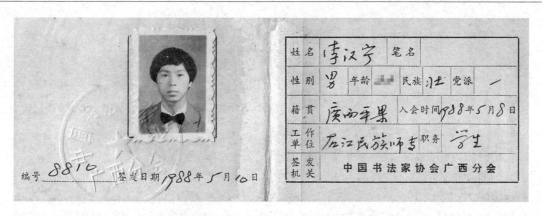

李汉宁中国书法家协会广西分会会员证

◎路子选择说明：巧遇班主任、美术老师的引导，爱上了书法，又被学校公派到南宁进行培训，有了点点滴滴的收获。因为外语不是我高中时的高考科类，我在班上的成绩不好，找不到我的成功点。于是对书法更加着迷，有时晚自习前、周末的时间里，同学在默写单词时我却在练写。练到上瘾的时候，宿舍不开灯，我点蜡烛练。爱得此疯狂。我认为自己的英语科目考得及格就行，只要能毕业就有工作分配，所以很放心地学习书法。

三、意外留校工作成为大学书法教师

大学期间，我应化学系教师黄忠亮老师的邀请，在他任班主任的班级讲了一段时间的书法课，得到了全班同学的好评。这个班后来被评为全国优秀班级，黄老师在对外宣传介绍班级管理和创新活动情况时，不免也提及我的书法课，各系部都有老师和领导听到。毕业前的教学实习中，我在实习学校举行了书法讲座，在英语系教学实习交流会上，得到了系领导的表扬。有关我的书法教学活动，被传到学校的一些领导那里，得到了关注。

即将毕业之时，多位老师对我的工作分配去向都表示很关心。中文系覃若萍老师写信给我家乡的一位副县长请求推荐我到文化部门工作，并跟学校相关领导聊到了我的事情。中国书法家协会广西分会驻会副秘书长陆鑫先生在跟学校有关领导的书信来往中，也多次提到我的毕业分配问题，建议能将我分配到可以发挥我书法特长的去处。教务处处长雷奇文教授能诗能书，对书法很重视，加上我经常为教务处做些抄写活，给他留下良好的印象，他对我也十分关爱。在种种合力作用之下，学校领导最终认为，我的抄写特长很符合学校工作的需要。毕业分配时，我意外地被确定留校，编制为教务处干事，同时兼任"三笔字"教学工作，我从此走上了大学书法教师之路。如果不是留校工作，我可能会和其他同学一样，被分到中学做英语教师。

◎路子选择说明：当时分配工作，每个人有都有三种可能：一是留校，这是最好的也是最难得的，只有极个别人能获得这个机会。二是分到国企子弟学校，因为待遇好，大家都盼着去的，但也只有几个名额。三是回本县再分配。回到本县，有可能在县城，也有可能到乡下。我因为书法特长引起学校的关注，可以说是很幸运的。留校最起码意味着书法爱好可以很好地坚持，而做书法老师则是我梦寐以求的。

第二节 在边学边教中成为大学书法副教授

一、从兼职书法教师转为专职书法教师

1. 教务工作促进了书写能力的提高

我留校的工作开始是教务干事兼书法教师。

其他同学拿着派遣证奔赴各地的那天早上，我从学生宿舍到学校办公楼的人事处报到。办了简单的入职手续之后，我被领到学校的教务处。我被告知，我的工作是教务员，等新学期开学，再安排我上大一的"三笔字"课，让我先休息几天再过来上班。但因为正值期末，教务处很忙，我坐到安排给我的办公桌前就主动问有什么事可以帮忙。刚好有些期末考试的试题需要刻蜡纸，正好合适我做，我就留下来开始上班了。

在教务处干事的这份工作中，我没有固定的工种，主要是协助其他老师。很多工作都是临时安排的杂事，凡是与抄写有关的，我几乎都要参与。那时候没有电脑，抄写的工作特别多，比如新生录取通知书和学生的学籍表的填写、所有年级的期末考试的试题刻蜡纸、各科考试成绩的登分等。此外，整个学校各种接待的欢迎标语、会议横幅的书写，甚至各部门活动需要书写，同事办喜事写请柬、日常写包裹信封，都会不停地找我。

刚工作那年，学校开始建立档案室，各种档案归档分类、编号填写要正规化。教务处存了二三十年的各种发黄破烂的文档分类编号完毕，要硬笔抄写目录，毛笔书写封面。因此我做完了教务处的工作，还被请去抄写全校的档案盒封面。我成了实实在在的抄写员，这样的工作，一直做了几年。

在教务抄写工作的锻炼中，我的"三笔字"书写能力得到了很大的提高，促进了我作为书法教师的专业成长。

2. 业余拜师学习提高书法水平和教学能力

作为书法教师，我深知自己不是科班出身，严格上讲，我是不合格的。所以，从登上讲台的那天起，我开始提醒自己加强书写训练和理论学习。工作之余，我尽量抽时间临摹字帖，看技法讲解、理论图书。我努力创造机会，挤出学费，在百色、南宁两地之间拜师学习。因为个人态度诚恳，以及是当地为数不多的书法教师，多位名家前辈对我极为关照。特别是中国书法家协会广西分会驻会副秘书长陆鑫先生、南宁市青年书法家李创奇老师、梁恩溢老师等，经常当面和写信给我指导，送我书法字帖、书籍、文房用具。广西著名书法家陈政先生多次推荐我参加全区的书法理论研讨会。陆鑫、陈政两位老师经常主动到学校举办各种书法讲座，营造学校书法学习的氛围。他们建议学校领导重视对我的扶持，学校领导层及教务处长雷奇文教授也很热心地培养和帮助我。因此，我对书法教师职业的前途充满信心，我在书写和教学能力方面得到了稳步的提升。

3. 转为专职书法教师

说实话，那个时候，我对教务干事的烦琐工作，开始产生了厌烦的情绪。每天忙忙碌碌，到年终总结时，我都不知自己做了哪些事。唯独在书法教学方面，我能说得出些值得称赞的成果。我真希望能成为专职书法教师。但是，那个时候，全社会基本没有听说过书法还有专职教师的。而我作为英语专业毕业生，专业不对口，谁都不好帮我说话。在工作满四年

的时候，学校要成立教师职业技能教研室，专门负责学校师范生教育技能课程的教学和研究工作。当时教务处处长雷奇文教授即将退休，他把我的工作前途挂在心上，着力推荐我到教师职业技能教研室做专职书法教师。最后学校组织评审小组，听了我一节行书笔法课，认可了我的教学能力，最终决定调整我做专职书法教师，我与教授美术、音乐课程及负责班主任工作的教师一起被编入教师职业技能教研室。负责班主任工作的朱文彦老师任教研室主任。

◎路子选择说明：能留校工作，比起其他同学，我的工作安排顺利得多。毕业典礼第二天就报到上班，令我振奋，优越感保持了好多年。作为教务干事兼书法教师，在电脑没普及的时代，我的工作比较容易出彩，深得领导的好评。但是教务工作烦琐，很忙很累，没空钻研书法。看到专任教师轻松自由的状态，我好羡慕，于是下决心争取做专职书法教师。恰逢教师职业技能教研室建立，又得雷奇文教授的厚爱，在教务处工作四年后，我终于转为专职书法教师，成为百色地区第一个，也是广西高校里为数不多的专职书法教师。这一步，让我开始有点春风得意的感觉。

二、提高书法水平，加入中国书法家协会

1. 到浙江美术学院进修书法

书法学习，光靠社会上的业余培训班和自学，是远远不能使我满足的。作为一个大学书法教师，我很盼望能到专业的高校脱产学习，沾点科班的气息。

20世纪90年代初期，学校每年都会派几位青年教师到全国各高校助教进修班学习。1993年9月，我得到学校的照顾，到浙江美术学院（第二学期更名为中国美术学院）一年制书法进修班脱产学习。这样的机会相当难得。一方面是当时学校的助教进修经费有限，其他高校的学费为1500元，而我去浙江美术学院进修的学费是3000元；另一方面，当时这样的大学书法进修班在全国也没有几个。

李汉宁（右）与陈振濂老师合影

在进修的一年里，给我们授课的都是学院里最有实力的老师，班主任是刚书法专业本科毕业的金琤老师，刘江、章祖安、陈振濂、邱振中、王冬龄、朱关田、白砥、陈大中、汪永江、来一石、吕金柱、骆恒光等名家也分别给我们上课。除了课堂的学习训练，学校还经常安排各种考察、参观活动，如兰亭考察，西泠印社、浙江博物馆参观，院藏书画作品展观摩等。在这一年里，我作为一个书法教师，对陈振濂老师的《书法教育学》特别感兴趣，开始有意识地在书法创作、理论研究与教学三方面学习和积累。

李汉宁（二排右三）在中国美术学院进修时与同班同学合影

2. 作品入展后加入中国书法家协会

从中国美术学院进修书法回来之后的 10 年里，除了上学校的"三笔字"课之外，我用业余时间大量地临摹和创作。在个人临摹和创作中，一方面，为了给大学生社团的学生示范，我要写楷书颜柳欧赵、隶书《曹全碑》、行楷等书体；另一方面，为了个人投稿参展，我也写写其他技法难度高、有个性趣味的书体，以及风格独特的古碑帖。这一阶段，我基本上是顺其自然，没有特定计划和目标。

限于广西百色交通、经济条件有限，我与外地同行见面交流的机会极少。创作训练的时候，我大多是购买各种国展作品集来观摩、临写，阅览相关书法报纸、杂志来了解当时国展作品的情况；最多是与几位百色书法界的同行搞搞笔会，互相点评，跟中国美术学院的同学联系，互相邮寄各自的作品，互相批评。

经过好多年的不断投稿，我有几件作品进入了中国书协举办的展览。积累够了条件，我终于在 2005 年加入了中国书法家协会。

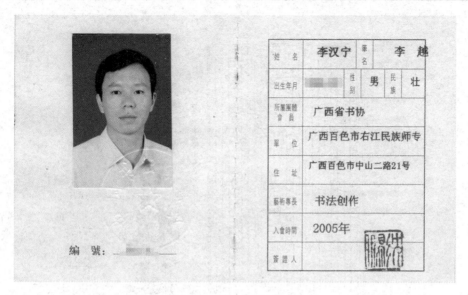

姓　名	李汉宁	筆名		李越	
出生年月		性别	男	民族	壮
所屬團體會員	广西省书协				
單　位	广西百色市右江民族师专				
住　址	广西百色市中山二路21号				
藝術專長	书法创作				
入會時間	2005年				
簽證人					

編　號：＿＿＿＿＿

李汉宁中国书法家协会会员证

◎路子选择说明：能够进行专业进修和加入中国书协，是每个书法人的追求，更是我这个大学书法教师的梦想。1993年，我带着崇拜和向往，到浙江美术学院进修书法专业，得到一批名师的指导，深受鼓舞。进修回来后，我被当地书法同行看成学科的引领者。但是，我的压力很大，因为当时在社会上，从中国美术学院书法专业出来的学生并不算多；与此同时，书法界的同行，以能否进入中国书协来评价你的实力。所以我逼自己不断创作。还好，最后我的作品多次进入中国书协举办的展览，我也加入了中国书协。

三、跨界评审成为大学书法副教授

1. 评上书法讲师

在教务处干事岗位上兼任书法教师的三年里，我的学生多次在各级书法比赛展览中获奖。1989年，我主编了《楷书技法》一书，广西著名书法家陈政先生题写了书名。在那个书法教材特别缺乏的年代，这本书成为学校使用多年的书法教材，在广西百色地区有了较大的影响。1990年，我的论文《从书法的节奏变化谈柳体楷书教学》在广西第二届书法理论研讨会上宣读并被编入"广西民族文化艺术理论丛书"。1991年，我的论文《柳书笔法》在广西第三届书法理论研讨会上宣读，我评上了人生中第一个教师职称——大学助教。

助教一年后，我转成专职书法教师。从此，我开始专心于书法教育工作。1992年，我的论文《对立统一规律在书法中的运用》在广西第四届书法理论研讨会上宣读，论文《兴来一挥百纸尽——谈书法创作与情绪》发表于《广西右江民族师专学报》。1993年，我被评为右江民族师范高等专科学校"教书育人先进个人"，获青年教师优秀教学质量奖。1995年12月，我以高等师范书法教学成果申报评审，获得讲师职务资格。

在这个时期里，我不断地应邀到百色城十多所大中专、小学兼上书法课；多次参与主持百色市大中专院校书法比赛、展览活动；协助老年大学开办书法班；租用教室，开办了李汉宁少年书法班，经常在百色人民公园举办"李汉宁少年书法班作品展"。因着力推广书法教育，我得到了百色教育界的好评，个人事迹多次被《右江日报》、百色电视台等媒体报道。

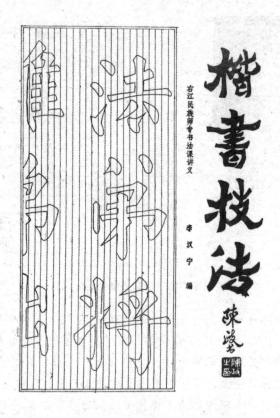

李汉宁编《楷书技法》（誊影油印本）

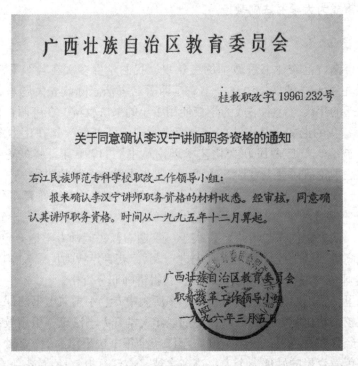

广西壮族自治区教育委员会关于同意确认李汉宁讲师职务资格的通知

李汉宁在百色人民公园举办"李汉宁少年书法班作品展"时现场表演

2. 评上书法副教授

取得讲师资格后，为了之后的副教授评定，我参加西南师范大学（2005 年后属西南大学）汉语言文学专业的学习和考试，取得了本科学历。之后，我又参加职称计算机、外语考试，取得合格证。我在书法创作、理论、教学、社会团体活动等方面，不断取得可喜的成绩，在百色市开始有了一定的知名度。《右江日报》于 1997 年 12 月 25 日刊登了川期采写的《虚静函容，超然物外——李汉宁和他的书法教学》；1998 年 9 月 10 日刊登了张国荣采写的《自成一家始逼真——李汉宁"学院派"作品〈渐渐走近〉浅赏》；1999 年 6 月 19 日在《文苑知音专栏》以我写的《感悟超越》为主题，为我做了书法专栏；1999 年 11 月 15 日刊登了马元威采写的《书坛初现七彩虹——青年书法家李汉宁的创作、理论与教学》。因为积极参加广西各种书法展览、书法理论研讨会等活动，我在广西书法界也开始受到关注。

在从讲师到副教授的这整整 10 年中，我的成果如下：

在书法创作方面，篆、隶、行、草、楷五种书体及篆刻作品全部参加过省级以上的展览。1998 年，行书作品入展第四届中国书坛新人作品展；楷书、隶书作品共 2 幅入展庆祝广西壮族自治区成立四十周年书法作品展。1999 年，楷书、篆书、隶书作品共 3 幅入展庆祝中华人民共和国建国五十周年迎澳门回归广西书法展。2000 年，行书作品入围第八届全国中青年书法篆刻家作品展。2004 年，篆书作品入展庆祝建国 55 周年广西书法展；行书作品入展首届全国青年书法篆刻作品展。2005 年，篆书作品入展第二届广西中青年书法展；隶书作品入展首届广西美术、书法家协会会员作品年展。2005 年，我参加在百色粤东会馆举办的"百色十人联合书法展"。2006 年，论文入选"第一届全国硬笔书法家作品展"。

李汉宁与应邀参观"百色十人联合书法展"的右江民族师范高等专科学校领导合影（左起：凌绍崇副书记、何毛堂校长、李汉宁、吴和培书记、唐凯兴副校长）

在书法理论方面，有多篇论文和评论公开发表。1996 年，论文《结体美的总特征》在广西第六届书法理论研讨会上宣读。1997 年，论文《浅论书法教学对形美和线质的要求》发表于《广西右江民族师专学报》。1998 年，《学院派作品〈渐渐走近〉的创作构思》发表于《右江日报》。1999 年，评论《端庄秀丽的乙瑛碑》发表于杭州《中小学书画》；评论《古逸浑穆的摩崖隶书西狭颂》发表于杭州《中小学书画》；评论《陈振濂先生硬笔信札浅赏》发表于《广西右江民族师专学报》。2005 年，论文《笔法教学如何引导师范大学生进行审美追求》发表于《广西右江民族师专学报》2005 年第 1 期；论文《从"匀"和"变"引导大学生总体认识结体美》发表于《广西教育学院学报》2005 年第 2 期；论文《高等师范院校笔法教学中具有代表性范字的选择》发表于《广西教育学院学报》2005 年第 4 期；论文《毛笔行楷是高等师范院校书法教学的理想书体》发表于《玉溪师范学院学报》2005 年第 3 期；论文《书法创作如何表现主题——学院派书法作品〈渐渐走近〉的创作构思》发表于国家级艺术类核心刊物《艺术教育》2005 年第 4 期；论文《高等师范院校书法教育对策探析》发表于《艺术教育》2005 年第 6 期；论文《毛笔行楷应纳入高等师范院校书法教学体系》发表于《书法导报》2005 年 6 月 22 日书法教育版；论文《对学生钢笔练习本编印要求的探求》发表于《广东技术师范学院学报》2005 年增刊；论文《对立统一的审美思想在书法中的运用》发表于广西艺术学院学报《艺术探索》2005 年第 3 期；论文《灵活多变的柳体笔法之美》发表于《青少年书法》2005 年第 11 期；《中小学笔法教学中的重点字形》发表于 2005 年 8 月 16 日《青少年书法报》；论文《如何提高高师书法教学质量》发表于《中国艺术报》2005 年 11 月 4 日艺术教育版。2006 年我的书法教学系列论文获得百色学院第四届科研成果二等奖。

李汉宁获百色学院优秀科研成果二等奖证书

在书法教学方面，既培养了人才，又带出了好的班级。我的书法课培养了一大批书法人才，每年学校的文化艺术节里书法展览是一个最受推崇的项目。不少学生在市、自治区、国家级书法比赛和展览活动中获奖。比如2001级学生、学生书法协会副会长唐云龙同学在全国书法比赛中两次获得一等奖。

在担任艺术系首届班主任工作时，以以身作则，做学生的表率，能及时了解和掌握学生的思想动态、学习生活情况、家庭状况，了解学生的困难和需要，有效处理班级事务，班风学风良好，学生成绩喜人，深得系里和学校领导好评。我于1998年获学校"教书育人先进个人"荣誉，2005年12月获得书法副教授资格。

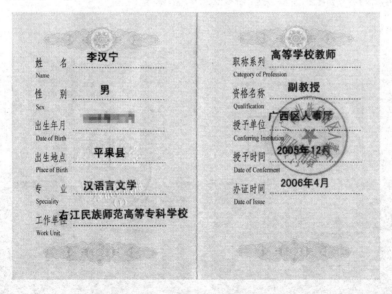

李汉宁获广西人事厅颁发的书法副教授资格证书（书法归属于汉语言文学大类）

在社会团体活动方面，获得了社会和行业的认可。1999年，我被百色市文联评为先进文艺工作者。2001年7月7日至8日，"李汉宁书法少年班作品展"在百色老年大学举办，

《右江日报》于 7 月 9 日刊发了陆增辉采写的新闻。2000 年，我当选为百色市书法协会副主席。2005 年，我加入了中国书法家协会、中国硬笔书法协会；在中国硬笔书法协会开展的"2005 年度优秀会员评选"活动中，我被评为首批 13 位优秀会员之一。2006 年，我加入了中国教育学会书法教育专业委员会；被评为中国硬笔书法家协会优秀会员，《中国硬笔书法》曾以《优秀的书法教师——李汉宁》为题做专题报道；以高等师范书法教育成果荣获中国书法家协会举办的中国书法最高奖——中国书法兰亭奖·教育奖提名奖。

◎路子选择说明：从走上专职书法教师岗位，到进中国美术学院进修，再到进入中国书协，我渐渐明白，今后要发展须从两方面努力。一方面是要在社会上获得一定的知名度，至少在百色市范围内要有点作为。所以，我应邀到百色城十多所大中专、小学、老年大学长期兼上书法课，积极参加各种书法活动。另一方面，要围绕职称评选做各种准备。所以，我在书法创作、理论与教学三方面同步努力，把学术论文发表当作重中之重。后来，我逐步通过了讲师、副教授的评审。在这个过程中，有的书法同行私下里讽刺过我，说我的字上不了档次，又不求进取。其实我知道，我在教"三笔字"，教基础的"低级"的东西，我自然会把字写"俗"；另外，我为了进入中国书协，已经写了好多年的字，花了太多精力，我好想停一停。我深知"写字不能当饭吃"，我教书法要评职称，需要加强理论和教学研究，而理论和教学研究需要出成果，对于我而言，比写字搞创作要难得多。所以我坚定地走自己的路，终于在我评上书法副教授后，周围的书友才明白为什么我那时要把书法作品创作暂放一边。

第三节　从大学书法副教授到中小学书法正高级教师

一、从大学书法教师到中小学书法教师的试探

1. 停薪留职到广州南方国际实验学校做小学书法教师

李汉宁（右一）在广州南方国际实验学校时与同事合影

1995 年暑假，专兼职从事大学书法教学 7 年后，也就是从中国美术学院书法专业进修回来一年后，带着对广东的向往，我到深圳、广州转了一圈，最后停薪留职到广州南方国际实验学校做小学书法兼手工课教师。

在这所学校工作，让我既兴奋又失落。兴奋的是，这所学校属于贵族学校，给我的工资是我在大学时的 8 倍。所有的教职员工都是从全国各地招来的，与他们共事交流，我学到很多不同地域文化。在广州这么繁华的大都市里工作、生活，我的视野也得到了扩展。学校在风景优美、繁华的旅游景区广州世界大观旁，这让我的课余生活相当丰富。能成为这个学校的教师是值得骄傲的。但是也有不少的失落，我毕竟是一个人出来，对家里还是有很多的牵挂的。加上从事小学教学，工作量大，比较辛苦，回想大学里的岗位，我还是有点割舍不下。做了一年之后，我决定还是回广西。

这一年，我在学校里获了青年教师优质课比赛大奖，论文获 1996 年广州市中小学书法教学理论成果奖。这时，我在学校里小有名气，学校领导非常认可我。

2. 短期请假到广州番禺培正广地实验学校任小学书法教师

从广州回去之后，我在大学里的工作还是比较轻松的，也出了不少的成果，周围同龄同事都给予我较高的评价。我的书法作品经常参加地区、省级的展览，论文也时常在省级研讨会上宣读或发表在刊物上。我的书法课特别受学生的欢迎，所指导的书法协会学生在本地区大中专书法比赛中获奖数量、质量都是最高的，当地的报纸、电视台有不少的报道。我在百色文化界算是有了点名气。但是，我还是经常想起在广州的日子，对珠江三角洲的环境越来越怀念和向往。2001 年前后，两个在大学共事过的老大哥辞职到广州定居生活后，我更加想往广东跑。2003 年，我又请假到广州番禺培正广地实验学校任数。这一次我下了决心要辞职，于是在番禺买了房。但是工作一个月后，我感到这所民办小学的工作不是很适合我，最后我又回了广西。

李汉宁在广州番禺培正广地实验学校

◎路子选择说明：在一个地方工作久了，我会感到厌烦；另外，百色比较落后，大家都很向往广东。于是我前后两次试探性地到广东谋职。第一次是停薪留职，因为思想上把握不准，最后折返。第二次是因为多年之后，一些同事辞职到广州工作、定居，而且有很好的起色，我又想出来。总之，沿海很发达，我很想出来看看。

二、辞去大学书法副教授公职到中小学做书法教师

1. 从百色学院书法副教授到深圳市石岩公学小学部代课教师

2007年暑假，广东省教育厅发文要求将书法纳入中小学课程，成了全国第一个要推进书法教育的省份。当时，深圳市石岩公学校长，也是我大学的老领导、教研室主任、校长助理朱文彦先生，知道我一心想往广东跑，于是打电话邀请我到他的学校策划书法教学工作，并承诺给予我临聘教师中最高的特聘一等待遇。在大学里共事时我就对他的为人和能力非常佩服；当时我对他学校的实力和名气也略知一二，比较认可；加上我觉得中小学书法教育刚刚起步，有很多机遇值得去尝试；而且我觉得自己在评上书法副教授、获兰亭奖·教育奖之后，在大学里也很难再找到新的突破。于是在接到电话12天后，我先请了一个月的假，带着一家老小来到深圳市石岩公学小学部，成了一名代课教师。一个月后，我向原单位提出辞去副教授公职的申请。

深圳市石岩公学小学部（"小学部"系李汉宁题写）

2. 从代课到考入正编

在深圳市石岩公学小学部代课一年后，我又被调到初中部代课一年。第三年我通过招调考试，考上了初中部教师正编。

在深圳市石岩公学的五年里，我教过小学三、四年级和初中一年级的硬笔书法课，小学部的毛笔书法兴趣课，以及教职工的书法培训课等。同时，我还担任学校的书法教研组组长、少年书画院院长、教职工书法协会会长等职。

在朱文彦校长的大力支持下，2007 年我编写校本教材《硬笔楷书训练》三册；我主持的"小学生课堂书法训练对策研究"项目获深圳市、宝安区教育部门两级立项；这一年，我还获得了教育部考试中心硬笔书法等级考官资格。2008 年，我出版了专著《中小学书法训练技巧》，创建了全国首个专门研究中小学书法教育的网站——中小学书法教育。我的论文在深圳市中小学书法教学研讨会论文评比中获一等奖。2009 年，我被中国硬笔书法协会、中国关心下一代工作委员会评为"全国写字教学先进个人"。2010 年，我被评为石岩公学第四届名师；获教育部艺术教育委员会书法指导教师一等奖；被宝安区教科培中心聘请为教师硬笔书法培训主讲嘉宾。2011 年，我被评为宝安区名师，被中国教育学会评为"全国书法普及优秀教师"。2012 年，我被评为石岩公学第五届名师。

李汉宁在深圳市石岩公学 35 周年校庆表彰会上被授予"公学名师"称号

我带领书法教研组的 4 位老师，在书法教育方面取得了丰硕的成果：

2009 年 6 月，石岩公学被中国硬笔书法协会、中国关心下一代工作委员会评为"全国写字教学工作先进单位"。

2009 年 11 月，石岩公学以突出的中小学书法教育成果荣获第三届中国书法兰亭奖·教育奖集体提名奖，成为兰亭奖 2002 年举办以来全国第一所也是唯一一所获得集体教育奖的中小学校。这标志着石岩公学中小学书法教育进入国内先进行列。从此，石岩公学的书法普及教育受到中小学书法教育界的广泛关注。2010 年 2 月 7 日，国内最权威的书法报刊——《书法报·少儿书画》头版整版刊登了记者就当前全国书法教育问题及石岩公学书法教育成果对我做的专访。

2010 年，我的书法教学团队获石岩公学校庆表彰特别奖。

2010 年 4 月，石岩公学被中国教育学会评为"全国书法教育先进单位"。

2010 年 6 月，在由教育部艺术教育委员会主办的第十五届全国中小学生绘画书法作品比赛中，石岩公学学生获奖人数多，获奖层次高，学校也荣获"组织工作先进集体奖"。

2011 年，少年书画院被学校评为"先进集体"，石岩公学被中国教育学会评为"全国书法普及优秀学校"。

由于石岩公学书法普及教育成果突出，2010 年 5 月，由书法报社举办的第三届全国少儿书画教学高峰论坛特邀我以《两年的兰亭之路——深圳市石岩公学书法教育模式探索》为题做专题报告。石岩公学的书法教育模式因教育理念先进、可操作性极强，赢得参加论坛的书法教育专家、书法教师的一致好评并成为论坛关注的焦点。大家普遍认为石岩公学的书法教育模式值得借鉴。

3. 从深圳市石岩公学调到宝安第一外国语学校

为了离家近些，方便生活，2012 年 7 月，我调到宝安第一外国语学校初中部任教。在新学校工作，我又燃起了新的工作激情。此后的 7 年间，我在书法理论、书法教学、课程建设、学科引领等多方面取得了一些意想不到的成果。

我出版了多本书法专著和教材。2013 年出版的专著《中小学书法教学法》被誉为"我国基础教育史上第一本书法教学法专著"，填补了国内相关领域的空白。2014 年，该书（含配套课堂作业）获"硬笔书法教育十佳受欢迎教材（字帖）"称号，被全国不少大学书法教育专业、中小学、社会培训机构当作教材。

2014 年，我编写了《中小学书法教学法配套课堂作业》。2016 年，专著《中小学书法理论知识趣谈》。2017 年，我与李杭合著的《中小学书法摹写范本·楷书》《中小学书法摹写范本·隶书》也相继出版。2018 年，我主编的《中小学书法示范课教案》出版。2019 年，我与李杭合著的《中小学书法摹写范本·行书》及我主编的《中小学书法教学反思》出版。

我主持的市级课题"小学生课堂书法训练对策研究"于 2014 年 4 月圆满结题，主持的课题"中小学作业美化书写"于 2016 年被宝安区教科培中心立项。

这期间，我开发了 3 门书法课程。2014 年我应邀在中国硬笔书法协会首届全国书法教育高峰论坛给全国书法教师代表做题为"书法教育模式创建和'中小学书法教学法'课程"的专题报告。2015 年"初中硬笔书法"课程被深圳市教育局评为深圳市中小学"好课程"（获立项经费 5 万元），"中小学书法教学法"课程（学生层次）被评为深圳市推广课程（获立项经费 10 万元）。2016 年"中小学书法教学法"课程（教师层次）被评为深圳市教师继续教育课程。这些课程被中国海外交流协会、深圳市侨办推广到马来西亚华文学校。我三次被委派到马来西亚授课。"中小学书法教学法"课程教学成果荣获 2017 年广东省教育教学成果奖（基础教育）一等奖。

这期间，我个人获得了多项荣誉：2015 年，被学生评为"最受欢迎的老师"，被深圳市教育局评为深圳市首位书法学科名师，成为深圳市书法名师工作室主持人；2017 年，被评为中学书法正高级教师；2019 年，工作室圆满完成任务，顺利通过市教育局验收。

深圳市教育局颁发的"李汉宁名师工作室"牌匾

我所策划的学校书法教育工作也取得了不小的成绩。2014 年，在中国硬笔书法协会举办的首届全国书法教育"百强十佳"评选活动中，深圳市宝安第一外国语学校获 2013 年度"书法教育公办学校十佳"称号；段天虹校长被授予"书法教育公办学校十佳杰出校长"称号；校本教材《中小学书法教学法》（含配套课堂作业）获"硬笔书法教育十佳受欢迎教材（字帖）"称号；我编辑的网站"中小学书法教育"获"书法教育最具影响力媒体（网站）"。2019 年，学校被评为宝安区"书法教育示范学校"。

《人民日报》《深圳特区报》《南方教育时报》，马来西亚《亚洲时报》《华侨日报》以及中新网、新华网、香港凤凰网等媒体多次对我的教学活动或成果做了报道。

◎路子选择说明：辞掉大学公职到深圳中小学代课，这一步我没有犹豫，我相信自己的判断。深圳市石岩公学把我当专家引进，机会难得；而中小学书法教育是一块很有吸引力的处女地，我应该珍惜。在深圳优越的教学环境条件下，带着大学时的学术惯性和优势，我相信自己会有所作为，所以工作干劲十足。考入正编，成为深圳市名师，很多成果在国内外产生了一定的影响，这让我到中小学任教的一些理想成为现实。

三、从中小学正编教师评上中小学书法正高级教师

1. 入编后从初级起聘再到高级

到深圳任教，从代课老师考上正编是一个坎，对多少人来说，这是来深圳最大的梦想。因为正编的待遇比代课老师的高得多，工资、房补、公积金、社保、户口、小孩入学等都有较大的保障。所以入编后，我开始有了安全感。当年特区太神秘，我只想来看看，入编后才真正感受到"来了就是深圳人"。

2009 年 7 月我考入中小学教师正编后，尽管是副教授，相当于中学高级教师，但因为

评聘分开，我先被聘在初级的岗位。两年后的 2011 年，我通过竞聘上岗，在石岩公学以中学高级 7 级岗位（中学高级分 5、6、7 级）受聘。2012 年 8 月，我调到宝安第一外国语学校，三年后以中学高级 6 级岗位受聘。

2. 评上中小学书法正高级教师

随着中小学正高级职称评审开放，我于 2016 年第一次申报。那次的评审每个学校限报一人，然后再进行区、市、省三关的考评。我只通过了区里的选拔，到市里这一关没有通过。

2017 年，我再次申报，这年的评审每个学校也限报一人，然后经过区、市、省三关的考评，我顺利地通过。我成了全省唯一的中小学书法学科正高级教师。

原来的同事从副教授到教授用了 5 年时间；我从副教授到正高级教师，整整用了 12 年时间。虽然这个正高来得很慢，但是又让人感觉很快，因为我从来不敢相信，在中小学里我还能有职称的提升。因为我想，首先在一切向高考看齐的中小学里，我教的不是国家课程，也不是地方课程，只是校本课程；其次，中小学正高级职称评审刚刚开放，参评的精英多，在深圳工作时间比我长的也很多；最后，这个书法学科到底放到哪一块去评，专家评委有没有这个概念都很难说。所以，我能通过，是实力，也是机遇和运气！

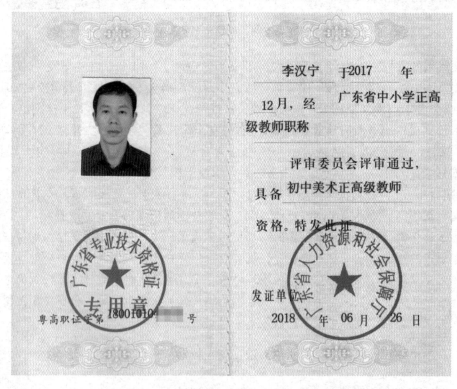

李汉宁书法正高级教师职称证书（书法归属于美术大类）

◎路子选择说明：我到中小学，不曾想过职称会有上升，因为在以往，高级是到顶了，我的副教授已相当于中学高级。因为工作慢慢有起色，成果渐渐增多，在听到中小学正高级职称评审即将开放的风声后，我开始有意识地去做准备。通过两次的尝试申报，我终于成功了。

第二章　中小学书法名师申报

第一节　名师申报心得

名师的评选，能优化教师队伍结构，促进教师的师德修养和专业成长；发挥名师的骨干、示范、辐射、带动作用，可以更全面地提高师资队伍的整体素质。因此，名师申报工作具有重要的意义。对于个人而言，评上名师，会有相应的待遇，比如津贴奖励、岗位聘任、外出考察培训、推荐上一级名师可优先考虑；当然也有相应的职责，如有深圳市名师有调研报告、示范课或学术讲座的要求。还有建设名师工作室，开展"传、帮、带"活动的要求。多年来，从学校到区、市、省，都非常重视名师的评选。下面谈谈名师申报的一些体会：

一、名师类别、评审条件和程序

名师的表述，各级、各地可能各有不同。比如，深圳市名师通常指的是名校长、名教师、学科带头人和中青年骨干教师等，深圳市宝安区名师指的是名教师、名班主任、教育科研专家。在大部分老师的眼里，名师通常是指师德高尚、专业素质过硬、科研水平较高、教育教学成绩突出的一线教师。

名师评审的基本条件包括师德、学历、资格、职称、继续教育情况等，业绩条件包括教学业绩、专业素养与示范作用、教育教学科研成果等。

区、市以上名师的评审通常经过初评、专家评审、教育局审定、公示、认定等程序。初评的任务是审核申报者申报资格和申报材料真实性，组织公认度调查。专家评审包括材料评审、专访、答辩、提出名师候选人建议名单、单位公示、区/市教育局党委审定、区/市公示、认定等环节。

二、了解评审的条件要求，积极创造条件

名师评审的基本条件部分，绝大部分老师都容易达标。难度在于教学业绩、专业素养与示范作用、教育教学科研成果等方面。作为教师，对于教学业绩的追求，谁都会很上心，在教学成果方面，很多人都做得出来。但是，专业素养与示范作用、教育教学科研成果等这两个部分，经常被人忽视。作为书法教师，你的专业素养是什么？我想应该在创作、理论、教学三个方面下功夫，你个人有没有作品参赛、参展、获奖，有没有论文发表，会不会编写教材。有些书法教师，每年的总结都是学生获了多少奖，其他极少见了。当然学生获奖也证明了老师的实力，但是，你个人也得有点东西展示吧。还有，你的专业素质高不高，即有没有能力引领科组、同行，起到示范作用，也是名师评审的重要指标。所以，公开课、学术讲座的举行，也是要留意做的。再有，课题的研究、对学科问题的解决能力等，也是一个名师应

有的能力。名师不是一天评出来的，是长期积累，对准目标努力得来的。

三、填写材料时要站在评委的角度

要懂得站在自己的角度，把自己要表达的内容充分地表达出来，更要懂得站在评委的角度，充分展示评委期待看到的东西；要能让评委赞赏、兴奋，对你印象深刻，认可你的能力。所以，材料要能将你的亮点突出，弱点隐退；要条理清楚，不要让人从头到尾看不出你要讲什么东西。

四、表述要简洁，高度概括亮点，一针见血

评委没有那么多时间一字一句地去仔细看你没有提纲、没做归纳的材料。要学会安排材料的顺序，让评委第一眼就有好感；不同位置，还要有不同的风景、不同的实力体现。要写得实在，不故作妖艳，让人反感；要写得灵活，不故作慎重，让人觉得乏味。

五、灵活调整材料组合的结构

为了让材料出彩，在不影响规则和整体效果的情况下，对要求填报的内容及其结构、顺序、数量适度地做点小调整是必要的。总之，申报材料既要做得有规则，又要体现出个人、学科的个性。

六、证明材料的呈现形式要反复推敲

证明材料中，要求提交的基本材料是要不折不扣地呈现的，比如师德、学历、资格、职称、继续教育，如果有一项不达标，那就可能被一票否决。后面的业绩材料，在真实反映自己能力情况下，要懂得合理运用，懂得包装。这个方面，每个人的材料都有不同，无法给出一个统一的标准。但是，也有一些可以共同使用的技巧。比如，我看到很多书法同行做的获奖成果材料，各种各样的奖项按年份列了一大堆，虽然表面让人很佩服，但我总觉得这样的呈现多一两张少一两张好像没有差别。是否可以换一个思路做？比如，可以按奖项级别分类，区级奖、市级奖、国家级奖，这多好，一下子就能被评委发现有国家级奖，否则藏在中间可能还看不到。或者可以按获奖类型分，个人书法作品奖、论文奖、赛课说课奖、指导教师奖、优秀教师奖等，这样体现了你的能力多样化，不是更加有说服力吗？还有文字、图片的排版，整个材料的打印装订，也是要用心做的。人靠衣裳嘛，适当地做点外表的化妆是有必要的。

第二节　校级名师

我于 2007 年 8 月到深圳市石岩公学任中小学书法教师，一共在那里工作了五年。2010年 4 月，我被评为学校第四届名师，2012 年 5 月被评为学校第五届名师。作为大学书法教师到中小学来任教，我大约经过了一年的时间才开始适应。中小学书法教育比起大学来，有很多不同。单纯就课堂这一块来说，不仅是教，更需要你去管，把课堂秩序管好，否则你的课无法讲完。每一节课的时间里，注重德育的渗透，激发学生的兴趣，让他们跟着你去学习书法的技巧，每一分钟的使用都要很严谨。作业需要每节布置，逐个批改，这一点，在大学的书法课里是没有的。作为学校引进的特聘教师，我除了上课，要兼任书法教研组组长、少

年书画院院长，负责策划和创建学校的书法教育特色品牌。在这个岗位上，我的专业水平还算比较好，可以应对，加之中小学教师在学术上比较薄弱，我的优势更加明显地体现出来，所以，名师的评选比较顺利地通过了。

一、深圳市石岩公学第四届名师

首先看深圳市石岩公学第四届名师的申报材料，此外从申报表、名师工程述职报告、证明材料等四个方面进行展示和点评。

第一部分 深圳市石岩公学"公学名师"申报评审表

李汉宁被评为第四届"公学名师"证书

（一）基本情况（略）

（二）教学成绩

2007年9月以来，在广东省教育厅要求中小学全面开设书法课的大好形势下，承蒙学校领导的信任和安排，我主持学校少年书画院、书法教研组的教学、科研等方面的工作。

在学校领导的英明领导下，我和其他书画教师一起，在普及书法教育方面进行了全方位多角度的探索，努力构建具有石岩公学特色的中小学书法教育模式。目前在教学组织管理、教学方案制订、教学场地布置、评价体系建立、品牌活动树立、校本教材开发、课题研究、教师培训、网站建设等方面已取得了不少的成果，在全国中小学书法教育界产生了一定的影响。为此，2010年元月1日，中国书法网记者专访报道；2月7日，《书法报·少儿书画》头版整版专访报道。

三年以来，学校上百位学生书法作品在市、省及全国比赛中获等级奖。

2009 年 6 月，学校被评为"全国写字教学工作先进单位"。

2009 年 11 月，学校以突出的中小学书法教育成果荣获中国书法最高奖——中国书法兰亭奖·教育奖集体提名奖，成为兰亭奖举办以来全国第一所也是唯一一所获得集体教育奖的中小学校，标志着学校中小学书法教育进入了国内先进行列。《南方日报》《深圳商报》《宝安日报》、新浪广东新闻中心等多家媒体进行了报道。

2010 年 1 月，中国书法网刊载了中国书法网、《深圳商报》记者对石岩公学书法进入中小学课堂有关问题的专访。

2010 年 2 月 7 日，国内最权威的书法报刊——《书法报·少儿书画》头版整版刊登了题为《第三届中国书法兰亭奖·教育奖系列访谈之一：桃李芬芳——访深圳市石岩公学副教授李汉宁》的报道，内容是记者针对目前中小学书法教育问题对我进行的专访，之后《宝安教育》人物版进行了转载。

◎填写策略点评：主持学校少年书画院、书法教研组工作，创建学校的书法教育特色品牌；学校被评为"全国写字教学工作先进单位"，并荣获中国书法最高奖——中国书法兰亭奖·教育奖集体提名奖，成为兰亭奖举办以来全国第一所也是唯一一所获得集体教育奖的中小学校。我在全校领导、师生中的认可度是相当高的，个人对学校的贡献是不小的。

（三）师德表现

热爱中小学教育事业，热爱公学，遵纪守法，遵守学校规章制度；服从学校及部门领导安排，吃苦耐劳，不计较个人得失，全心全意投身于教学和科研工作中；为人师表，虚心谨慎，诚恳待人，尊敬领导，与同事友好相处，关爱学生，得到广大师生的认可。

（四）科研成果

2007 年编写了中小学书法练习本《硬笔楷书训练》一套三册，近三年来作为石岩公学师生书法学习练习本。

2007 年主持课题"小学生课堂书法训练对策研究"被宝安区、深圳市教育部门分别资助立项。

2008 年专著《中小学书法训练技巧》由岭南美术出版社正式出版。

2008 年 5 月，论文《中小学书法教学中具有代表性范字的选择》《中小学书法教育的意义和方法》在深圳市教研室主办的深圳市首届中小学书法教学研讨会论文评比中，分别荣获一、二等奖。

2008 年创建了全国首个专门研究中小学书法教育的网站——中小学书法教育，引起了全国书法教育界的广泛关注。

2009 年，论文《笔法教学如何引导中小学生进行审美追求》在中国关心下一代工作委员会、中国硬笔书法协会主办的全国中小学写字教学成果展评中获一等奖。

◎填写策略点评：从科研成果到获奖情况都是很有分量的。其中出版教学专著、主持市级课题等行动，在学校里是走在前面的。

（五）受表彰及获奖情况

2007 年 11 月通过培训考核，获教育部考试中心"硬笔书法等级考官"资格。

2008 年 12 月被中国硬笔书法协会授予"全国优秀中青年硬笔书法家"荣誉称号。

2009 年 6 月被中国硬笔书法协会、中国关心下一代工作委员会评为"全国写字教学先进个人"。

2009、2010 两年应邀担任宝安区教师综合素质大赛书法类的评委；2010 年 3 月被宝安区教科培中心聘为宝安区教师硬笔书法培训主讲嘉宾。

◎填写策略点评：获得教育部考试中心硬笔书法等级考官资格，被聘为宝安区教师硬笔书法培训主讲嘉宾也是很有说服力的。

第二部分　名师工程述职报告

各位领导、老师们：

大家好！我叫李汉宁。

在座的大多是公学元老、主科教师，我作为一门几乎可以忽略的课程——书法课的教师，以"名师工程"为主题来述职，真是惭愧。说实话，评"名师"不是根本，我倒想以述职的方式和大家交流，向大家讨教。

本人诚实友善，为人低调，工作理想是"让领导放心，让同事信任，让学生崇拜"。我热爱石岩公学，因为它有很好的书法教育环境和条件。我的主要工作是少年书画院的建设，初中硬笔（12 节）及小学、高中活动节毛笔选修课（6 节），每周总共 18 节课。

三年来，在领导的关怀、科组教师的共同努力下，我校有一百多位学生在全国比赛中获奖；学校先后被评为"全国写字教学工作先进单位""全国美术教学先进单位"；荣获中国书法最高奖——兰亭奖·教育奖集体提名奖，成为全国第一所也是唯一一所获得该奖项的中小学校，这标志着我校的书法教育已进入国内先进行列。

我个人也有不少的收获：

2007 年编写《硬笔楷书训练》一套三册，获得教育部考试中心硬笔书法等级考官资格，课题被宝安区立项一个，深圳市立项一个。

2008 年出版个人专著《中小学书法训练技巧》，论文在深圳市书法教学书法类论文评比中获一等奖，创建了全国首个专门研究中小学书法教育的网站——中小学书法教育，个人被授予"全国优秀中青年硬笔书法家"称号。

2009 年，论文在全国中小学写字教学成果展评中获一等奖，个人被评为"全国写字教学先进个人"。

这两年来，应教科培中心的邀请，我担任了宝安区教师综合素质大赛的评委，今年被聘为宝安区教师硬笔书法培训主讲嘉宾。教科培中心准备为我申报深圳市教师继续教育课程。

下个月，我将在全国少儿书画教学高峰论坛上做专题报告，介绍我创立的"石岩公学中小学书法教育模式"。

由于我校书法教育成果突出，《书法报》《南方日报》等多家媒体也做了专访报道。

以上是我获得的一点点成绩，与各位主课老师相比，我在学生管理、培优补差等方面还存在不少缺点，希望今后继续得到大家的帮助。

我的述职完毕，请多批评。谢谢大家。

李汉宁

2010－04－21

◎填写策略点评：述职报告的主要内容与申报表里填写的内容基本相似。只因述职时间有限，报告写得简洁。把精彩内容写出来就好，讲得太长会让人反感。

第三部分　证明材料

（一）获得荣誉（限于篇幅，具体内容从略）

（二）书法教材、论文、专著、书法网站业绩（限于篇幅，具体内容从略）

◎呈现策略点评：证明材料要先有文字目录或文字介绍，后附相关原件或复印件。根据个人的成果特点，要尽量体现自己的亮点，让人一翻前面的文字目录或文字介绍就能领略到这些亮点，如第二点（书法教材、论文、专著、书法网站业绩）。

二、深圳市石岩公学第五届名师

再来看深圳市石岩公学第五届"公学名师"的申报材料。

第四届名师评选过了两年，我又参加了学校的第五届名师评选。在这一次的评选申报材料中，我在第四届申报材料内容的基础上增加了"教育教学工作业绩总结汇报材料"一项，同时在证明材料中增加了代表性论文。现将部分材料进行展示和点评。

李汉宁被评为第五届"公学名师"证书

第一部分　深圳市石岩公学"公学名师"申报评审表

本部分与第四届名师填报内容相似，限于篇幅，此处从略。

第二部分　名师工程述职报告

本部分与第四届名师填报内容相似，限于篇幅，此处从略。

第三部分　教育教学工作业绩总结汇报材料

努力把自己培养成为创作、理论与教学全能的书法教师

李汉宁

我从 2007 年 8 月来到石岩公学工作至今已经近五年了。其间，我被评为石岩公学特级教师讲师团成员、石岩公学学术委员会委员、石岩公学第四届名师，2007 年底被教育部考试中心授予"硬笔书法等级考官"资格，2010 年被宝安区教科培中心聘为宝安区教师硬笔书法培训主讲嘉宾，2011 年被宝安区教育局评为宝安区基础教育系统第三批"名师工程"书法学科带头人，被中国教育学会评为"全国书法普及优秀教师"。

五年前，怀着对深圳市石岩公学的向往，对中小学书法教学的热爱，我和爱人分别从内地两所大学——百色学院、右江民族医学院附属医院正编岗位辞职，来到了石岩公学，我做了小学部临聘教师，爱人做了文印室的文员。所有家人及朋友，没有一个人能理解我们的这一举动。是什么吸引了我们这样做？

是一颗干事业的心，是石岩公学特殊的平台！

我大学毕业后留校任书法教师，经过多年的学习，2005 年，我终于加入了中国书法家协会，成了所谓的"书法家"，同年评上书法专业的副教授。2006 年，我以高等师范书法教育成果荣获中国书法最高奖——中国书法兰亭奖·教育奖提名奖。在高校取得这样的荣誉，我认为已经足够了。2007 年 8 月，广东省推行中小学书法教育，石岩学校特邀我加盟。我以为中小学书法教育的普及事业在全国基本是个空白，但石岩公学具有不可多得的从小学到高中的办学体制，于是我坚定了从零开始，从事中小学书法教学和科研的决心。

在石岩公学工作近五年来，我给自己定了目标，努力把自己培养成为创作、理论与教学全能的书法教师。

创作上，我刻苦训练，追求出精品。至今，我为石岩公学题字不少于 15 处，如公学之窗、小学部、初中部、高中部等等；应学校之邀写了不下 30 幅作品，作为校礼，赠送给来访的国内外单位和个人，为学校、区、市有关展览创作了 20 多幅作品。我让自己无愧于"书法家"这一称号。

理论上，我勤于思考，用心总结，先后主持了市、区两级的书法课题研究工作，完成了学校教学所需要的笔画、结构、章法一系列教案的编写，共计 11 万字，出版了我校校本教材《中小学书法训练技巧》，编印了一套硬笔书法作业本，完成了宝安区教科培中心布置的全区教师硬笔书法培训所用的五个讲稿共计 6 万字，石岩公学书法教育模式纲要《全方位多角度推进石岩公学书法教育工作》，等等。我还创建了全国首个专门研究中小学书法教育的网站——中小学书法教育（http：//www.zxxsfjy.com），在全国书法教育界产生了很大的影响。"中小学书法教育"网站荣获 2010 年广东省"十一五"教育技术研究与教育信息化优秀成果评选三等奖。

教学上，在没有教材，没有合理的场地，师资不规范的情况下，学校成立少年书画院和李汉宁书法教育工作室，由我负责全校书法教学工作的策划实施。在各位书法教师的共同努力和协助下，我从小学到初高中，从学生到教职工，从课内到课外全面培训。我们所指导的学生有上百人次在全国各类书法比赛中获等级奖。同时，我积极开展书法教师培养模式的实验研究，成功把学校四个其他专业教师转行培养成为合格的书法教师。他们在近三年的时间

里有作品，课件在区市获奖，每人有三篇论文公开发表。

2010年5月20日，由宝安区教科培中心举办的"宝安区教师硬笔书法培训"第一讲在民治小学开讲，来自民治街道的100多名小学教师参加了这次培训。我作为主讲嘉宾，成功登台主讲，打响了宝安区教师硬笔书法培训的第一炮。之后，我又在松岗等街道进行培训。

2010年5月，我作为全国书法"名校名师"七位代表之一，应邀参加中国教育学会和书法报社主办的第三届全国少儿书画教学高峰论坛，以《两年的兰亭之路——深圳市石岩公学书法教育模式探索》为题做教学经验交流报告。我亲手创立的"石岩公学中小学书法教育模式"成为论坛的热点议题，得到来自全国各地中小学书法教育名师的高度评价。

2010年6月，我指导学生参加教育部艺术教育委员会主办的第十五届全国中小学生绘画书法作品比赛，因学生成绩突出，我获得指导教师一等奖。

2012年3月下旬起，由深圳市宝安区教育科学研究培训中心举办的"教师品位提升系列特色讲座"第一次培训活动分场举行。27日，我在宝安实验学校学术报告厅做了题为《楷书结体美的总特征》的书法专题讲座，得到了到场听课的近400名中小学、幼儿园教师的赞赏。

石岩公学由于书法教学成果显著，获得了以下荣誉：

2010年4月被中国教育学会评为"全国书法教育先进单位"。

2010年6月，在教育部艺术教育委员会主办的第十五届全国中小学生绘画书法作品比赛中，学生获奖层次高，石岩公学荣获组织工作先进集体奖。

2011年4月，被中国教育学会评为"全国书法普及优秀学校"。

◎填写策略点评：这个标题很有意义，把书法学科教师所要追求的专业素养——创作、理论和教学等作为个人工作的目标，并获得相应的丰富成果，足以让人认可你的综合实力。同时，在谈个人成果之后，列出了个人推动学校获得"全国书法教育先进单位"等荣誉，这样的工作业绩总结深受赞赏。

第四部分　证明材料

（一）获得荣誉（证书复印件）

与第四届名师申报填报内容相似，此处从略。

（二）代表论文——《全方位多角度推进石岩公学书法教育工作》

论文内容与第四章第二节"证明材料一：深圳市石岩公学书法教育具体做法"内容大致相同。限于篇幅，此处从略。

◎填写策略点评：从上一届的学校名师评选到这一届的评选，经过了两年的时间，其中成果大幅增加，并且我已评上了宝安区名师。按常理，区一级的名师也应该是学校的名师，所以本届评选，只要按部就班地填写申报材料就行。

第三节　区级名师

"名师工程"是《深圳市宝安区教育发展十二五规划》的重点工作之一，2011年12月，深圳市宝安区启动了教育系统第三批名师评审。经区"名师工程"评审机构对申报人评审和"名师工程"领导小组审定，作为宝安区石岩公学少年书画院院长、石岩公学名师、宝安区教师硬笔书法培训主讲嘉宾，我通过了评审，成为宝安区教育系统第三届名师（当时叫学科带头人）。2017 年 5 月，作为宝安第一外国语学校的书法教师，我又通过了评审，成为宝安区第四届名师。

一、深圳市宝安区第三届名师

首先来看深圳市宝安区第三届名师的申报材料，从申报表、个人事迹介绍、证明材料、发表的论文和论著、附加材料等五个方面进行展示和点评。

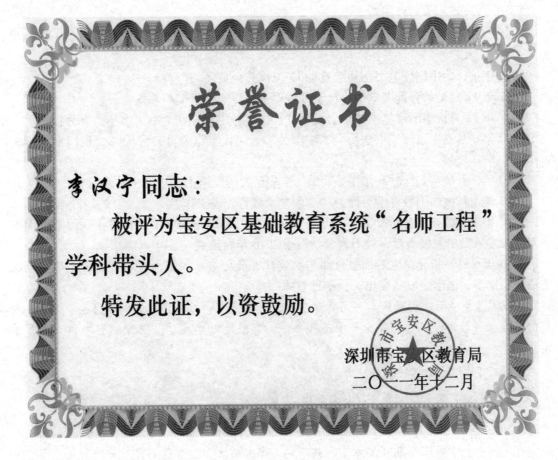

李汉宁被评为宝安区学科带头人证书

第一部分　宝安区名师申报表

（一）基本情况（部分摘录）

专业技术资格：书法副教授

现任教学科：中小学书法

现（兼）任行政职务及任职时间：2008 年 4 月起任学校少年书画院院长、书法教研组组长

何时参加何学术团体任何职：2005 年加入中国书法家协会、中国硬笔书法协会、中国教育学会书法教育专业委员会

◎填写策略点评：作为书法教师来申报名师，基本条件中书法副教授、中国书法家协会会员，还有少见的学校少年书画院院长、书法教研组组长，这样的身份是让人赞赏的。

（二）学历情况（部分摘录）

西南师范大学汉语言文学专业本科学习，进修于中国美术学院书法专业。

（三）主要工作简历及证明人（略）

（四）继续教育情况（略）

（五）何时何地受何种奖励

2006 年，以高等师范书法教育成果荣获中国书法最高奖——中国书法兰亭奖·教育奖提名奖。

2006 年被评为中国硬笔书法协会首批 13 位优秀会员之一。

2007 年 11 月被教育部考试中心授予"硬笔书法等级考官"资格。

2008 年 12 月被中国硬笔书法协会授予"全国优秀中青年硬笔书法家"荣誉称号。

2009 年 6 月被中国硬笔书法协会、中国关心下一代工作委员会评为"全国写字教学先进个人"。

2010 年 3 月被宝安区教科培中心聘请为宝安区教师硬笔书法培训主讲嘉宾。

2010 年 4 月被中国教育学会评为"全国艺术教育先进工作者"。

2010 年 4 月被石岩公学授予"公学名师"称号，同时李汉宁书法教学团队因表现优秀和对学校发展做出积极贡献，被石岩公学授予 2010 年特别奖。

2010 年 6 月，指导学生参加教育部艺术教育委员会主办的第十五届全国中小学生绘画书法作品比赛，因学生成绩突出，获指导教师一等奖。

◎填写策略点评：兰亭奖、教育部硬笔书法等级考官、行业评定的优秀硬笔书法家、学校的名师、区教师培训主讲嘉宾等荣誉和身份，都很地好体现了书法专业水平和书法教学能力。

（六）何时何地受何种处分：无

（七）近三年年度考核结果：全部称职

（八）从教以来，主要教育效果、班主任工作情况

在广西百色学院工作期间加入中国共产党，多次被评为学院教书育人先进个人，年度考核多次被评为优秀等级，曾做艺术系艺术教育专业班主任 1 年。

在石岩公学主持学校少年书画院工作，担任中小学专职书法教师，组织、发动全校师生开展书法教学、展览、比赛活动。做到既教书又育人，通过书法教学活动，培养学生，使学生更加耐心的细心、专心，更有恒心，提高学生的观察能力、模仿能力、领悟能力，加强学生的眼、手、脑协调性，从而使学生养成良好的学习习惯，同时培养学生对中华传统文化的热爱之情，帮助学生陶冶性情，提高品行修养，促进其他学科的学习。

能根据中小学生的实际，编写小学至初中一年级的各种教材，内容上注意普用与提高相结合，兼顾课堂与课外，加强教学法的研究，让学生学有所乐，学有所获，受到学生的喜爱，成为学生的崇拜者。以身作则，带领书法教研组全体老师出色完成教学任务，整个小学部及初一的书法训练深得广大家长的一致好评。

三年来，一大批学生在各级比赛中获奖，自己出版了专著，创建了网站"中小学书法

教育"，主持市、区的书法教育课题，创建了石岩公学的中小学书法教育模式，得到全国同行的认可，个人被评为"公学名师"，李汉宁书法教学团队被学校授予 2010 年特别奖，学校获中国书法最高奖——兰亭奖·教育奖集体提名奖。

◎填写策略点评：通过书法教育培养学生的审美能力和品行修养，个人带领的书法教学团队获学校授予特别奖，学校获兰亭奖·教育奖集体提名奖，其中显示出来的教育能力和教育效果是不言而喻的。

（九）近三年来主要教育教学工作情况（略）

（十）近三年来任公开课、研究课情况（略）

（十一）参加教研活动情况

几年来，本人多次参加区、市、省教育行政部门、教育科研部门、教育学会、书协举行的书法教育研讨、学习活动。

2007 年参加由教育部考试中心在北京举行的硬笔书法等级考官培训并通过考试；2008 年参加深圳市教研室主办的深圳市首届中小学书法教学研讨会论文评比获一等奖；2010 年参加中国教育学会、书法报社主办的第三届全国少儿书画教学高峰论坛并做专题报告；2010 年在宝安区教科培中心举办的教师硬笔书法培训研讨会上介绍经验。

◎填写策略点评：通过教育部硬笔书法等级考官考试、论文获市研讨会一等奖、在全国论坛做报告等，都很"高大上"，真不容易。

（十二）开设选修课、讲座和培养青年教师情况

本人专著《中小学书法训练技巧》及《硬笔楷书训练》基本笔画、偏旁部首、间架结构等三册已被不少中小学师生作教材使用。近年来，我每天下午活动节为全校学生开设书法兴趣班培训活动，多次为本校教职工开设书法讲座，培养了一批书法爱好者，亲手指导几位美术教师成为合格的书法教师，其中三位在全国书法比赛中获等级奖，且每人发表书法教学论文 3 篇；指导小学部教师进行粉笔字训练，提高了教师们的教学基本功；担任宝安区教师硬笔书法培训主讲嘉宾。

◎填写策略点评：给教职工开讲座不是每个老师都能做到的。大多数人都觉得中小学教师教研工作很难，能指导组内三个书法教师每人发表 3 篇文章，那是让人羡慕的。

（十三）近三年来主要教育科研工作情况

（何年何月，课题题目，完成情况，效果）

2007 年 12 月起，深圳市、宝安区两级课题"小学生课堂书法训练对策研究"正在进行中，良好。

（十四）主要业绩成果情况

1. 个人成果

本人书法基本功扎实，在大学从事师范生"三笔字"（钢笔、毛笔、粉笔）教学多年，篆、隶、行、草、楷五种书体的作品多次入展省级书法展及第四届中国书坛新人作品展、第八届全国中青年书法篆刻家作品展、首届全国青年书法篆刻作品展等国家级书法展；书法论文二十多篇发表于国家级艺术类核心期刊《艺术教育》《青少年书法》等刊物上；编写出版多种书法教材和练习本；教育成果显著，是创作、理论与教学全能的书法教师。

2006 年，以高等师范书法教育成果荣获中国书法最高奖——中国书法兰亭奖·教育奖

提名奖。

2007年9月，编写了中小学书法练习本《硬笔楷书训练》一套三册。

2008年9月创建了全国首个专门研究中小学书法教育的网站——中小学书法教育。

2. 指导学生获奖

2008年以来，指导石岩公学学生参加全国中小学书法比赛，19人获一等奖，24人获二等奖，48人获三等奖。

3. 学校相关荣誉

①2009年6月被中国硬笔书法协会、中国关心下一代工作委员会评为"全国写字教学工作先进单位"。

②2009年12月获中国书法最高奖——兰亭奖·教育奖集体提名奖。

③2010年4月被教育部关心下一代工作委员会评为"全国书法教育先进单位"。

④2010年6月获教育部艺术教育委员会全国中小学生书法比赛"组织工作先进集体奖"。

⑤《南方日报》《深圳商报》《宝安日报》、新浪广东新闻中心、中国书法网、深圳文艺网、大洋网、宝安教育在线等多家媒体专题报道我校书法教育成果。

◎填写策略点评：五种书体都参加过省级以上的展览，发表20多篇论文，获兰亭奖·教育奖，证明了创作、理论与教学全能。又推动学校获得"全国写字教学工作先进单位"等多个大奖，真是难得。

（十五）发表论文、著作情况

①专著《中小学书法训练技巧》由岭南美术出版社正式出版，2008年3月，独立完成。

②论文《中小学书法教学中具有代表性范字的选择》在深圳市教研室主办的深圳市首届中小学书法教学研讨会论文评比中获一等奖，2008年5月，独立完成。

③论文《中小学书法教育的意义和方法》在深圳市教研室主办的深圳市首届中小学书法教学研讨会论文评比中获二等奖，2008年5月，独立完成。

④论文《两年的兰亭之路——深圳市石岩公学书法教育模式探索》在中国教育学会、书法报社联合举办的第三届全国少儿书画教学高峰论坛上宣读，2010年5月，独立完成。

◎填写策略点评：有论文获市级奖，有专著出版，有教学模式在全国论坛宣讲，教研档次高。

（十六）所在学校的评价意见

（十七）学校考核小组意见

（十八）街道教育办意见

（十九）区学科评审小组意见

（二十）区综合评审组意见

第二部分　个人事迹介绍

李汉宁，男，壮族，广西百色人，书法副教授，教育部考试中心硬笔书法等级考官。广西右江民族师范高等专科学校英语教育专业大专毕业，西南师范大学汉语言文学专业本科毕业，曾进修于中国美术学院书法专业。现为中国书法家协会会员、中国硬笔书法协会会员、中国教育学会书法教育专业委员会会员。曾在广西百色学院专职从事大学书法教学工作 19 年；2007 年 8 月加盟深圳市石岩公学，2009 年通过人才"绿色通道"正式调入。现为石岩公学中、小学书法教师，书法教研组组长，少年书画院院长，石岩公学"公学名师"，石岩公学特级教师讲师团成员，宝安区教师硬笔书法培训主讲嘉宾。

李汉宁书法基本功扎实，在大学从事师范生"三笔字"（钢笔、毛笔、粉笔）教学多年，篆、隶、行、草、楷五种书体的作品多次入展省级书法展和第四届中国书坛新人作品展、第八届全国中青年书法篆刻家作品展、首届全国青年书法篆刻作品展等国家级书法展；书法论文二十多篇发表于国家级艺术类核心期刊《艺术教育》《青少年书法》等刊物上；编写出版多种书法教材和练习本；教育成果显著，是创作、理论与教学全能的书法教师。

2006 年以高等师范书法教育成果荣获中国书法最高奖——中国书法兰亭奖·教育奖提名奖。

2006 年被评为中国硬笔书法协会首批 13 位优秀会员之一，《中国硬笔书法报》曾以《优秀的书法教师——李汉宁》为题作专题报道。

2007 年 8 月到深圳市宝安区石岩公学工作至今的主要成绩：

2007 年 9 月编写了中小学书法练习本《硬笔楷书训练》一套三册，主持的课题"小学生课堂书法训练对策研究"被宝安区、深圳市教育部门分别资助立项。

2007 年 11 月被教育部考试中心授予硬笔书法等级考官资格。

2008 年 3 月，专著《中小学书法训练技巧》由岭南美术出版社正式出版发行。

2008 年 5 月，论文《中小学书法教学中具有代表性范字的选择》《中小学书法教育的意义和方法》在深圳市教研室主办的深圳市首届中小学书法教学研讨会论文评比中分别获一、二等奖。

2008 年 9 月创建了全国第一个专门从事中小学书法教育研究的网站——中小学书法教育。

2008 年 12 月被中国硬笔书法协会授予"全国优秀中青年硬笔书法家"荣誉称号。

2009 年 6 月被中国硬笔书法协会、中国关心下一代工作委员会评为"全国写字教学先进个人"。

2010 年 1 月，中国书法网刊载了中国书法网、《深圳商报》记者对李汉宁在石岩公学成功主持书法进入中小学课堂有关问题的专访。

2010 年 2 月 7 日，国内最权威的书法报刊——《书法报·少儿书画》头版整版刊登了题为《第三届中国书法兰亭奖·教育奖系列访谈之一：桃李芬芳——访深圳市石岩公学副教授李汉宁》的报道，内容是记者针对目前中小学书法教育问题对李汉宁进行的专访；2010 年 3 月 31 日，《宝安教育》人物版进行了转载。

2010 年 3 月被宝安区教科培中心聘请为宝安区教师硬笔书法培训主讲嘉宾。

2010 届 4 月被中国教育学会评为"全国艺术教育先进工作者"。

2010 年 4 月被石岩公学授予"公学名师"称号，同时李汉宁书法教学团队因表现优秀和对学校发展做出积极贡献，被石岩公学授予 2010 年特别奖。

2010 年 5 月 20 日，由宝安区教科培中心举办的"宝安区教师硬笔书法培训"第一讲在民治小学开讲，来自民治街道的 100 多名小学教师参加了这次培训。李汉宁作为主讲嘉宾，成功登台主讲，打响了宝安区教师硬笔书法培训的第一炮。

2010 年 5 月作为全国书法"名校名师"七位代表之一，应邀参加中国教育学会和书法报社主办的第三届全国少儿书画教学高峰论坛，以《两年的兰亭之路——深圳市石岩公学书法教育模式探索》为题做教学经验交流报告，亲手创立的"石岩公学中小学书法教育模式"成为论坛的热点议题，得到来自全国各地的中小学书法教育名师的高度评价。

2010年6月指导学生参加教育部艺术教育委员会主办的第十五届全国中小学生绘画书法作品比赛，因学生成绩突出，获指导教师一等奖。

主持策划深圳市石岩公学中小学书法教育工作，学校成果显著：

2009年6月，石岩公学被中国硬笔书法协会、中国关心下一代工作委员会评为"全国写字教学工作先进单位"。

2009年11月，石岩公学以突出的中小学书法教育成果荣获中国书法最高奖——中国书法兰亭奖·教育奖集体提名奖，成为兰亭奖2002年举办以来全国第一所也是唯一一所获得集体教育奖的中小学校。这标志着石岩公学中小学书法教育进入国内先进行列，引起了全国中小学书法教育界对石岩公学，对宝安区、深圳市乃至广东省的书法普及教育的广泛关注。

2010年4月，石岩公学被中国教育学会评为"全国书法教育先进单位"。

2010年6月，在教育部艺术教育委员会主办的第十五届全国中小学生绘画书法作品比赛中，学生获奖层次高，石岩公学荣获"全国书法组织工作先进集体奖"。

◎填写策略点评：本部分所写的内容，在申报书里已经有部分呈现，这里写得更丰富更具体，展现了个人多方面的实力和先进事迹，更加值得信赖。

第三部分　证明材料

①学历证书、教师资格证书、职称证书，个人、集体所获荣誉证书复印件。
②公开课、讲座及继续教育课时等证明原件。

第四部分　发表的论文、论著

①专著《中小学书法训练技巧》。
②论文《中小学书法教学中具有代表性范字的选择》。
③论文《中小学书法教育的意义和方法》。
④论文《两年的兰亭之路——深圳市石岩公学书法教育模式探索》。

第五部分　附加材料

①《书法报·少儿书画》的专访原件。
②创建的网站"中小学书法教育"的简介。
③在第三届全国少儿书画教学高峰论坛上做专题报告的介绍。
④主讲宝安区教师硬笔书法培训第一讲报道。
⑤李汉宁及其教学团队受到石岩公学隆重表彰。

◎填写策略点评：围绕申报表的内容要求，组合证明材料，有些基本材料不能少，有些材料可以灵活选择有代表性的。前面有目录，方便评委选择查阅。这部分是遵循这样的思想来完成的：材料实实在在，有一定的分量和高度。没有要求提交但自我认为有分量的材料，我作为附加材料提交。

二、深圳市宝安区第四届名师

接下来我们再看深圳市宝安区第四届名师的申报材料。

李汉宁被评为宝安区名教师证书

2011年12月，我被评为宝安区第三届名师；2015年6月，我被评为深圳市第四批名师。2016年10月，宝安区启动了第四届名师评审，我如期申报。2017年5月，我被确认为宝安区第四届名师。

按常规，已是市一级名师的，这一次申报区一级名师，如果没有什么特殊问题，基本上是能通过的。此次申报填写的内容、提交的各种材料，和上一届区名师申报大同小异。大部分内容可以从上一年市名师申报的材料中拿过来，做适当的增减就行，所以没有太多的困难。限于篇幅，此次申报不做分析介绍。

第四节　市级名师——深圳市第四批名师

2014年11月，深圳市基础教育系统第四批名师申报评审启动。参评人经学校推荐，由区教育局评审上报，最后由市教育局专家组考核答辩，公示。2015年6月，我被认定为深圳市第四批名师，成为深圳市首位书法学科名师。

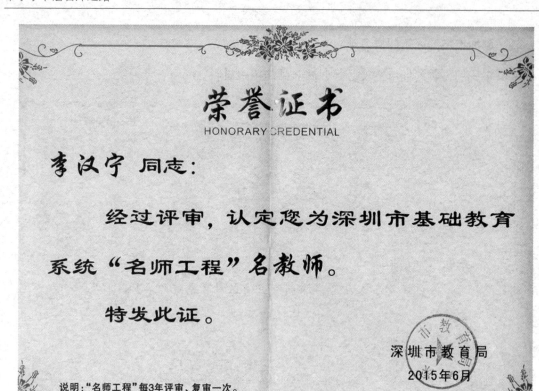

李汉宁被评为深圳市名教师证书

现从申报表、证书和证明材料、面试答辩等三个部分进行展示和点评。

一、深圳市基础教育系统名师工程名教师申报评审表

（一）基本情况（略）

（二）职业年资（略）

（三）基本条件（部分摘录）

现任教学科目：书法。

何时参加何学术团体任何职：2005 年，中国书法家协会会员。

何时何地曾认定何类名师：2011 年 12 月，宝安区名师。

◎填写策略点评：中国书法家协会会员、宝安区名师，是很好的条件。

（四）学历教育情况（部分摘录）

西南师范大学汉语言文学专业本科毕业，曾进修于中国美术学院书法专业。

◎填写策略点评：汉语言文学专业毕业、进修过书法，与申报书法名师吻合。

（五）继续教育情况（部分摘录）

2009—2014 年总共 375 课时，合格。（限于篇幅，具体从略。）

（六）主要教学经历（部分摘录）

广西百色学院、宝安区石岩公学、宝安第一外国语学校，书法教师。

◎填写策略点评：大学、中小学书法教学经历，表明有不同层次教学经验。

（七）近三年来主要教育教学教研工作业绩情况

1. 何时在市级以上（含市级）教研、科研部门组织或举办的教学业务竞赛获得二等奖以上奖励

2014 年被中国硬笔书法协会推选为教育委员。

2. 何时在市级以上（含市级）教研部门或学科教研会举办的教学观摩研讨活动中执教或作业务讲座情况

2010 年至今被聘为宝安区教师硬笔书法培训主讲嘉宾，多次为宝安区中小幼教师进行继续教育培训。

2010 年 5 月 25 日，在广东省教育学会主办的第三届全国少儿书画教学高峰论坛上以《两年的兰亭之路——深圳市石岩公学书法教育模式探索》为题做报告，交流自己在石岩公学主持策划书法教育工作，学校获中国书法最高奖——兰亭奖·教育奖的经验。

2011 年 12 月 2 日，在广东省教育厅教研室举办的广东省中小学书法教材编委会会议上专题介绍中小学书法教学法。

2014 年 10 月 16 日，在中国硬笔书法协会主办的首届全国书法教育高峰论坛上做中小学书法教学法专题报告。

◎填写策略点评：有两次在国家级的书法教育论坛做交流报告，教研活动有深度。

3. 近三年年度考核结果

全部称职。

4. 参加与承担市以上（含市级）教学竞赛课、公开课、实验课情况

2010 年 5 月 25 日，在广东省教育学会主办的第三届全国少儿书画教学高峰论坛研讨会期间，进行中学"楷书结构"示范课教学。

2014 年 10 月 16 日，在中国硬笔书法协会主办的首届全国书法教育高峰论坛期间，进行"笔画技法"公开课教学。

◎填写策略点评：有两次在国家级的公开课，有引领作用。

5. 专业素养与带头作用、班主任工作及培养青年教师情况

1）专业素养方面

本人在书法创作、书法理论、书法教学三方面全面发展，被媒体和业界公认为全国中小学书法教育界为数不多的科班的书法副教授，全国唯一一个大学、中小学书法教育成果均获过中国书法最高奖——兰亭奖·教育奖的书法教师。

（1）书法创作

曾进修于中国美术学院书法专业，师从著名书法教育家、中国书法家协会副主席陈振濂等名家。书法作品多次入展国家级大展，主要有第四届中国书坛新人作品展、第八届全国中青年书法篆刻家作品展、首届全国青年书法篆刻作品展、第一届全国硬笔书法家作品展。

（2）书法理论

在省级刊物、核心期刊发表书法论文 30 多篇。著有《中小学书法训练技巧》《中小学书法教学法》《中小学书法教学法配套课堂作业》等，其中《中小学书法教学法》成为我国基础教育史上第一本书法教学法专著，填补了国内空白，获"硬笔书法教育十佳受欢迎教材（字帖）"称号。所创建的网站"中小学书法教育"获广东省"十一五"教育技术研究与教育信息化优秀成果奖，获"书法教育最具影响力媒体（网站）"称号。2014 年 4 月，主

持的区、市两级课题"小学生课堂书法训练对策研究"圆满结题。

（3）书法教学

高等师范书法教育、中小学书法教育成果曾先后获得中国书法最高奖——兰亭奖·教育奖；主持策划深圳市宝安第一外国语学校书法教育工作，学校获2013年度"书法教育公办学校十佳"称号。

2013—2014年，两次受国务院侨办、深圳市人民政府侨务办公室、宝安区教育局选派，赴马来西亚支教，因书法教学成果突出，得到马来西亚教总主席、华裔学生的高度评价，马来西亚《中国报》《亚洲时报》《诗华日报》《星洲日报》等多家报纸做了采访。中国新闻网、凤凰网、新华网、人民网、中国日报网等大量媒体报道。

◎填写策略点评：专业素养体现在创作、理论与教学三个方面。作品参加国家级展览，理论书籍出版，执教的两所学校书法教学成果获全国奖，国内外媒体多次报道，比较出色。

2）班主任工作方面

因深圳学校不安排艺术学科教师担任班主任工作，本人在中小学班主任工作方面暂时空白，但负责学校书法社团的管理工作，积极组织学生开展书法教学、展览、比赛活动。做到既教书又育人，通过书法教学活动，培养学生耐心、细心、专心、恒心，提高学生的观察能力、模仿能力、领悟能力，加强学生的眼、手、脑协调性，从而使学生养成良好的学习习惯，同时培养学生对中华传统文化的热爱之情，帮助学生陶冶性情，提高品行修养，促进其他学科的学习。书法社被评为学校优秀社团，成为展示学校素质教育成果的一个阵地，得到各级来访领导、专家及家长的赞赏。

◎填写策略点评：艺术教师不安排班主任工作，但书法社团也需要管理，也是育人工作。

3）培养青年教师方面

近年来，利用课余时间指导有书法兴趣的本校教师进行书法练习，增强他们的教学基本功。在宝安区教科培中心的安排下，担任宝安区教师硬笔书法培训的主讲嘉宾，促进了一大批中小幼教师书写水平的提高，特别是使不少参加培训的语文老师掌握了指导学生练习书法的本领。

其中，在石岩公学亲手指导四位美术教师成为合格的书法教师，有三位在全国书法比赛中获等级奖。指导课题组成员完成各种教学研究任务，让他们从教学走向科研，有四位老师在校内外刊物上发表书法教学论文十多篇。

◎填写策略点评：全区教师硬笔书法培训主讲嘉宾，提高中小幼教师的书写能力，还指导科组美术教师转行教书法，指导他们发表多篇论文，这都是很好的证明材料。

（八）近三年来主要教育教学工作情况

每年每周平均14节，效果良好。属合格。限于篇幅，具体从略。

（九）近三年来主要教育教学科研成果

（何年何月、课题名称、课题级别、主持人还是参与者、完成情况、效果及获奖情况）

2014年4月；小学生课堂书法训练对策研究；市级；主持人；出版37万字专著一本，发表论文7篇，国内及马来西亚推广。

2010年至2014年；宝安区教科培中心举办的宝安区教师硬笔书法培训；区级；主讲；五讲共计3万字讲稿及750张PPT，宝安区教科培中心统计学员满意率为95%。

◎填写策略点评：主持市级课题，教师培训课程开发，是硬件。

（十）近三年来发表论文著作情况

（发表时间、题目、刊物、出版社名称、刊物级别、独立还是合作完成）

2013 年 9 月，《中小学书法教学法》，广西师范大学出版社，省级，独著。2014 年 6 月，《中小学书法教学法配套课堂作业》，校本教材，独著。

◎填写策略点评：学科教学法专著出版，有分量。

（十一）荣誉称号

（称号、时间、授予单位）

中国书法家协会会员，2005 年，中国书法家协会。

中国硬笔书法协会会员，2005 年，中国硬笔书法协会。

中国书法最高奖——兰亭奖·教育奖提名奖，2006 年，中国书法家协会。

教育部硬笔书法等级考官，2007 年，教育部考试中心。

深圳市首届中小学书法教学研讨会论文一等奖，2008 年，深圳市教研室。

全国优秀中青年硬笔书法家，2008 年，中国硬笔书法协会。

全国写字教学先进个人，2009 年，中国硬笔书法协会、中国关心下一代工作委员会。

策划书法教育工作的深圳市石岩公学获中国书法最高奖——兰亭奖·教育奖集体提名奖，2009 年，中国书法家协会。

全国艺术教育先进工作者，2010 年，中国教育学会。

学生书法比赛指导教师一等奖，2010 年，教育部艺术教育委员会。

全国书法普及优秀教师，2011 年，中国教育学会。

宝安区名师，2011 年，宝安区教育局。

独创、主编的网站"中小学书法教育"被评为广东省"十一五"教育技术研究与教育信息化优秀成果三等奖，2011 年，广东省电化教育馆。

主持策划书法教育工作的深圳市宝安第一外国语学校获 2013 年度"书法教育公办学校十佳"称号，2014 年，中国硬笔书法协会。

专著《中小学书法教学法》（含配套课堂作业）获"硬笔书法教育十佳受欢迎教材（字帖）"称号，2014 年，中国硬笔书法协会。

独创、主编的网站"中小学书法教育"获"书法教育最具影响力媒体（网站）"称号，2014 年，中国硬笔书法协会。

◎填写策略点评：荣誉有政府部分的，有行业协会的，有中国书协的书法家、教育部硬笔书法等组考官等身份，论文、网站获省市级奖，教学成果获国家级奖，有一定的高度。

（十二）民意测评结果、课堂教学评价结果及所在单位推荐意见

（十三）区名师评审专家组初评意见

（十四）区教育局意见

（十五）市名师工程学科评审组初评意见

（十六）市名师工程综合组评审意见

（十七）市教育局审批意见

二、证书、证明材料

（一）学历、学位证

（二）非学历教育证

（三）专业技术资格证

（四）任职资历证明、聘书

（五）专业技术资格证

（六）年度考核结果证明或考核意见

（七）计算机、外语程度相关证书

（八）继续教育证明

（九）班主任年限证明或符合减免条件的证明

（十）暂住证、人才居住证、聘用合同

（十一）课时工作量证明材料

（十二）课堂教学质量评价评估考核成绩及评估材料

（十三）其他证明、证书复印件

①中国书法家协会会员证。
②中国硬笔书法协会会员证。
③教育部考试中心硬笔书法等级考官证。
④深圳市首届中小学书法教学研讨会论文一等奖证书。
⑤全国写字教学先进个人证书。
⑥深圳市石岩公学获中国书法最高奖——兰亭奖·教育奖集体提名奖证书。
⑦全国艺术教育先进工作者证书。
⑧学生书法比赛指导教师一等奖证书。
⑨全国书法普及优秀教师证书。
⑩宝安区名师证书。
⑪主编的网站"中小学书法教育"获广东省"十一五"教育技术研究与教育信息化优秀成果三等奖证书。
⑫宝安第一外国语学校获"书法教育公办学校十佳"称号证书。
⑬专著《中小学书法教学法》（含配套课堂作业）获"硬笔书法教育十佳受欢迎教材（字帖）"称号证书。
⑭主编的网站"中小学书法教育"获"书法教育最具影响力媒体（网站）"称号证书。
⑮主持区、市两级课题"小学生课堂书法训练对策研究"2014年结题证书。

◎呈现策略点评：前十二项为基本证明材料，不用思考，做足做齐即可。第十三项包括会员证，论文、网站、课题、教材获奖证明，有个人教学奖、学校教学奖，都是市级以上荣誉。虽然好多是行业协会奖，但书法学科不是国家课程也不是地方课程，政府方面的奖还很少列入书法，所以，这些奖是能显示专业水平的，也是有证明价值的。总之，要围绕申报表的内容要求，组合证明材料，按顺序分类呈现。基本材料不能少，其他材料可以灵活选择有分量的。前面做目录，让评委容易查阅。

三、面试答辩

名师的面试答辩时间通常为 15 分钟，其中一部分是自我介绍，一部分是现场答辩。

（一）自我介绍

我叫李汉宁，职称是书法副教授，曾被评为宝安区名师。作为书法教师，我追求创作、理论与教学全面发展。创作方面，我是中国书法家协会会员、教育部考试中心硬笔书法等级考官。理论方面，我出版了两本专著，发表了 30 多篇论文。教育方面，获得了全国四项大奖：

①大学、中小学书法教育成果均获过中国书法最高奖——兰亭奖·教育奖。

②出版我国第一本书法教学法专著，该书获"硬笔书法教育十佳受欢迎教材（字帖）"称号。

③创建全国首个专门研究中小学书法教育的网站——中小学书法教育，网站获"书法教育最具影响力媒体（网站）"称号。

④我们学校获"书法教育公办学校十佳"称号。

◎陈述技巧说明：这个环节在面试答辩之前，对此我是有猜测、有准备的。答辩前一天，我自己打了文字稿，基本记住。考虑到答辩时可能会紧张，内容讲不全，加上我个人语速较慢，所以，我尽量把握要点，写得简洁，方便记忆。作为名师评选，自我介绍应该要体现个人的身份、专业能力和教学成果。身份为书法副教授、宝安区名师，再走一步到市名师，应该不唐突。专业能力和教学成果：先用"创作、理论与教学全面发展"做概括，再展开。创作上，是中国书法家协会会员，算是书法家了，书法水平不用怀疑；理论上，出版两本专著，发表了 30 多篇论文，这在中小学教师队伍中真不多；教学上，获全国四大奖，有个人兰亭奖，有教材"十佳"奖，有网站奖，有学校"十佳"奖，分量不轻。我一直认为，自我介绍的准备，要尽量浓缩，要点、亮点清清楚楚，记在心里。这样的好处：第一是陈述时容易挖出来，不会因为东西太多一下子记不起，导致中间停顿；第二是因为是要点，可以更加从容地去陈述，不必紧张急促；第三是因为是要点，你可以在不经意中展开发挥，评委会更加觉得你自然稳重，你也不怕超时；第四是，面试的关键还在于后面的答辩，你前面过于紧迫，长篇大谈，一旦超时，会让人感觉你不大气。总之，自我介绍部分能说好，将给你后面的答辩增加自信，使评委有好印象。这是个人感受，可能因为我记性不好，语言迟钝的缘故，叙述得不够精彩，仅供参考。

（二）现场答辩

评委现场提出两个问题，不给你准备时间，你需要立刻回答。记忆里，给我的问题和回答的要点如下：

①如何提高书法教育质量？

当前，影响书法教学质量的原因是多方面的。2008 年，广东省要求书法进课堂；2011 年，教育部要求开展书法教育。这么多年来，大家都感到书法教育难以推行，其中主要的原因是师资、教材、场地等问题。这些问题解决不了，就会影响到书法教学的质量。就拿师资来说，现在的书法教师大多是半路出家的，我们要加强对这些教师的专业能力的培养，才能更好地提高教学质量。拿教材来说，现在全国没有统一、系统的教材，书法教师要能针对学生实际，及时合理地选择字帖，编写校本教材，才能更好地提高教学质量。拿场地来说，书法训练要摆放笔墨纸砚、字帖，我们需要配置宽大的桌面，让学生从容书写，才能更好地提高教学质量。当然，要提高书法教学质量，还有很多方面需要注意，比如工具选择、教学方法等，这个题目太大，这里一下子无法列举完。

◎答辩技巧说明：这个问题问得很大，给人的感觉是很宽泛。影响书法教学质量的因素很多，你一下子讲不全、讲不完。但是，你转过弯来，就好找答案了。你不需要讲齐全，你找某个点来讲，也就可以了。当时全国刚好都在感叹中小学书法教育难推行，最大的问题是师资、教材、场地等，所以我顺手把这三个方面拿出来讲。把国家形势、社会现实与教学要求结合起来分析说明，应该比较切题。

②你怎么会从大学到中小学来？

这个问题，有人私下打听过，甚至有人猜测，我是不是在大学里干不下去了。我来中小学的原因是这样的：2008年8月，广东省中小学要求书法进课堂，深圳市石岩公学的校长主动去请我来，给我最高的特聘待遇，要我来主持学校的中小学书法教育工作。我当时想，在大学里，我评上了书法副教授，我的高等书法教育成果获过兰亭奖·教育奖，再做下去，可能也做不高了。我在广西百色，怎么能与外面的大学比呢？但是，中小学书法教育刚刚起步，有很多空白，有很多事情可以做，特别是在深圳这样的创新城市。所以，我就来了，刚开始辞了公职，过来代课，两年后再通过考试转为正编。

◎答辩技巧说明：这个问题看起来很简单，把自身的经历讲出来，不会没有话题，但是很容易平淡。还好，我来中小学的确还有让人敬佩之处，我要讲到点子上。一个是我是被人请来的，以学校最高的待遇请来的，说明自己有价值。另一个是，中小学开始"书法进课堂"，是个新项目。深圳是创新城市，我想试探，我是有事业理想的。再一个是，我辞了公职先来代课，这一点一定要说明，它表明我为了事业理想，是有勇气、有胆量的。这样的回答，满足了评委的好奇心，也多少会让评委产生好感！

第五节　国家级（行业协会）名师
——中国硬笔书法协会"2014年度写字教育名师"

提倡书法课进入中小学课堂，也是近几年的事。因为书法学科既不是国家课程，也不算地方课程，在很多地方都只是校本课程而已，所以只有重视书法的学校才开设这门课。加上各地基本上没有书法教师的编制，专职书法教师极少，各地名师评审很少有书法教师参与；同时，书法教师在任教资历、出线机会等多方面很难与主要学科教师相比。所以，书法教师要想成为省市、国家级名师，是相当难的。

书法教师大都想给自己争得一点荣誉，提高自己的教学知名度，扩大与书法同行的交流，因此书法行业协会评选的各种书法教育奖、名师奖，对书法教师们会有一定的吸引力。比如中国书法兰亭奖·教育奖，它虽然不是政府奖，但却是中国书法家协会举办的评选活动。作为书法教师，你如果不是中国书法家协会会员，是没有资格参加评选的。还有中国硬笔书法协会举行的一些评选，尽管含金量不是很高，分量不及没有政府奖，但是我认为，作为书法教师，没有更高的奖可以让你拿，像这样低一点的奖，尽量去争取多拿几个，没有什么坏处。因为你需要在各种平台学习、锻炼。

我于 2005 年加入中国书法家协会、中国硬笔书法协会，2006 年加入中国教育学会书法教育专业委员会。这么多年来，我多次参加协会的各种评比，得到不少的奖项，而且得过比较高的奖项，如兰亭奖·教育奖。这样的奖，对好多书法教师来说，可能也是需要长期的努力才能获得的。这样的奖，得到社会上广大学习书法的人的认可，在某种程度来说，能证明你有了点名师的味儿，对个人的专业发展有不少激励作用。

为此，我在这里开辟了这一节，为的是鼓励和支持对书法教育发展有促进作用的任何活动，而不是想通过这种方式抬高自己。2015 年 4 月，我被中国硬笔书法协会评为"2014 年度写字教育名师"。下面我从申报书、证明材料等两个方面进行展示和点评。

一、中国硬笔书法协会"2014 年度写字教育名师"评审申报书

李汉宁被授予"写字教育名师"证书

（一）申报人简介

李汉宁，壮族，广西百色人，书法副教授，西南师范大学汉语言文学专业本科毕业，曾进修于中国美术学院书法专业，师从庞中华、张华庆、章祖安、陈振濂等名家。中国硬笔书法协会教育委员，中国书法家协会会员，教育部考试中心硬笔书法等级考官，中国教育学会书法教育专业委员会会员。曾执教于广西百色学院，现为深圳市宝安第一外国语学校书法教师。

作品多次入展中国硬笔书法协会、中国书法家协会举办的国家级展览；发表书论 30 多篇；著有《中小学书法训练技巧》《中小学书法教学法》《中小学书法教学法配套课堂作业》等；创建全国首个专门研究中小学书法教育的网站——中小学书法教育（http：//www.zxxsfjy.com/，网站名题字：张华庆主席），并获广东省"十一五"教育技术研究与教育信息化优秀成果奖；大学、中小学书法教育成果曾先后获得中国书法最高奖——兰亭奖·教育奖。

先后被中国硬笔书法协会评为"优秀会员""先进工作者""全国优秀中青年硬笔书法家"，被评为"全国写字教学先进个人""全国艺术教育先进工作者""全国书法普及优秀教师"，任书法报全国中小学书法教育讲师团讲师。

◎填写策略点评：年度名师，首先要看你原有的身份和实力。这里先表明是在职教师，然后把中国书法家协会会员、中国硬笔书法协会会员身份，书法作品参加国家级展览，专著、网站情况，获兰亭奖及在各种行业协会中的任职情况，特别是获过中国硬笔书法协会多项奖进行列举，有说服力。

（二）主要业绩

①同时获三项全国大奖。2014年10月，在由中国硬笔书法协会举办的首届全国书法教育"百强十佳"评选活动中，李汉宁共获得三项大奖：

所主持策划书法教育工作的宝安第一外国语学校获2013年度"书法教育公办学校十佳"称号。

所出版的专著《中小学书法教学法》（含配套课堂作业）获"硬笔书法教育十佳受欢迎教材（字帖）"称号。

所创建、主编的网站"中小学书法教育"获"书法教育最具影响力媒体（网站）"称号。

②2014年10月，由广西师范大学出版社出版发行的专著《中小学书法教学法》（2013年9月第1次印刷）全国市场脱销；2014年11月完成第2次印刷，2015年3月再次脱销。

③2014年11月，成立深圳市汉宁文化传播有限公司，来负责网站"中小学书法教育"的编辑运行，以及《中小学书法教学法》《中小学书法教学法配套课堂作业》的推广销售和"李汉宁书法"品牌的推广加盟工作。

④2014年12月，李汉宁通过考核答辩，被评为深圳市有史以来第一个书法学科名师。

⑤2014年，所主持的深圳市课题"小学生课堂书法训练对策研究"圆满结题。

⑥完成网站"中小学书法教育"的升级改版工作，改版后的网站由张华庆主席题写网站名，于2015年元旦联网发布，为全国中小学书法教育界提供一个崭新的学习交流平台。

⑦"李汉宁书法"品牌初步形成，为中小学教育、教师培训各阶层培养了一定数量的人才，取得了良好的效益，产生了品牌效应。中国硬笔书法协会主席张华庆教授对"李汉宁书法"高度认可，并给予品牌题字。"李汉宁书法"至今已开创全国书法教育四大独一无二的奇迹：

第一，大学、中小学书法教育成果均获过中国书法最高奖——兰亭奖·教育奖。

第二，出版我国基础教育史上第一本书法教学法专著——《中小学书法教学法》，填补国内空白。

第三，创建的全国首个专门研究中小学书法教育的网站——中小学书法教育获"书法教育最具影响力媒体（网站）"称号。

第四，主持策划书法教育工作的中小学校一个获兰亭奖·教育奖集体提名奖，一个获"书法教育公办学校十佳"称号。

⑧2014 年，李汉宁被国务院侨办、深圳市侨办、深圳市教育局派赴马来西亚支教，书法教学成果丰硕。

其一，通过深圳市侨办采购，将自己的专著《中小学书法教学法》200 本分别赠送给马来西亚各个华文学校教师，作为教师教学参考用书。

其二，编写马来西亚专版《中小学书法教学法配套课堂作业》，版权赠送给马来西亚华文学校董联会，作为马来西亚华文学校学生书法训练使用。

其三，2014 年暑假，受国务院侨办、深圳市侨办、深圳市教育局的委派，李汉宁赴马来西亚沙巴州支教，给当地教师及中小学生进行书法培训，并应邀与亚庇书艺协会进行学术交流，得到当地书法界、华文学校董联会领导、师生、华侨同胞的高度评价。当地媒体高度关注，《中国报》《亚洲时报》《诗华日报》《星洲日报》等做了专题报道，其中《亚洲时报》同一天用两个专版，以《书法名师李汉宁教学风趣》为题宣传报道。

◎填写策略点评：主要业绩部分有获全国三大奖、书籍重印、评上市级书法名师、个人书法教育品牌推广、国外支教等高层次的材料，分量重。

二、证明材料

◎呈现策略点评：从申报人简介、主要业绩两个部分精选出有分量的证书复印件，加上国外媒体多次报道的复印件。不滥用材料，保证精到。

第三章　中小学书法名师工作室创建

第一节　名师工作室创建心得

为了加快名师队伍的建设，发挥名师的辐射、引领、示范作用，各地都在推动名师工作室的建设。

名师工作室的申报有基本的资格条件，那就是名师工作室主持人必须是名教师。

通常名师工作室申报都有规定的程序，如市名师工作室，程序为：填写《名师工作室申报表》，所在学校和区教育局提出意见，市教育局审核，公示，确定公布，挂牌成立。

名师工作室的组建是在上级教育行政部门统筹协调下，由主持人负责成员、学员招募的。要求工作室的成员、学员一定要有骨干教师、教坛新秀，要有相应学科的优秀老师参加。

名师工作室的职责主要有制订工作规划、培养一批骨干教师、完成课题研究、开展培训活动、建设学科资源、带动学科发展等。

为了保证名师工作室的顺利组建和工作的正常开展，上级行政管理部门会给名师工作室提供多方面的支持。比如深圳市教育局给市名师工作室的支持包括六个方面：给荣誉称号；给工作平台；给专家指导；给经费支持；给学习机会；给发展通道。

名师工作室无论对主持人还是对成员、学员，都是很好的专业发展平台。对主持人而言，你将得到更多的扶持，也会有更大的责任和压力，促使你在专业发展路上走得更远，你的思想和经验将传播给更多的同行，进一步提升你的名气。对于成员、学员来说，通过名师工作室的培养，你会得到及时的帮助，少走弯路，更快地成为新秀，成为骨干，甚至成为名师。

关于名师工作室的创建以及工作开展，我想说说下面几点：

一、广泛发动，选择有区域、学段、学科代表性的学员

名师工作室的建设和发展，最关键的一步是学员的选择。学员的分布要有代表性。比如市级名师工作室的学员应该是各个区都有，特别是我们书法类的工作室不像其他学科有很多个，学员面广了，工作室辐射的范围会更大，不同区域的学员会带来不同的问题、不同的优势，学员之间交流探讨的话题就更多了。另外，每个学段的教师也会有自身不同的特点，比如小学与初中教师、小学低年级与高年级教师，同样是上书法课，他们的教学内容会有很大的不同。所以，在学员选择时，要考虑到各个教学阶段的平衡。这样，你的工作室才能完整地代表中小学。还有，专职书法教师和兼职书法教师都可以招募，语文、美术等学科教师中对书法教学教研有浓厚兴趣的也可以少数招募。毕竟现在科班的书法教师不多，有兴趣的可

以去培养。

二、精心挑选，选择有责任心、有上进心的学员

要把工作室的工作开展好，培养出一批新秀，除了需要主持人专业素质高，有思想有远见，有凝聚力，善于管理和引导学员外，还需要工作室的学员能把工作室当作自己的科组，并真心实意地想在这个科组里拜师交友，努力提高教学教研水平。所以，在选择学员时，要尽量了解他的心态，他是不是跟风报名。要争取招募到有责任心、有上进心的学员，你的工作才好开展。如果有学员三心二意，不求进取，你怎么能让他有进步？工作室考核时，你拿什么成果来交差？据我所知，因为很多客观条件限制，比如活动不好请假、经费使用审批困难等，名师工作室能给学员的待遇没有那么丰厚，有些学员对工作室的事也常常是应付了之。如果没有好学上进的学员，你很难把工作室做得有声有色。我的工作室有个课题到期中时要求学员上交各自负责部分的研究材料，这时我才发觉有些人不想做了，他觉得做下去用处不大，又不需要评职称。这真让我左右为难。

三、严格按计划开展工作，及时总结、反思、收集成果材料

工作室的计划应该是按照文件的要求，并综合对主持人、学员的能力、条件等的评估，切合实际地制订的。如果大家同心协力，按质按量完成工作任务，应当是没有多大问题的。但是，往往因为大家不在同一个学校，见面的次数不多，各有各的忙，很多工作可能一下子就被忘记掉或者拖延。所以，主持人真的要经常提醒自己和学员，严格按计划一点一点地去做。大家要在工作室创建时约法三章，大家同意的方案和计划，要守信用，要坚持下来，不能把自己的责任推给别人。另外，每一阶段每个人该做总结和反思及成果材料的收集。这样，工作室的年度总结才有素材或依据，同时主持人才好根据大家的情况安排下一步的工作。成果材料的收集如果做得不到位，就算你的工作室做得风生水起，到终期验收检查时，你仍然就会很被动。

四、多想办法，开展与专业发展相关的创新性活动

提升教师专业素养的活动，我们在学校里见得不少，但是作为名师工作室，我们可以更大胆地去开展一些创新性活动，做一些探索实验。三年中，我的工作室组织学员一起编写出版了《中小学书法示范课教案》《中小学书法教学反思》两本书。写教案和做反思，对每一个教师来说都不是难事，但一说是要出版的，大家就自然而然地去反复推敲修改，越写越发现不足，这样能激发大家去学习提升。因为工作室参编人数不够，我们又向全国及马来西亚邀请教师参编。这个事情让工作室的学员很有成就感，大家觉得这个活动有新意，希望今后还能参加。

第二节　深圳市石岩公学少年书画院

深圳市石岩公学为了推进学校教育的高品质发展，对艺术教育高度重视。2008年，学校专门成立少年书画院，统领学校幼儿园、小学、初中、高中、国际部、教职工等各个层次的校园书画教学科研、比赛展览、培训交流等活动。少年书画院的成立，促进了不少师生书画水平的提升，丰富了校园的文化活动。少年书画院在几年的发展中，取得了丰硕的成果，

成为学校优质的教育品牌，得到校内外教育同行的广泛好评。

在一所中小学里成立少年书画院，又搞得有声有色，这主要归功于当时的校长朱文彦先生有远见并极力地支持。

我在石岩公学工作期间，一直担任少年书画院的院长。这是我工作以来当的最大的"官"，所以我在工作上特别有责任感，也特别的投入。少年书画院是我从大学到中小学后，从事中小学书法教学实验与学术研究、带领团队的最初起点，所以我把它放在中小学书法名师工作室创建这一章来讲。

现分少年书画院简介、少年书画院主要活动及成果两方面进行介绍。

一、少年书画院简介

深圳市石岩公学少年书画院成立于2008年，其目标和任务是：打造公学艺术教育品牌，提升公学艺术教育水平，加强学校文化建设，进一步推进素质教育，促进学校高端办学策略的全面实施。

石岩公学少年书画院在艺术中心大楼一、二楼各开辟了一个书画展厅，每个展厅大约120平方米。二楼展览大厅中央放置六张合并的书画台，供来宾题字、师生书画表演交流使用。二楼开辟有六间书画专用教室，每间按可供40个学生同时上课的标准设置。教室内配有电脑、投影仪、背投等多媒体设备，安有空调备有书画教学专用的宽大课桌，上铺专业画毡，摆有笔筒、笔架、墨碟，安有磁性黑板，讲台边有教师专用示范台，教室后面装有学生书画用品、作品存放柜。另设有收藏室一间，内设作品收藏专柜，文房四宝专柜，收藏各种书法资料图片。

石岩公学少年书画院内设书法教研组、美术教研组、李汉宁书法教育工作室、"中小学书法教育"网站编辑部、教职工书法协会办公室等机构。有指导教师10人，其中1人为中国书法家协会会员，2人为市级书画家协会会员，2人为宝安区女画家协会会员。全校爱好书画的师生都是少年书画院的学员。

石岩公学少年书画院现聘请中国书法家协会会员、中国硬笔书法协会会员、中国教育学会书法教育专业委员会会员、教育部考试中心硬笔书法等级考官，曾获得中国书法兰亭奖·教育奖提名奖的书法专业副教授李汉宁担任院长。

深圳市石岩公学少年书画院展厅

二、少年书画院主要活动及成果

深圳市石岩公学少年书画院里的书法教研组、美术教研组、李汉宁书法教育工作室等科组内的老师，专业基本功扎实，具有丰富的书法美术教学、科研和活动策划经验。

在学校领导的关怀、全体师生的支持、少年书画院指导教师的共同努力下，少年书画院长期举办丰富多彩的书画活动：每周三晚上有"教职工书法笔会"，全体教职工书法爱好者可以到少年书画院现场书写交流；每周有"教师古诗文板书展"；每月有"学部教职工书法作业展"，从幼儿园、小学部、初中部、高中部、教科部到校办，轮流展出；每学期举办"教师个人书画展"或"学生个人书画展"；每年有"迎新师生书画展""汉字文化周""千人画公学"等活动；每学期还有"学生书法比赛""写字特色班级评比"等。

为了保证各种活动的正常开展，学校每年给少年书画院提供 8 万元的活动经费。

因书画教育成绩突出，2009 年 6 月，学校被中国硬笔书法协会、中国关心下一代工作委员会评为"全国写字教学先进工作单位"，被中国教育学会评为"全国美术教育先进单位"。2009 年 11 月，学校获中国书法最高奖——中国书法兰亭奖·教育奖集体提名奖，成为兰亭奖举办以来全国第一所也是唯一一所获得集体教育奖的中小学校。

石岩公学少年书画院将成为学校艺术教育的一个品牌、一面旗帜。2011 年 4 月，少年书画院因"优秀表现和对学校发展做出的积极贡献"，获被学校为"先进集体奖"。

少年书画院获学校"先进集体奖"证书

第三节　深圳市石岩公学李汉宁书法教育工作室

现从工作室简介、工作室成果、专家评价等三个方面进行介绍。

李汉宁书法教育工作室匾额

一、工作室简介

李汉宁书法教育工作室于 2008 年 4 月 10 日石岩公学建校 33 周年校庆日成立，设在少年书画院内。工作室是在学校高端办学背景下，以个人名字命名的两个工作室之一。其主要任务是开展中小学书法教育研究，主持创建石岩公学中小学书法教育模式，创建、编辑网站"中小学书法教育"，为石岩公学创立书法教育品牌服务。工作室主持人李汉宁为书法副教授，教育部考试中心硬笔书法等级考官，中国书法家协会会员，中国硬笔书法协会会员，中国教育学会书法教育专业委员会会员，石岩公学少年书画院院长。工作室成员由学校书法教研组的成员兼任。

二、工作室成果

工作室在几年中积极开展丰富多样的教学科研活动，主持人与成员一同快速成长，专业水平和教学教研能力都有了大幅度的提升，大家在创作、理论与教学等多方面取得了可喜的成绩。主持人出版了专著，成了区级名师，被邀请到全国书法教育论坛上做报告；每个成员都成功地从美术教师转型成为合格的书法教师，在作品参展、论文发表、指导学生参赛获奖等方面取得了不小的成绩。在工作室的引领下，学校的中小学书法教育工作开展得科学规范，教学成果丰硕，学校获兰亭奖·教育奖等多个国家级荣誉。2010 年 4 月校庆表彰中，李汉宁书法教学团队荣获学校"特别奖",成为全校两个受表彰的教学团队之一。

李汉宁书法教学团队获石岩公学"特别奖"证书

1. 主持人成果

从2008年4月工作室成立,到2012年8月我调出石岩公学的四年多时间里,作为主持人,我取得了可喜的成绩:

我被评为石岩公学特级教师讲师团成员,石岩公学学术委员会委员。

2008年,我主持的课题"小学生课堂书法训练对策研究"被宝安区、深圳市两级立项;我创建的全国首个专门研究中小学书法教育的网站——中小学书法教育上线,网站运行良好,引起了全国书法教育界的广泛关注;论文《中小学书法教学中具有代表性范字的选择》在深圳市教研室主办的深圳市首届中小学书法教学研讨会论文评比中获得一等奖;专著《中小学书法训练技巧》由岭南美术出版社出版发行。

2010年,我被评为石岩公学第四届名师。

2010年,我被宝安区教科培中心聘为宝安区教师硬笔书法培训主讲嘉宾;担任宝安区教师综合素质大赛书法类评委。我指导学生参加教育部艺术教育委员会主办的第十五届全国中小学生绘画书法作品比赛,学生成绩突出,我获指导教师一等奖;作为全国书法"名校名师"七位代表之一,应邀到书法报社主办的第三届全国少儿书画教学高峰论坛进行教学经验交流,以《两年的兰亭之路——深圳市石岩公学书法教育模式探索》为题做报告。

2011年,我被宝安区教育局评为宝安区基础教育系统第三批"名师工程"书法学科带头人,被中国教育学会评为"全国书法普及优秀教师"。

2012年,我被评为石岩公学第五届名师。

2. 成员成果

2008 年，胡军老师在学校成功举办个人书法展；唐照永老师的论文《对中小学学生进行书法教学势在必行》在深圳市教研室主办的深圳市首届中小学书法教学研讨会论文评比中获得二等奖。

2009 年，朱瑛老师的论文《写字教学评价管理体系的构建》发表于《教学与管理（小学版）》2009 年第 2 期。孙昌德老师的论文《小学书法教学的现状与对策》发表于《教育视野》2009 年第 4 期。胡军的论文《培养小学生良好书写习惯的主要内容》发表于《今日教育》2009 年第 5 期。马展云老师的论文《怎样上"活"书法课》发表于《青少年书法》2010 年第 19 期。

2010 年，在由书法报社举办的第二届全国名师书画作品展中，孙昌德、胡军、马展云等三位老师的书法作品入展。孙昌德老师的论文《小学生书法启蒙教学初探》发表于《新课程》2010 年第 2 期。胡军老师的论文《小学生笔顺笔画训练探究》发表于《当代教育教学研究》2010 年第 2 期。马展云老师的论文《小学生书法结构教学与趣味探索》发表于《当代教育》2010 年第 1 期。

3. 学校成果

2009 年，学校被评为"全国写字教学工作先进单位"，获中国书法最高奖——兰亭奖·教育奖集体提名奖。

2010 年 4 月，学校被中国教育学会评为"全国书法教育先进单位"。

2010 年 6 月，在教育部艺术教育委员会主办的第十五届全国中小学生绘画书法作品比赛中，学生获奖层次高，学校荣获组织工作先进集体奖。

2011 年 4 月，学校被中国教育学会评为"全国书法普及优秀学校"。

三、专家评价

2009 年 11 月 24 日上午，中国书法家协会会员、中国教育学会书法教育专业委员会常务理事、深圳市书协原副主席、深圳市教育学会书法教育研究会会长邹炯文先生参观李汉宁书法教育工作室时，对在工作室带领和努力下，学校书法教学、科研取得丰富成果，并获中国书法最高奖——兰亭奖·教育奖表示高度赞赏。他现场挥毫题墨宝："兰亭遗韵千秋称誉，书教育人万世有功。石岩公学荣获第三届兰亭奖之书法教育奖提名奖，为广东与深圳教育界争光，我为之感动，书此致敬。乙丑年冬初，邹文。"

第四节　深圳市李汉宁书法名师工作室

现从工作室简介、工作室申报表、工作室组建、工作室计划、工作室终期验收总结、工作室终期验收考核答辩等六个方面进行展示和点评。

一、工作室简介

荣誉证书

HONORARY CREDENTIAL

李汉宁 同志:

被评为第二批深圳市中小学名师工作室

主持人[中学美术（书法）]。

特发此证，以资鼓励。

深圳市教育局
2015年12月

说明：名师工作室每3年为一个周期。

李汉宁被评为深圳市名师工作室主持人证书

深圳市李汉宁书法名师工作室目前是深圳市唯一的中小学书法名师工作室。2016年3月16日，宝安区教科培中心主任彭茂发、教研室副主任刘琼、宝安第一外国语学校校长段天虹和副校长付海兵为工作室揭牌。揭牌当天，同时举行工作室成员首次培训会暨深圳市推广课程李汉宁"中小学书法教学法"推广启动仪式。来自全市各区的32位在职教师作为工作室成员出席仪式暨培训会。

主持人李汉宁原为书法学科副教授，现为中学书法正高级教师，中国书法家协会会员。

工作室成立时共吸收了来自深圳市各区的49位教师，其中成员8人，学员41人。他们全部是中小学青年教师，尚没有区级以上名师或骨干教师和教坛新秀。其中有2人是书法专业毕业生，47人是非书法专业毕业生；12人为专职书法教师，8人为兼职书法教师，20个专兼职书法教师中只有一个人有中级职称，没有一个人有高级职称。当时市教育局的文件规定，工作室学员一般为10~15人，但报名参加的49位教师意愿强烈。经请示，宝安区教科培中心同意让他们全部参加。

因为近年来教育部要求书法进入中小学课堂，书法教育得到了越来越广泛的重视。作为副省级市的书法名师工作室，李汉宁书法名师工作室的成立受到了不少同行的关注，各地一些书法教师主动联系，要求成为工作室的学员。为了扩大交流，之后我们吸收了来自全国及马来西亚近110名教师到工作室群中，作为网络交流学员。因此，工作室的队伍人数达到160人。不同地区学员之间信息共享，一同探讨，取长补短，对工作室的发展有着非常积极的作用。

在三年的时间里，名师工作室努力帮扶学员成长为合格书法教师，帮扶成员成长为学科骨干教师，取得了不小的成效。其中 4 位教师举办了书法展，3 位老师加入省级书法团体；3 位老师成为区级书法教研中心主任或兼职书法教研员工作室出版了 9 本书法著作或教材，9 个课题被省、市、区立项；组建 12 人的讲师团，向 8 所中小学、2 所大学、4 个社会培训机构及多所马来西亚华文学校推广"中小学书法教学法"课程；3 位成员成功申报了 1 所全国书法教育示范学校、两所区级书法教育示范学校。

可喜的是，工作室主持的"中小学书法教学法"推广课程成果获 2017 年广东省教育教学成果奖一等奖；工作室主持人李汉宁 2017 年被评审为中学书法正高级教师，成为全国中小学书法学科第一个正高级教师。《人民日报》《南方教育时报》，马来西亚《亚洲时报》《诗华日报》，以及深圳教育等多家网络媒体对工作室主持人及成员的相关成果做了 20 多次报道。

2016 年参加深圳市李汉宁书法名师工作室揭牌仪式的领导、成员合影

二、工作室申报表

（一）深圳市中小学名师工作室申报表

1. 基本情况（部分摘录）

现任教学科：初中书法。

何时调入深圳教育系统：2009 年 7 月。

现任专业技术职务及受聘时间：书法副教授，2013 受聘中高七级。

2. 获得荣誉称号情况

（1）中国书法家协会会员（2005 年，中国书法家协会）

（2）中国硬笔书法协会会员（2005 年，中国硬笔书法协会）

（3）中国书法最高奖——兰亭奖·教育奖提名奖（2006 年，中国书法家协会）

（4）教育部硬笔书法等级考官（2007 年，教育部考试中心）

（5）深圳市首届中小学书法教学研讨会论文一等奖（2008 年，深圳市教研室）。

（6）全国优秀中青年硬笔书法家（2008 年，中国硬笔书法协会）

（7）全国写字教学先进个人（2009 年，中国硬笔书法协会、中国关心下一代工作委员会）

（8）主持书法教育的深圳市石岩公学获中国书法最高奖——兰亭奖·教育奖集体提名奖（2009 年，中国书法家协会）

（9）全国艺术教育先进工作者（2010 年，中国教育学会）

（10）学生书法比赛指导教师一等奖（2010 年，教育部艺术教育委员会）

（11）全国书法普及优秀教师（2011 年，中国教育学会）

（12）宝安区名师（2011 年，宝安区教育局）

（13）创建的网站"中小学书法教育"获广东省"十一五"教育技术研究与教育信息化优秀成果三等奖（2011 年，广东省电化教育馆）

（14）主持书法教育工作的深圳市宝安第一外国语学校获"书法教育公办学校十佳"称号（2014 年，中国硬笔书法协会）

（15）专著《中小学书法教学法》9 含配套课堂作业）获"硬笔书法教育十佳受欢迎教材（字帖）"称号（2014 年，中国硬笔书法协会）

（16）创建的网站"中小学书法教育"获"书法教育最具影响力媒体（网站）"称号（2014 年，中国硬笔书法协会）

（17）2014 年度"写字教育名师"（2015 年，中国硬笔书法协会）

（18）深圳市名教师（2015 年，深圳市教育局）

◎填写策略点评：建立名师工作室，最先看的是主持人的能力。获得荣誉这一部分，最好是政府部门颁发的，但因为艺术学科特殊，特别是书法，政府荣誉极少见，所以有分量的行业协会荣誉也应该是有说服力的。因为是市级名师工作室，要选择市级以上的荣誉。这里呈现的大部分是国家级荣誉。

3. 主要学习与工作经历

1）学习经历（部分摘录）

西南师范大学汉语言文学专业本科毕业，曾进修于中国美术学院书法专业。

◎填写策略点评：汉语言文学专业学历和书法专业进修经历与书法名师工作室是对口的。

2）工作经历（部分摘录）

广西百色学院、宝安区石岩公学、宝安第一外国语学校，书法教师。

◎填写策略点评：一所大学、两所中小学的教学经历，与书法名师工作室是对口的。

4. 指导青年教师成长情况

近年来，利用课余时间指导有书法兴趣的本校教师进行书法练习，增强他们的教学基本功。在宝安区教科培中心的安排下，多年担任宝安区教师硬笔书法培训主讲嘉宾，促进了一大批中小幼教师书写水平的提高，特别是使不少参加培训的语文老师掌握了指导学生练习书法的本领。

其中，在石岩公学亲手指导四位美术教师成为合格的书法教师，有三位在全国书法比赛中获等级奖。指导课题组成员完成各种教学研究任务，让他们从教学走向科研，有四位老师在校内外刊物上发表书法教学论文十多篇。

◎填写策略点评：名师工作室最主要的目的是引领、培养一批骨干教师，主持人以往有指导青年教师成长的经验是很重要的。这里指出多年担任区教师培训主讲嘉宾，指导多位教师发表论文，是符合条件要求的。

5. 主要论著和科研成果

（1）成果情况

①30 多篇书法论文在省级刊物、核心期刊发表。

②著有《中小学书法训练技巧》《中小学书法教学法》《中小学书法教学法配套课堂作业》等。其中《中小学书法教学法》成为我国基础教育史上第一本书法教学法专著，填补了国内空白，获"硬笔书法教育十佳受欢迎教材（字帖）"称号。

③所创建的网站"中小学书法教育"获广东省"十一五"教育技术研究与教育信息化优秀成果奖，获"书法教育最具影响力媒体（网站）"称号。

④2014 年 4 月，主持的区、市两级课题"小学生课堂书法训练对策研究"圆满结题。

⑤2010 年至 2014 年，完成宝安区教科培中心举办的宝安区教师硬笔书法培训五讲共计3 万字讲稿及 750 张 PPT。宝安区教科培中心统计学员满意率为 95%

（2）成果推广

①2010 年起被聘为宝安区教师硬笔书法培训主讲嘉宾，多次为宝安区中小幼教师进行继续教育培训。

②2010 年 5 月 25 日，在广东省教育学会主办的第三届全国少儿书画教学高峰论坛上以《两年的兰亭之路——深圳市石岩公学书法教育模式探索》为题做报告，交流自己主持策划书法教育的学校获中国书法最高奖——兰亭奖·教育奖的经验。

③2011 年 12 月 2 日，在广东省教育厅教研室举办的广东省中小学书法教材编委会会议上专题介绍中小学书法教学法。

④2014 年 10 月 16 日，在中国硬笔书法协会主办的首届全国书法教育高峰论坛上做中小学书法教学法专题报告。

◎填写策略点评：名师工作室重视引领作用，以科研促进教学发展，以科研促进青年教师成长，主持人科研水平很关键。这里点出发表论文 30 多篇，出版论著 3 本，有市级课题，有全国性学术报告，足以证明主持人的科研水平。

6. 主要业绩及贡献

1）书法创作、书法理论、书法教学三方面的喜人成绩

（1）书法创作

曾进修于中国美术学院书法专业，师从著名书法教育家、中国书法家协会副主席陈振濂等名家。书法作品多次入展国家级大展，包括第四届中国书坛新人作品展、第八届全国中青年书法篆刻家作品展、首届全国青年书法篆刻作品展、第一届全国硬笔书法家作品展。

（2）书法理论

30 多篇书法论文在省级刊物、核心期刊发表，著有《中小学书法训练技巧》《中小书法教学法》《中小学书法教学法配套课堂作业》等，其中《中小学书法教学法》成为我国基础教育史上第一本书法教学法专著，填补了国内空白，获"硬笔书法教育十佳受欢迎教材（字帖）"称号。所创建的网站"中小学书法教育"获广东省"十一五"教育技术研究与教育信息化优秀成果奖，获"书法教育最具影响力媒体（网站）"称号。2014 年 4 月，主持的区、市两级课题"小学生课堂书法训练对策研究"圆满结题。

（3）书法教学

高等师范书法教育、中小学书法教育成果曾先后获得中国书法最高奖——兰亭奖·教育奖；主持策划书法教育工作的深圳市宝安第一外国语学校获 2013 年度"书法教育公办学校十佳"称号。

2010 年 2 月 7 日，国内最权威的书法报刊——《书法报·少儿书画》头版整版刊登了《第三届中国书法兰亭奖·教育奖系列访谈之一：桃李芬芳——访深圳市石岩公学副教授李汉宁》一文，该文为记者针对目前中小学书法教育问题对李汉宁进行的专访；2010 年 3 月 31 日，《宝安教育》人物版进行了转载。

2013 年 11 月 7 日，《书法报·书画教育》头版整版刊登了记者就中小学书法教学法问题对李汉宁的专访。

2013 年 12 月 30 日，《宝安日报》以《书法名师两次问鼎兰亭奖，宝安第一外国语学校李汉宁专著填补书法教学空白》为题做报道。

2013—2014 年，两次受国务院侨办、深圳市人民政府侨务办公室、宝安区教育局选派，赴马来西亚支教，因书法教学成果突出，得到马来西亚教总主席、华裔学生的高度评价，马来西亚《中国报》《亚洲时报》《诗华日报》《星洲日报》等多家报纸做了采访报道。中国新闻网、凤凰网、新华网、人民网、中国日报网等大量媒体报道。

2）书法教育的四大成果

①大学、中小学书法教育成果均获过中国书法最高奖——兰亭奖·教育奖。

②出版我国基础教育史上第一本书法教学法专著——《中小学书法教学法》，填补国内空白，获"硬笔书法教育十佳受欢迎教材（字帖）"称号。

③创建全国首个专门研究中小学书法教育的网站——中小学书法教育，获"书法教育最具影响力媒体（网站）"称号。

④主持策划书法教育的学校一个获得兰亭奖·教育奖集体提名奖（深圳市石岩公学），一个获"书法教育公办学校十佳"称号（深圳市宝安第一外国语学校）。

◎填写策略点评：书法名师工作室主持人需要能力全面，能写好字、会理论、懂教学，分别从这三方面介绍会比较有说服力。其中多次参加国家级展览、发表论文多篇、有论著出版、两所学校的教学成果获全国奖、国内外媒体多次报道等材料，能很好地说明问题。

7. 学校意见

8. 区教育行政部门意见

9. 市教育局

10. 业绩、成果材料及复印件

①申报表中"获得荣誉称号情况"（1）～（18）项复印件。

②区、市课题结题证书复印件。

③学历、职称证书复印件。

④各种全国书法展参展证书复印件。

⑤2013、2014 年海外教学媒体报道证明材料。

⑥"中小学书法教育"网站简介。

◎填写策略点评：围绕申报表的内容，组合证明材料，要注意秩序，要有代表性，选择有分量的材料，不要芝麻绿豆一把抓，要精选好，以便评委翻阅时能很快地看到关键性材料。这部分是遵循这样的思想来完成的。前面做了目录，方便评委选择查阅。

三、工作室组建

(一) 深圳市首个书法名师工作室——李汉宁书法名师工作室招收在职教师学员启事 (2015 年 12 月 24 日)

根据深圳市教育局 2015 年 12 月 4 日深教〔2015〕566 号《深圳市教育局关于开展第二批深圳市中小学名师工作室挂牌组建工作的通知》，深圳市首个书法名师工作室——李汉宁书法名师工作室即将挂牌成立，这充分体现了深圳市教育局对中小学书法教育的高度重视。文件要求 2016 年 1 月前完成工作室 10～15 名学员的招募，并上报市教育局备案。现面向全市公开招募，报名截止日期为 2016 年 1 月 10 日。欢迎深圳市有志于书法教育的在职教师同人报名参加，一起学习，共谋发展。

因书法学科起步晚，教师紧缺，本工作室招收学员条件将会按市教育局规定的学员条件适当降低。同时在选择学员时，将考虑区域平衡；创作、理论与教学，中学与小学，硬笔与毛笔等个人特长平衡。报名后，工作室将择优选定。

根据市教育局要求，名师工作室要"制订三年规划、带出一批骨干教师、完成一项课题研究、开展一些培训活动、建设一批学科资源、带动一个学科发展"，这将给予学员一个很好的提升平台。本工作室初步确定三年的目标为：①努力提高学员的书法创作、理论与教学能力，引导学员向高一层次的骨干教师发展。②组织学员构建一支中小学书法教师讲师团，在校内外开展各种书法讲座活动。③带领学员参与完成深圳市教育局确认的推广课程"中小学书法教学法"的推广任务。④加强全国首个专门研究中小学书法教育的网站——中小学书法教育的编辑工作，为学员搭建展示自我的平台。⑤指导学员开展书法课题研究，争取系列论文发表或专著出版。⑥支持学员开发书法校本课程。

主持人简介：李汉宁现为深圳市宝安第一外国语学校书法教师、深圳市首位书法学科名师、宝安区高层次人才、书法副教授、中国书法家协会会员、中国硬笔书法协会教育委员。曾深造于中国美术学院书法专业，师从我国著名书法教育家、中国书法家协会副主席陈振濂教授，大学、中小学书法教育成果先后获得中国书法最高奖——兰亭奖·教育奖。出版我国基础教育史上第一本书法教学法专著——《中小学书法教学法》，创建的全国首个专门研究中小学书法教育的网站——中小学书法教育获"书法教育最具影响力媒体（网站）"称号。策划深圳市石岩公学的书法教育工作，学校获得兰亭奖·教育奖集体提名奖；主持深圳市宝安第一外国语学校的书法教育工作，学校获"书法教育公办学校十佳"称号。开发的课程"初中硬笔书法"被评为深圳市中小学"好课程"，另一课程"中小学书法教学法"被评为深圳市推广课程。

附：深圳市教育局文件规定工作室成员及学员条件

1. 工作室成员组成

工作室成员应不少于 5 名，其中 1 名来自名师所在学校并兼任名师助理。对市级骨干教师、教坛新秀和未申报名师工作室的名教师，我局按学科、学段和区域就近原则，提出初步分配意见，编入各个工作室。对成员人数未满的，可以采取个人自荐、学校推荐、行业专家推荐等形式增补，由主持人考察确定。根据省教育厅粤教师函〔2014〕135 号、粤教师函〔2015〕47 号，被列为省级骨干教师培养对象，但不具备深圳市"名师工程"名教师或培养对象资格的，原则上应申报担任一个名师工作室成员，接受培养。

2. 工作室学员组成

工作室学员一般为 10～15 名，由主持人组织，主要在本区域内学科、学段相近的骨干教师培养对象和青年教师当中招募。

◎工作策略说明：作为市名师工作室，学员招募没有官方渠道，非常被动。我只能通过不停地寻找加入市、区各种 QQ、微信群，以及通过手机短信等发布通知，要求好友转发。最后，消息算是传开，工作室顺利地招到学员。

（二）深圳市李汉宁书法名师工作室入选人员通知

尊敬的同行：

感谢您对我的信任和支持，根据您个人的报名申请，结合市教育局的工作要求和本工作室的工作需要，已初步选定您为本工作室学员，并已上报市教育局。

本工作室是深圳市教育局成立的首个书法名师工作室，旨在成为全市有志于书法教育的教师相互交流、相互促进的平台，是属于全体参加人员集体的平台。我只是作为其中的一员、一位联系人，希望能与您成为朋友，在工作中互相关照，共同提高！如有服务不周到之处，敬请谅解！

在报名参加工作室的同人中，有书法美术类研究生，大学讲师，省、市级书协书法家，市区级及以上优秀教师、教师综合素质大赛获奖者、优秀书法美术指导教师以及刚入行的书法美术科班优秀大学毕业生。大家潜力巨大、前途无量，能有这样的机会与大家共事，我感到无比欢喜！同时作为大学英语专业毕业，后来转学汉语言文学，半路出家才从事书法的我，生怕耽误了大家，感到很羞愧！

因力不从心，原本我并没有成立工作室的意图，但市里硬性规定，无从选择，于是服从安排。但是既然做了，就要当作一次锻炼机会，尽心尽力，努力做好。这是我一直以来的工作原则。

本工作室除了有和其他学科工作室一样的促进教师专业素质提升、引领学科教学研究的任务外，还增加了一个市级优秀教育科研成果——"中小学书法教学法"课程的推广任务，工作任务繁重。但是机遇难得，希望大家积极参与、出谋献策，从中发展自己，并为工作室做出贡献。现将《深圳市李汉宁书法名师工作室三年工作规划》发到个人 QQ 邮箱，请认真阅读领会，并按要求完成工作。其他事宜，下学期再进一步协商。

特此通知。

祝寒假身体健康、生活愉快！

主持人：李汉宁

2016－01－18

（三）工作室人员组成

1. 主持人

李汉宁。

2. 助　理

李斌（书法教学研究方向）；朱勇虎（作业书写研究方向）。

3. 学员（书法教学研究方向）

①李晓燕，宝安区新安中学，现任教学科——书法。

②王铁平，宝安区福永小学，现任教学科——书法。

③马俊，宝安区福永凤凰学校，现任教学科——书法、美术。

④郭志良，南山区沙河小学，现任教学科——书法。

⑤沈水健，龙华新区同胜学校，现任教学科——书法。

⑥马展云，宝安区石岩公学，现任教学科——书法。

⑦孙昌德，宝安区石岩公学，现任教学科——书法。

⑧朱宝安，宝安区石岩小学，现任教学科——书法。

⑨简建明，宝安区官田学校，现任教学科——书法。

⑩谢先智，宝安区上屋小学，现任教学科——书法。

⑪王志飞，宝安区松岗沙溪小学，现任教学科——书法。

⑫彭静，龙岗区五和小学，现任教学科——书法。

⑬邵谛，宝安中学外国语学校，现任教学科——美术。

⑭陈云雄，宝安区石岩水田学校，现任教学科——书法、美术。

⑮郭智芳，龙华新区新华中学，现任教学科——美术。

⑯万利忠，宝安区松岗潭头小学，现任教学科——美术。

⑰龙爱科，宝安区福永福新小学，现任教学科——书法、美术。

⑱陈锦堂，宝安区燕山学校，现任教学科——美术。

⑲李达瑜，宝安区文汇中学，现任教学科——美术。

⑳黄沃汉，宝安区石岩塘头小学，现任教学科——美术。

㉑徐晓龙，宝安区西乡小学，现任教学科——美术。

㉒曹强，宝安区松岗中学，现任教学科——书法、美术。

㉓温德荣，宝安区翻身实验学校，现任教学科——书法、美术。

㉔兰文芬，宝安区松岗潭头小学，现任教学科——美术。

㉕黄山，宝安区新湖中学，现任教学科——语文。

㉖周陆德，宝安区西湾小学，现任教学科——美术。

㉗张国英，宝安外国语学校，现任教学科——美术。

㉘谢高敏，宝安区松岗中英文学校，现任教学科——美术。

㉙梁景，宝安区松岗花雨中英文实验学校，现任教学科——书法、美术。

㉚雷志强，宝安区振兴学校，现任教学科——书法、美术。

㉛黄定明，宝安区松岗第二小学，现任教学科——美术。

㉜郭莉琼，宝安外国语学校，现任教学科——美术。

㉝何鸿超，宝安区陶园学校，现任教学科——美术、书法。

㉞何柏奇，宝安区陶园学校，现任教学科——美术。

㉟朱中高，宝安鹤州学校，现任教学科——数学。

㊱惠曦，宝安区灵芝小学，现任教学科——美术。

㊲郭海机，宝安第一外国语学校，现任教学科——美术。

㊳康才，宝安第一外国语学校，现任教学科——体育。

4. 学员（作业书写研究方向）

①周俊，宝安第一外国语学校，现任教学科：数学

②廖承芳，宝安第一外国语学校，现任教学科：英语

③霍晴，宝安第一外国语学校，现任教学科：历史

④张文芳，宝安第一外国语学校，现任教学科：地理

⑤方涌标，宝安第一外国语学校，现任教学科：物理

⑥方锡添，宝安第一外国语学校，现任教学科：化学

⑦安春香，宝安第一外国语学校，现任教学科：生物

⑧黄海强，宝安第一外国语学校，现任教学科：信息

⑨张敏，宝安第一外国语学校，现任教学科：美术

◎工作策略说明：按文件，学员十多个都已超额，但很多老师强烈要求加入。最后考虑到书法名师工作室是全市第一个，当前正在倡导书法教育，为了培养更多的新人，经请示区教科培中心，放开限制，招收了49名学员。

四、工作室计划

2016年3月工作室成立时，制订了《工作室对学员的要求和培养计划》《学员共同参与的"中小学书法教学法"课程三年推广计划》《"中小学作业美化书写"课题研究计划》《〈中小学书法理论知识趣谈〉撰写出版计划》《改版升级中小学书法教育网计划》《创建工作室微信群、QQ群计划》等工作计划。

（一）工作室对学员的要求和培养计划（2016年3月）

第一，为了了解学员的需求，协助学员发展，学员需写一份三年成长计划，工作室监督实施，学员每年向工作室提交一份年度工作总结。

第二，为了提高学员书法创作、理论与教学能力，学员每年需完成"五个一"工作：

①选临一本好碑帖。根据个人爱好或教学需要自由选择。

②创作一幅好作品。寻找机会发表、参赛、参展。

③读一本书法教学理论书。本工作室要求学员学习了解主持人所著《中小学书法教学法》（含配套课堂作业）。

（注：该书被媒体和业界誉为"我国基础教育史上第一本书法教学法专著"，填补了国内空白，被国内高校、中小学、社会培训机构大量用作教材，并被推广到马来西亚的华人学校使用，2014年荣获"硬笔书法教育十佳受欢迎教材（字帖）"称号。）

④备一节公开示范课。尽量在校级以上讲授。

⑤撰写一篇教学文章。争取在公开刊物上发表。

以上"五个一"工作要求可根据个人的具体情况灵活安排时间，在碑帖选择、作品创作构思、备课设想、文章提纲拟定过程中，可通过见面、通信等方式随时与工作室成员商讨改进方法和措施，也可将图片、文字稿提交工作室，由工作室主持人或工作室成员点评，提出修改意见。

第三，为了提高学员的学科教学研究、教学策划能力，要求学员积极进行书法学科教学研究，协同学校制订教学实施方案，开发校本书法课程，编写书法校本教材，开展书法课题研究，创建专门书法教室，组建学校写字或书法教学团队，创建书法特色学校。

主持人将以策划深圳市石岩公学的中小学书法教育，并获得中国书法最高奖——兰亭奖·教育奖集体提名奖的经验进行指导，同时工作室全体成员将为努力创建书法特色学校的学员出谋划策。

第四，学员组成讲师团，参与完成深圳市"中小学书法教学法"课程的推广。主持人开发的"中小学书法教学法"课程被确认为"深圳市2015年度优秀教育科研成果推广应用

项目"立项。学员应通过参与该课程的推广，扩大书法教学实践活动范围，提高教学操作能力。

第五，部分学员参与完成"中小学作业美化书写"课题研究，最终以专著形式出版成果。

第六，通过"中小学书法教育"网站宣传介绍学员及所在学校书法特色成果，促进学员对外交流。

第七，努力为学员安排各种业务培训、交流活动。

第八，全体学员共同努力，开展其他书法教学课题研究，争取三年后结集出版。

（二）学员共同参与的"中小学书法教学法"课程三年推广计划（2016年3月）

根据深圳市教育局2015年12月22日颁发的深教〔2015〕592号《深圳市教育局关于深圳市2015年度优秀教育科研成果推广应用项目立项的通知》，李汉宁"中小学书法教学法"被确认为"深圳市2015年度优秀教育科研成果推广应用项目"立项，即将向全市中小学校及教师培训中进行推广。该课程所使用的教材《中小学书法教学法》（含配套课堂作业）2013年9月由广西师范大学出版社出版。该书被媒体和业界誉为"我国基础教育史上第一本书法教学法专著"，被认为填补了国内空白，被国内高校、中小学、社会培训机构大量用作教材，并被推广到马来西亚的华人学校使用，2014年荣获"硬笔书法教育十佳受欢迎教材（字帖）"称号。

1. "中小学书法教学法"课程推广应用的方式、路径及实施步骤

（1）应用方式、路径

①针对教师。"中小学书法教学法"这门课程，可通过市、区组织，作为教师继续教育培训课，以《中小学书法教学法》及《中小学书法教学法配套课堂作业》作为教材。也可以给全市书法美术特色学校教师、全市语文教师征订本教材，用于自主学习。

②针对学生。"中小学书法教学法"这门课程，可由各学校通过书法选修课、书法兴趣班、业余书法训练班等形式开设，使用《中小学书法教学法配套课堂作业》让学生训练，学校书法或语文教师按照《中小学书法教学法》所规定的教学指导方法，对学生进行训练。

（2）实施步骤

本课程的推广步骤为：市教科院或各区教科培中心进行课程推荐→各学校或培训机构选定课程层次（分教师、学生两个层次）→与课程开发者商讨课程实施方案→征订课程教材→课程开发者或其他书法教师开展教学→课程开发者期中教学指导→教学成果总结、课程研究报告→市教科院或各区教科培中心检查验收，并提出课程改进意见→课程开发者深化课程研究，提升课程品质。

①针对教师。由市教科院、各区教科培中心、各书法特色学校举办书法师资培训班、教师硬笔书法培训班等继续教育项目，邀请作者或其他书法教师讲授，在教师中进行推广，进而推广到各普通中小学的教师硬笔书法培训之中去。

②针对学生。由市教科院、各区教科培中心向各中小学推荐本课程和宣传本课程教材成果，由各校自主开课。如有需要，可适当邀请作者到校讲学，或指导课程的开展、课程的评估。

2. "中小学书法教学法"课程推广应用的预期目标及可能的效益预估

"中小学书法教学法"这门课程以及从2007年开始试行开设至今，已有8年历史。课程用于宝安区教科培中心主办的中小幼教师硬笔书法培训以及对国内外中小学生的培训，取得了可喜的成绩。实践证明，"中小学书法教学法"课程的设置符合当前全国普及书法教育的

需要，有经过实践检验的高质量的教材和可行的教学指导方法，教学成本低。

（1）预期目标

①让经过培训的教师能胜任中小学硬笔书法教学工作，成为专兼职写字或书法指导教师。

②让经过课程培训或使用教材自学的教师大幅提高自己的书写水平。

③让全市每个区建立 1 至 3 所书法特色实验学校，让特色学校的学生写一手好字。

（2）效益预估

目前全国中小学书法教学法课程的开发与实践研究还处在萌芽阶段，各地成果不多，质量也不高。我们已经有多年的课程开发经验，并取得多方面的显著成果，在全国书法教育界产生了良好的影响。加之有深圳地域的优势，如果推广方法适当，力度够大，本课程将会取得更大的成果，在全省乃至全国产生重大的影响，以此树起深圳书法教育的牌子，为基础教育课程开发研究增添光彩！

3."中小学书法教学法"课程推广应用的预期研究成果

推广应用阶段性成果

研究阶段（起止时间）	阶段成果名称	成果形式
2016 年 1～6 月	《中小学书法理论知识趣谈》	书稿
2016 年 1～6 月	"中小学书法教学法"问题的调查、收集	数据统计
2016 年 7～12 月	中小学书法教学法问题的教学实验	论文

推广应用最终研究成果

完成时间	最终成果名称	成果形式
2016 年 6 月	《中小学书法理论知识趣谈》	专著出版
2017 年 12 月	《中小学书法教学法推广评述》	研究报告
2017 年 12 月	《中小学书法教学法配套课堂作业》	修改订正

（三）"中小学作业美化书写"课题研究计划（2016 年 3 月）

1. 研究的意义

电脑的普及造成了人们书写能力的退化，而良好的书写能赢得卷面印象分，这已经成为全社会的共识。在一分压倒上千人的局势面前，作业和试卷的美化书写（也即加分书写）是何等的重要。然而这一课题目前在全国尚未有系统的研究成果，教师对学生的书写指导也还是束手无策。

因此，在当前国家高度重视中华传统文化教育，倡导书法课进入中小学课堂，着力提高学生书法审美能力和书写水平的大好形势下，"中小学作业美化书写"作为学校的课题开展研究是很有意义的，希望有机会申报成为区、市级课题。

2. 研究的目的

立足中小学生作业及试卷的美化书写研究，探索各学科美化书写的方法，为学生作业书写印象加分提供方法论的指导。

3. 研究的问题和内容

中小学语文、数学、英语、历史、地理、物理、化学、生物等学科作业和试卷的书写，实用文体的书写，文档设计及答题卡填涂，板报、手抄报设计，等等。

4. 研究的方法

本课题研究的目标设计、内容组织与选择，主要采用行动研究法，将活动与研究工作结合起来，边研究边实施，边总结边反思边改进，不断完善研究方案，使研究尽可能取得最佳效果。主要研究方法有：①观察法；②个案法；③比较法；④经验总结法；⑤行动研究法。

在研究过程中，通过预设理论方案，在实践中观察、检验、总结，再调整、再实验，最终形成结论。同时挖掘各种有效的实践活动，将之提升到理论层面来分析、归纳总结，形成理论成果。实验中，敢于运用正反对比的手法，得以确定出什么样的"度"才是合理有效的。

5. 研究的过程

①调查了解阶段：考察各学科作业及试卷书写情况，了解学生作业的优劣之处，收集有价值的作业样本；调查了解国内现有的相关成果。

②确定各学科主要研究的内容。将收集到的作业样本进行分类，撰写本学科所要研究的主要内容提纲。

③成员交流探讨，完善本学科研究的主要内容提纲。

④通过实践总结，扫描本学科的相关作业，撰写本学科的研究文章。

⑤汇总、研讨、调节、修正，形成课题总体成果。

⑥申报出版专著。

6. 撰写结题报告，申报结题

7. 课题组成员

主持人：李汉宁。

成员：朱勇虎、周俊、廖承芳、霍晴、张文芳、方涌标、方锡添、安春香、黄海强、张敏。

(四)《中小学书法理论知识趣谈》撰写出版计划（2016年3月）

1. 出版的意义

为了贯彻《国家中长期教育改革和发展规划纲要（2010—2020年)》，适应新时期全面实施素质教育的要求，继承与弘扬中华民族优秀文化，2013年1月18日，教育部发布了《中小学书法教育指导纲要》。当前中小学书法教育工作正在全国广泛地推行。但目前全国中小学书法出版物，几乎全是书法字帖和技法讲解用书，尚未出现针对中小学的基础书法理论常识的普及读物。而书法作为一门独立学科要进入课堂，了解和掌握一定的书法理论常识是必不可少的。本人长期从事中小学书法教学与研究，著有《中小学书法训练技巧》《中小学书法教学法》两书，并创建了网站"中小学书法教育"，这些成果在全国获过大奖。本人历时两年，对中小学生进行走访调查，征集问题，总结出约320个有代表性的问题列在书中，并进行简答。内容包括中小学生在书法学习中必须了解的字体书家、工具材料、基础技法、教学探究、综合杂谈等等。在问题阐述时，力求联系生活实际，通俗风趣，让学生易于理解、寻得乐趣，从而有深刻的记忆。

本书将有望成为我国基础书法教育史上第一本系统的中小学书法理论知识读物，它的出版意义是不言而喻的。

2. 内容安排

（1）字体书家

（2）工具材料

（3）基础技法

（4）入门要领

（5）综合杂谈

3. 出版时间

2016 年 1～5 月，完成书稿撰写；2016 年 6～9 月，完成出版相关事务。

（五）改版升级"中小学书法教育"网站计划（2016 年 3 月）

对原有的获"书法教育最具影响力媒体（网站）"称号的"中小学书法教育"网站进行改版升级，调整完善栏目设置，加强网站的更新。

（六）创建工作室微信群、QQ 群计划（2016 年 3 月）

创建工作室微信群、QQ 群，坚持安全管理，倡导平等、友好交流，互相学习，互相促进，努力提高专业水平。

◎工作策略说明：为了把工作室做好，我们立下了很多项工作目标，制订了详细的学员培养计划和多个工作计划，创建工作室微信群、QQ 群，保证了工作有条有理地开展。

五、工作室终期验收总结

工作室三年期满终期验收总结于 2018 年 11 月提交深圳市教育局审核考评。

（一）工作室简介

与前面第一部分工作室简介相同，此处从略。

（二）通过"中小学书法教学法"应用与推广项目，帮扶学员成长为合格教师，成果获广东省教育教学成果奖一等奖

从 2007 年广东省要求中小学开设书法课，到 2011 年教育部建议中小学开展书法教育，到《国家中长期教育改革和发展规划纲要（2010—2020 年）》要求全面实施素质教育，再到 2013 年教育部发布了《中小学书法教育指导纲要》可知，当前阶段国家对中小学书法教育的重视是前所未有的。

但是，轰轰烈烈地把课排进课表之后，全国都普遍意识到，在中小学开展书法教育难度很大。其中，师资、教材、教法、场地等方面的问题特别突出，书法课根本无法像其他学科一样正常开课。师资问题是首要的问题。

"中小学书法教学法"为国内首创，它既考虑学生的学，也考虑老师的教，侧重解决学生专业化和系统化的学习问题和师资"边学边教"的教学法问题。其优势体现在两个方面：让教师快速提高书法理论和书法创作水平，熟悉掌握书法教学法理论，胜任学校的书法教学工作；让学生高效、系统地了解书法基础知识和掌握书法基本技能、提高书法欣赏能力、增强对中国传统文化的热爱。

学员中的专兼职书法教师，绝大多数都是从其他专业转行过来的，他们在书法创作、书法理论研究与书法教学三方面的水平明显不足。主持人李汉宁在工作室成立时，同步启动"中小学书法教学法"的推广与应用项目，通过这个项目来指导学员，努力把他们培养成为

合格的中小学书法师资。具体做了如下工作：

①给每位学员发送《中小学书法教学法》《中小学书法教学法配套课堂作业》等书籍，让学员学习训练，提高书法专业技能，领会书法理论，掌握教学技巧。

②通过深圳市教师继续教育课程"中小学书法教学法"的开展，对学员进行培训。

③主持人为学员举行书法示范课。

④组织学员互相观摩各自的公开课。

⑤组织学员参观各种书法展览，并现场书写交流。

⑥主持人通过工作室网站、微信群、QQ群对学员进行指导。

经过这三年的指导，学员们的专业水平得到了飞跃式的提高。他们能更准确地把握书法教师发展的方向，增强了教学的信心，有效地完成书法教学工作任务。

"中小学书法教学法"课程作为深圳市推广课程、深圳市教师继续教育程，在全国有了一定的影响，被一些大学书法专业、教育专业作为本科生选修课，被国务院侨办推广到马来西亚华文学校。课程成果获得2017年广东省教育教学成果奖一等奖。

◎填写策略点评：工作室培养教师主要是通过"中小学书法教学法"的学习和应用实现的。项目成果获广东省教育教学成果奖一等奖，令人欣慰。

（三）通过创作、理论与教学全方位指导、帮扶成员成为学科骨干

在全员提高的基础上，工作室对部分优秀教师进行重点培养，让他们在书法作品创作、理论研究、教学竞赛、学科引领等多方面快速成长，成长为学科骨干。

1. 成员书法创作成果

8位工作室成员的书法作品多次在市级以上比赛、展览中获奖。李晓燕、李斌、马俊、沈水健三位老师分别在区、市、省举办个人书法展或联合书法展。李晓燕、郭志良两位老师加入了广东书法家协会，李斌老师加入多个省级书法学术团体。

2. 成员理论研究成果

李晓燕老师的课题获市级立项，张敏、李斌等6位学员的课题获区级立项。23位学员参加了《中小学书法示范课教案》（华中师范大学出版社出版）、《中小学书法教学反思》（云南大学出版社出版）的编写，李斌主编出版了书法著作。

3. 成员教学竞赛成果

工作室要求每个学员每学期在学校里举行一次高质量的公开课，并积极参与区级以上的青年教师教学基本功大赛或其他评比。近三年来，有11人次获区级以上教学大赛奖；朱宝安等教师23人次带领学生参赛，获市级以上优秀指导奖；李斌等4位教师被评为区级优秀教师。

4. 成员学科引领成果

李晓燕老师被推选为宝安区教科培中心书法教研中心主任；马俊、王铁平老师被推选为宝安区兼职教研员；李晓燕、马俊成老师分别成为宝安区书法教研工作室主持人；李斌老师成立了书法教学工作室。这些老师经常受到区内外的学校、书法家协会的邀请，进行书法创作表演和学术讲座，深圳多家媒体曾经报道。

◎填写策略点评：通过创作、理论与教学全方位指导，帮扶成员成为学科骨干，体现了一定的思想高度。计划如期完成是相当可喜的。

（四）共同开展书法特色学校创建模式的探索与研究

工作室通过深圳市推广课程——"中小学书法教学法"的推广应用，组建讲师团，确

立推广应用学校，到各个学校开展书法公开课或讲座活动，扶持学校创建书法教育特色品牌，开展书法特色学校模式的探索与研究。工作室指导成员所在学校积极申报书法教育示范学校，其中一所成为全国书法教育示范学校，两所成为区级书法教育示范学校。

1. 组建"中小学书法教学法"课程推广讲师团

成员名单

序　号	姓　名	工作单位	任教学科
1	李　斌	宝安区松岗中学	书法
2	李晓燕	宝安区新安中学	书法
3	王铁平	宝安区福永小学	书法
4	马　俊	宝安区福永凤凰学校	书法、美术
5	郭志良	南山区沙河小学	书法
6	沈水健	龙华新区同胜学校	书法
7	马展云	宝安区石岩公学	书法
8	孙昌德	宝安区石岩公学	书法
9	朱宝安	宝安区石岩小学	书法
10	简建明	宝安区官田学校	书法
11	谢先智	宝安区上屋小学	书法
12	陈云雄	宝安区石岩水田学校	书法、美术

2. 把"中小学书法教学法"课程推广到大学、中小学、社会培训机构

深圳市教育科学研究院于 2016 年 5 月 17 日下发《关于征集 2015 年度深圳市优秀教育科研成果推广应用项目的应用对象的通知》（深教院通〔2016〕107 号），经过报名，确认 8 所中小学为"中小学书法教学法"课程首批推广应用学校。同时，项目特别选择山西运城师专书法专业、广西百色学院教育系作为大学推广应用学校；选择 4 个培训机构作为社区推广应用单位；还与马来西亚亚庇书艺协会合作，在沙巴州的华文学校师生中推广。

"中小学书法教学法"课程推广应用学校名单

序　号	类　别	应用单位	联系人姓名
1		南方科技大学实验小学	郭志良
2		宝安区石岩小学	朱宝安
3	中	大鹏新区大鹏中心小学	游明星
4	小	宝安区桥头小学	魏斌彬
5	学	光明新区长圳学校	田　辉
6		宝安区凤凰学校	马　俊
7		宝安区冠华育才学校	胡培南

续　表

序　号	类　别	应用单位	联系人姓名
8	中小学	宝安区华一实验学校	吕　超
9		深圳市石岩公学（附加）	孙昌德
10	大学	运城师专	郭红全
11		百色学院	李雄涛
12	社会培训机构	宝安小点子画苑	全艳青
13		坪山艺格书法	黄廷众
14		广西樊晨君书法	樊晨君
15		中山启耀书法工作室	黄启耀
16	马来西亚机构	亚庇书艺协会	张少纶

3. "中小学书法教学法"课程推广工作记录

2016 年度工作记录

时　间	活动名称	主要任务
2016 年 3 月 16 日	课程推广启动仪式	课程讲师团成立
2016 年 5 月	申报深圳市教师继续教育课程	材料提交
2016 年 5 月 20 日～6 月 10 日	应用学校签约	三方签约，盖章送教科院
2016 年 6 月	媒体宣传签约情况及课程情况	与《南方教育时报》联系
2016 年 6 月	给应用学校发送教师用书	应用学校组成课程推广小组
2016 年 6 月	给应用学校提出教学规划	协助学校制订课程应用方案
2016 年 6 月	课程配套参考书《中小学书法理论知识趣谈》出版	送讲师团成员、应用学校课程推广小组参考书
2016 年 7 月	到马来西亚推广培训	国务院侨办、深圳市侨办支教项目
2016 年 9 月起	应用学校订购教材	
2016 年 9 月起	应用学校项目负责人参加李汉宁名师工作室成员培训	学习提高业务水平
2016 年 9 月起	到应用学校开讲座、指导	示范指导
2016 年 12 月	学校成果展示及总结研讨	检阅、交流
2017 年 1 月	应用学校工作总结	总结经验、教训

2017 年度工作记录

时　　间	活动名称	主要任务
2017 年 1 月	"课程讲师团成员李晓燕书法展"参观研讨会	课程应用学校书法教师及全体课程讲师团成员参观学习
2017 年 3 月 14 日	观摩黄定明老师在深圳市学校办学水平评估的书法公开课	课程应用学校书法教师及全体课程讲师团成员观摩学习
2017 年 3 月 14 日	观摩陈宇波老师在深圳市学校办学水平评估的书法公开课	课程应用学校书法教师及全体课程讲师团成员观摩学习
2017 年 3 月	邀请马来西亚书法名师到深圳进行"中小学书法教学法"研讨活动	课程应用学校书法教师及全体课程讲师团成员共同研讨
2017 年 3 月 30 日	课程应用学校华一学校领导及书法教师到李汉宁书法名师工作室参观交流	书法教学经验交流
2017 年 3～6 月	主持人带领讲师团成员到课程应用学校举行公开课培训	推广示范
2017 年 4 月 1 日	课程应用学校凤凰学校书法课程成果展示研讨	观摩研讨深圳市中小学"四点半活动"宝安区现场会凤凰学校书法展
2017 年 5 月	课程应用学校书法教师《中小学书法教学法》及《中小学书法理论知识趣谈》学习月	业务学习提升
2017 年 5～12 月	课程应用学校书法教师校内公开课	教学交流
2017 年 5～12 月	课程主持人和课程讲师团成员到课程应用学校开展书法讲座和教学研讨工作	推广示范、教学交流
2017 年 5～12 月	课程主持人邀请课程应用学校教师到深圳市李汉宁书法名师工作室参观考察或培训学习	教学、科研交流
2017 年 5～12 月	各课程应用学校举办书法课程成果展示会	观摩、检阅
2017 年 6 月	省教学成果奖申报	检验成果水平
2017 年 8 月	主持人到南京推广培训	培训南京市书法教师
2017 年 10 月	教师层次课程在深圳大学开讲	全市教师继续教育培训
2017 年 12 月	推广总结研讨会	总结经验、教训
2017 年 12 月	各应用学校年度工作总结、课程推广年度工作总结	总结经验、教训

◎填写策略点评：通过组建讲师团，在推广"中小学书法教学法"的过程中开展书法特色学校创建模式的探索与研究，促进书法特色学校的创建，是个很好的举措。

（五）工作室成果

在三年的时间里，名师工作室努力帮扶学员成长为合格书法教师，帮扶成员成长为学科骨干教师，取得了不小的成效。其中，4 位老师举办了书法展；3 位老师加入省级书法团体；3 位老师成为区级书法教研中心主任或兼职书法教研员；出版了 9 本书法著作或教材；9 个课题获省、市、区立项；组建 12 人的讲师团，向 8 所中小学、2 所大学、4 个社会培训机构及多所马来西亚华文学校推广"中小学书法教学法"课程；一位成员所在学校成功申报全国书法教育书法示范学校，另两位成员所在两所学校成功申报区级书法教育示范学校。

可喜的是，工作室主持的"中小学书法教学法"推广课程成果获 2017 年广东省教育教学成果奖一等奖，工作室主持人李汉宁于 2017 年被确认为中学书法正高级教师，成为全国中小学书法学科第一个正高级教师。《人民日报》《南方教育时报》，马来西亚《亚洲时报》《诗华日报》以及深圳教育等多家网络媒体对工作室主持人及成员的相关成果做了 20 多次报道。

1. 论著或教材

（1）已出版论著或教材

①李汉宁著《中小学书法教学法》《中小学书法教学法配套课堂作业》于 2017 年完成修订，由广西师范大学出版社出版。《中小学书法教学法》为我国基础教育史上第一本书法教学法著作。

②李汉宁著《中小学书法理论知识趣谈》于 2016 年由云南大学出版社出版。该书为全国第一本针对中小学生的系统的书法理论知识普及读物。

③李汉宁、李杭合编《中小学书法摹写范本·楷书》于 2017 年由江苏凤凰美术出版社出版。

④李汉宁、李杭合编《中小学书法摹写范本·隶书》于 2017 年由东北师范大学出版社出版。

⑤李汉宁、李杭合编《中小学书法摹写范本·行书》于 2019 年由吉林大学出版社出版。

（注：③～⑤三本总共含 13 种书体，过塑页面，可以反复摹写不怕弄脏，为全国首创。）

⑥李汉宁主编《中小学书法示范课教案》于 2018 年由华中师范大学出版社出版。该书为全国第一本中小学书法示范性的教案集，由来自全国及马来西亚的 65 位工作室成员完成。

⑦李汉宁、李杭合编教材《少儿硬笔书法》于 2018 年由香港四季出版社出版。该教材为全国第一套幼儿园大班水彩笔写字教材，分上下册。

⑧李斌编《硬笔书法》于 2017 年由东北师范大学出版社出版。

《中小学书法教学法》系列著作和教材被全国不少中小学、大学、社会培训机构采用。深圳市人民政府侨务办公室、深圳市海外交流协会将 200 本《中小学书法教学法》送给马来西亚沙巴州华文型学校董联会，以示对当地华文教育的支持。

（2）规划出版论著或教材

①《中小学书法教学反思》将于 2019 年由云南大学出版社出版。

②《中小学书法好课程作品集》将于 2019 年由云南大学出版社出版。

③《中小学书法名师之路》将于2020年由云南大学出版社出版。

2. 课程开发或优化

（1）完成三门市级获奖课程的优化或结项

完成了深圳市中小学"好课程""初中硬笔书法"、深圳市教师继续教育课程"中小学书法教学法"（教师层次）的优化；完成深圳市推广课程"中小学书法教学法"（学生层次）的结项等工作。

（2）完成"中小学书法教学法"近1000张课件制作

"中小学书法教学法"课程项目完成了从笔画、偏旁、结构、章法、作业美化等书法技法专题到教学导论、教学内容、师资建设、教材编写、场地设备、教学实施、社团建设等教学法专题，共计14个专题课件的开发，有近1000张幻灯片。课件经过教学实验，反复修改，趋于成熟，操作性强，对课程推广有很大的促进作用。

3. 学术讲座或公开课

工作室主持人及全体学员在三年中完成了170场次的校级以上学术讲座或公开课。主要有：

①深圳市中小学公开课。

②深圳市教师继续教育课程。

③2017年南京市书法教师培训。

④2017年中国硬笔书协教育论坛上关于"中小学书法教学法"的专题报告。

⑤2016年在马来西亚给当地师生讲授"中小学书法教学法"。

⑥2017年在深圳给来访的英国师生授课。

4. 大学、中小学、教师培训评价

（1）中小学评价

①大鹏新区大鹏中心小学评价（联系人：游明星）。

李汉宁"中小学书法教学法"让我校拿走全区比赛一半以上的奖项

我校高度重视书法教育，好多年来，一直开展各种书法教学活动，但收效不明显，主要原因是教材、师资、教法多方面的不足。自从成为深圳市推广课程——李汉宁"中小学书法教学法"的推广应用学校之后，在李汉宁副教授的指导帮助下，学校的书法教育走出了困惑，上了一个新台阶。

首先，有了李汉宁《中小学书法教学法》及《中小学书法教学法配套课堂作业》分别作为教师用书和学生字帖，教学内容的系统化问题得到解决，书法教学方法也更为科学化和专业化。

其次，遵照李汉宁"中小学书法教学法"的"边学边教"的理念和指导方法，在没有专职书法教师的情况下，我们的部分有书法爱好或基础的老师，实现了向兼职书法教师的转变，书法教学的大面积普及得到了保证。

再次，经过对李汉宁《中小学书法教学法》的学习之后，从去年以来，大批师生在市区书赛中获奖。其中，在今年6月的大鹏新区第二届中小学师生现场书法临帖比赛中，我校共摘得61个奖，占全区获奖总数的一半以上。

②宝安区凤凰学校评价（联系人：马俊）。

深圳市中小学"四点半活动"宝安区现场会今年4月1日在我校举行，其中学生书法展示为重点项目，为学校争了光。这得益于深圳市推广课程"中小学书法教学法"。

李汉宁副教授作为深圳市唯一的书法名师，深圳市书法名师工作室主持人，出版了我国基础教育史上第一本书法教学法专著，所开发的"中小学书法教学法"课程在我校推广应用，得到了我校书法、语文教师的高度认可，对学生的书法学习有很大的促进作用。

近两年来，我校严格实施"中小学书法教学法"课程教学，成绩显著。在宝安区各种书法比赛中，我校学生作品质量和获奖人数均排在全区前三名。在"四点半活动"展示中，共有学生作品上百幅，书体形式多样；在同时举行的60位学生现场书法表演中，学生自信挥毫，气氛热烈，作品丰富，饱含传统功力和儿童意趣，极富感染力，得到了深圳市有关专家、广大家长及各校参观者的好评。

"中小学书法教学法"课程教学遵照教育部书法教育相关要求，具有开创性、可操作性，容易出成果，我们将会继续推动这门课的教学。

③南山区南方科技大学实验小学评价（联系人：郭志良）。

"中小学书法教学法"课程是深圳市推广课程，课程教材曾获中国硬笔书法协会授予"硬笔书法教育十佳受欢迎教材"称号。课程在我校推广应用，取得了可喜的成果，主要表现在：

第一，在主持人李汉宁副教授的指导下，我校书法教师、语文教师在书法兴趣班和语文写字教学技能方面得到了很大的提升，学校的书法普及教学更科学、合理地开展，学校书法教育特色初步显露。

第二，"中小学书法教学法"课程教材、教学方法将枯燥的理论知识和技法与学生生活事例紧密联系，常常通过形象的比喻、生动的故事来说明书写的原则和方法，学生听得有味，学得轻松。这种寓教于乐的教学方法对学生有很大的吸引力，使我校书法教学活动得到学生的广泛喜爱。

第三，最近以来，我校书法教师在省级以上刊物发表书法论文2篇，作品入展省、市、区各种展览5人次；35人次学生的作品在区、市比赛中获奖。

作为刚办不久的学校，能在书法教学方面取得如此可喜的成绩，我们非常感谢深圳市推广课程"中小学书法教学法"项目团队的帮助。

（2）大学评价
①山西运城师专书法专业评价（联系人：郭红全）

我校是一所以培养专科层次小学教师为根本的师范类院校。学校2011年成立书法专业后，开设了小学书法教学法的课程，但发现教材教法问题尤为突出，主要是借鉴大学书法教学法和小学各科教学法的经验，再加上任课教师自编讲义来完成教学任务。

2015年学校开始使用《中小学书法教学法》后，专业教师和学生对中小学书法教学法有了更全面的认识；学生对于书法教案编写有了更明确的把握。书法专业教学也取得了很大的进展，学生在课堂教学大赛中取得优异成绩。书法专业学生参加教师资格证面试通过率达到 94.1%。

《中小学书法教学法》的使用，为即将走上岗位的年轻教师教学提供了营养，为中小学书法教育培养专业师资奠定了坚实的基础，是落实教育部《中小学书法教育指导纲要》的具体体现。该书回答了小学书法教师如何教的问题，案例丰富，故事有趣，让学生就业应聘时更加自信，极大地促进了书法学科的建设和完善，使我校的书法教育上了一个新台阶。

②广西百色学院教育专业评价（联系人：李雄涛）

我校高度重视师范生书法教育，以教育科学学院学前教育和小学教育本（专）科生为例，在毕业前每位学生须修满一门硬笔和一门毛笔书法课程，并拿到相应学分。李汉宁《中小学书法教学法》是我院从众多高校书法教材中选出来的优秀教材，它的推广应用帮助我校师范生快速掌握中小学书法教学必备的知识和技能，并且熟悉中小学书法教学法。开这样的一门课对于师范生来说十分有必要。

"中小学书法教学法"课程教材、教学方法将枯燥的理论知识和技法与学生生活事例紧密联系，常常通过形象的比喻、生动的故事来说明书写的原则和方法，学生听得有味，学得轻松。这种寓教于乐的教学方法对学生有很大的吸引力，使我们的书法教学活动受到学生的广泛喜爱。这是一本针对师范生的优秀教材。

（3）教师培训评价

南京市江宁区教育局网登载的书法教师培训评价（联系人：孙军）。

书法教师：从会"写"走向会"教"
——江宁区开展中小学书法教学法培训活动

按照《江苏省义务教育课程设置实验方案（2017 年修订）》规定，"小学 1 至 6 年级要在语文课程或地方课程中每周安排 1 课时的书法课；初中阶段可在地方课程或校本课程中每周安排 1 课时的书法课；中小学还可在艺术、综合实践活动、校本课程中结合学科特点开展形式多样的书法教育"。随着书法教育在义务教育阶段地位的提升，如何组织书法教学，如何去"教"学生书写，成为当前书法教学亟待研究的重要课题。

为了更加有效地推进书法（与字）教学品质的提升，区教师进修学校、区教研室、区招生办于 8 月 1 日在翠屏山小学联合举办了中小学书法教学法培训活动。此次活动邀请了《中小学书法教学法》作者李汉宁老师前来授课，来自全区中小学的 100 名教师参加了培训。

李汉宁老师是深圳市首位书法学科名师、深圳市书法名师工作室主持人，同时也是中国书协会员、中国硬笔书协教育委员、全国写字教学先进个人、全国书法普及优秀教师。他创建了全国首个专门研究中小学书法教育的网站——中小学书法教育，他的书法作品多次入展国家级展览。他发表书论 30 多篇，著有《中小学书法教学法》《中小学书法训练技巧》《中小学书法理论知识谈》等。其中，《中小学书法教学法》是我国基础教育史上第一本书法教学法专著，填补了国内空白。他的书法教学成果先后两次获得中国书法最高奖——兰亭奖·教育奖。

李汉宁老师以《中小学书法教学法》教材构架为依托，结合他亲身从教的丰富案例，从书法教学目标、教学原则、教学内容、教材编写、教学场地设备、书法师资队伍建设、书法社团构建等多个方面，立体化、综合性讲授如何科学合理地开展书法教育活动，让学员们对于书法教学以及书法如何在学校文化建设中进一步发挥作用有了更为深刻的了解。李老师全天的培训课程得到了区教研员、全体参训学员的一致好评。

5. 媒体报道

（1）国内媒体报道（因篇幅有限，图片和具体内容从略。）

①2016 年《深圳教育》报道工作室课程推广情况。

②2016 年《南方教育时报》报道工作室课程推广情况。

③2016 年《南方教育时报》介绍工作室主持人。

④2018 年《南方教育时报》介绍工作室主持人及工作室成果。

⑤2018 年《南方教育时报》介绍工作室成员出版新书。

⑥2018 年《深圳教育》介绍工作室成员出版新书。

（2）国外媒体报道（因篇幅有限，图片和具体内容从略。）

①2016 年，工作室主持人赴马来西亚支教，当地媒体报道十多次。

2016 年暑假，受深圳市人民政府侨务办公室，市、区教育局的委派，李汉宁第三次赴马来西亚支教，为期一周，教学成果突出，得到当地人及华人同胞的高度评价，《星洲日报》《亚洲时报》《诗华日报》等马来西亚媒体前后做了十多次相关报道，有部分报纸用专版或两版的篇幅刊登李汉宁的教学专访和李汉宁撰写的文章。

②2017 年国务院侨办网、马来西亚大量媒体报道工作室主持的中马书法教学交流活动。

③2018 年马来西亚《亚洲时报》介绍工作室主持人及工作室成果。

◎填写策略点评：成果丰富，涉及面广，媒体不断报道，在国内外产生了很大的影响。

（六）经费使用（略）

（七）工作室建设

与前面第三部分工作室组建、第四部分工作室计划相同，此处从略。

（八）工作室困难和问题

①全国同类的工作室比较少见，作为深圳市第一个书法名师工作室，难以找到这个方面的经验作为参考。

②工作室学员基本是青年教师，很少有老少帮扶的机会。

③主持人在学校的工作量大，每周有 14 节课，时间精力有限。

④很多时候，工作室的工作被当作是校外工作，学校的重视不够，需要外出时请假调课比较被动。

⑤市教育局规定的工作室主持人开展工作每周计 6 课时工作量，学校不认可。

⑥经费使用比较困难，很难组织学员间的交流活动。

⑦学员参加工作室活动时请假审批因没有上级红头文件而得不到各校的批准，也是个难题。

六、工作室终期验收考核答辩

名师工作室三年期满后，主管部门会要求提交《名师工作室终期验收总结》和各种成果材料，并举行现场验收考核答辩。我主持的深圳市李汉宁书法名师工作室于 2019 年 11 月 28 日在深圳市教科院进行现场验收考核答辩。时间为 10 分钟。分两个部分，首先是通过 PPT 做工作室总结，然后由评委提问。现在简单介绍如下：

（一）深圳市李汉宁书法名师工作室终期验收总结

按第五部分的内容，做简短的 PPT。（因篇幅有限，此处从略。）

（二）评委提问

评提的问题：

你从中提到的带领学员一起到各地开展讲座活动，他们能讲吗？

那天主评委听完我用 PPT 介绍的工作室终期验收总结后，对其中我提到的带领学员一起到各地开展讲座活动产生了疑问，所以问了这个问题。

我的回答：

工作室组建了"中小学书法教学法"课程推广讲师团，里面的成员要一起出去搞讲座。成员开讲座前要先进行培训，要不然讲不到位。经过培训合格后，没有问题。

我回答后，评委都点点头，表示明白。后面主评委问其他评委还有没有问题要问，大家都说没有了。

◎答辩策略点评：验收考核中，工作室很多成果得到了评委的肯定。作为深圳市第一个书法名师工作室，能顺利通过验收，的确令人很满足。

第四章　中小学书法教育特色学校创建

第一节　特色学校创建心得

教育部要求中小学开设书法课已经好多年，但因多种原因，在中小学里全面正常开设书法课的学校并不很多。是否开书法课，主要看校长的认识。通常设专职书法教师的学校，都想将书法作为学校的一项教育特色。

深圳市石岩公学把我请来，是因为学校为了实现高端办学目标，要打造一些教育特色项目，而书法是其中一项。在学校领导的大力支持、各学部的帮助、科组同事的一起努力下，经过两年的时间，我主持策划的书法教学工作取得了可喜的成果，学校通过中国书法家协会评审，荣获兰亭奖·教育奖集体提名奖。2012 年 8 月，我调到深圳市宝安第一外国语学校，开始主持策划学校的书法教育工作。两年后的 2014 年，学校获中国硬笔书法协会授予的"书法教育公办学校十佳"称号。我认为在当前教育行政管理部门，如教育部、省市教育厅都没有举办学校书法教育特色成果评选的情况下，中国书法家协会、中国硬笔书法协会等国家级专业协会举办的评选。是有一定的分量的，评选的结果应该给予肯定。

关于特色学校的创建，我的体会是：

一、学校领导要高度重视，书法教师要多出点子

将书法作为一门新学科来开课，作为一个新项目来开发，首先是学校领导要高度重视，倡导良好的书法教育风气或氛围，各科教师也要给予支持。书法教师要多出点子，配合学校把书法教育中所涉及的师资配备、课程开发、教材编写、教法研究、课题申报、论文发表、作品展览、成果推广、场地布置、活动开展、计划制订、方案实施、评价把握、经费支持等工作做好，这样才能保证高效率、出成果、立品牌。学校领导、其他老师因为对书法教育的了解不够透彻，他们的想法做法可能达不到特色学校创建的要求，书法教师要发挥自己的能力优势，多到其他书法特色学校参观取经，给学校出谋献策。

二、不同学校应有不同的特色创建侧重点

不同的学校，有不同的教学基础和条件，特色创建的侧重点就会不同。比有，的学校以教学见长，有的学校以科研见长；有的学校硬笔教学出色，有的学校毛笔教学出色。我们应该尽力展现自己学校的优势，再逐步把薄弱部分慢慢地改造提升。要善于积累，逐个突破，分阶段实现特色创建目标，想一下子在方方面面都做齐做到位是不可能的。

三、不同学生层次应有不同的特色创建侧重点

不同的学生层次，有不同的特点，特色创建的侧重点也会不同。比如，小学和中学参与教学活动的面就不同，小学容易全员参与，而初中里的初三学生面临中考，就很难参加了。小学重视写字规范，有书法特长的老师较多，开展班级教学和兴趣特长班教学较容易到位，中学书法师资可能有些缺乏，班级教学开展不一定很正常，往往重于兴趣特长班教学。

四、学校要找准特色领域，做深做透，引领同行，树立品牌

从学校层面讲，要成为特色学校，需要对"特色"进行明确的定位，即要寻找某个领域，做深做透，引领同行，树立独特的品牌。书法特色学校之所以说有"特色"，肯定是书法教育教学总体上做得比同类学校的好。但是，如果特色学校之间要比较，你这个学校有没有突出的亮点？你这个学校的优势在哪里？这是需要考虑的。我参观了很多书法特色学校，发现这样的问题，你做的他做的，大多都存在照搬照套别人的做法。你开午间习字课，我也开；你编印校本教材，我也东拼西凑印一本；你做100人的展览，我做200人的。仅仅这样去做，到最后你的学校走不出个性特色，走不出高度。成为书法特色学校后，你的学校最好能根据自身的条件和教师的特长，做某个专题的实验研究，把它做强做大，引领本区域，甚至省市、全国。宝安第一外国语学校除了全方位推进书法教育教学，创建书法教育特色学校，还发挥了书法教师的特长，重点进行中小学书法教材开发和课程研究，教材、课程被推广到国内外学校，课程教学成果获广东省教育教学成果奖一等奖。这是一个很好的先例。

总之，中小学书法教育特色学校的策划，要因地制宜，没有统一的标准。在当前中小学书法教育刚刚起步，大家都在处于摸索阶段的情况下，我们需要大胆尝试。

第二节　深圳市石岩公学获中国书法最高奖
——兰亭奖·教育奖

2009年11月，我主持策划书法教学工作的深圳市石岩公学以突出的中小学书法教育成果荣获中国书法最高奖——兰亭奖·教育奖集体提名奖，成为兰亭奖举办以来全国第一所也是至今唯一一所获得集体教育奖的中小学校，标志着该校中小学书法教育进入国内先进行列。2010年1月，中国书法网针对这个奖发布了题为《李汉宁副教授就当前中小学书法教育答中国书法网网友问》的长篇专访，全国不少媒体进行了转载。从此，深圳市石岩公学的书法教育受到了全国的关注。

现从申报表及三个证明材料——深圳市石岩公学书法教育具体做法、深圳市石岩公学书法教育主要成果、深圳市石岩公学书法教育未来规划等两个方面分四个部分进行展示和点评。

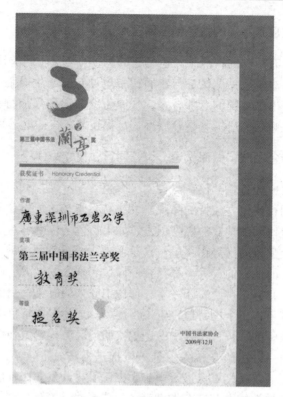

深圳市石岩公学兰亭奖·教育奖获奖证书

一、第三届中国书法兰亭奖·教育奖集体奖申报表

（一）申报基本信息（略）

（二）学校情况介绍

深圳市石岩公学是由政府和企业共同创办的公益性股份制学校。学校坐落在深圳市宝安区石岩街道，成立于 1995 年 4 月，设有幼儿园（含早教中心）、小学部、初中部、高中部（含留学预科），现有 128 个教学班，5600 多名师生。2003 年，学校晋升为广东省一级学校，2007 年被教育部、环保总局授予"国家级绿色学校"称号。学校两度获得市政府办学效益奖，是全国读书育人特色学校，四次被深圳市人民政府授予教育系统先进单位，连续六年被评为宝安区初中、高中教学先进单位，2008 年被评为深圳市高考工作先进单位。学校现有面向全国招聘的教职员工 580 多名，其中专任教师 380 多名，特级教师 10 名，高级教师 150 名，外籍英语教师 5 名，博士生 2 名，享受国务院特殊津贴专家 1 名，全国优秀教师 8 名，省级以上优秀教师、学科带头人和骨干教师 50 多名。

石岩公学已成为一所学生热爱，家长信赖，政府放心，社会声誉好，在深圳、广东乃至全国都有一定知名度的学校。

◎填写策略点评：点明学校有幼儿园、小学、初中、高中、留学预科等多个学部，5600名学生，学校的学生层次这样丰富，搞中小学书法教育的面是够广的，是有典型代表性的。点明学校突出的办学成绩、强大的师资力量、在省市的高知名度，这样的好学校开展中小学书法教育，让人觉得是可以做大做实，做出成果、做出特色的。

（三）书法教育主要事迹及成果

书法教育特色是石岩公学一直以来追求的目标。为了寻求自我突破与发展，为学生及广大家长提供更加优质的教育服务，石岩公学把艺术特色教育摆到至高的位置来看待，其中更是把书法教育当作提高校园文化品质的主要项目来抓，学校要求学生人人写一手好字，教职工个个练习书法。

为了达到这个预期的目标，石岩公学成立了少年书画院、李汉宁书法教育工作室、书法教研组、教职工书法协会，制订和发布了《深圳市石岩公学学生书法教学实施方案》《小学生写字（硬笔）段位测试》《写字特色班评定标准》《深圳市石岩公学教职工书法活动实施方案》，在全校系统地开展书法教育活动。2009年6月，学校被中国关心下一代工作委员会、中国硬笔书法协会评为"全国写字教育工作先进单位"；2009年7月，学校被深圳市宝安区教育局评为"书法教育特色学校"。学校书法教育在领导重视程度、制度方案、师资队伍、课程建设、教材开发、场地设备、教学策划、网站建设、科研课题、活动开展、学生成果等方面的所作所为在深圳市乃至广东省都是不多见的。学校的书法教育模式已经成为中小学书法教育的典范，得到了深圳市教研室领导、广省教育厅体艺卫处领导的高度评价。主要事迹及成果如下：

（1）师资力量

学校从全国挑选，高薪聘请了教育部考试中心硬笔书法等级考官、中国书法家协会会员、书法副教授李汉宁来主持全校的书法教育工作。由这样级别的专家主持书法教育在广东中小学书法教育界是绝无仅有的。目前，书法教研组共有6位专职书法教师（一所学校设有这么多的专职书法教师职位在深圳市是唯一的，在广东省也是闻所未闻的），其中1人为中国书协会员，2人为省级书画协会会员，3人为市级书画协会会员。所有书法教师均在国家或省市书赛、书展中获过奖，在创作、理论和教学多方面都有较高的水平。

（2）课程设置

学校将书法课安排进课堂。小学一到六年级以及初中一年级，每周安排一节书法课，由书法教师系统授课；每天下午课前安排15分钟的午间习字训练，由各班班主任及专业书法教师监督指导；把小学一年级中的两个行政班确定为书法特色班，用每周一、三的4节活动课进行书法训练；少年书画院每周二、三下午活动课还举办书法特长训练班，全校有书法兴趣的学生均可参加，保证了学生接受专业化的书法训练。

（3）教材开发

针对全国目前没有统一书法教材的现状，我校书法教师积极开发校本系列教材或练习册，正在使用的有李汉宁著《中小学书法训练技巧》（岭南美术出版社出版），曾旭芳编《学生钢笔楷书字帖》，少年书画院编《幼儿硬笔楷书基本笔画》（幼儿园使用）、《硬笔楷书训练——基本笔画》、《硬笔楷书训练——偏旁部首》、《硬笔楷书训练——间架结构》、《颜体楷书基本笔画训练范字》、《柳体楷书基本笔画训练范字》、《欧体楷书基本笔画训练范字》、《赵体楷书基本笔画训练范字》、《隶书基本笔画训练范字》，还有一系列钢笔、毛笔作品临本。

（4）场地设备

为了使书法教育活动得到有效的开展，形成良好的书法学习氛围，石岩公学拨出巨额专款，装修一间200多平方米的书法展厅，可同时展出80幅作品；投入35万元开辟了5间多媒体书法专用教室，配备大课桌，桌上摆齐画毡、笔筒、笔帘、笔架、笔挂、墨砚、笔洗和各种范本碑帖，每个教室配有投影仪、背投、电脑等现代化教学设备；设立了100多米的书法艺术长廊，可同时展出 70 幅书法图片；在少年书画院藏有几千册的历代碑帖和各种书法图书资料。学校每年投入约 10 万元为教职工购买书法学习用品，这在广东省中小学中是前所未有的。

（5）特色活动

多年来学校形成了富有特色的书法活动：每周三晚上有书法笔会，全体教职工书法爱好者可以到少年书画院现场书写交流；每周有教师古诗文板书展；每月有学部书法作业展，从幼儿园、小学部、初中部、高中部、教科部到校办，每月由一个学部办书法作业展；每学期有教师个人书法展或学生个人书法展；每年有迎新师生书法展；每学期有学生书法比赛；每学期有"小学生写字（硬笔）段位测试"；每学年进行一次"写字特色班级评比"。书法活动极为丰富。

（6）教学成果

多年以来，学校师生三百人次在各级各类书赛、书展中获奖。有三位学生在校内举办了个人书法展，有一位学生出版了个人书法作品集；书法教师在各级刊物上发表了 6 篇书法论文，5 篇论文在深圳市书法教学论文评比中获奖；2 本教师书法专著正式出版；由小学部黄兴林校长、李汉宁副教授主持的"小学生课堂书法训练对策研究"课题分别获得宝安区、深圳市两级资助立项。小学部常务副校长朱瑛有多年书法教育管理的经验，他的两篇书法教学论文在省级杂志发表。他极力倡导把写字教育作为实施素质教育的突破口，抓细、抓实、抓坚持，使学校形成浓浓的写字氛围。2008 年 9 月，学校创建了全国第一个专门从事中小学书法教育研究的网站——中小学书法教育，教育部考试中心 20 位书法等级考官纷纷发来贺信和题字，中国美术教育专业委员会副主任、广东省教育厅体艺处副主任周凤甫先生、学深圳市美术教研员张海亲自视察了解该网站的建设情况，并对该网站的创建给予了很高的评价，认为它将是深圳市、广东省乃全国中小学书法教育工作的亮点工程。目前网站每天的点击人数达千人以上，引起了书法界的广泛关注。学校书法教学活动得到了广大学生和家长的好评，宝安区电视台做了专题报道。

◎填写策略点评：简述学校开展书法教育在领导重视程度、制度方案、师资队伍、课程建设、教材开发、场地设备、教学策划、网站建设、科研课题、活动开展、学生成果等重要层面上的所作所为，在深圳市乃至广东省是不多见的，学校的书法教育模式已经成为中小学书法教育的典范，被评为"全国写字教学工作先进单位""书法教育特色学校"等。这样有分量的学校，让人感到值得推荐。

二、证明材料一：深圳市石岩公学书法教育具体做法

形成书法教育特色是深圳市石岩公学一直以来追求的目标。为了寻求自我突破与发展，为学生及广大家长提供更加优质的教育服务，石岩公学把艺术特色教育摆到至高的位置来看待，其中更是把书法教育当作提高校园文化品质的主要项目来抓，学校要求学生人人写一手好字，教职工个个练习书法。2009 年 6 月，学校被中国硬笔书法协会、中国关心下一代工作委员会评为"全国写字教学工作先进单位"。学校多方位、多角度有效地开展书法教育活动，具体做法如下：

（一）充分认识中小学书法教育的意义，成立书法教育工作领导小组，对学生书法教育活动加强管理

深圳市石岩公学始终认为在中小学开展书法教育是学校深化教育改革、增强学生艺术素

质、提高学校文化品质的重要举措，是传承祖国传统文化的需要，对提高学生综合素质、促进学生身心的全面发展有良好的作用。练字过程能磨炼学生的意志，陶冶学生的情操，培养学生的审美能力，有助于培养专心、细心、有耐心的品质，提高学生的观察力、模仿力、领悟力、想象力、创造力。开展书法教育，让学生写一手好字，是有效进行书面交流的基本保证，将使学生终身受益。因此，学校成立了以校长为组长的书法教育工作领导小组，对学生书法教育活动加强管理。

（二）制订书法教学实施方案，书法教育工作科学合理地开展

为了进一步落实广东省教育厅《关于加强中小学书法教育的意见》文件精神，推进素质教育，传承和弘扬中华民族优秀传统文化，提高学生的书写水平，创建书法教育示范学校，深圳市石岩公学制订并发布了《深圳市石岩公学学生书法教学实施方案》，对书法教育的意义、目前中小学生的书写状况、书法教育领导小组、教学时间安排、场地设备、教材范本、活动安排、教学目标、教学原则、教学内容、形式和方法、考评标准等进行全面具体地说明，提出了学校书法教育的未来规划。

（三）成立少年书画院、李汉宁书法教育工作室、书法教研组，配备足够的专职书法教师，有效开展教育活动

为打造公学书法教育品牌，提升公学书法教育水平，加强学校文化建设，进一步推进素质教育，促进学校高端办学策略的全面实施，深圳市石岩公学于2004年起先后成立少年书画院、李汉宁书法教育工作室、书法教研组。少年书画院聘请中国书法家协会会员、教育部考试中心硬笔书法等级考官、曾获得中国书法兰亭奖·教育奖提名奖的书法专业副教授李汉宁担任院长。书法教研组有专职书法教师6人，负责小学一至六年级、初中一年级每班每周一节的书法课堂教学及周二、三活动节学生书法兴趣特长培训和平常教职工书法培训任务。

（四）提供足够经费，开辟专业书法教育活动场所

石岩公学少年书画院在艺术中心大楼一、二楼各开辟了一个书画展厅，每个展厅大约120平方米，供参观展览者题字、学生训练或平时笔会时表演使用。另开辟有5间书画专用教室，每间按可供40个学生同时上课的标准设置。教室内配有电脑、投影仪、背投等多媒体设备，安有空调，备有书画教学专用的宽大课桌，上铺专业画毡，摆有笔筒、笔架、墨碟，安有磁性黑板，讲台边有教师专用示范台，教室后面装有学生书画用品、作品存放柜。

为了方便教职工书法练习，石岩公学在每个年级组开辟一间办公室，配齐书法用具，教师可以随时抽空练习。学校领导办公室内均配备书法专用大桌和书法用品。学校每年给教职工提供近10万元的书法用品，人手一套书法用具，教师可自带回办公室或家中练习。

学校艺术中心走廊悬挂40个书画镜框，可进行书画展。少年书画院设收藏室一间，内设作品收藏专柜，文房四宝专柜，收藏各种书法资料图片。

（五）重视校园书法景点的建设

校园的教学楼、图书馆、体育馆、办公楼等处的牌匾都运用书法字体。使用书法字体，增加字的艺术效果，提高了这些场所的文化品位。凡是有书写的地方，尽量找会书法的人书写，比如校名用字，教室书写布置，校服、书包印字等。校园添置了一些石头、木头刻字装饰物，作为永久的书法景点，更是耐人寻味。

（六）通过多种方式，全面深入地开展书法教育工作

石岩公学书法教学以硬笔为主，毛笔为辅，普及为主，提高为辅，多角度，全方位地开

展。书法课进入课堂，即系统对学生进行书法训练，从小学一年级到初中一年级，每周安排一节书法课，安排教师授课，系统地给学生传授书法基础知识和技能。设立书法行政教学班，深化书法训练，做法是在小学一年级学生入学后，指定两个班为书法行政教学班，每周增加两个下午活动节为书法训练课。举办书法特长班，培养书法尖子，具体做法是开展每天午间 15 分钟习字训练活动，由各班班主任到场管理监督，由专业书法教师到场轮班指导。

（七）建立学生书法评价体系

石岩公学重视对学生书法学习效果的评价，建立了科学合理的评价体系，评价理念是：

书法教学的考核评价要有利于引导绝大多数学生对写字、书法的兴趣，有利于形成正确的书写姿势和进行基本技能的培养。总体上说，低年级要特别关注学生书写态度和良好书写习惯的形成，注意学生对基本笔画、汉字基本结构的把握，重视书写的正确、端正、整洁；对高年级学生的评价，既要关注其书写规范和流利程度，也要尊重他们的个性化审美趣味。应该通过发展性评价来提高学生的学习兴趣和自信心。要特别防止用大量、重复抄字的惩罚性做法对待学生。宁可少而精，学一笔是一笔，不可有量无质。

（八）开展写字段位考核工作，评定写字特色班级

每个学期举行一次写字段位考核，给学生进行 1～9 段的评定，对学生坐势、书写笔画、结构、章法、卷面、速度全方位考核，激发学生的书法学习热情。每学期分年级评选一个写字特色班，促进班级之间的整体学习。

（九）树立书法特色品牌活动，促进师生学习和交流

多年来，学校形成了富有特色的书法活动：每周三晚上有书法笔会，全体教职工书法爱好者可以到少年书画院现场书写交流；每周有教师古诗文板书展；每月有学部书法作业展，从幼儿园、小学部、初中部、高中部、教科部到校办，每月由一个学部办书法作业展；每学期有教师个人书法展或学生个人书法展；每年有迎新师生书法展；每学期还有学生书法比赛；每学期有"小学生写字（硬笔）段位测试"；每学年进行一次"写字特色班级评比"。书法活动极为丰富。

（十）开发校本书法教材，提高书法教育教学质量

经过多年的开发，石岩公学师生所用的书法教材，无论是硬笔还是毛笔，基本上是本校老师编写的。目前已经使用的有：曾旭芳老师编写的《学生钢笔楷书字帖》、李汉宁老师编写的《硬笔楷书训练》（三册）、由岭南美术出版社出版发行的李汉宁老师专著《中小学书法训练技巧》以及各种毛笔范本、系列书法教案和课件。

（十一）师徒结对，互相学习，提高书法教师的能力

书法教研组加强对年轻教师的培养，师徒结对，"师傅"在创作、理论和教学等多方面给予年轻教师指导。教研组加强组内教师的互相学习与交流，要求全体书法教师每天练一张纸、每周写教学反思笔记、每月创作一幅作品、每学期写一篇教学论文，每学期有两位教师举行公开课，每年有一位教师搞个人书法展，提高了书法教师的能力。

（十二）创建网站"中小学书法教育"，为师生及社会提供更丰富的教学资源

为丰富教学资源，石岩公学在朱文彦校长的带领下，创建了全国首个专门研究中小学书法教育的网站——中小学书法教育（http：//www.zxxsfjy.com）。网站设置有"教学研究""碑帖教材""师资场地""习作点评""文房四宝""书坛人物""交流论坛""用品推荐""书法视

频""书法教育动态""书法教育评论""网上作品展览"等栏目，为中小学师生搭建了一个相互交流、相互沟通的崭新平台，为普及书法教育、弘扬民族文化起到重要的促进作用。

（十三）开展书法课题研究，规范书法教育工作

为了督促全体书法教师积极搞好教学研究，学校要求每个教师每年在省级以上刊物发表论文一篇。到目前为止，书法教研组老师已发表论文十多篇。由小学部黄兴林校长、李汉宁副教授主持的"小学生课堂书法训练对策研究"被深圳市、宝安区教育部门立项研究。

（十四）成立教职工书法活动领导小组、教职工书法协会，制订教职工书法活动实施方案，加强教职工书法学习和培训

石岩公学成立了教职工书法活动领导小组、教职工书法协会，制订《深圳市石岩公学教职工书法活动实施方案》，积极弘扬中华民族优秀文化传统，活跃校园文化生活，提高教职工书法水平。学校每周三晚上在少年书画院举行教职工书法笔会，定期开展书法培训、书法比赛、书法展览活动。学校成立教职工书法活动领导小组，正式发文，要求教职工人人学习书法，努力提高全校教职工的书写水平。

◎填写策略点评：申报表里已经把学校的主要事迹及成果做了综合概括，但是不够具体，所以需要把学校书法教育的具体做法单独地列出来，详细展开，作为证明材料之一，让评委进一步审核。具体做法是列出了 14 个方面，这显示学校已把书法教育做足做透，而且做得有分量，一部分工作还具有创新性，让人感到敬佩。

三、证明材料二：深圳市石岩公学书法教育主要成果

（一）学校获得高层次的书法奖项

因书法教育成绩突出，2009 年 6 月深圳市石岩公学被中国硬笔书法协会、中国关心下一代工作委员会评为"全国写字教学先进单位"。

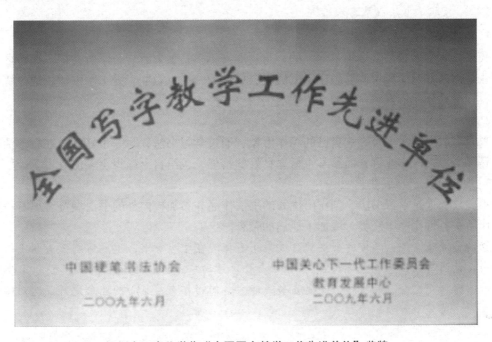

深圳市石岩公学获"全国写字教学工作先进单位"奖牌

◎填写策略点评：主要成果作为证明材料之二，以"全国写字教学工作先进单位"为开头，先给人好印象。

（二）学生书法成果丰硕

1. 书写规范，提高学效

书法教育是为了让学生写一手好字。几年来，我校的书法教育取得了阶段性的成果，学生的作业、试卷书写水平大大提高。我们从多次的作业、试卷抽查中发现学生书写笔顺笔画比较规范、间架结构比较合理，页面工整简洁，使用胶擦、涂改液等明显减少，出现错别字的现象也少了，学生的书写速度也提高了，达到了学以致用的目的。

2. 创作作品，参展获奖

我校的书法教育注重普及和提高相结合，书法教师对每个班具有较好天赋的学生个别施教，提高书写难度和要求，加上兴趣特长班的训练，培养了一支庞大的学生书法创作队伍。几年来，三百多人次学生的书法作品在校外各级书展书赛中获奖。

3. 陶冶情操，促进学习

书法教育具有陶冶情操、育德健体的功能。我们观察到，书法教育除了让学生的书写水平得到提高之外，也培养了学生的观察、模仿、领悟能力，还使学生在学习过程中更加专心、细心和耐心，促进了其他学科的学习。

4. 石岩公学学生书法获奖统计表

据不完全统计，有93人次获奖，限于篇幅，具体名单、奖项从略。

◎填写策略点评：关于学生的成果，很多时候，我们只想写一写作品获了多少奖。这部分提到了学生的成果有获奖、写好规范字、陶冶情操三个层面。书法教育的目标不光是写好字，也要陶冶情操，促进其他学科学习；不光是培养一部分学生获奖，主要的还是培养全体学生写规范字，提高学习效率。这样的书法教育成果更加显得"高大上"。

（三）教职工书法成果喜人

1. 寻得爱好，身心健康

我校教职工多数是从全国各地来的，身边朋友不多，加上石岩公学所在地远离市区，老师的业余生活普遍比较单调。教职工书法协会成立后，不少教职工爱上了书法，通过练习和创作，自得其乐，丰富了自己的文化生活。

2. 学以致用，板书提高

教职工的书写水平会影响自己的工作形象，通过学习书法，写一手好字，在教学活动中特别是板书、批改作业等方面给学生树立良好的榜样，也给自己赢得更多的尊重。

3. 偶有佳作，参展获奖

不少教师通过学习书法，创作出优秀的书法作品并参加校内外的书法展览。更有一些教师的作品在各种比赛中获奖，增加了他们的荣誉。

◎填写策略点评：学校的书法教育成果不光体现在学生身上，这里特别把教职工的成果列出来，说明教职工也积极参与到学校书法教育活动中，这是难能可贵的。教职工参与其中，从中感到有甜头、有收获，能提高书写能力，能当作有益身心的业余爱好。这对学校书法教育的支持是不言而喻的。

（四）专兼职书法教师书法成果不断

1. 临摹、创作档次提升，获奖不断

近几年来，书法组全体教师在全国、全省书法展评活动中获奖不断。

（1）曾旭芳老师

2006年获"中华艺术之星书画作品网上行"活动一等奖，获第二届全国教师书画大赛三等奖。

2007年获宝安区第二届教师技能大赛书法一等奖。

2008年获首届"艺教杯"全国师生书画摄影大赛一等奖，获首届全国青少年美术书法大展特等奖。

（2）孙昌德老师

2006年获宝安首届中小学生科技节绘画、设计、摄影比赛辅导一等奖，获深港少儿书画作品联展邀请大赛辅导金奖。

2007年获深圳市"博雅杯"中小学美术教科研论文评比活动二等奖。

2008年获第六届全国中小学生绘画书法作品比赛辅导一等奖。

（3）马展云老师

2004年在"当代中国书画家与收藏家北京交流展"中获银奖。

2005年在第四届中国书画艺术"华表奖"创作大展赛中获三等奖。

2006年在"中国关心下一代身心健康工程"全国义演活动书画人才选拔陕西省赛区书法类比赛中获二等奖。

2007年指导学生参加第十二届全国中小学生绘画书法作品比赛获书法类指导工作一等奖。

2007年指导学生参加第八届"深圳读书月"小学生现场书法大赛获指导工作一等奖。

（4）胡军老师

2008年在石岩公学成功举办个人书法展。

（5）唐照永老师

2002年，作品入展深圳市第二届"颂清廉"书画展。

2004年，作品在全国美术教师书法摄影作品大赛中获二等奖。

2006年，被评为"宝安区体艺卫先进个人"。

（6）冼建文老师

2006年参加市文联、市美协举办的宝安10人书画展。

2008年在深圳举办个人书画展。

2. 理论及教学研究颇有收获

2008年，在深圳市教研室主办的深圳市首届中小学书法教学研讨会论文评比中，李汉宁老师的论文《中小学书法教学中具有代表性范字的选择》获一等奖，唐照永老师的论文《对中小学学生进行书法教学势在必行》获二等奖。同年，李汉宁老师专著《中小学书法训练技巧》由岭南美术出版社出版。

2009年，朱瑛老师的论文《写字教学评价管理体系的构建》发表于《教学与管理（小学版）》2009年第2期。孙昌德老师的论文《小学书法教学的现状与对策》发表于《教育视野》2009年第4期。

◎填写策略点评：书法教师是教学的引领者，这里单列专兼职书法教师在创作、理论与教学多方面的丰富成果，体现专兼职书法教师的高素质和专业追求，也体现了学校只有踏踏实实地开展书法教育，才会教学相长，才会使学生有成果，教师有提升。

（五）书法教学场地设备标准化，书法教学走上专业化轨道

石岩公学少年书画院设有标准的展览大厅，大厅中央放置六张合并的书画台，供师生书写交流使用。每当下午活动课到来，很多小学生会到这里来写写字。书法专用教室里书法用具规范，配备齐全，无论教师演示还是学生临写创作都能得心应手。

◎填写策略点评：书法教学需要专业的场所，开设展厅、专用教室是保证教学质量的前提。

（六）校园书法景点设置丰富，书法教育氛围浓厚

经过多年的重视、积累，石岩公学校园的教学楼、图书馆、体育馆、办公楼、道路边的墙壁、园林中的石头乃至学生的校服、书包等，但凡用到字的地方大多是使用书法字体。整个校园，无处不是书法，真是美不胜收，为书法教育创造了良好的环境氛围。

◎填写策略点评：校园里浓厚的书法氛围对学生的影响是潜移默化的。

（七）多项书法品牌活动确立，书法交流渗透整个校园

几年来学校开展了一系列富有特色的书法活动：每周三晚上有书法笔会，全体教职工书法爱好者可以到少年书画院现场书写交流；每周有教师古诗文版书展；每月有学部书法作业展，从幼儿园、小学部，初中部、高中部、教科部到校办，每月由一个学部办书法作业展；每学期有教师个人书法展或学生个人书法展；每年有迎新师生书法展；还有每学期学生书法比赛；每学期"写字特色班级评比"，书法活动极为丰富。

◎填写策略点评：这个部分，是个亮点，很多学校没有这样多层次的活动。

（八）校本教材开发成果累累

经过多年的开发，石岩公学师生所用的书法教材，无论硬笔与毛笔，基本上是本校老师编写的，主要有：

1. 硬笔教材

（1）曾旭芳老师编写的《学生钢笔楷书字帖》

曾旭芳现为深圳市石岩公学硬笔书法教师，其钢笔书法笔法精到、运行稳健，力透纸背，结构严谨，意态纵容，钢笔作品多次在全国比赛中获奖。该字帖是他在多个学校多年书法教学的结晶，16开本，50个页面，内容包括坐势、执笔、笔顺、笔画、偏旁、结构。每个页面上附有透明白纸，既可直接描红，也可作范字临写。这是一本难得的校本教材。

（2）李汉宁老师编写的《硬笔楷书训练》（三册）

《硬笔楷书训练》分为基本笔画、偏旁部首、间架结构三册，32开本。其中基本笔画内页为24页，偏旁部首、间架结构均为18页，印色为红色。编写的原则是面向中小学生，着重书法基本技法。字帖和作业本一体。范字内容选择具有代表性的规范字，格子形式和颜色有意识地考虑到视觉效果、笔法基本功、结构控制力等因素。立足培养学生眼的观察力、手的模仿力、心的领悟力。基本笔画训练目标是引导学生运笔的三个动作变化——方向变化、提按变化、速度变化；偏旁部首训练目标是让学生掌握偏旁部首的形态，认识一些偏旁部首与其作为独体字时的差异；间架结构训练目标是让学生掌握独体字的平衡稳定，合体字各个局部之间的和谐统一以及松紧变化、纵横变化、斜正变化。有关该练习本选字所用理论方法的论文于2008年5月在深圳市首届中小学书法教学研讨会上荣获一等奖。该教材是中小学

硬笔书法训练不可多得的范本和练习本。

2. 毛笔教材

毛笔教材主要是李汉宁老师著《中小学书法训练技巧》。该教材于 2008 年 3 月由岭南美术出版社正式出版发行。2007 年 8 月，广东省教育厅发文要求全省中小学开设书法课，因为没有统一的书法教材，石岩公学决定让中国书法家协会会员、中国书法兰亭奖·教育奖提名奖得主、书法副教授李汉宁针对当前中小学的实际，编写系列校本书法教材。《中小学书法训练技巧》于 2008 年 9 月开始编写，12 月定稿出版。该教材为 16 开本，含 14 内页。作者按照广东省教育厅文件所提出的中小学开设书法课内容、课时、目标的要求，结合目前全国中小学书法教育的师资力量、场地设备等实际状况，进行了全面具体的研究，科学合理地规定了该教材的内容结构。正如中国教育学会高级中学校长委员会理事、中国教育学会中小学整体改革专业委员会常务委员、深圳市人民政府教育督学、石岩公学校长朱文彦先生所说："书中既有前瞻性很强的书法教学理论，又有实用性很强的硬笔、毛笔书法教学实践内容，既是中小学生的书法课本，也是中小学书法教师的教学参考书，可谓是当前书法教育界不可多得的教材，在一定程度上弥补了我省书法教育教材欠缺的不足。"

3. 各种毛笔范本

毛笔范本包括少年书画院编写的《颜体楷书笔法训练范字》（16 开 36 页）、《柳体楷书笔法训练范字》（16 开 36 页）、《欧体楷书笔法训练范字》（16 开 36 页）、《赵体楷书笔法训练范字》（16 开 36 页）、《隶书笔法训练范字》（16 开 36 页）、《楷书作品训练范例》（50 幅）。

◎填写策略点评：在没有统一书法教材的情况下，开设书法课是何等的艰难！学校开发的校本教材，从硬笔到毛笔，从楷书到隶书，均有涉及，有讲笔法的，有讲作品的，有公开出版的，有内部印刷的。这么系统，的确不易。

（九）"中小学书法教育"网站开通引起全国书法教育界的广泛关注

2007 年 7 月，广东省教育厅率先在全国提出要求，在全省中小学开设书法课。因为没有可行的经验，书法教学面临很多难题，为了在这方面进行较系统的研究，为书法教育界提供指导的信息，石岩公学主持创建了全国首个专门研究中小学书法教育的网站——中小学书法教育。网站开通时收到了全国 20 位硬笔书法等级考官的贺词题字，广东省的美术教研员周凤甫也亲自题字祝贺，深圳市教育督导评估团副团长、深圳市宝安区人民政府教育督导室主任王熙远发来了贺信，深圳市美术教研员张海亲自到石岩公学视察指导，大家都给予该网站高度的评价。网站开通不久便引起了全国书法教育的广泛关注，目前每天有近千人点击。

◎填写策略点评：利用网络资源进行辅助教学是时代的新要求。创建网站"中小学书法教育"是有远见、有胆识的。

（十）具有石岩公学特色的中小学书法教育模式的基本成型

经过几年的书法教育研究，石岩公学的中小学书法教育模式露出了清晰的框架。学校从师资培养、场地设备、教材范本、科研网站、教材教法、管理评价等方面多角度全方位探索出可行的中小学书法教育模式。"中小学书法教育"网站建立后，全国各地不少中小学校进行了效仿，认为切实可行，有推广价值。

◎填写策略点评：全方位多角度对中小学书法教育进行实践与研究，得出的经验和教训，这是有社会价值的。

（十一）少年书画院、李汉宁书法教育工作室受到广泛好评

1. 深圳市石岩公学少年书画院

深圳市石岩公学少年书画院成立于 2004 年，其目标和任务是：打造公学艺术教育品牌，提升公学艺术教育水平，加强学校文化建设，进一步推进素质教育，促进学校高端办学策略的全面实施。现学校聘请中国书法家协会会员、中国硬笔书法协会会员、中国教育学会书法教育专业委员会会员、教育部考试中心硬笔书法等级考官、曾获得中国书法兰亭奖·教育奖提名奖的书法专业副教授李汉宁担任院长。石岩公学少年书画院已经成为学校艺术教育的一个品牌、一面旗帜。

2. 李汉宁书法教育工作室

李汉宁书法教育工作室与石岩公学艺术中心、石岩公学少年书画院于 2008 年 4 月 10 日石岩公学建校 33 周年校庆日一同成立。工作室设在石岩公学艺术中心大楼二楼书画院内，是石岩公学高端办学背景下，在朱文彦校长的高度重视下，首次以个人名字命名的两个特聘教师工作室之一。工作室主要任务是开展中小书法教育研究，为石岩公学创建书法特色学校服务。

◎填写策略点评：学校为了更好地开展书法教育，创建了少年书画院和工作室。这是提高教学和科研质量的重大举措，在中小学里可谓超前，有战略远见。

四、证明材料三：深圳市石岩公学书法教育未来规划

（一）进一步提高书法教育的认识，加强对书法教育工作的管理

书法教育全面进入学生的课堂是石岩公学深化教育改革，增强学生艺术素质，提高学校文化品质的重要举措，全校师生必须转变观念，形成共识，充分认识书法教育的实际意义：开展书法教育是对国家教育委员会《关于加强九年义务教育阶段中小学生写字教学的通知》和《九年义务教育全日制小学写字教学指导纲要》等文件精神的贯彻落实。2007 年 8 月广东省教育厅发布的《关于加强中小学书法教育的意见》是中小学增强特色办学的要求，是传承祖国传统文化的需要，是提高学校文化品质的要求，是实施素质教育的重要途径之一。

我们要进一步加强对书法教育工作的管理，从学部领导到教学处，到年级组、班主任、书法教师，层层监督，坚持不懈地努力。

（二）提高书法教育质量，全面提高学生的书写水平

书法教育要面向全体学生，脚踏实地地为提高每个学生的书写水平服务。继续坚持从小学一年级到初中一年级，每周安排一节书法课，保持稳定的专职教师队伍，保证专业化的书法教学能够正常开展，最终让每个学生写一手好字，提高学习效率。

（三）全面提高教职工的书法水平

继续搞好教职工的书法培训工作，坚持每周举办一次教职工书法笔会、教师古诗文板书展，每月举行一次学部教职工书法作业展，鼓励教职工举办个人书法展和参加校外各级各类的书法比赛。

（四）书法教师要努力把自己培养成为具有创作、理论和教学能力的全能人才

书法教学的关键是教师，教师水平的高低决定着教学质量的优劣，只有高素质、高水平的书法教师才能培养出知识水平高、技巧能力强的书法人才。书法教师不是随便一个会写几

个字的人就能胜任的，一个合格的书法教师应该具有临摹创作、理论分析的能力，而且要掌握一定的教学技法。我们要检查、督促、培养书法教师努力提高自身素质，让每位书法教师都能成为写好字、懂理论、掌握书法教育规律和教学技巧，既有理论又有实践的教学能手。

（五）继续多方面开发校本教材

针对目前没有系统的书法教材这一状况，我们要根据本校学生的具体情况，继续开发校本书法教材。学校要为本校硬笔、毛笔书法教学的普及和提高尽最大的努力，做好物质方面的保证。

（六）加快研究步伐，高质量完成"小学生课堂书法训练对策研究"课题

由公学小学部黄兴林校长、李汉宁副教授主持的"小学生课堂书法训练对策研究"于2007年12月被宝安区教育科学研究培训中心确定为宝安区教育科学"十一五"规划立项课题（第六批），2008年6月被深圳市教育规划办确定为深圳市教育科学"十一五"规划立项课题。目前已经产生部分成果，我们将加快研究步伐，努力高质量结题。

（七）建立师生书法评价体系，开展学生书法考级，促进书法教学质量的提高

我们将教师的书写水平纳入教学工作质量考核之中，教师上课时的板书、平常备课和批改作业的书写均纳入评估范围，记入教师业务档案。为了能公正、客观地评价每一个教师的写字教育工作实绩，学校制定了若干评优制度，并制订具体的评比标准、办法。

学校还进行学生写字达标验收考核、学生写字段位考核，全体小学部学生都要定期参加书法考级，建立学写字档案。

（八）改进"中小学书法教育"网站栏目设置和建设

我们创建的全国首个专门研究中小学书法教育的网站——中小学书法教育已经运行将近一年，在全国书法教育界产生了良好的影响，为书法教育界提供了交流学习的平台。网站对宣传我校的书法教育工作有不可替代的作用，我们将根据社会和教学的需要，改进版面的设计，完善栏目设置，充分发挥网站的教育功能，为我校的书法教学工作服务。

（九）建立高规格的书法展厅，提升书法教学场所的设备标准

我校拥有师生5000多人，师生学习书法数量多，创作的书法作品数量也多，目前所拥有书法展厅、艺术长廊还远远不能满足书法展览活动的需要。我们还需开辟新的标准化的大展厅，扩大展览阵地，同时增加专业书法教室的数量，做到专业教师人人一间固定教室，改进现有书法教室的设备设施配置，为书法教育提供足够的空间。

（十）增加校园书法作品的布置，营造更浓厚的书法教育氛围

我们将在教学楼层增加学生优秀书法作业展示区，在教室走廊通道等地方悬挂师生书法作品，营造更浓厚的书法教育氛围。

（十一）研究开发中小学书法教育用具

目前中小学书法教育用具非常缺乏，为了实现书法教育的全面普及，我们争取研发中小学书法教学急需的用具，如执笔纠正器、各年龄段所需的各体各种字形大小的过塑摹本，与厂家联合研制适合中小学生使用的优质钢笔和毛笔。

（十二）完善石岩公学特色的中小学书法教学模式体系

我们致力于全方位多角度考虑中小学书法教育的困难和对策，从内容、教材、教法、场

地、设备、师资培养等方面，从硬笔到毛笔，从笔画、结构到章法，从普及到提高，从书法课本身到其他学科教学的渗透，思考、实践、检验、完善石岩公学的书法教学模式体系，从校内到校外推开中小学书法教学的可行模式，为深圳市、广东省乃至全国提供中小学书法教育参考范例。

（十三）编印《石岩公学师生书法作品集》

为检验、宣传石岩公学的书法教育成果，我们努力激发师生的书法创作热情，通过比赛、展览等各种方式征集积累师生书法精品，未来将编印《石岩公学师生书法作品集》。

（十四）努力创建宝安区、深圳市、广东省乃至全国书法教育特色示范学校

我们将加大书法教育的力度，切实搞好书法教育工作，积极参加各种书法教育特色或示范学校的评比，在三至五年内争取拿到省级以上书法教育"特色学校"或"示范学校"及"写字教育先进学校"称号，为宝安区创造书法教育特色品牌。

（十五）组建石岩公学书法教师讲师团，对校外提供书法教育培训和指导

我们将利用本校的书法教育资源，组成中小学书法教师讲师团，对外开展书法师资培训或中小学书法教育指导活动。

◎填写策略点评：获过的奖往往展示的都是过去的行动、过去的成果。这里增加了一项未来规划，作为证明材料很有意思。书法教育需要长期的坚持，不是一直冲动去做，学校前期既然在人力、财力、物力方面投入那么大，既然已取得阶段性的优秀成果，我们要承上启下，在原来的基础上，接着去做得更大更强。如果我们这回获了奖，将来被人们关注，他们要看到我们真真实实做过的事，才会认为这个奖没有评错。

第三节　深圳市宝安第一外国语学校获"书法教育公办学校十佳"称号

2014年10月，在中国硬笔书法协会举办的首届全国书法教育"百强十佳"评选活动中，我主持策划书法教育工作的深圳市宝安第一外国语学校荣获四项大奖，成为本届活动获得奖项最多、获奖级别最高的学校。学校获2013年度"书法教育公办学校十佳"称号，段天虹校长被授予"书法教育公办学校十佳杰出校长"称号，我编著的校本教材《中小学书法教学法》（含配套课堂作业）获"硬笔书法教育十佳受欢迎教材（字帖）"称号，我主编的网站"中小学书法教育"获"书法教育最具影响力媒体（网站）"称号。

获奖之后，《宝安日报》《深圳商报》《深圳特区报》《南方教育时报》以及天津、中华诵、光明网教育版块、书法屋、深圳新闻网、腾讯财经、中国文化传媒网等媒体先后做了报道。

现展示申报表并做简单点评。

榮譽證書

深圳市宝安第一外国语学校　　　　　　编　号：2013G–010

荣获2013年度"书法教育公办学校十佳"称号

中国硬笔书法协会
2014年10月14日

深圳市宝安第一外国语学校获"书法教育公办学校十佳"称号证书

（一）申报学校基本信息（略）

（二）教学环境（略）

（三）师资力量（书法教育师资）

师资力量：专职1人（书法副教授、中国书协会员、中国硬笔书协会员），兼职6人（初一语文老师）。

（四）教学管理

1. 课时量

初一普通班每周一节，初一、初二兴趣班每周各1节。

2. 教材（字帖）来源

自己编著。

3. 教材（字帖）名称

①李汉宁编《中小学书法教学法》（含配套课堂作业）。

②李汉宁著《中小学书法训练技巧》。

4. 主要编著人

李汉宁，曾进修于中国美院书法专业，书法副教授，中国硬笔书法协会教育委员，中国书法家协会会员，教育部考试中心硬笔书法等级考官，中国教育学会书法教育专业委员会会员，深圳市宝安区书法学科名师，宝安区教师硬笔书法培训主讲嘉宾。

曾在广西百色学院从事高等师范"三笔字"（毛笔、粉笔、钢笔）教学19年，在深圳市石岩公学、宝安第一外国语学校从事中小学硬笔书法教学7年。2013年11月、2014年7

月受国务院侨办、深圳市侨办的委派，到马来西亚给当地师生讲授中国硬笔书法。

大学书法教育、中小学书法教育成果曾先后两次获得中国书法最高奖——兰亭奖·教育奖提名奖。

2013 年 11 月 7 日，《书法报·书画教育》头版整版刊登了记者就中小学书法教学法问题对李汉宁的专访。2013 到 2014 年，中国新闻网、凤凰网及马来西亚《亚洲时报》《诗华日报》《星洲日报》等也做了教学专题报道。

曾被评为中国硬笔书法协会优秀会员、中国硬笔书法协会先进工作者、全国优秀中青年硬笔书法家、全国写字教学先进个人、全国艺术教育先进工作者、全国书法普及优秀教师、书法报全国中小学书法教育讲师团讲师。

◎填写策略点评：编著人专业实力的高低对教材的质量有很大的影响，所以介绍编著人的专业实力时，有副教授职称、中国书协会员、兰亭奖·教育奖、媒体专访等材料，是很给力的。

5. 教材（字帖）课本简介

（1）《中小学书法教学法》（含配套课堂作业）

我校教师李汉宁著《中小学书法教学法》于 2013 年由广西师范大学出版社出版发行。该书被媒体和业界誉为"我国基础教育史上第一本书法教学法专著"，并被认为填补了我国中小学书法教育的空白。

2011 年 8 月，教基二〔2011〕4 号《教育部关于中小学开展书法教育的意见》出台后，全国普遍认为在中小学开展书法教育难度很大，其中教学法问题特别突出；另外，语文、数学、英语、历史、地理、音乐、美术等门门课都有自己的教学法，唯独书法一直还没有。因此，我校书法教师李汉宁萌发了对中小学书法教学法进行探索和总结的想法，开始了对该书的构思。

教材针对当前中小学书法教学面临的困惑设置内容，共 37 万余字，内含 808 张笔画、字例、作品及实物图片，具体分"上篇：中小学书法教学法概论"和"下篇：中小学书法教案纲要"两个部分。上篇包含中小学书法教育导论、中小学书法教学的内容、中小学书法师资队伍的建设、中小学书法教材的编写、中小学书法教学的场地设备、中小学书法教学的实施、中小学书法社团的构建等章节；下篇包含硬笔楷书笔画教案、毛笔楷书笔画教案、楷书偏旁部首教案、楷书总体结构教案、楷书分类结构教案、书法作品通篇布局教案、中小学教师硬笔书法培训讲稿、中小学生作业书写问题分析及对策等章节。

上述内容涵盖中小学书法教育领域的各个方面，有理论有实践，理论有来源、有深度而且简明精辟，通俗易懂。作者通过实例、图片来阐明教学中的各种工作、技法问题，使得对各种书法教学问题的阐述更通俗易懂。该书既是书法知识、技法学习用书，更是书法教学法参考书，师生均可使用。

教材上市后，被全国大量师范大学、中小学、业余书法机构选为教材，广大读者在网上给予高度评价。到目前为止，所有评价都是积极的、肯定的，令人欣慰！现摘录当当网读者评价一则如下：

"本书是真正为习书入门者排忧解难的智慧书，帮抓住书法学习关键点！书中循序渐进突破重点，由浅入深攻克难点，抓住本质阐明盲点。打破传统思维方式，探讨问题本质，传授方法技巧，从根本上解决问题，进一步提升运用能力。"

教材在正式出版前，相关内容已在我校使用多年，培训过约 9000 多名学生；在宝安区中小学、幼儿园教师硬笔书法培训的 5 年中，培训过 8000 多位教师。与之相关的教学成果突出，《书法报》《宝安日报》多次报道。

今年 9 月，马来西亚沙巴州华文学校将把该书用作"中华传统文化教材"。

◎填写策略点评：教材《中小学书法教学法》（含配套课堂作业）作为我国基础教育史上第一本书法教学法专著，填补了我国中小学书法教育的空白。在简介中提到，内容全方位涉及中小学书法教育领域的各个方面，既是书法知识、技法学习用书，更是书法教学法参考书，师生均可使用，被全国大量师范大学、中小学、业余书法机构选为教材。含金量如此高的教材，是有把握获得评委打高分的。

（2）《中小学书法训练技巧》

我校教师李汉宁著《中小学书法训练技巧》于 2008 年由岭南美术出版社出版。内含硬笔楷书笔法训练及课堂作业页面。

◎填写策略点评：一个学校有自己的书法老师出版的第二本书作为校本教材，说明了教材有系统性，适合教师的教和学生的学，教学容易见成效。

（五）教学成果

1. 获奖情况

在校生总人数：1900 人。获奖总人数：125 人。

2. 作品、论文发表情况

①发表人：李汉宁。

②作品、论文名称及承发刊物简录：

作品多次入展国家级展览；发表书论 30 多篇。

论文入选中国硬笔书法协会举办的第一届全国硬笔书法家作品展。

主持课题"小学生课堂书法训练对策研究"被宝安区教育局、深圳市教育局分别资助立项，并已圆满结题。

论文《中小学书法教学中具有代表性范字的选择》《中小学书法教育的意义和方法》在深圳市教研室主办的深圳市首届中小学书法教学研讨会上分别获一、二等奖。

创建了全国第一个专门从事中小学书法教育研究的网站——中小学书法教育（http：//www. syps. com/shufa/）。

应邀到书法报社主办的第三届全国少儿书画教学高峰论坛做题为《中小学书法教育模式》的专题报告，得到来自全国各地的中小学书法教育名师的高度评价。

◎填写策略点评：学生获奖情况可观。教师有作品入展国家级展览，有论文发表，有课题结题，有网站获奖，有国家级论坛做报告。一个初中学校，能有这样的成绩，的确可优秀。

（六）深圳市宝安第一外国语学校申报理由

1. 学校领导高度重视书法教育

目前在深圳市中学当中，开设有书法课的学校寥寥无几。我校领导把书法教育当作传承中华传统文化、提高学生综合素质、发展学生特长的重要举措来抓，要求师生人人写一手好字。

2. 制定严格的书法教学制度和方案

我们制订了一系列的学校书法教学计划、书法教学大纲、书法教学实施方案、书法教学评价细则、学生书法社团章程，使书法教学活动有序地开展。

3. 以各种形式开展书法教育活动

初一年级每周安排一节书法课。

初一、初二年级每周开设两次午间习字课。

初一、初二书法社团每周开设一节书法兴趣特长课。

4. 设置专业化的书法教室

为保证书法教育的顺利开展，我校投入巨资，开辟一间专业化的书法教室，配置高档次的文房四宝和电化教学设备，在深圳市中小学中堪称一流。

5. 努力创造良好的书法教育氛围

我校行政及教师办公室、各有关功能场馆均悬挂名家书法作品；学校教学楼二楼悬挂大批学生书法作品；各班级的宣传橱窗，不定期地展示学生的书法作业、手抄报作品。

6. 语文课重视书写方面的学习和考评

坚持与语文同步的课文书写训练，让学生提高作业书写质量。每学期进行全校学生书写比赛，促进学生的练习。

7. 加强书法教师队伍的建设

我校设有专、兼职书法教师，专职书法教师为科班出身，并具有书法副教授职称。学校要求语文老师提高写字基本功，在语文课和午间习字课中能有效指导学生练字。

8. 把书法作为教师教学基本功的重要内容来看待

每年的教师综合素质大赛都设有书法项目的评比，成绩计入总分，促进教师的书法学习，力争让教师的书法成为学生的榜样。

9. 开展校本教材开发，成果显著

我校积极开展书法教学研究，探索有效的中小学书法教育模式。所开发的书法教材《中小学书法教学法》成为我国基础教育史上第一本书法教学法专著，填补了国内空白。由书法教师李汉宁主编的全国首个专门研究中小学书法教育的网站——中小学书法教育得到书法界的广泛好评。

10. 积极创建有效的书法教学模式

我校积极开展书法教学研究，目前已初步创建了有效的中学书法教育模式，有望在书法教育领域推广。

11. 学生在各级书法比赛中成绩喜人

据不完全统计，五年来，我校学校在区、市、省、国家级各类比赛、展览中获奖人数达145人次。

◎填写策略点评：这些理由，也即书法教育的做法或成果，让人非常敬佩。在学校倡导师生人人写一手好字的情况下，通过制订方案、安排课时、加强考评、创造氛围、组合师资、开发教材、编辑网站、创建模式等一系列专业化、科学化的行动，来保证书法教育的开展，其中不乏有创造性、前瞻性的做法。加上突出的学生成绩，学校在书法教育特色创建方面的确给同行树立了榜样。

第五章　中小学书法课题研究与课程开发

第一节　课题研究心得

中小学书法课题研究与课程开发是一项非常有价值的工作。在当前全国书法教育存在严重的区域差别，没有完全统一的标准的情况下，课题研究与课程开发不仅能有效提升教师个人的专业素养，而且能促进学科的发展。在当前国家弘扬中华传统文化，大力推行中小学书法教育的形势下，书法教师不应该只是把工作停留在写写字、教教学生的实践活动之中，要适当地加强理论的研究和新课程的开发。中小学书法教育刚刚起步，相对于其他学科，教学经验的积累不足，理论成果贫乏，有效成熟的课程难寻。在这些方面进行学习与探索，是时代给我们一线书法教师的难得的机遇，也是我们一线书法教师的责任。我们应该好好地在这块宝贵的领地，争取做一个勇敢的探索者或拓荒人。

到中小学这些年来，我在书法教学、论文、论著、教材、课题、课程、网站、工作室及学校特色策划、职称申报、教学成果申报等多方面，都投入了大量的精力，希望能全方位地了解、研究，从中争取一点经验和收获。由于能力、条件和精力有限，每个部分只是蜻蜓点水，没有办法做得丰富、做得深入。但是，这个过程给我留下了很多深刻的体会和广阔的思路。其中，最让我欢喜的是，我发现中小学书法教育中有好多不毛之地，今后可以去开发、去实验。

下面谈谈关于课题研究的一些体会。

一、从小课题做起，学会研究流程和方法

对于中小学教师来说，课题研究最大的作用就是评职称。不同的职称级别对课题的要求不同。比如，中学高级需要主持区级课题，中学正高需要主持市级课题。一个课程研究的完成，要经过课题申报立项、开题报告、中期检查、结题验收等过程。研究过程中有很多复杂的工作要去做，对于没有经验的老师来说，是不容易做好的。所以，中小学教师要有意识地去学习锻炼，从小课题做起，比如从校级课题开始，再到区级、市级，逐步做大。

二、课题组成员要勤于实验和研究，最好擅长写作

课题研究有多方面的侧重点不同的工作，需要课题组成员分工完成。大家必须同心协力，互相配合，如果有一个部分没有做好，会影响到整体研究进度，甚至使课题开展不下去。我之前做的一个作业书写课题，有不同学科的老师参加，因为工作调动等情况出现，有些老师无心再做下去，其他学科老师又无法替代，非常的被动。所以，在选择组员时，要考虑组员是否能够坚持，是否能够投入实验和研究。另外，课题研究工作中有很多文字写作工

作要做，比如个人总结、课题最后要做的成果报告等，选择的组员时最好选写作功底好一些的。

三、研究的成果力争多多发表

课题研究的成果通常体现在论文、论著、成果报告等上面。论文、论著是否有说服力，通常是看是否发表、出版。对于年轻老师来说，论文发表是比较容易去做的。你发表的越多，说明你在课题研究上做得越透越深入，对课题的最终结题越有帮助。发表论文，很多刊物都会收取一定的版面费，如果有课题经费，应该多给予支持。

第二节　课程开发心得

一、开发的课程要有市场需求

课程的开发是为了解决某个方面的学习问题，开发前你要评估好当前市场的需求程度。我开发的深圳市教师继续教育课程"中小学书法教学法"，就是针对当前中小学书法教师大多是半路出家，在专业技能、教学理论上存在欠缺，还有很多语文教师对写字教学产生困惑，这个群体对这样的课程有需求。

二、开发的课程要有明显的创新点、富有可操作性

作为一门新课程，肯定要有它的新颖之处，否则就不算开发。你的课程创新点在哪里？我在开发"初中硬笔书法"时，首先是因为看到学校对初中生的卷面书写很关注，而很多初中生因为书写基础差，需要补课。要补什么？笔画、偏旁、结构、布局等都要补，这是非常系统的内容。而学校给的书法课程时间是一年，每周一节。我就针对这个内容和时间，做了有针对性的课堂练字字帖。这就是创新点，适合学校的实际。但要注意，无论你如何创新，你的课程要容易实施、富有操作性，否则你的课无法开得长远。基于这样的理念，这门课被评为深圳市中小学"好课程"。

三、要把课程素材作为一个体系去做

我近年开发过三门市级课程，这些课程其实在好多年前已经在做在用，但是当时只是随意地做讲义，随意地讲，有的在普通课堂，有的在公开课，有的是学术讲座，比较零星，不成体系。后来，在深圳市教科院的评比活动中，我才开始有强烈的课程意识。经过学习领会有关课程的理论和要求之后，我对原来的课程素材做了全面的整理，做出了框架，把缺少的补齐，也对薄弱的进行充实。我们要把课程标准、教师用书、学生用书、课堂作业设计、讲课的课件等作为一个体系，慢慢去做到位，才能算是完成一门课程的开发。有了这些硬件材料，你到哪里都可以把课开好。

第三节　深圳市市级课题"小学生书法课堂训练对策研究"

本课题于 2008 年获得立项。2009 年 6 月 25 日，因教师工作岗位调换，课题组向深圳市教科院请示并获得同意，原"小学生课堂书法训练对策研究"课题组成员曾旭芳老师所承

担的有关书法评价策略探讨的任务改为由朱瑛老师完成，曾旭芳老师的工作改为修订《学生钢笔楷书字帖》，安雄老师所承担的任务由马展云老师完成。由于我于 2012 年 8 月调到宝安第一外国语学校工作，与原来课题组的成员不在同一个学校，课题研究工作出现了停顿，之后的好多工作都由我个人去完成，途中差点放弃，到 2014 年才结题。

现从评审书、开题报告、审批书、研究报告等四个方面进行展示和点评。

课题类别：深圳市教育科学"十一五"规划立项课题

课题名称：小学生课堂书法训练对策研究

课题负责人：李汉宁 课题承担单位：宝安区宝安第一外国语学校

主要研究人员：曾旭芳、马展云、孙昌德、胡军、朱瑛

此项课题已完成，经审核准予结题，特发此证。

二〇一四年四月二十一日

课题"小学生课堂书法训练对策研究"结题证书

一、深圳市教育科学规划课题申请·评审书

（一）基本情况（部分摘录）

课题名称：小学生课堂书法训练对策研究。

业务主持人姓名：李汉宁，本科，书法副教授，擅长书法教育研究，深圳市石岩公学书法教师。

申报时间：2007 年 10 月 20 日。

预期完成时间：2009 年 6 月。

预期的主要成果：论文、其他。

课题组主要成员：曾旭芳、安雄、孙昌德、胡军，均为本科学历，深圳市石岩公学书法教师。

（二）课题组主要成员分工及已有成果

1. 分　工

李汉宁，小学生课堂书法训练教材编写的方法和内容。

曾旭芳，小学生书法等级评价策略探讨。

安雄，小学生书法结构教学与趣味探索。

孙昌德，小学生书法启蒙教学初探。

胡军，小学生笔画笔顺训练探究。

2. 课题组主要成员与此项目相关的研究成果

李汉宁《楷书技法》（毛笔），广西百色学院校本教材，1990 年编印。

李汉宁《钢笔楷书训练》三册，广西百色学院校本教材，2002 年编印。

曾旭芳《学生钢笔楷书字帖》，深圳市石岩公学校本教材，2003 年编印。

李汉宁高等师范书法教育系列论文 11 篇，发表于核心刊物《艺术教育》《青少年书法》《艺术探索》《广东技术师院学报》等刊物，2005 年。

李汉宁高等师范书法教育成果，获中国书法最高奖——兰亭奖·教育奖提名奖，2006 年 12 月。

李汉宁论文《钢笔书法教学的关键》，入选全国第一届硬笔书法作品展，2006 年。

◎填写策略点评：过去的相关成果是本课题的基础。这里列举的成果数量和质量应该是不错的，但是只有两个成员的成果，如果再多一两个就好了。

（三）选题论证

1. 核心概念界定、国内外相关研究述评、选题的理论意义和实践价值、预期成果的创新之处、完成研究的有利条件

"小学生课堂书法训练对策研究"的主要内容是如何在小学生日常课堂中进行书法训练。在书法普及性地进入小学生课堂过程中，广东走在全国的前列，但因为刚刚起步，从教育厅发文开课至今也只有两个月，学校教学面临着极大的困难，甚至可以说达到寸步难行的境地。因此，本课题将探讨的是课堂 40 分钟内小学生书法训练的内容和方法。

广东省教育厅不久前正式发文，要求全省中小学今秋起开设书法课，每周一节，并纳入教学质量考核体系。这一消息在全社会引起广泛的关注，在书法界得到了充分的肯定和高度的评价，各级教育部门和学校均不敢忽视。但开学一个多月以来，绝大多数的学校都面临师资、教材、场地、教学方法不足甚至缺乏等无法解决的问题，很多学校面对排在课表上的书法课进退两难。

书法教学在全国开展几十年以来，首次在省域范围内普及性地引进小学的课堂，我们所面临的是经验的短缺，国内尚无系统的小学生课堂书法训练成果可以借鉴。尽管在小学年龄阶段开设书法培训并不少见，比如少年宫、青少年活动中心、各种书法培训中心开办的书法班就不少，但这些书法培训班与学校班级的状况是有很大不同的：培训班里的学生年龄通常参差不齐，书法基础各异，所学书体也可各有各的不同；教学不太讲究课程的连续性，开一期是一期，课时时间灵活变化；多数是书法家或书法高手来授课，教育理念不合小学生实际；等等。如果将这些书法培训班的经验和做法完全搬到学校的班级课堂教学上，那是不可行的。

因此，为了规范小学生课堂书法训练，更好地取得书法教育成果，我们应该着重从以下

几个方面寻找对策：小学生课堂书法训练的方案如何制订，如何编写书法教材或讲义，书法教学的方法在哪里，评价学生书法作业的等级标准如何制订，书法专门教室需要什么样的设置，等等。这即是本课题研究的主要内容。

本课题预期的研究成果将会有两个新亮点：一是立足小学生正常课堂（广东教育厅规定每周一节的日常课堂），二是系统化（方案、教材、教法、设备的全面兼顾）。它必将会使目前处于困境的小学生课堂书法训练课程开展的思路变得清晰，使书法技法教学具有明显的可操作性，让学生学有所获，学有所乐，为我市乃至我省教育行政管理部门制订小学生书法课教学计划、教学大纲确立严谨的教学内容和合理的教学方法，为进一步深化中华传统文化教育提供参考依据。

我们课题组有学校领导坚强而有力支持。学校认为书法教育是传统文化教育和素质教育的重要部分，由小学部、初中部两位校长亲自力抓全校的书法教学工作，成立书法教研室，开辟了两个专门的书法教室、一个书法展览厅，保证书法活动所需的经费，给予书法课等同于甚至更高于美术课的地位，建立一支专、兼职书法教师队伍，给一至六年级1700多个小学生开设书法课，支持书法教师与书法界、教育界进行广泛的学习和交流（部分成员常年向国内高校著名书法教育专家拜师学艺）。这一切举措可以说从人力、物力、财力上根本保证了课题研究的正常开展。

◎填写策略点评：2007年，广东省在全国率先要求书法进入中小学课堂，小学是重中之重。书法课面临师资、教材、场地、教学方法不足甚至缺乏等问题，但是全国其他地区也没有太多这方面的经验可以参照。所以这个选题很符合当时形势的需要。在石岩公学开展这个课题研究有很好的实验基地，石岩公学小学部广泛开展书法教育；课题组的成员都是学校的书法教师，是个很好的团队；学校高度支持传统文化教育，对科研的支持力度不用怀疑。填写时填上这些"得分项"，课题申报成功的胜算必然提高。

2. 研究目标、研究的主要问题和难点、主要研究方法

研究目标：探索小学生课堂书法训练的具体内容、训练方法；制定小学生书法的评价标准；确立小学生书法专用教室的设置标准；全面提高小学生汉字书写能力，培养小学生的书法审美素养，传承中华传统文化。

研究的主要问题、难点：课堂教学学时较短，如何设置教学内容，确定授课方式及技法训练形式。

主要研究方法：观察法、个案法、比较法、经验总结法、行动研究法。

3. 研究的主要阶段及具体安排、主要参考文献（限填10项）

（1）考察学习、制订初步对策阶段（2008年1~2月，共2个月）

①考察各级书法培训班的教学情况，了解社会上书法教学的优劣之处。

②调查了解各年级学生的汉字书写的现状，制订初步的教学对策。

③考察书法出版物和有关小学生书法教学研究的已有成果，深入学习书法教学相关文件及资料。

（2）实施书法训练对策（2008年3~8月，共6个月）

根据制订的初步对策，在不同年级开展书法教学及训练实践。

（3）阶段性总结、调整完善阶级（2008年9月~2009年2月，共6个月）

①对一个学期的书法教学实践进行阶段性总结，修改完善课堂书法训练的对策，继续在课堂中实施。

②写出阶段性总结报告。

③撰写相关教学论文，编写相关教材。

（4）结题阶段（2009年3~6月，共4个月）

①发表相关教学论文，出版相关教材。

②举办学生书法作业、作品展。

③完成课题结题报告并上报结题申请；进行结题验收。

◎填写策略点评：这个部分比较难填写，容易写得空洞。这里填写的目标很实际，难点把握比较准确，计划、步骤完整，但是具体实操的策略欠缺。

（四）完成课题研究的条件

1. 课题行政主持人近5年科研概况（略）

2. 课题业务主持人近5年科研概况

（1）主要成果

①《书法创作如何表现主题——学院派书法作品〈渐渐走近〉的创作构思》，发表于核心期刊《艺术教育》2005年第4期。

②《高等师范院校书法教育对策探析》，发表于核心期刊《艺术教育》2005年第6期。

③《对立统一的审美思想在书法中的运用》，发表于广西艺术学院学报《艺术探索》2005年第3期，

④《从"匀"和"变"引导大学生总体认识结体美》，发表于《广西教育学院学报》2005年第2期。

⑤《灵活多变的柳体笔法之美》，发表于《青少年书法》2005年第11期。

⑥《毛笔行楷是高等师范院校书法教学的理想书体》，发表于《玉溪师范学院学报》2005年第6期。

⑦《对学生钢笔练习本编印要求的探求》，发表于《广东技术师范学院学报》2005年增刊。

⑧《高等师范院校笔法教学中具有代表性范字的选择》，发表于《广西教育学院学报》2005年第4期。

⑨《笔法教学如何引导师范大学生进行审美追求》，发表于《广西右江民族师专学报》2005年第1期。

⑩《中小学笔法教学中的重点字形》，发表于《青少年书法报》，2005年8月16日。

⑪《如何提高高师书法教学质量》，发表于《中国艺术报》，2005年11月4日。

（2）主要奖项

①《高等师范院校书法教育对策探析》2006年7月获广西百色学院第四届科研成果二等奖。

②高等师范书法教育成果2006年12月获第二届中国书法兰亭奖·教育奖提名奖。

◎填写策略点评：课题研究的统领是主持人，主持人的学术水平、学术思想很重要。这里填写了主持人丰富的理论成果：曾发表书法教学论文十多篇，学术奖等级高，有大学里的，有国家级的。这是让人放心的。

3. 课题研究的经费、资料、时间等有利条件；课题负责人曾获得的省、市专业荣誉称号（如特级教师、学科带头人、中青年教师骨干等）

所在学校大力支持小学生书法的教研工作，不惜投入大量人力财力；课题组成员都从事

小学书法教学工作，有足够的时间接触教研活动。

课题主持人曾在中国美术学院书法专业学习，在大学执教书法十多年，获得书法副教授职称，现为中国书法家协会会员、中国硬笔书法协会会员、中国教育学会书法教育专业委员会会员、教育部考试中心确认的全国首批硬笔书法等级考官之一。

◎填写策略点评：课题研究需要很长一段时间，需要多方面的条件支撑。这里表明学校不惜投入人力财力，是个好条件。有了外在优越的环境条件之后，就看主持人的专业引领能力了。主持人获过的专业荣誉多，分量大。特别是书法副教授职称、中国书法家协会会员身份是有力的证明。

（五）预期研究成果

1. 主要阶段性成果

2008 年 1~2 月，完成初步的教学对策计划。

2008 年 9 月~2009 年 2 月，完成阶段性总结报告。

2. 最终研究成果

2009 年 3~6 月，完成钢笔、毛笔范本系列工具书、字帖、作业本。

2009 年 3~6 月，完成"小学生课堂书法训练对策研究"系列论文。

◎填写策略点评：目标明确，分阶段逐步完成，让人感到有信心。

（六）经费预算

①版面费 10000 元。

②书法资料字帖费 1000 元。

③考察参观费 3000 元。

④文房四宝购置费 1000 元。

（七）推荐人意见（略）

（八）课题主持人所在单位意见

本申请书所填写的内容真实可靠；课题主持人和课题组成员都具有较好的专业水平与综合素质，适合于主持或参与本课题的研究；我校能提供完成课题研究所必需的条件并承担本课题的管理工作，并同意承担课题研究的信誉保证。

二、开题报告

（一）课题研究的意义

省教育厅不久前正式发文，要求全省中小学今秋起开设书法课，每周一节，并纳入教学质量考核体系。这一消息在全社会引起广泛的关注，在书法界得到了充分的肯定和高度的评价，各级教育部门和学校均不敢忽视。但开学一个多月以来，绝大多数的学校都面临师资、教材、场地、教学方法不足甚至缺乏等无法解决的问题，很多学校面对排在课表上的书法课进退两难。

书法教学在我国开展几十年以来，首次在省域范围内被普及性地引进小学的课堂，我们所面临的是经验的短缺，国内无系统的小学生课堂书法训练成果可以借鉴。尽管在小学生这个年龄阶段开展书法培训并不少见，比如少年宫、青少年活动中心、各种书法培训中心开办的书法班就不少，但这些书法培训班与学校班级的状况是有很大不同的：培训班里的学生年龄通常参差不齐，书法基础各异，所学书体也可各有各的不同；教学不太讲究课程的连续性，开一期是一期，课时时间灵活变化；多数是书法家或书法高手来授课，教育理念不合小学生实际；等等。如果将这些书法培训班的经验和做法完全搬到学校的班级课堂教学上，那是不可行的。因此，开展小学课堂书法训练对策研究意义重大。

（二）课题研究的目标和内容

小学课堂书法教育所涉及的内容包括碑帖教材、教学方法、师资场地、书法欣赏、管理评价、文房四宝等多方面的内容。本课题主要的研究目标为：

①探索小学课堂书法训练的具体内容、训练方法。

②确立小学课堂书法教材规范。

③制定小学生书法的评价标准。

④确立小学生书法教学的设施。

⑤通过书法学习培养小学生的审美素质，传承中华传统文化。

（三）课题研究的方法

观察法、个案法、比较法、经验总结法、行动研究法。

（四）课题研究的步骤和计划

1. 考察学习、制订初步对策阶段（2008 年 1 ~ 2 月，共 2 个月）

①考察各级书法培训班的教学情况，了解社会上书法教学的优劣之处。

②调查了解各年级学生的汉字书写的现状，制订初步的教学对策。

③考察书法出版物和有关小学生书法教学研究的已有成果，深入学习书法教学相关文件及资料。

2. 实施书法训练对策（2008 年 3 ~ 8 月，共 6 个月）

根据制订的初步对策，在不同年级开展书法教学及训练实践。

3. 阶段性总结、调整完善阶级（2008 年 9 月 ~ 2009 年 2 月，共 6 个月）

①对一个学期的书法教学实践进行阶段性总结，修改完善课堂书法训练的对策，继续在课堂中实施。

②写出阶段性总结报告。

③撰写相关教学论文，编写相关教材。

4. 结题阶段（2009 年 3 ~ 6 月，共 4 个月）

①发表相关教学论文，出版相关教材。

②举办学生书法作业、作品展。

③完成课题结题报告并上报结题申请；进行结题验收。

（五）课题预期的成果与表现形式

①专著出版，论文发表。

②教学成果之一：学生书法作品展。

③教学成果之二：学生参赛获奖。

（六）课题研究人员分工

李汉宁，小学生课堂书法训练教材编写的方法和内容。

朱瑛，写字教学评价管理体系的构建。

曾旭芳，学生钢笔楷书字帖的编写方法。

马展云，小学生书法结构教学与趣味探索。

孙昌德，小学生书法启蒙教学初探，小学生书法教室设置初探。

胡军，小学生笔画笔顺训练探究。

（七）课题研究的经费需要

①论文发表版面费3000元。

②书法资料字帖费1000元。

③考察、调研、会议费3000元。

④教学实验用文房四宝购置费1000元。

◎填写策略点评：评审书的内容很有分量，开题报告的内容基本参照评审书内容，所以有理由自信。

三、深圳市教育科学规划课题成果鉴定申请·审批书

2014年3月26日，深圳市一般课题"小学生课堂书法训练对策研究"（2008年立项，课题批准号：A091）提出结题申请。

（一）基本情况

1. 提交鉴定的成果

（1）成果主件

（专著或研究报告）

《"中小学生课堂书法训练对策研究"的研究报告》；专著《中小学书法教学法》《中小学书法训练技巧》；网站"中小学书法教育"（http：//www. syps. com/shufa/）。

（2）成果附件

①曾旭芳《学生钢笔楷书字帖》（修订版）。

②朱瑛《写字教学评价管理体系的构建》。

③孙昌德《当前小学书法教学存在的困难及对策》《小学生书法启蒙教学初探》。

④胡军《培养小学生良好书写习惯的主要内容》《小学生笔顺笔画训练探究》。

⑤马展云《怎样上"活"书法课》《小学生书法结构教学与趣味探索》。

◎填写策略点评：成果有研究报告一份、专著两本（其中一本是《中小学书法教学法》），还有8篇已发表的论文，够有含金量。

2. 申请鉴定方式：通信鉴定

3. 原计划成果形式：论文

4. 原计划完成时间：2009年6月

5. 课题组主要成员名单

曾旭芳，男，小学高级，承担小学语文与书法教学工作。

马展云，男，本科，小学一级，承担小学书法教学工作。

孙昌德，男，小学一级，承担小学书画教学工作。

胡军，男，小学一级，承担小学书法教学工作。

朱瑛，本科，小学特级，承担语文与书法教学工作。

（二）工作报告（不超过2000字）

提示：研究的主要过程和活动；研究的主要内容和创新之处；研究计划执行情况；研究变更情况（课题负责人、课题名称、研究内容、成果形式、管理单位、完成时间等）；成果的出版、发表情况，采纳、转载、引用、实践情况，社会效益等。

1. 研究工作的主要过程和活动

1）主要过程

（1）考察学习、制订初步对策阶段（2008年1～6月，共半年）

①考察各级书法培训班的教学情况，了解社会上书法教学的优劣之处

②调查了解各年级学生的汉字书写现状，制订初步的教学对策

③考察书法出版物和有关小学生书法教学研究的已有成果，深入学习书法教学相关文件及资料。

（2）实施书法训练对策（2008年7～12月，共半年）

根据制订的初步对策，在不同年级开展书法教学及训练实践。

（3）阶段性总结、调整完善阶级（2009年1～12月，共一年）

①对一个学期书法教学实践进行阶段性总结，修改完善课堂书法训练的对策，继续在课堂中实施。

②写出阶段性总结报告。

③撰写相关教学论文，编写相关教材。

（4）结题阶段（2010年1月～2013年12月，共四年）

①发表相关教学论文，出版相关教材。

②举办学生书法作业、作品展。

③完成课题结题报告并上报结题申请；进行结题验收。

◎填写策略点评：过程步骤清楚，规划科合理，循序渐进。

2）主要活动

组织学生参加第二届全国中小学写字教学成果暨硬笔书法作品展评、"我爱我的祖国"全国校园艺术作品展、第十五届全国中小学生绘画书法作品比赛、"魅力校园"第十一届全国校园春节联欢晚会暨全国校园美术（书法）作品创作展评、第三届中国书法兰亭奖评选等活动。学校先后荣获"全国写字教学工作先进单位""全国书法教育先进单位""全国书法普及优秀学校"、中国书法最高奖——兰亭奖·教育奖集体提名奖（是兰亭奖举办三届以来全国第一所也是唯一一所获得集体教育奖的中小学校）。

◎填写策略点评：主要活动档次高，都是国家级活动。在活动中拿了大奖，如兰亭奖·教育奖等，不是虚吹的。

2. 研究的主要内容和创新之处

（1）主要内容

①中小学书法教学法概论，包含中小学书法教育导论、中小学书法教学的内容、中小学书法师资队伍的建设、中小学书法教材的编写、中小学书法教学的场地设备、中小学书法教学的实施、中小学书法社团的构建等。

②中小学书法教案纲要，包含硬笔楷书笔画教案、毛笔楷书笔画教案、楷书偏旁部首教案、楷书总体结构教案、楷书分类结构教案、书法作品通篇布局教案、中小学教师硬笔书法培训讲稿、中小学生作业书写问题分析及对策等。

◎填写策略点评：内容涉及中小学书法教学法的理论、中小学书法的主要技巧——笔画、结构、章法，很丰富，很实用。

（2）创新之处

研究内容学科化、系统化，坚持实用兼顾审美，方法大于理论，取得成果将使处于困境中的中小学生书法教学的思路变得清晰，为广大书法教育工作者提供方法论的指导，同时为教育行政管理部门制订书法学科教学计划、方案，进一步深化中华传统文化教育提供参考依据。

◎填写策略点评：内容学科化、系统化，突出专业特征；实用与审美相结合，与书法教育目标吻合；解决中小学书法教学的困惑。

3. 研究计划执行情况

学校领导对本课题的研究高度重视，支持课题组成员在课堂上开展实验性、探索性教学，出资出版《中小学书法训练技巧》（修订版），印刷《学生钢笔楷书字帖》，创建网站"中小学书法教育"。课题组成员认真负责，按计划完成各自的研究任务。

◎填写策略点评：从成果可以看出计划得以顺利进行。

4. 研究变更情况

①因教师工作岗位调换，原"小学生课堂书法训练对策研究"课题组成员曾旭芳老师所承担的有关书法评价策略探讨任务改为由朱瑛老师完成，曾旭芳老师的任务改为修订《学生钢笔楷书字帖》；安雄老师所承担的任务需改由马展云老师完成。

②成果形式在原计划字帖、系列论文的基础上，增加专著写作、出版和网站建设等两项。

③因主持人工作调动，管理单位由石岩公学换成宝安第一外国语学校。

④因增加专著写作出版、网站建设等为研究成果目标，原定的结题时间 2009 年 6 月延至 2012 年 6 月。又由于没有出版经费，主持人个人自筹经费花了一定的时间，加上出版流程限制，专著至 2013 年 10 月才发行。故结题申报至 2013 年 12 月才完成。

5. 成果的出版、发表情况

（1）专　著

①课题主持人李汉宁专著《中小学书法教学法》。全书 37 万字，为我国基础教育史上第一本书法教学法专著，填补了国内空白，得到书法界的高度评价。

②课题主持人李汉宁专著《中小学书法训练技巧》。

（2）网站建设

课题主持人李汉宁创建了网站"中小学书法教育"。2011 年，该网站获得广东省"十一五"教育技术研究与教育信息化优秀成果评选三等奖。

（3）论　文

①朱瑛撰写的《写字教学评价管理体系的构建》发表于《教学与管理（小学版）》2009年第 1 期。

②孙昌德撰写的《当前小学书法教学存在的困难及对策》发表于《教育视野》2009 年第 4 期，《小学生书法启蒙教学初探》发表于《新课程》2010 年第 2 期。

③胡军撰写的《培养小学生良好书写习惯的主要内容》发表于《今日教育》2009 年第 5 期，《小学生笔顺笔画训练探究》发表于《当代教育教学研究》2010 年第 2 期。

④马展云撰写的《怎样上"活"书法课》发表于《青少年书法》2010 年第 19 期，《小

学生书法结构教学与趣味探索》发表于《当代教育》2010 年第 1 期。

◎填写策略点评：一个课题，结出专著、字帖、网站、论文等多方面的成果，课题组成员没有谁落下，每个人都发表文章，这是很难得的。

6. 成果社会影响

本课题研究成果《中小学书法教学法》2013 年 9 月出版后，媒体和业内认为它是"我国基础教育史上第一本书法教学法专著，填补了中小学书法教育在教学法领域研究的空白"。对此，全国有关媒体相继报道，在书法教育界引起良好的反响。

半年来，读者给予《中小学书法教学法》高度评价，如读者五月风书法室在当当网上（http://product.dangdang.com/23358068.html）评论道："本书是真正为习书入门者排忧解难的智慧书，帮抓住书法学习关键点！书中循序渐进突破重点，由浅入深攻克难点，抓住本质阐明盲点。打破传统思维方式，探讨问题本质，传授方法技巧，从根本上解决问题，进一步提升运用能力。"

（1）报纸记者专访、读者评论

2013 年 11 月 7 日，国内最权威的书法报刊——《书法报·书画教育》头版整版刊登了题为《"中小学开展书法教育"大家谈——来自教育一线的声音——李汉宁：教学方法很关键》的专访。

2013 年 12 月 18 日，河南省教育厅《教育时报》向读者着力推荐《中小学书法教学法》。

2013 年 12 月 21 日，《佛山日报》刊载杨河源书评《书道寻常，何人会意?》，高度评价《中小学书法教学法》。

2013 年 12 月 30 日，《宝安日报》刊登了题为《书法名师两次问鼎兰亭奖，宝安第一外国语学校李汉宁专著填补书法教学空白》的专访。

2014 年 1 月 9 日，《宝安教育报》刊登了题为《宝安第一外国语学校教师李汉宁出版专著，填补国内基础书法教育空白》的文章。

2014 年 1 月 22 日，广西《右江日报》刊发深圳市人民政府督学黄兴林文《实用兼顾审美，方法大于理论——读李汉宁〈中小学书法教学法〉》。

（2）网络报道

中国硬笔书法在线、《南方教育时报》、深圳新闻网、深圳教育、中国书法网等媒体相继报道《中小学书法教学法》。

（3）成果现实运用效果

2013 年 11 月 17 日至 30 日，在由国务院侨办主办的"中华文化大乐园"——马来西亚营中，李汉宁运用《中小学书法教学法》的内容讲授的书法课得到了马来西亚华文学校的好评，马来西亚《中国报》刊登了相关报道。中国新闻网以《书法教师李汉宁：让华裔青少年体验书法乐趣》为题进行报道，凤凰网、新华网、人民网、中国日报网、新浪新闻、网易新闻、中国侨网、海外网、西部网、新民网、汉丰网、浙江在线等媒体转载。

◎填写策略点评：《中小学书法教学法》填补国内空白，国内外媒体大量报道，影响深远。

（三）阶段成果

重要的阶段性研究成果同上述工作报告中的成果的出版、发表情况。

（四）课题资助经费总结算

①论文发表版面费 3000 元。

②书法资料字帖费 1000 元。

③考察、调研、会议费 3000 元。

④教学实验用文房四宝购置费 1000 元。

（五）课题负责人所在单位科研管理部门审核意见

本课题研究所取得的成果丰硕，完全达到鉴定要求。课题管理和经费使用符合规定，同意鉴定。本课题主持人刚调入我校仅一年多，课题开题、中期检查在原单位石岩公学进行。

（六）深圳市教育科学规划领导小组办公室审核意见

同意提交专家组审核。

（七）深圳市教育科学规划课题成果鉴定意见表

经专家组认真审阅课题研究报告，查看课题研究相关资料，认真讨论后，对李汉宁同志主持的课题"小学生课堂书法训练对策研究"形成如下鉴定意见：

1. 课题选题具有较高的现实价值

2007 年 5 月，广东省教育厅颁发了粤教研〔2007〕4 号《关于加强中小学书法教育的意见》；2011 年 8 月教育部颁发了教基二〔2011〕4 号《教育部关于中小学开展书法教育的意见》；2013 年 1 月，教育部颁发了《中小学书法教育指导纲要》。本课题研究工作自 2008 年初开始，顺应了广东省及教育部当前要求加强中小学书法教育的需要，具有较高的现实价值。

2. 课题研究思路正确，方法恰当

课题以案例开发、课堂教学、课外活动及管理评价等作为主要研究内容，以新理念为指导，开展理论与应用的研究，其思路是正确的。课题组成员分工明确，各有侧重，参与面大。研究方法适当，论证严谨，材料丰富，结果可信度高。

3. 课题成果显著，具有创造性

原本是一个关于"小学生课堂书法训练"的小专题教学研究，研究过程中被大胆地展开，变成一门学科系统化的教学法研究，原计划研究的内容成为一个点被包含于学科整体内容的这个面之中，最终以面的形式——专著《中小学书法教学法》完成研究，产生系统化的成果。课题成果《中小学书法教学法》被媒体和业内誉为"我国基础教育史上第一本书法教学法专著"，并被认为"填补了中小学书法教育在教学法领域研究的空白"。

4. 课题成果具有较高的实际应用价值和推广价值

课题成果包括教学内容、师资、教材、场地、教学实施及教案等中小学书法教学全方位的内容，论述有理论有实践，理论有来源、有深度而且简明精辟，通俗易懂，能通过丰富的实例、图片来阐明教学中的各种工作、技法问题，使得对各种书法教学问题的闻述更通俗易懂。

总体而言，成果具有较强的科学性、实用性和可操作性，为广大书法教育工作者提供了方法论的指导，值得推广。

专家组认为，该课题研究完成了预定的研究目标，在同类研究中居于领先水平，一致同意通过对该课题的鉴定。

建议课题组在下一步的研究中，应进一步研究学生自主发展的评价体系，使教学活动实施与自主评价能有效结合，形成更为完整的操作体系。

◎填写策略点评：本部分为专家组鉴定原文。评价很高。

四、研究报告

作为区、市两级立项的课题，其研究报告《小学生课堂书法训练对策研究》于2016年6月被评为"宝安区'十二五'优秀课题研究报告"。

[摘要] 本课题研究的主要内容是如何在小学生日常课堂中进行书法训练。通过调查法、实验法、比较法、经验总结法、行动研究法等，将原本是一个关于"小学生课堂书法训练"的小专题教学研究，大胆地展开，变成一门学科系统化的教学法研究，原计划研究的内容成为一个点被包含于学科整体内容的这个面之中。主要成果《中小学书法教学法》正式出版，被媒体誉为"我国基础教育史上第一本书法教学法专著"，被认为"填补了中小学书法教育在教学法领域研究的空白"。这一成果将为广大书法教育工作者提供方法论的指导。

[关键词] 小学生　书法训练　对策

（一）研究的背景及意义

2007年5月22日，广东省教育厅下发了粤教研〔2007〕4号《关于加强中小学书法教育的意见》，要求全省中小学当年秋季起开设书法课，每周一节，并纳入教学质量考核体系。这一消息在全社会引起广泛的关注，在书法界得到了充分的肯定和高度的评价，各级教育部门和学校均不敢忽视。但半年之后，绝大多数的学校都面临师资、场地、教材、教法等方面难以解决的问题，排在课表上的书法课进退两难。

书法教学在全国开展几十年以来，首次在省域范围内被普及性地引进小学的课堂，我们所面临的是经验的短缺，国内尚未发现系统的小学生课堂书法训练成果可以借鉴。尽管在小学生这个年龄阶段开展书法培训并不少见，比如少年宫、青少年活动中心、各种书法培训中心开设的书法班就不少。但这些书法培训班与学校班级的状况是有很大不同的：培训班里的学生年龄通常参差不齐，书法基础各异，所学书体也可各有各的不同；教学不太讲究课程的连续性，开一期是一期，课时时间灵活变化；多数是书法家或书法高手来授课，教育理念不合小学生实际；等等。如果将这些书法培训班的经验和做法完全搬到学校的班级课堂教学上，那是不可行的。

小学书法教学不能被简单地等同于语文的识字写字教学，也不能被简单地等同于高等书法教育里纯艺术角度的教学，它应介于两者之间，具有实用和审美两方面的特质。同时，过去在小学里书法基本上是以兴趣特长班形式开课，现在转变成为一门正式学科固定排到课表中，需要我们去普及，这都是新的课题。

因此，如何在小学生中有效地开展书法教学活动是值得我们去研究和探讨的。

开展小学书法教育是学校深化教育改革，增强学生艺术素质，提高学校文化品质的重要举措，是传承祖国传统文化的需要，对提高学生综合素质，促进学生身心的全面发展有良好的作用。练字过程能磨炼学生的意志、陶冶学生的情操，培养学生的审美能力；有助于培养学生专心、细心、耐心的品质；提高学生的观察力、模仿力、领悟力、想象力、创造力。开展书法教育，让学生写一手好字，是有效进行书面交流的基本保证，将使学生终身受益。因此，我们要迎难而上。

（二）研究的目的

立足小学生书法课堂（广东教育厅规定每周一节的日常课堂），学科化、系统化取得小学书法教学研究成果，将使处于困境中的小学生课堂书法训练思路变得清晰，为我市乃至我省教育行政管理部门制订小学生书法课教学计划、教学大纲确立严谨的教学内容和合理的教学方法，为进一步深化中华传统文化教育提供参考依据，同时为广大书法教育工作者提供方法论的指导。

（三）研究的问题和内容

我们所要研究的问题是当前小学生课堂书法训练所遇到的难题：书法教学的内容、书法师资队伍的建设、书法教材的编写、书法教学的场地设备、书法教学的实施、书法社团的构建等；以及笔画、偏旁部首、结构、作品布局等教案的设计；作业书写评价、问题分析及对策等。比如学生课堂书法训练的方案如何制订，如何编写书法教材或讲义，书法教学的方法在哪里，评价学生书法作业的等级标准如何制订，书法专门教室需要什么样的设置，即是本课题研究的主要内容。

（四）研究的方法

本课题的研究主要通过调查法、实验法、比较法、经验总结法、行动研究法等进行。比如，使用调查法，我们初步了解和掌握了当前全国中小学书法教育中师资、场地、教材、教法的状况，挖掘出影响书法教育普及的实际问题，提出、论证解决问题的有效方法。使用实验法，如通过区教科培中心组织的中小幼教师书法培训、全国少儿书画教学高峰论坛的书法教师培训，以及对学生的硬笔、毛笔的午间习字、课堂授课、兴趣班教学等开展教学尝试活动，来论证我们预设的研究。使用比较法，如对全国各种教材进行比较研究，结合实际，探索科学合理的教材内容设置；对同一课题，不同教学方法的效果进行分析对比，探索更为有效的教学方法。使用经验总结法，如课题组成员根据各自不同的教学经历，总结归纳出个人宝贵的经验，最后综合在一起，形成某一个基本的观点。使用行动研究法，如针对课堂教学内容缺乏连续性的问题，我们将笔画、结构、章法等内容进行系统的安排，抓住重点，循序渐进地放到课堂中，进行实验和研究。我们通过预设理论方案，在实践中观察、检验、总结，再调整再实验，最终形成结论。

（五）研究的过程

1. 考察学习、制订初步对策阶段

①考察各级书法培训班的教学情况，了解社会上书法教学的优劣之处。

②调查了解各年级学生的汉字书写现状，制订初步的教学对策。

③考察书法出版物和有关小学生书法教学的研究已有成果，深入学习书法教学相关文件及资料。

2. 实施书法训练对策

根据制定的初步对策，在不同年级开展书法教学及训练实践。

3. 阶段性总结、调整完善阶级

①对一个学期书法教学实践进行阶段性总结，修改完善课堂书法训练的对策，继续在课堂中实施。

②写出阶段性总结报告。

③撰写相关教学论文，编写相关教材。

4. 结题阶段

①发表相关教学论文，出版相关教材。

②举办学生书法作业、作品展。

③完成课题结题报告并上报结题申请；进行结题验收。

（六）研究所得的观点或结论

原本是一个关于"小学生课堂书法训练"的小专题教学研究，研究过程中被大胆地展开，变成一门学科系统化的教学法研究，原计划研究的内容成为一个点被包含于学科整体内容的这个面之中，最终以面的形式完成研究，产生成果。

当前书法教学法研究主要包括教学内容、师资、教材、场地、教学实施及教案等内容，研究成果必须有理论有实践，理论有来源、有深度而且简明精辟，通俗易懂，力求通过丰富的实例、图片来阐明教学中的各种工作、技法问题，使得对各种书法教学问题的阐述更通俗易懂。本课题主要成果——已出版的图书《中小学书法教学法》被媒体和业内誉为"我国基础教育史上第一本书法教学法专著"，并被认为"填补了中小学书法教育在教学法领域研究的空白"，将为广大书法教育工作者提供方法论的指导。

（七）所有成果及获奖情况

1. 所有成果

（1）专著（2部）

①课题主持人李汉宁专著《中小学书法教学法》。全书37万字，为我国基础教育史上第一本书法教学法专著，填补了国内空白，得到书法界的高度评价。

②课题主持人李汉宁专著《中小学书法训练技巧》。

（2）网站建设

2008年，课题主持人创建全国首个专门研究中小学书法教育的网站——中小学书法教育。

（3）校本教材（10册）

①2009年曾旭芳编深圳市石岩公学《学生钢笔楷书字帖》（修订版）1册。

②2012年李汉宁编深圳市石岩公学《硬笔楷书训练》一套3册。

③2012年李汉宁编深圳市石岩公学《毛笔训练范字》一套5册。

④2013年李汉宁编宝安第一外国语学校《中小学书法教学法配套课堂作业》1册。

（4）论文（7篇）

①朱瑛撰写的《写字教学评价管理体系的构建》发表于《教学与管理（小学版）》2009年第1期。

②孙昌德撰写的《当前小学书法教学存在的困难及对策》发表于《教育视野》2009年第4期，《小学生书法启蒙教学初探》发表于《新课程》2010年第2期。

③胡军撰写的《培养小学生良好书写习惯的主要内容》发表于《今日教育》2009年第5期，《小学生笔顺笔画训练探究》发表于《当代教育教学研究》2010年第2期。

④马展云撰写的《怎样上"活"书法课》发表于《青少年书法》2010年第19期，《小学生书法结构教学与趣味探索》发表于《当代教育》2010年第1期。

2. 获奖情况

①课题组在深圳市石岩公学主持实验的小学书法教学成果显著，获多个奖项

2009 年 6 月，石岩公学被中国关心下一代工作委员会、中国硬笔书法协会评为"全国写字教学工作先进单位"。

2009 年 11 月，石岩公学以突出的小学书法教育成果荣获中国书法最高奖——中国书法兰亭奖·教育奖集体提名奖，成为兰亭奖 2002 年举办以来全国第一所也是唯一一所获得集体教育奖的中小学校，标志着石岩公学小学书法教育进入国内先进行列。全国书法教育界对石岩公学的书法普及教育产生了广泛的关注。

2010 年 4 月，石岩公学被中国教育学会评为"全国书法教育先进单位"。

2010 年 6 月，在教育部艺术教育委员会主办的第十五届全国中小学生绘画书法作品比赛中，石岩公学学生获奖层次高，学校荣获组织工作先进集体奖。

2011 年 4 月，石岩公学被中国教育学会评为"全国书法普及优秀学校"。

②课题组成员参与编辑的网站"中小学书法教育"获得广东省电化教育馆主办的广东省"十一五"教育技术研究与教育信息化优秀成果三等奖。

③课题主持人李汉宁论文《中小学书法教学中具有代表性范字的选择》在深圳市教研室主办的深圳市首届中小学书法教学研讨会论文评比中获一等奖。

④课题主持人李汉宁被评为宝安区名师。

（八）主要成果《中小学书法教学法》的学术价值、社会影响和社会应用

1. 学术价值

任何学科都早有自己的系统的中小学书法教学法，唯独书法一直等到今天。本课题主要成果《中小学书法教学法》（含配套课堂作业）2013 年 9 月出版后，被媒体和业内认为是"我国基础教育史上第一本书法教学法专著，填补了中小学书法教育在教学法领域研究的空白"。

值得一提的是，我国著名书法家、书法理论家、书法教育家、中国书法家协会副主席、西泠印社副社长兼秘书长、浙江大学人文学院艺术学系主任、书法博士生导师陈振濂教授对这一选题成果做了高度的评价，专著出版时题写了书名。

本课题主要成果《中小学书法教学法》（含配套课堂作业）涵盖中小学书法教学法概论和中小学书法教案纲要，实用兼顾审美，方法大于理论，设置内容具有针对性，简述方法具有说服力，达到科学性、实用性和可操作性完整的结合，在书法教学法研究领域具有明显的开拓性和创造性价值，为广大书法教育工作者提供方法论的指导。

2. 社会影响

（1）大量媒体报道本课题主要成果《中小学书法教学法》的出版

2013 年 10 月起，大量媒体报道李汉宁《中小学书法教学法》出版。《南方教育时报》《宝安日报》、宝安教育、深圳教育、深圳新闻网、中国硬笔书法在线、新平果网等媒体做了报道。

（2）权威媒体专访

2013 年 11 月，全国书法界最具权威媒体《书法报·书画教育》头版整版刊登专访。

2013 年 12 月，《宝安日报》半版刊登专访。

（3）两次重印，两次脱销

2013 年 9 月出版以来，已两次重印，两次脱销。

（4）专家读者高度评论

2014 年 1 月，深圳市督学黄兴林在《右江日报》发表题为《实用兼顾审美，方法大于

理论——读李汉宁〈中小学书法教学法〉》的文章，对该专著给予高度评价。

2013年12月，《佛山日报》刊载评论员杨河源关于该专著的评论《书道寻常，何人会意?》，大赞该专著："坦白平实，让人信任，深得我心。"

网购读者留言高度评价《中小学书法教学法》，到目前为止，所有评价都是积极的、肯定的，令人欣慰！当当网一位读者认为："本书是真正为习书入门者排忧解难的智慧书，帮抓住书法学习关键点！书中循序渐进突破重点，由浅入深攻克难点，抓住本质阐明盲点。打破传统思维方式，探讨问题本质，传授方法技巧，从根本上解决问题，进一步提升运用能力。"

河南省教育厅主管的教育专业报《教育时报》向读者推荐该专著，认为："这是一本很不错的参考书。"

（5）课题主持人在全国书法教育高峰论坛做专题报告

2010年5月，作者应邀在全国少儿书画教学高峰论坛上做关于中小学书法教育的专题报告。

（6）国内外学校前来参观考察，并将《中小学书法教学法》作为教材

湛江21中，马来西亚沙巴州、森美兰州华文学校考察参观团等赴深圳市宝安第一外国语学校参观中小学书法教学活动。国内外大量大学、中小学、社会培训机构、师资培训班将《中小学书法教学法》（含配套课堂作业）作为教材。

3. 社会应用

本课题研究的主要成果《中小学书法教学法》（含配套课堂作业）深受广大师生的欢迎，被全国许多中小学，大学书法、中文、美术专业，社会培训机构，及马来西亚华文学校广泛使用，应用成果喜人，在国内外书法教育界产生极大的影响。

（1）在中小学中使用，有两所学校成效显著，获得荣誉

《中小学书法教学法》（含配套课堂作业）出版前，其主要材料在深圳市石岩公学使用两年。2009年，该校以突出的中小学书法教育成果荣获中国书法最高奖——中国书法兰亭奖·教育奖，成为兰亭奖2002年举办以来全国第一所也是唯一一所获得集体教育奖的中小学校，标志着该校的中小学书法教育进入国内先进行列。《书法报·少儿书画》进行了专访。

该书作为教材在深圳市宝安第一外国语学校书法课堂使用，得到学生和家长的广泛好评。

（2）在教师培训中使用，学员满意率高达95%

2010年以来，作者被宝安区教科培中心聘为全区中小幼教师硬笔书法培训主讲嘉宾，主讲过8场，学员达2000人次以上，学员满意率高达95%。《宝安日报》、宝安教育均有报道。

（3）在国外使用，广受欢迎，被作为教材

2013年，受国务院侨办、深圳市侨办的委派，作者李汉宁赴马来西亚森美兰州华文学校支教，使用《中小学书法教学法》（含配套课堂作业）作教材进行中小学生及教师的书法培训，教学成果显著，得到高度评价。

（九）对研究结果的讨论

1. 创新之处

研究内容学科化、系统化，坚持实用兼顾审美，方法大于理论。开创性、有针对性、系

列化地设置笔画、笔顺、偏旁部首、结构、作品章法、学生作业书写等教学内容；关注实用性和可操作性、理论知识的学习与字帖训练的结合。有理论有实践，理论有来源、有深度而且简明精辟，通俗易懂，并通过实例、图片来阐明学习中的各种问题，生动直观，化繁为简，易于理解和掌握，学生学习能达到事半功倍的效果。取得成果将使处于困境中的中小学生书法教学思路变得清晰，为广大书法教育工作者提供方法论的指导，同时为教育行政管理部门制订书法学科教学计划、方案，为进一步深化中华传统文化教育提供参考依据。

2. 专家及课题组的一致意见

经咨询请教多位专家，并经过课题组成员反复讨论，对本课题形成如下的意见：

1）成功之处

（1）课题选题具有较高的现实价值

2007年5月，广东省教育厅颁发了粤教研〔2007〕4号《关于加强中小学书法教育的意见》；2011年8月，教育部颁发了教基二〔2011〕4号《教育部关于中小学开展书法教育的意见》；2013年1月，教育部颁发了《中小学书法教育指导纲要》。本课题的研究工作开始于2008年初，顺应了教育部及广东省当前要求加强中小学书法教育的需要，具有较高的现实价值。

（2）课题研究思路正确，方法恰当

课题以案例开发、课堂教学、课外活动及管理评价等为主要研究内容，以新理念为指导，开展理论与应用的研究，其思路是正确的。课题组成员分工明确，各有侧重，参与面大。研究方法适当，论证严谨，材料丰富，结果可信度高。

（3）课题成果显著，具有创造性

原本是一个关于"小学生课堂书法训练"的小专题教学研究，研究过程中被大胆地展开，变成一门学科系统化的教学法研究，原计划研究的内容成为一个点被包含于学科整体内容的这个面之中，最终以面的形式——《中小学书法教学法》完成研究，产生系统化的成果。该书被媒体和业内誉为"我国基础教育史上第一本书法教学法专著"，并被认为"填补了中小学书法教育在教学法领域研究的空白"。

（4）课题成果具有较高的实际应用价值和推广价值

本课题成果包括教学内容、师资、教材、场地、教学实施及教案等中小学书法教学全方位的内容，论述有理论有实践，理论有来源、有深度而且简明精辟，通俗易懂，能通过丰富的实例、图片来阐明教学中的各种工作、技法问题，使得对各种书法教学问题的阐述更通俗易懂。

总体而言，成果具有较强的科学性、实用性和可操作性，为广大书法教育工作者提供了方法论的指导，值得推广。

2）存在的问题及建议

时间问题：成员组因为不好同时调课，对外集体考察、研讨难度极大。

经费问题：课题书法教学实验消耗品需要很多，不好总向学校开口。同时在研究成果出版时，经费方面遇到困难。

课题组在下一步的研究中，应进一步研究学生自主发展的评价体系，使教学活动实施与自主评价能有效结合，形成更为完整的操作体系。

◎填写策略点评：研究报告格式规范、逻辑清晰，各个部分内容充实完整，重点突出，能充分地概括课题研究的目标、内容、过程、方法、成果、价值、社会影响力，真实反映成果的创新性、实用性，能有效地推广。通过报告，我们领略到这个课题的研究做得很出色，很成功。

第四节　深圳市中小学"好课程""初中硬笔书法"

李汉宁、李杭开发的课程"初中硬笔书法"2015年9月16日申报深圳市中小学"好课程"评选，2015年12月被深圳市教育局遴选为中小学"好课程"；2018年4月，通过深圳市教育科学研究院优化验收。2019年5月，课程获宝安区"好课程"一等奖。

现从申报表、课程优化等两个方面进行展示和点评。

证书
Certificate

课 程 类 别：2015年中小学"好课程"遴选优化项目
课 程 名 称：初中硬笔书法
课程负责人：李汉宁　　　　　　　　　所在单位：宝安第一外国语学校
课程团队成员：李杭

本门课程已按照相关要求完成优化工作，经由专家评审，予以通过验收。
　特发此证，以资鼓励。

深圳市教育科学研究院
2018 年 04 月 23 日

"初中硬笔书法"课程通过深圳市教科院验收合格证书

一、深圳市中小学"好课程"遴选申报表

（一）基本情况（部分摘录）

课程名称：初中硬笔书法。

课程负责人情况：李汉宁，男，大学本科学历，书法副教授职称。

课程开发团队成员：李杭，中国美术学院书法专业。

（二）课程性质与目标

1. 课程性质

为了贯彻落实《国家中长期教育改革和发展规划纲要2010—2020年》，促进素质教育

的发展，继承与弘扬中华民族的优秀文化，各地根据教育部《中小学书法教育指导纲要》的文件精神，推动中小学书法教育有力的开展。在此背景下，我们设置了"初中硬笔书法"这门课程，把它等同于美术、音乐课来看待，以此来培养学生的书写技能和提高学生的审美能力，陶冶情操。

2. 课程目标

本课程的目标是培养学生了解和掌握硬笔书法的基本知识和技能，熟悉笔画、偏旁、结构、作品章法的书写方法，提高书写效率。

◎填写策略点评：课程按教育部相关文件精神来设置，有政策依据；目的是提高学生书写技能和审美能力，有现实意义。

（三）课程内容结构概要

本课程的教学内容选自宝安第一外国语学校出版的校本教材《中小学书法教学法》及《中小学书法教学法配套课堂作业》，包含了所有需要学习的硬笔书法技法，主要有硬笔楷书笔画、偏旁部首、总体结构、分类结构、作品布局等。对每个部分的教学内容，我们都形成了规范的教案，并配以合理的学生练习作业。

《中小学书法教学法》作为教师的教学参考书，《中小学书法教学法配套课堂作业》则作为学生作业训练使用。两者配合使用，达到了教案与作业的完美结合，实现了老师合理地教，学生有效地练，使学校书法教学走向专业化。

◎填写策略点评：有教师用书、学生专用作为训练作业本，教材齐备。内容包含硬笔书法的全部技法，十分到位。

（四）课程实施计划

1. 成立书法学科小组，严格管理和实施书法教学活动

为了保证课程的有效开展，学校成立由专兼职书法教师及部分语文教师组成的书法学科小组，严格管理和实施书法教学活动。

2. 严谨制定各种书法教学制度和方案

为保证书法教学的有序开展，学校制定了诸如《宝安第一外国语学校硬笔书法教学实施方案》《宝安第一外国语学校硬笔书法教学计划》《宝安第一外国语学校硬笔书法评价细则》等制度和方案。

3. 大力开展各种形式的书法教育活动

①初一、初二年级每周安排1节书法课，由书法教师讲授。

②初一、初二年级每周安排两次午间习字课，由各班班主任监督指导训练。

③初一、初二书法社团每周开设1节书法兴趣特长课，由书法教师授课，主要是进行书法作品学习训练。

④每个学期举行班级学生手抄报展览。

⑤每个学期由校团委举行全校学生硬笔书法比赛。

4. 成立学生书法社团，培养学生书法特长

学校成立学生书法社团，制定《宝安第一外国语学校学生书法社团章程》，规范引导学生的各种书法学习和交流研讨活动，促进学生书法特长的发展。

5. 积极创建有效的书法教学模式

学校积极开展书法教学研究，目前已初步形成了有效的硬笔书法教学模式。

6. 努力营造良好的书法教育氛围

学校通过行政及教师办公室、各有关功能场馆悬挂名家书法作品，各班级外墙张贴学生手抄报，教学楼走廊悬挂学生书法作品展览镜框，校园放置书法石刻等方式营造书法环境，促进书法教育的开展。

7. 把书法作为教师教学基本功的重要内容来看待

每年的教师综合素质大赛都设有书法项目的评比，成绩计入总分。对书法的学习和重视从教师做起。

8. 语文课重视书写方面的学习和考评

坚持与语文课文书写同步的训练，每学期进行全校学生书写比赛。

◎填写策略点评：成立书法学科小组，制订多个制度方案，实施管理有保障。固定安排教学活动，重视师生书写方面的考评，努力营造教学氛围和创建教学模式，表明课程实施得很到位。

（五）主要教学方法与条件

1. 主要教学方法

主要采用课堂讲授、午间习字训练、兴趣班辅导、网络交流学习、学校比赛、展览交流等形式进行教学。

◎填写策略点评：最怕方法单一，这里列举出所采用的丰富多样的教学方法，很好。

2. 主要教学条件

（1）学校领导高度重视书法教育

近年来，在深圳市的中学当中，开设有书法课的学校寥寥无几。从 2011 年起，学校领导高度重视，把书法教育当作传承中华传统文化、提高学生综合素质、发展学生特长的重要举措来抓，在学校大力开展书法教学活动，要求师生人人写一手好字。

（2）有实力雄厚的专兼职书法教师团队

为保证学校书法教学的顺利开展，学校设专、兼职书法教师 3 人。其中，一人为中国书法家协会会员、书法副教授，是两次获得中国书法最高奖——兰亭奖·教育奖的深圳市目前唯一的书法学科名教师；一人为汉语言文学硕士、中学一级教师，多次在各级书法比赛中获奖；一人为中学语文一级教师，擅长指导学生作业书写，组织各种书法比赛展览活动。

（3）有专业化书法教室

为保证书法教育的顺利开展，学校投入巨资，开辟了一间专业化的书法教室，配置高档次的文房四宝和电化教学设备，购进各种碑帖范本。这间教室在深圳市中小学中堪称一流。

（4）有"填补了我国基础书法教育空白"的校本教材

学校教师所开发的书法教材有《中小学书法训练技巧》、《中小学书法教学法》及《中小学书法教学法配套课堂作业》等。其中《中小学书法教学法》及《中小学书法教学法配套课堂作业》被媒体和书法教育界誉为"我国基础教育史上第一本书法教学法专著"，被认为填补了国内空白。

（5）有高规格的中小学书法教育网站

本校书法教师创建了获"书法教育最具影响力媒体（网站）"称号的全国首个专门研究中小学书法教育的网站中小学书法教育（http://www.syps.com/shufa/）供师生学习交流使用。

◎填写策略点评：这里提到，领导重视，教师队伍是书法副教授领衔的，教室是专业化的，教材是被媒体誉为填补国内空白的。这些过硬的条件可以保证书法教学的高质量推进。

（六）课程评价方式

1. 评价目标

书法教学评价要有利于引导绝大多数学生对写字、书法的兴趣，有利于形成正确的书写姿势和培养基本技能。总体上说，要促进书写态度和良好书写习惯的形成，提高学生对基本笔画、汉字基本结构、硬笔书法作品章法的理解和掌握；对学生的评价，既要关注学生的期中、期末测试结果，也要重视学生平时的学习态度、阶段性学习成果，提高学生的学习兴趣和自信心。

2. 评价内容

（1）平时学习态度和学习效果

（2）期末作品考核质量

3. 评价标准

采取平时、期末考核成绩相结合的方式，给出学期成绩。

（1）平时成绩

平时成绩分为三个档次：特别优秀或特别用功、合格、不合格。特别优秀或特别用功、不合格两个档次极为少数。

特别优秀或特别用功指的是：严格参加书法课学习，不无故旷课，认真听课，按照要求完成课堂训练和课外作业任务。其中，学习成果十分突出者属特别优秀类；对书法课兴趣浓厚，学习刻苦用功，尽自己最大能力学习本课程，但因为个人天赋等原因，学习成果不十分突出者属特别用功类。

不合格有三种：一种指一学期内占有总量1/2的课堂不听课，说话多、小动作多，影响课堂秩序，基本上没心思学习；一种是一学期作业不完成总量超过1/2者；再一种是作业全部完成，但有超过总量1/2的作业没有按书法课的要求书写。

（2）期末考核成绩

按试卷效果评定（侧重于本学期开设的课程内容，如上笔画的学期重点评定内容为笔画，上结构的学期重点评定内容为结构），评定标准为：

笔画及位置不正确，有错别字，结构不平正、不匀称，潦草，通篇不整齐，字与字大小不均匀，字在格内不够居中，书写速度过慢，章法不合理，评定为 D。

笔画及位置基本正确，结构基本平正、匀称，通篇基本整齐，字与字大小基本均匀，字在格内基本居中，书写速度基本合适，章法基本合理，评定为 C。

笔画及位置正确，结构平正、匀称，通篇整齐，字与字大小均匀，字与格子的大小比例合适，字在格内居中，书写速度合适，章法完整，评定为 B。

笔画及位置准确，行笔起止到位、自然，结构平正、匀称，通篇整齐，字与字大小均匀，字与格子的大小比例合适，字在格内居中，墨色清晰、均匀一致，有美感，书写速度把握得好，章法完整、和谐，评定为 A。

（3）学期成绩

凡平时成绩为合格者，期末考核成绩作为学期成绩；平时成绩为特别优秀或特别用功者，期末考核成绩加一个档次（最高加至 A）作为学期成绩；平时成绩不合格者，期末考核成绩减一个档次（最高减至 D）作为学期成绩。

4. 评价方法

①平时做好学生上课的考勤登记，要求不无故旷课。

②平时注意观察学生的学习态度情况，要求认真听课，按照要求完成课堂训练，并做记录。

③每学期进行两次课外作业抽查评定，对不合格的作业进行登记，并提醒当事学生今后整改。

④对期中临摹作品进行评定。

⑤综合上述四项给出平时成绩。

⑥对期末作品考核进行评定。

⑦综合平时成绩、期末作品考核成绩评定学期成绩。

◎填写策略点评：评价目标包含态度、习惯、技能等多方面，评价内容科学，评价标准规定得清清楚楚，评价方法容易操作，评价步骤完整。这部分比较难填写，需要专业把握和教学经验、智慧。

（七）课程实施的主要成效或预期成效

1. 课程实施的主要成效

①2013 年 9 月，由学校书法教师李汉宁撰写的 37 万字的校本教材《中小学书法教学法》由广西师范大学出版社出版。

该教材被媒体和书法教育界誉为"我国基础教育史上第一本书法教学法专著"，被认为填补了国内空白。《南方教育时报》《宝安日报》、宝安教育、深圳教育、深圳新闻网、中国硬笔书法在线、新平果网刊登了相关等媒体做了报道。2013 年 11 月，中国书法界最具权威媒体《书法报》头版整版刊登了相关专访。

②2014 年 4 月，由学校书法教师主持的市、区两级课题"小学生课堂书法训练对策研究"圆满结题。

③学校获全国四项大奖。

2014 年 10 月，学校在由中国硬笔书法协会举办的首届全国书法教育"百强十佳"评选活动中获得四项大奖，成为该届活动中获得奖项最多、级别也是最高的学校。学校获"书法教育公办学校十佳"称号，段天虹校长被授予"书法教育公办学校十佳杰出校长"称号，校本教材《中小学书法教学法》（含配套课堂作业）获"硬笔书法教育十佳受欢迎教材（字帖）"称号，学校书法教师创建、主编的网站"中小学书法教育"获"书法教育最具影响力媒体（网站）"称号。《深圳特区报》《宝安日报》《深圳商报》《南方教育时报》、天津网、深圳新闻网、腾讯财经、中国文化传媒网、中华诵、光明网教育版、书法屋等媒体均做报道。

④学校书法教师李汉宁在马来西亚讲授的硬笔书法课广受好评，校本教材《中小学书法教学法》及《中小学书法教学法配套课堂作业》被马来西亚华文学校作为教材。

2013、2014 年，受国务院侨办、深圳市侨办的委派，学校书法教师李汉宁赴马来西亚森美兰州、沙巴州进行中小学生及教师书法培训，教学成果显著，得到高度评价。马来西亚《亚洲时报》《诗华日报》《星洲日报》以及凤凰网、中国新闻网、新华网、中国日报网、新浪新闻、网易新闻、中国侨网、西部网、浙江在线、兰亭书法公社等国内外多家媒体报道。

⑤2014 年 10 月，学校书法教师李汉宁应邀在首届全国书法教育高峰论坛做专题报告。

⑥2015年元旦，由学校书法教师创建的全国首个专门研究中小学书法教育网站"中小学书法教育"根据教育部《中小学书法教育实施纲要》的指导精神，调整内容，改版成功。

⑦国内外学校前来参观考察，并将学校校本教材《中小学书法教学法》及《中小学书法教学法配套课堂作业》作为教材。

湛江21中，马来西亚沙巴州、森美兰州华文学校考察参观团等赴深圳市宝安第一外国语学校观摩学校的书法教学活动。国内外大量大学、中小学、社会培训机构、师资培训班将学校的校本教材作为教材。

⑧学校书法教师李汉宁因教学科研成果突出，于2015年6月被深圳市教育局评为深圳市基础教育系统"名教师"，成为深圳市第一位也是唯一一位书法名师。2015年7月，李汉宁被宝安区人力资源局认定为"宝安区高层次人才"。

◎填写策略点评：课程的成效是最重要的参评材料，这里把两年内教材出版、市课结题、学校教育获全国奖（大量媒体报道）、课程推广到马来西亚、主持人评上市书法名师都列了出来。应该说，这样的课程成效是没得说的。

2. 预期成效

①形成初中硬笔书法教学有效的教学模式。

②初中硬笔书法普及与提高系列训练范本的开发。

③《中学书法理论知识趣谈》书稿的完成。

◎填写策略点评：预期目标设定为教学模式的形成，很有高度，范本开发、新书完成是教研中的大成果，令人钦佩。

二、课程优化

为进一步提升课程品质，更好地开展中小学"好课程"推广应用工作，深圳市教科院开展了2015年遴选确定的中小学"好课程"的优化工作。优化工作要求按照发布的"优化引领"要求来完成。

"优化指引"要求明确了优化的基本理念：中小学"好课程"是对基础课程的拓展、深化与特色化，旨在激发和培养学生的实践动手能力和创新能力，促进学生综合素养的提升。其优化工作应遵循"儿童立场、生活视野、故事表达"的基本理念。

"优化指引"要求提出了结构优化的基本要求。其中中小学"好课程"课程标准的编制应包括前言、课程目标、内容标准、实施建议等。中小学"好课程"教师教学用书编制应包括编写说明、教材介绍、单元说明、教材分析、参考答案、背景资料、教学设计与案例。

"优化指引"要求提出了中学美术学科内容优化的基本要求：注重联系现实生活，运用传统与现代媒体、技术创造有意味的视觉形象，提升学生的造型意识、美术表现和判断能力；注重运用形象思维创作美术作品的创意实践能力的培养，以及艺术作品鉴赏审美能力的培养。

"优化指引"要求提出常规类课程呈现（表达）方式优化基本要求：①注重直观形象、图文并茂、生动有趣地呈现课程内容；②改变知识累积式的表达方式，注重采取叙事表达、案例表达、图形表达等多样化的呈现（表达）方式。

根据以上要求，我们对"初中硬笔书法"课程做了全面具体的优化工作，包括完成课程标准（2016年优化）的制定，编写了教师用书、学生用书（优化版）。

"初中硬笔书法"课程标准（2016年优化）如下：

根据教育部《中小学书法教育指导纲要》的文件精神，"初中硬笔书法"以培养学生的书写技能和提高学生的审美能力，陶冶情操为宗旨。"初中硬笔书法"按深圳市教科院进一步优化完善的要求，经过半年的优化教学实验、课程研究，对原课程标准进行了调整，2016年9月优化版终于出炉！

"初中硬笔书法"课程标准（优化版）对课程性质、基本理念、课程思路、课程目标、教学课时、教学内容、评价细则等内容做了详细的说明，并出版、编印教师用书、学生临本、作品模版等；对硬笔基本笔画、偏旁、结构、作品等内容做了全面系统的安排，操作简便，指导性强，容易见效。学校语文老师无论书法基础好坏，均可按部就班开展硬笔书法教学活动。

《初中硬笔书法》教师用书、学生用书（优化版）

（一）课程性质

汉字是中华民族的伟大创造和发明，是智慧的结晶，它不仅记录语言，还对思想的交流、文化的传播起巨大作用。以汉字为载体的书法是人类文化宝库中的一颗璀璨明珠，是世界艺术宝库中的一朵奇葩。书法教育不但是书法得以发展的基础，也是美育教育的一个重要组成部分。通过书法教育，能培养中小学生形成正确的审美情趣，树立高尚的道德情操，激发他们对祖国文化、对学习和生活的热爱。中小学的书法教育具有广泛的迁移作用，对学生的人格塑造、身心健康、创造力、审美素质等方面的影响具有不可替代的作用。

然而，随着电脑的广泛应用，许多年轻人对电脑越来越依赖，对汉字书写却越来越生疏。有人曾对汉字书写现状进行调查，结果显示，年轻人写字不规范、不合格的占大多数。究竟是什么原因让年轻一代忽视了汉字书写？有专家分析认为，一是电脑的智能输入干扰了识文解字，二是打印作业削弱了写字训练，三是兴趣培训机构忽视了书法训练。

因此，在中小学开展书法教育已成为全社会的广泛共识。为了贯彻落实《国家中长期教育改革和发展规划纲要（2010—2020年）》，促进素质教育的发展，继承与弘扬中华民族的优秀文化，各地根据教育部《中小学书法教育指导纲要》的文件精神，推动中小学书法教育有力的开展。在此背景下，我们设置了"初中硬笔书法"这门课程，把它等同于美术、音乐课来看待，以此来培养学生的书写技能和提高学生的审美能力，陶冶他们的情操。

（二）基本理念

根据硬笔书法学科及初中学生的特点，"初中硬笔书法"课程要注重知识与技法、实用与审美、临摹与创作、执笔与坐势、工具与材料、装裱与展示等多方面的结合。在书法教学活动中需要坚持以下原则：

1. 基础性原则

书法教学要立足于学生的基础，从最本质、最基本的方面对学生素质的形成提出实实在在的要求。努力培养学生写一手好字而不是培养书法家，务本求实，不随意拔高。

2. 整体性原则

书法教学要面向全体学生，全员参与、整体提高，为全体学生营造一个整体优化的书法育人环境，最终实现"写字无差生"的目标。其次，立足提高每个学生的整体素质，为实现书法育德、启智、健体、创美等多种功能创造良好的氛围。

3. 循序渐进原则

在知识传授、技能训练、习惯培养的过程中，要从易到难，从写字到书法，从实用到艺术，分阶段、有步骤，螺旋式地递进发展。

4. 直观性原则

在技法传授过程中，要力求将运笔、构字、章法布局的过程分解，做动态演示，让学生有直观的感受，增进学生对每一个细节的理解，加强记忆。初中学生比较善于模仿，有时一大堆的讲解还不如一次示范。在书法形式的构成或作品欣赏教学时，要尽量准备实物范字、作品来加以说明，增加学生的感官认识。

5. 理论与实践相结合原则

初中学生的硬笔书法学习最大的目标是写一手好字。从表面上看，技法实践训练是最重要的内容，但是如果片面强调练习的作用，把学生当作机器，课堂里除了写还是写，全靠所谓的"熟能生巧"，不一定能出好效果。因此，书法教学授课过程中要注重理论与实践相结合，做到实践多、理论少，但不能没有精确的知识、技法理论指导。虽然很多方法靠"练中悟"，但悟需要很长的时间，反而是理论学习能够缩短学习进程，能更快地让学生得法、用法。一节技法课，大约讲解用1/3的时间，指导学生练习用2/3的时间，做到有讲有练。

6. 因材施教原则

由于基础和学习环境的不同，学生书法水平出现较大的差异，要针对不同类型的学生因材施教，要做到普遍培养，扶持后进生，重视尖子，使不同水平的学生都得到较充分的发展。书法属于艺术学科，针对不同悟性的学生有着明显不同的教学效果，不同的个性有着不同的风格偏向产生，因此，在班级教学时要做到有统一有差异。可以允许个别有某种特长的学生选用不同的范本，比如我们开颜体课，有个学生特别爱欧体，那就让他学欧体，我们必须尽可能地尊重学生的个性发展，这是艺术教育的要求。临习内容方面，后进学生在量上少一点，内容浅一点，进度慢一点，尖子生在量上多一点，内容深一点，进度快一点。我们的教学不可能使每个学生都出类拔萃，但只要做得合理，就能使每个学生都能发挥自己的潜能。

7. 质量至上原则

初中硬笔书法教学不可急于求成，教学的速度要根据学生的学习领会情况随时调节，训练时间和作业量要适度，要让学生学有所乐、学有所获，这样才能保持学生的学习积极性。我们常常以为，练的量越多越有收获；其实不然，当练习过度疲劳，学生把学习当作一种繁重的负担时，不会有好的效果。我们反对对学生采取"错一罚十"的办法，那只能事与愿违，对学生造成身心伤害。功夫靠一点一滴积累，练一笔是一笔，学一笔得一笔，质量是最根本的。

（三）设计思路

通过各种形式开展书法教育活动。初一、二年级每周安排一节硬笔书法课；初一、初二年级每周安排两次午间习字课；学校成立书法社团，初一、初二年级每周开设一节书法兴趣特长课。

语文课重视书写方面的学习和考评。学校坚持开展与语文同步的课文书写训练，每学期进行班级、年级及全校性的学生书写比赛各一次，让学生无论在书法课还是语文课中，都能树立书法审美观，得到书法技法的学习和训练，促进作业书写的美化。

根据书法基础技法学习的需要以及初中生课时实际，教学课时与内容安排如下：

初一上学期：硬笔楷书笔画（篇幅有限，具体从略）。

初一下学期：楷书偏旁部首（篇幅有限，具体从略）。

初二上学期：楷书总体结构（篇幅有限，具体从略）。

初二下学期：书法作品通篇布局（篇幅有限，具体从略）。

（四）课程目标

本课程的目标是培养学生了解和掌握硬笔书法的基本知识和技能，熟悉笔画、偏旁、结构、作品章法的书写方法，提高书写效率，在作业书写方面，达到整齐干净，提高可读性，部分学生的书写能达到美观要求，能赢得卷面印象分；同时让学生学会常用格式的硬笔书法作品书写，部分学生的作品能具有一定的美感，达到班级、年级、学校或更高层次书法展览的水平。

（五）实施建议

1. 教学材料

（1）教师用书

李汉宁专著《中小学书法教学法》（含配套课堂作业）。该书被媒体和书法教育界誉为"我国基础书法教育史上第一本书法教学法专著"，被认为填补了国内空白。2014 年 10 月，获中国硬笔书法协会授予的"硬笔书法教育十佳受欢迎教材（字帖）"称号。

李汉宁专著《中小学书法理论知识趣谈》。

（2）学生课堂训练范本

李汉宁编《中小学书法教学法配套课堂作业》。

（3）学生用作品纸

本课程选定多种形式新颖的作品纸，并附教师示范作品，供学生模拟创作使用。

2. 主要措施

①开辟专业化的书法教室。

②建设一支高素质的专兼职书法教师队伍。

③努力营造书法教育氛围。

④学校着力开展书法课题研究。

⑤加强对教师的考评。

⑥严格对学生的考价。

（六）教师教学用书、学生用书的特点

《中小学书法教学法》及《中小学书法教学法配套课堂作业》根据教育部 2013 年 1 月发布的《中小学书法教育指导纲要》，针对当前中小学书法教学面临的实际困难设置内容，涉及中小学书法教育领域的各个方面。其中包括"初中硬笔书法"课程的所有内容及教师使用的具体教案。《中小学书法教学法》作为教师用书，其主要优点有：

1. 书法基础内容系列化，有利师生的学习

为有效促进师生的书法基础技法与理论的学习，该书开创性地设置了最具有针对性的、系列化的学习内容。这是目前国内第一本将书法笔画、笔顺、偏旁部首、结构、作品章法、学生作业书写等内容完整安排的专著。

2. 关注实用性和可操作性，半路出家的书法老师直接"依葫芦画瓢"，就可以授课

针对当前书法教师紧缺，大多数书法教师都是非本专业出身，而且是从其他学科转行过来的特点，该书开创性地提出"边学边教""教学相长"的书法教师成长途径，以此设置了最具有实用性和可操作性的教学导论、教学方案、教案纲要、教学方法等。

3. 理论知识与字帖完美结合

为了避免理论与实践相脱节，该书配以与各章节理论内容相对应的字帖形式的《中小学书法教学法配套课堂作业》，供技法训练使用。《中小学书法教学法》则用于学习书法知识与技法理论、教学法理论。两者将教案与作业完美地结合，实现了老师合理地教，学生有效地练，使学校书法教学更加科学合理，走向专业化。

4. 图文并茂，易于理解，轻松学习

《中小学书法教学法》全书 37 万字，内含 808 张图片，涉及笔画、字例、作品及实物；有理论有实践，理论有来源、有深度而且简明精辟，通俗易懂，并通过实例、图片来阐明学习和教学中的各种问题，生动直观，化繁为简，易于理解和掌握。

◎填写策略点评：按照市教科院"优化指引"要求完成这部分内容的制定，科学合理，令人满意。

第五节　深圳市推广课程"中小学书法教学法"

李汉宁开发的"中小学书法教学法"课程（分教师、学生两个层次）于 2015 年 11 月通过深圳市 2015 年优秀教育科研成果推广应用评审，成为深圳市推广应用课程。项目组于 2017 年 11 月完成推广应用项目结项材料准备工作，2018 年 5 月将材料提交深圳市教科院，经专家考核评审，项目通过验收。2018 年 11 月 27 日，推广应用学校代表——大鹏中心小学游明星老师作为优秀项目代表，在深圳市教科院举行的深圳市优秀教育科研成果推广应用项目验收座谈会上，以《边学边教，学以致用》为题做经验汇报。

现从评审书、《设计论证》活页、终期考核总报告等三方面进行展示和点评。

一、深圳市教育科学研究成果推广应用申请·评审书

（一）基本信息（部分摘录）

成果名称：中小学书法教学法（分教师、学生两个层次）

申请人姓名：李汉宁

专业职称：书法副教授

研究专长：书法理论与书法教学

工作单位：宝安第一外国语学校

通信地址：宝安区西乡铲岛路1号宝安第一外国语学校

成果研究主要参加者：李杭，中国美术学院书法专业毕业

预计完成时间：2年

◎填写策略点评：申报者为书法副教授，参加者从中国美术学院书法专业毕业，都是内行人。申请这个项目，专业对口，很合适。

（二）成果推广应用申请人和主要成员近年来取得的与本成果有关的研究成果

①《中小学书法教学法》（含配套课堂作业），李汉宁独著，广西师范大学出版社出版，2013年9月。

②《中小学书法教学法》（含配套课堂作业），李汉宁独著，获中国硬笔书法协会授予的"硬笔书法教育十佳受欢迎教材（字帖）"称号，2014年10月。

③《中小学书法训练技巧》，李汉宁独著，岭南美术出版社出版，2008年3月。

④网站"中小学书法教育"，李汉宁总编，李杭执行总编，获中国硬笔书法协会授予的"书法教育最具影响力媒体（网站）"称号，2014年10月。

⑤论文《中小学书法教学中具有代表性范字的选择》，李汉宁著，在深圳市教研室主办的深圳市首届中小学书法教学研讨会论文评比中获一等奖，2008年5月。

⑥学校中学书法教育成果，李汉宁主持，获2013年度"书法教育公办学校十佳"称号，2014年10月。

⑦学校中小学书法教育成果，李汉宁主持，获中国书法最高奖——兰亭奖·教育奖，2009年11月。

◎填写策略点评：与本成果相关的研究成果是做这个项目的基础。相关成果有配套课堂作业、网站、论文、学校教育成果，很丰富。有"硬笔书法教育十佳受欢迎教材（字帖）""书法教育最具影响力媒体（网站）""书法教育公办学校十佳"、中国书法兰亭奖等荣誉，这些成果很有分量。

（三）成果推广应用申请人和主要成员主持的代表性研究课题

李汉宁主持的一般课题"小学生课堂书法训练对策研究"于2014年4月结题。

（四）成果推广应用设计论证

1. 成果概要

"中小学书法教学法"（分教师、学生两个层次）这门课程由课程开发者从2007年开始试行开设，有对教师和对学生两个不同的层次。课程开发者专职从事书法教学工作已有27年，中国美术学院书法专业科班出身，为书法副教授、中国书法家协会会员，是我国唯一的大学、中小学书法教育成果均获中国书法最高奖——兰亭奖·教育奖的书法家，在全国书法教育界有很高的知名度。因中小学书法教学成果突出，2010年2月7日及2013年11月7日，国内最权威的书法报刊——《书法报》曾两次在头版整版刊登对其的专访。

1）课程在国内外书法教育界产生极大的影响

（1）在中小学中开设，成效显著，获得荣誉

2009年11月，开设本课程的深圳市石岩公学以突出的中小学书法教育成果荣获中国书法最高奖——兰亭奖·教育奖集体提名奖，成为兰亭奖2002年举办以来全国第一所也是唯一一所获得集体教育奖的中小学校，标志着深圳市石岩公学的中小学书法教育进入国内先进行列。《书法报》对此进行了专访。2014年10月，开设本课程的深圳市宝安第一外国语学校被中国硬笔书法协会授予"书法教育公办学校十佳"称号。《深圳特区报》《宝安日报》《深圳商报》《南方教育时报》、天津网、深圳新闻网、腾讯财经、中国文化传媒网、中华诵、光明网教育版、书法屋等媒体均做报道。

（2）在教师培训中开设，学员满意率高达95%

2010年以来，开发者李汉宁被宝安区教科培中心聘为全区中小幼教师硬笔书法培训主讲嘉宾，主讲过8场，学员达2000人次以上，学员满意率高达95%。《宝安日报》、宝安教育均有报道。

（3）在国外开设，广受好评，得到推广

2013、2014年，受国务院侨办、深圳市侨办的委派，李汉宁赴马来西亚森美兰州、沙巴州支教，以《中小学书法教学法》（含配套课堂作业）为教材进行中小学生及教师书法培训，教学成果显著，受到高度评价。马来西亚《亚洲时报》《诗华日报》《星洲日报》以及凤凰网、中国新闻网、新华网、中国日报网、新浪新闻、网易新闻、中国侨网、西部网、浙江在线、兰亭书法公社等国内多家媒体报道。

2）《中小学书法教学法》获得多项荣誉

本课程的研究成果之一，课程开发者专著《中小学书法教学法》（含配套课堂作业）被媒体和书法教育界誉为"我国基础书法教育史上第一本书法教学法专著"，被认为填补了国内空白。2014年10月，该教材获中国硬笔书法协会授予的"硬笔书法教育十佳受欢迎教材（字帖）"称号。

经过课程的教学实践研究，课程开发者所著《中小学书法教学法》（含配套课堂作业）于2013年9月由广西师范大学出版社出版发行。《中小学书法教学法》（含配套课堂作业）得到了我国著名书法家、书法理论家、书法教育家、中国书法家协会副主席、西泠印社副社长兼秘书长、浙江大学人文学院艺术学系主任、书法博士生导师陈振濂教授的审稿并题写书名，专著的专业质量有保证。

《中小学书法教学法》（含配套课堂作业）根据教育部2013年1月发布的《中小学书法教育指导纲要》编写，针对当前中小学书法教学面临的实际困难设置内容，涉及中小学书法教育领域的各个方面。

①书法基础内容系列化，有利师生的学习。《中小学书法教学法》为有效促进师生的书法基础技法与理论的学习，开创性地设置了最具有针对性的、系列化学习内容。这是目前国内第一本将书法笔画、笔顺、偏旁部首、结构、作品章法、学生作业书写等内容完整安排的专著。

②关注实用性和可操作性，半路出家的书法老师直接"依葫芦画瓢"，就可以授课。针对当前书法教师紧缺，大多数书法教师都是非本专业出身，而是从其他学科转行过来的特点，《中小学书法教学法》开创性地提出"边学边教""教学相长"的书法教师成长途径，以此设置了最具有实用性和可操作性的教学导论、教学方案、教案纲要、教学方法等内容。

③理论知识与字帖完美结合。为了避免理论与实践相脱节，本书配以与各章节理论内容

相对应的字帖形式配套课堂作业，供技法训练使用。《中小学书法教学法》则作为学习书法知识与技法理论、教学法理论的教材使用。两者将教案与作业完美地结合，实现了老师合理地教，学生有效地练，使学校书法教学更加科学合理，走向专业化。

④图文并茂，易于理解，轻松学习。《中小学书法教学法》全书37万字，内含808张图片，涉及笔画、字例、作品及实物；有理论有实践，理论有来源、有深度而且简明精辟，通俗易懂，并通过实例、图片来阐明学习和教学中的各种问题，生动直观，化繁为简，易于理解和掌握。

3）《中小学书法训练技巧》出版

本课程的研究成果之二——课程开发者专著《中小学书法训练技巧》于2008年3月由岭南美术出版社正式出版发行。该专著成为广东省2007年要求全省开设书法课之后出版的第一本书法教学专著。

4）网站"中小学书法教育"获得多项荣誉

本课程的研究成果之三——课程开发者创建的网站"中小学书法教育"于2011年获得广东省"十一五"教育技术研究与教育信息化优秀成果评选三等奖；获2013年度"书法教育最具影响力媒体（网站）"称号（2014年10月）。

为了有效开展书法教育活动，探索中小学书法教育模式，为书法教育界提供理论上的指导和丰富的教学资源，本课程开发者创建了全国首个专门研究中小学书法教育的网站——中小学书法教育。网站设置了涵盖中小学书法教育各方面内容的栏目，包括师资建设、碑帖教材、场地设备、教学视频、展赛新闻、教育文件、教育动态、教学理论、名校风采、名师推介、少年书家、文房四宝等等。

网站得到了全国20多位硬笔书法等级考官、广东省美术教研员周凤甫、时任深圳市教研室主任尚强、深圳市美术教研员张海题字，以及中国硬笔书法协会主席张华庆教授题写的网名。网站在书法界引起广泛的关注，每天点击量达500到700人次。

5）市区两级课题圆满结题

本课程的研究成果之四——课程开发者主持的市、区两级课题"小学生课堂书法训练对策研究"于2014年4月圆满结题。

6）相关研究论文获奖

本课程的研究成果之五——课程开发者撰写的论文《中小学书法教学中具有代表性范字的选择》在深圳市教研室主办的深圳市首届中小学书法教学研讨会论文评比中获一等奖。

◎填写策略点评：中小学书法教学法课程分教师、学生两个层次，分别对教师和学生开设，对当前中小学书法教育的开展的确很有现实意义。课程内容系统化，课程实施有可操作性。理论知识与字帖完美结合，让人易于理解，轻松学习，具有创新价值。课程的实践已让两所学校分别获得中国书法最高奖——兰亭奖·教育奖和"书法教育公办学校十佳"称号，真是一门好课程。

2. 成果主要内容、推进应用范围

1）主要内容

"中小学书法教学法"（分教师、学生两个层次）课程的主要内容，即为《中小学书法教学法》及《中小学书法教学法配套课堂作业》的全部内容。根据开设对象的不同，课程在内容方面对《中小学书法教学法》及《中小学书法教学法配套课堂作业》进行了不同的取舍。

《中小学书法教学法》及《中小学书法教学法配套课堂作业》是目前全国书法教育唯一

一套将系统的将书法知识、书法技法、教学法与字帖完美结合的基础书法教材。

《中小学书法教学法》分上、下两篇，上篇为中小学书法教学法概论，下篇为中小学书法教案纲要。上篇包含中小学书法教育导论、中小学书法教学的内容、中小学书法师资队伍的建设、中小学书法教材的编写、中小学书法教学的场地设备、中小学书法教学的实施、中小学书法社团的构建等章节；下篇包含硬笔楷书笔画教案、毛笔楷书笔画教案、楷书偏旁部首教案、楷书总体结构教案、楷书分类结构教案、书法作品通篇布局教案、中小学教师硬笔书法培训讲稿、中小学生作业书写问题分析及对策等章节。

《中小学书法教学法配套课堂作业》包含《中小学书法教学法》中硬笔楷书笔画、偏旁部首、总体结构、分类结构、作品布局、教师书法培训等六个章节94个教案（讲稿）的课堂作业页面，以及中小学教师硬笔书法大赛书写题、学生硬笔书法作品欣赏等内容。

◎填写策略点评：内容丰富具体，有理论有实践，对教师层次有书法技法有教学法理论，对学生层次有书法技法有作业书写，有理论教材《中小学书法教学法》，有训练字帖《中小学书法教学法配套课堂作业》，这是全国首创，的确实用。

2）推进应用范围

（1）在中小学教师中开设

"中小学书法教学法"这门课程适合在中小学书法、语文教师及其他教师书法爱好者中开设。书法教师从中可以完整地学习到书法教学的系列技巧，有利于书法教学的专业化开展；语文教师从中可以学习到书法的笔顺、笔画、偏旁、结构、作品等系列方法，有利于指导学生写字；其他教师中的书法爱好者学习该课程后可以提高自己的书写水平，利于批改作业，提高工作效率。

（2）在中小学生中开设

"中小学书法教学法"这门课程适合在中小学生中开设，促中小学生的习字及书法学习。《中小学书法教学法配套课堂作业》循序渐进地安排笔画、偏旁、结构、作品等内容；有描红、有临摹、有创作；以字帖的形式出现，易于练习。

（3）在大学书法、中文、美术专业学生中开设

"中小学书法教学法"这门课程适合作为大学书法、中文、美术专业学生的选修课。该课程让他们学习到书法理论与技法，提高自身书写能力；同时了解中小学书法教学法理论，为将来从事书法教学工作做准备。

◎填写策略点评：范围很广，有在职中小学教师层面，有学生层面，学生层面有中小学、大学。因为书法基础技法中的笔画、结构、章法等内容，不管你是什么年龄，只要之前没学过，都要系统地了解和学习。

3. 成果推广应用的方式、路径及实施步骤

1）应用方式、路径

（1）针对教师

"中小学书法教学法"这门课程可通过市、区的组织，作为教师继续教育培训课程，教学使用《中小学书法教学法》及《中小学书法教学法配套课堂作业》为教材；也可以给全市书法美术特色学校教师、全市语文教师征订教材及配套课堂作业，让他们进行自主学习。

（2）针对学生

"中小学书法教学法"这门课程可由各学校通过书法选修课、书法兴趣班、业余书法训练班等形式开设，使用《中小学书法教学法配套课堂作业》让学生训练，学校书法或语文

教师按照《中小学书法教学法》所规定的教学指导方法，对学生进行训练。

◎填写策略点评：教师通过继续教育培训课，学生通过选修课、兴趣班开设课程。这样的推广方式很平常，好安排，没有什么难题。

2）实施步骤

本课程的推广步骤为：市教科院或各区教科培中心进行课程推荐→各学校或培训机构选定课程层次（分教师、学生两个层次）→与课程开发者商讨课程实施方案→征订课程教材→课程开发者或其他书法教师开展教学→课程开发者期中教学指导→教学成果总结、课程研究报告→市教科院或各区教科培中心检查验收，并提出课程改进意见→课程开发者深化课程研究，提升课程品质。

（1）针对教师

由市教科院、各区教科培中心、各书法特色学校实施书法师资培训班、教师硬笔书法培训班等继续教育项目，邀请作者或其他书法教师讲授，在教师中进行推广，进而推广到各普通中小学的教师硬笔书法培训之中去。

（2）针对学生

由市教科院、各区教科培中心向各中小学推荐本课程和宣传本课程教材成果，由各校自主开课。如有需要，可适当邀请作者到校讲学，或指导课程的开展、课程的评估。

◎填写策略点评：步骤清晰，设计合理，比较容易实行。

4. 成果推广应用的预期目标及可能的效益预估

"中小学书法教学法"这门课程从2007年试行开设至今，已有8年历史，对宝安区教科中心主办的中小幼教师硬笔书法培训，以及对国内外中小学生的培训均取得了可喜的成绩。实践证明，中小学书法教学法课程的设置适合当前全国普及书法教育的需要，有经过实践检验的高质量的教材和可行的教学指导方法，教学成本低。

（1）预期目标

①让全市200位以上老师经过培训能胜任中小学硬笔书法教学工作，成为专兼职写字或书法指导教师。

②让全市大批经过课程培训或使用教材自学的教师，大幅提高自己的书写水平。

③让全市每个区建立3~5所书法特色实验学校，让特色学校的学生写一手好字。

（2）效益预估

目前，全国"中小学书法教学法"课程的开发与实践研究还在萌芽阶段，各地成果不多，质量也不高。我们已经有多年的课程开发经验，并取得多方面显著的成果，在全国书法教育界已产生了良好的影。加之有深圳地域的优势，如果推广方法适当，力度够大，本课程将会取得更大的成果，在全省乃至全国能产生重大的影响，以此树起深圳书法教育的牌子，为基础教育课程开发研究增添光彩！

◎填写策略点评：目标明确，如果能做到，很多师生、学校将直接受益。这对中小学书法教育的推动和影响会很大。

（五）成果推广应用的可行性分析

1. 成果已经获得的社会评价（引用、转载、获奖及被采纳情况）及实验效果

（1）课程已开设范围、教学成果

本课程已在中小学课堂、教师培训、马来西亚师生书法培训等多个层面开课，实验8年来，成果喜人，广受好评。其中有两所学校分别获得中国书法最高奖——兰亭奖·教育奖和

"书法教育公办学校十佳"称号，教师培训中学员满意率高达95%。

◎填写策略点评：教学成果已经在国内外得到好评，特别是已推到国外去，说明成效高。

（2）课程研究产生了专著、网站、课题、论文等多种成果

课程开发者的专著有《中小学书法训练技巧》、《中小学书法教学法》及《中小学书法教学法配套课堂作业》。其中，《中小学书法教学法》（含配套课堂作业）被媒体和书法教育界誉为"我国基础教育史上第一本书法教学法专著"，被认为填补了国内的空白。课程开发者创建的与课程相关的网站"中小学书法教育"获得2010年广东省"十一五"教育技术研究与教育信息化优秀成果评选三等奖，2014年获"书法教育最具影响力媒体（网站）"称号。课程开发者主持的市、区两级课题"小学生课堂书法训练对策研究"于2014年4月圆满结题。课程开发者撰写的论文《中小学书法教学中具有代表性范字的选择》在深圳市教研室主办的深圳市首届中小学书法教学研讨会论文评比中获一等奖。

◎填写策略点评：有专著、网站、课题、论文等多种科研成果产生，做得广，做得好。

（3）课程成果产生极大的社会影响，被广泛应用

国内外大量媒体对课程的教学成果及科研成果做了报道，国内以及马来西亚的专家同行都对本课程成果给予很高的评价。课程开发者受邀在全国少儿书画教学高峰论坛、全国书法教育高峰论坛及各中小学做关于中小学书法教学法的专题报告。国内外多个考察团亲临宝安第一外国语学校考察该校的书法教学活动。全国有二十多个省市的一些学校、读者采购《中小学书法教学法》及《中小学书法教学法配套课堂作业》作为教材。每天有约500到700人次的全国各地书法教师、书法爱好者、大中小学生登录网站"中小学书法教育"，进行书法学习与交流。

◎填写策略点评：成果已经产生影响力，在国内外开始有知名度，值得进一步做大做强。

2. 成果申请人和主要参加者的学术背景和研究经验、组成结构（如职务、专业、年龄等）

成果申请人李汉宁，1966年2月生，书法副教授，深造于中国美术学院书法专业，师从我国著名书法家、书法理论家、书法教育家、中国书法家协会副主席、西泠印社副社长兼秘书长、浙江大学人文学院艺术学系主任、书法博士生导师陈振濂教授。现为中国书法家协会会员，中国硬笔书法协会教育委员，教育部考试中心硬笔书法等级考官。是毛笔与硬笔兼长，创作、理论与教学全能的书法家。曾执教于广西百色学院，现为深圳市宝安第一外国语学校书法教师。

作品多次入展国家级展览；发表书论30多篇；著有《中小学书法训练技巧》《中小学书法教学法》《中小学书法教学法配套课堂作业》。先后被评为中国硬笔书法协会优秀会员、中国硬笔书法协会先进工作者、全国优秀中青年硬笔书法家，以及全国写字教学先进个人、全国艺术教育先进工作者、全国书法普及优秀教师，任书法报全国中小学书法教育讲师团讲师。

◎填写策略点评：申请人是书法副教授，是中国书法家协会会员，论文、专著等成果丰富。从大学书法教学岗位出来，教学基本功、学术能力都是不必怀疑的。这样的实力，在中小学艺术教师队伍中应该是不多见的。

3. 完成成果推广应用的保障条件（如研究资料、实验仪器设备、推广经费、研究时间及所在单位条件等）

（1）时间保障

在推广过程中可能会有开会研讨、参观考察、讲学授课等事情，将影响到本校工作，希

望教科院下相关的文件，以便提请学校领导给予适当的照顾。

（2）经费保障

课程推广过程中需要有研究书籍、字帖范本、文房四宝、教材等的采购，要进行教学资料印刷、作品装裱，要支付出差会议、专家咨询等活动的费用，需要相应的经费支持。

（3）学校条件

本校地处宝安中心区，交通便利，校领导非常支持书法学科的教学或科研工作，支持书法课程的开发与推广。我校有高规格的书法专用教室，设备一流，开设了书法示范课，有可容纳100多人的小型学术报告厅可供培训讲座使用。学校条件完全可以支持课程的推广工作。

◎填写策略点评：保障条件，写得很实在，有学校的积极支持，也需要上级相关文件及时到位，以便协调推广工作。

（六）成果推广应用的预期研究成果

（序号，研究阶段，成果名称，成果形式，负责人）

1. 主要推广应用阶段性成果（限报 10 项）

①2016 年 1～6 月，《中小学书法教学法理论趣谈》，书稿修订，李汉宁。

②2016 年 1～6 月，"中小学书法教学法"问题的调查、收集，数据统计，李汉宁。

③2016 年 7～12 月，《中小学书法教学法问题的教学实验》，论文，李汉宁。

2. 推广应用最终研究成果（限报 3 项，其中必含推广研究报告）

（序号，完成时间，最终成果名称，成果形式，负责人）

①2016 年 6 月，《中小学书法理论知识趣谈》，专著出版，李汉宁。

②2017 年 12 月，《中小学书法教学法推广评述》，研究报告，李汉宁。

③2017 年 12 月，《中小学书法教学法配套课堂作业》修改订正稿，李汉宁。

◎填写策略点评：规划细致，预期成果含有专著《中小学书法理论知识趣谈》，体现了对中小学书法教育发展的一片爱心。

（七）成果推广应用经费预算及管理

①资料费及数据采集费：7000 元。

②设备费：8000 元。

③差旅费：15000 元。

④会议费：10000 元。

⑤专家咨询费：18000 元。

⑥劳务费：10000 元。

⑦印刷费：12000 元。

费用合计：80000 元。

（八）成果推广应用评审组意见

（九）深圳市教育科学规划领导小组办公室审批意见

（十）成果推广应用人和成员"十二五"规划以来的重要研究成果

（已结题相关证书、成果证明）复印件张贴处

二、深圳市教育科学研究成果推广应用申请《设计论证》活页（部分摘录）

填表说明：本表供匿名评审使用。填写时，不得出现成果持有人和成员的姓名、单位名

称等信息，统一用×××代表。否则，一律不得进入评审程序。

成果名称：

（一）成果推广应用申请设计论证

1. 成果概要

2. 成果主要内容、推进应用范围

3. 成果推广应用的方式、路径及实施步骤

（二）成果推广应用的可行性分析

1. 成果已经获得的社会评价（引用、转载、获奖及被采纳情况）及实验效果

2. 成果申请人和主要参加者的学术背景和研究经验、组成结构（如职务、专业、年龄等）

3. 完成成果推广应用的保障条件（如研究资料、实验仪器设备、推广经费、研究时间及所在单位条件等）

（注：因本部分要求填写的内容与第一部分评审书相似，此处从略）

三、终期考核总报告

项目组于 2017 年 11 月完成"中小学书法教学法"推广应用项目结项材料的准备工作，并于 2018 年 5 月将材料提交深圳市教科院，经专家考核评审，通过验收。

其中终期考核总报告严格按深圳市教科院的《项目考核总报告框架》来完成。《项目考核总报告框架》分四个部分：推广成果内容简介、项目推广应用工作情况、推广应用存在的问题反思、附录等。

验收考核严格按照《深圳市优秀教育科研成果推广应用项目考核标准》的各项指标来评定。其中主要看成果的前沿性、创新性、实效性、影响力等项目质量，成果的推广应用方案质量、推广应用活动开展情况、推广应用成效等推广工作，成果的获奖情况等三个方面。

"中小学书法教学法"推广应用项目结项材料

以下是《"中小学书法教学法"推广应用终期考核总报告》。

[该成果获 2017 年广东省教育教学成果奖（基础教育）一等奖。主持人李汉宁曾深造于中国美术学院书法专业，2015 年获书法副教授职称，2017 年被评为中学书法正高级教师，目前为中国书法家协会会员，是深圳市首位书法学科名师，深圳市书法名师工作室主持人，曾先后两次获得中国书法最高奖——兰亭奖·教育奖。]

十年追求：

2006 年，我以高等师范书法教学成果获中国书法最高奖——兰亭奖·教育奖之后，突然感到没有目标了。2007 年，广东省率先要求中小学开设书法课。在此大好形势下，为了寻找新的课题研究，突破一下自己，我应深圳市石岩公学校长的邀请，辞去广西百色学院书法副教授的公职，到该校小学部做书法代课教师，之后两年我参加招调考试，正式转为公办教师。这一切就为了一点，那就是对中小学书法教学与研究的兴趣。转眼 10 年过去了，这种兴趣从不消减，反而愈来愈强烈。每一次在中小学书法教学与研究上的收获，哪怕只是一丁点，我都激动不已，感到无比满足和享受。

（一）推广成果内容简介

1. 成果概要

国内首创"中小学书法教学法"，既考虑学生的学，也考虑老师的教，侧重解决专业化和系统化的学习问题以及"边学边教"的教学法问题。

（1）成果内容

针对师生的硬笔与毛笔的笔画、偏旁部首、结构与章法、技法与理论知识等专业化和系统化的内容；针对教师的书法教学法理论。

（2）成果价值

让教师快速提高书法理论和书法创作水平，熟悉掌握书法教学法理论，胜任学校的书法教学工作；让学生高效、系统地了解书法基础知识和掌握书法基本技能，提高书法欣赏能力，增强对中华传统文化的热爱。

（3）成果形式

出版的《中小学书法教学法》等五种教材成为深圳市推广应用课程项目，入选深圳市教师继续教育课程，被评为深圳市中小学"好课程"。市规划"小学生课堂书法训练对策研究"课题圆满结题。创建全国首个专门研究中小学书法教育的网站——中小学书法教育。

（4）成果社会影响力

应用本成果的学校获得中国书法最高奖——兰亭奖·教育奖，获"全国书法教育公办学校十佳"称号；申请人广泛推广成果，应邀在各级教师培训班讲课，在全国书法教育高峰论坛做报告，赴马来西亚华文学校支教，受众累计 6000 多人次；专著《中小学书法教学法》（含配套课堂作业）被国内外大学书法、中文专业以及中小学、培训机构广泛采用，获"硬笔书法教育十佳受欢迎教材（字帖）"称号；成果 30 多次被中新网、国务院侨网、凤凰网、《南方教育时报》《书法报》、马来西亚《亚洲时报》等媒体报道。

2. 问题的提出

从 2007 年广东省要求中小学开书法课，到 2011 年教育部建议中小学开展书法教育，到《国家中长期教育改革和发展规划纲要（2010—2020 年）》要求全面实施素质教育，再到 2013 年教育部发布《中小学书法教育指导纲要》，可以看出，国家对中小学书法教育越来越重视。因此，对中小学书法教育的研究具有时代性、紧迫性。而我对中小学书法教学法的教学实验、探索与研究，基于以下原因：

①国家普及中小学书法教育的需要，让我萌发了进行"中小学书法教学法"教学实验与研究的想法。

2007年，广东省发文要求书法进入中小学课堂；2011年，教育部建议全国的中小学开展书法教育。全社会对书法教育的重视是前所未有的。但是，轰轰烈烈地把课排进课表之后，全国都普遍意识到，在中小学开展书法教育难度很大，其中，师资、教材、教法、场地等问题特别突出，书法根本无法像其他学科一样正常开课。这方面的研究成果在全国几乎还是一片空白。中国的书法教育在高等教育层面做得比较全面而深入，有50多所高校开设了书法本科专业，不少院校已开设书法硕士、博士、博士后培养点，但在基础教育层面的中小学书法教育却相当落后。因此，对教学法的探索是国家教育形势的迫切需要。

②每个学科都有教学法，但书法一直还没有。这让我看到了"中小学书法教学法"教学实验与研究的价值。

语文、数学、英语、历史、地理、音乐、美术等课门门都有自己的教学法，唯独书法一直还没有，于是我从2007年底开始萌发了对中小学书法教学法进行实验、探索和研究的想法。我一边教学一边研究，并进行教学实验和教材的构思、写作，以期在这门学科上做一点突破性的工作。

③作为大学书法副教授和兰亭奖·教育奖获奖者，我感到自己在教学实验与研究方面有一定的学术优势。

从大学英语专业毕业生成长为大学书法副教授、中国书法家协会会员，并以高等师范书法教育成果获中国书法最高奖——兰亭奖·教育奖，加之在大学里一直从事教学理论究，我认为比起大部分中小学书法教师，我有学术上的优势，所以我对"中小学书法教学法"的教学实验、探索与研究有足够的信心。

3. 解决问题的过程与方法

抓住广东省、教育部"书法进课堂"的时机，选择迫切需要解决的热点问题，进行教学实验和研究。

1）解决的主要问题

解决学生学习方面专业化和系统化的学习问题以及师资方面"边学边教"的教学法问题。

2）解决问题的过程

本课程教学内容从2007年开始构思，2011年根教育部建议中小学开展书法教育的文件精神做了调整。到2013年教育部发布《中小学书法教育指导纲要（2010—2020年)》时，本课程教学与研究内容在已经形成的比较可靠的成果的基础上又做了修改或补充；同年9月，教材出版。2015年12月，课题被确定为深圳市推广立项项目。

教学实验与研究内容力求全方位涵盖中小学书法教育领域的各个方面，为中小学书法教师提供教学法参考，促进中小学生书法知识和技法的学习。主要过程和活动为：

（1）教师层次推广

制定课程标准→编写教师继续教育课程教材→安排课程→课程教学培训→研究学员评价反馈→教学总结→课程改进提升。

（2）学生层次推广

在大学书法、教育专业学生中的推广，由学校安排一个学期的课程，规定学分，并由学校书法教师授课、对学生进行考核。

在中小学生中的推广分学校、社区推广两个部分。

学校推广方面，我们与学校、教科院三方签订了合同，与学校商讨课程实施方案→征订或赠送课程教材→主持人或课程讲师团成员深入学校开展公开课或讲座→指导学校书法或语文老师开展"书法进课堂"教学活动，指导学校开展各种比赛、展览活动，指导学校书法特色创建工作→学校教学成果总结、展示→课程教学反馈→课程开发者深化课程研究，提升课程品质。两年来，主持人每个学期在推广应用学校举行示范课 1 次，与推广学校进行教研活动 1 次，推广学校举行教师公开课 1 次，学生作品比赛或展览 1 次。不少学校举办区、市级书法相关活动，如宝安区凤凰学校、大鹏新区中心小学分别举办市级"四点半活动"书法展示活动、区级书法教学成果汇报会。

社区推广方面，我们与培训机构合作，招生→学生分组→教材安排或编写→主持人与培训机构书法教师开展教学→指导培训机构书法特色创建工作→组织学生参赛、参展→教学成果总结、展示→课程教学研究提升。

3）解决问题的方法

（1）解决学生专业化和系统化的学习问题的方法

针对教材、教法严重缺乏的现状，提出要解决学习内容的专业化和系统化问题。解决的过程和方法如下：

①研究教学内容，全面合理安排，循序渐进推进教学。

②均按学生学习需要，硬笔和毛笔一样，笔画、偏旁、总体结构、分类结构、章法各设18 课时，内容全面，以点带面。如笔画要选择 28 个具有代表性的范字，章法部分选择常见的条幅、对联等 16 种作品形式，让学生了解和掌握。

③每节课的设计，教案和训练字帖相配，保证教师的教和学生的学不脱节。

教案讲什么，学生学什么，环环相扣；学生练习什么字、字的大小、用的笔类和型号、用纸要求、评价标准，都预先设定和安排好。

④普通班教学与兴趣班教学兼顾，满足不同学生的需要。

学校书法教学不能一刀切，要考虑不同学生的需要，按硬笔与毛笔、普及与提高、临摹与创作，安排不同的班次进行教学。

⑤同一班次适当给予不同的学生不同的字体或不同的难度，因材施教。

既有对全体学生统一的学习内容和要求，又让基础好、悟性好或有特别爱好的学生，变换字体或提高难度训练，保证学生个个"吃得饱"。

（2）解决师资"边学边教"的教学法问题的方法

一个合格的书法老师必须具备书写、理论研究与教学三方面的能力。围绕这三点问题，解决的过程和方法如下：

①设置教育导论、教材编写、场地建设、教学实施、社团构建等内容进行教学引导。

②进行常用书体，如硬笔楷书、行书，毛笔楷书、隶书、行书等的技法训练。

③通过教学法传授、教案撰写训练，以及公开课观摩，提高教师的教学技能。

（3）解决教学场地建设问题的方法

大量收集各地各校书法功能教室、场所的图片以及布置要求和方法等资料，指导学校按实际条件进行建设，并制定与之相适应的教学标准，创建自己的书法教育特色。

（4）解决学科理论建设问题的方法

教学与科研同步，教学中教师尽量自主发现问题或广泛征集学生问题，进行研究，得出成果，回归教学检验，再完善提升。目前，以"中小学书法"为关键词的理论专著或教材已有五部，网站有一个。这些教材被全国不少大学书法、中文专业以及中小学和社会培训机构使用。

4. 成果的主要内容

"中小学书法教学法"课程（分学生、教师两个层次）项目最为成功的点是教材内容的设计，主要表现在：

（1）有系统和精辟书法基础知识与技法理论内容、教学法讲解及教案（供师生学习）

针对当前中小学书法教学面临的困惑设置内容，教材共 37 万余字，内含 808 张图片，涉及笔画、字例、作品及实物，具体分"上篇：中小学书法教学法概论"和"下篇：中小学书法教案纲要"两个部分。上篇包含中小学书法教育导论、中小学书法教学的内容、中小学书法师资队伍的建设、中小学书法教材的编写、中小学书法教学的场地设备、中小学书法教学的实施、中小学书法社团的构建等章节；下篇包含硬笔楷书笔画教案、毛笔楷书笔画教案、楷书偏旁部首教案、楷书总体结构教案、楷书分类结构教案、书法作品通篇布局教案、中小学教师硬笔书法培训讲稿、中小学生作业书写问题分析及对策等章节。这些内容涉及中小学书法教育领域的各个方面，有理论有实践，理论有来源、有深度而且简明精辟，通俗易懂，并通过实例、图片来阐明教学中的各种工作、技法问题，使得各种书法教学问题更生动直观，化繁为简。

（2）配有与理论教材相对应的课堂作业或字帖（供师生训练使用）

出版有《中小学书法教学法配套课堂作业》、《中小学书法摹写范本》（分楷、隶、行三册）等可作为字帖使用，讲练结合。

（3）配有 500 个问题简答的专著《中小学书法理论知识趣谈》（供师生选修学习）

5. 成果的创新点

本成果的创新至少包含教学理念、实施载体、教学方法、推广策略等四方面：

（1）理念创新

在教师层次，开创性地提出"边学边教"的理念，为广大书法教师提供方法指导。在学生层次，提出区别于以往语文同步训练和社会书法培训的训练理念，实现"书法进课堂"的真正目的。

（2）实施载体——课程的创新

理论教材与训练字帖配套，避免出现理论教材与字帖脱节的问题。以《中小学书法教学法》为理论教材，以《中小学书法教学法配套课堂作业》《中小学书法摹写范本》（楷、隶、行）等为字帖，讲练结合。在教师层次，设置写什么、如何写、教什么、如何教等内容，突出可操作性。在学生层次，教学内容的设置做到专业化和系统化兼备、实用和审美兼顾。

（3）教学方法创新

《中小学书法教学法》通过大量的实例图片来阐明学习和教学中的各种问题，化解书法理论知识的枯燥，教学生动直观，通俗易懂，同时配以 22 万字的《中小学书法理论知识趣谈》专著供师生选修学习。

（4）推广策略创新

采取书法理论研究和课程建设并进策略，出版五本教材，建成一个网站。在教师层次开设市级教师继续教育课程，着力师资培养；在学生层次，以推广立项为抓手，面向中小学推广实验，并同步向全国各地及马来西亚推广。

6. 成果应用单位数量及应用效果概述

目前，本课程已在全国不少省市大学书法、美术、中文专业，中小学和社会培训机构及马来西亚一些华文学校中推广应用。

本成果使用效果突出，使用者普遍反映，其具有明显的创新性和可操作性，在中小学书法教育领域有较大的突破，推广应用本成果可以较好地解决当前我国推进"书法进课堂"计划过程中面临的师资、教材、教法等重大难题。目前，成果在中国内地、香港及马来西亚产生了不小的影响。

（二）项目推广应用工作情况

1. 成果推广工作安排

（1）"中小学书法教学法"课程 2016 年度推广工作记录

2016 年 3 月 16 日，课程推广启动仪式暨课程讲师团成立仪式与李汉宁名师工作室揭牌仪式同时举行。

2016 年 5 月，申报深圳市教师继续教育课程。

2016 年 5 月 20 日~6 月 10 日，应用学校签约。

2016 年 6 月，媒体宣传签约情况及课程情况，与《南方教育时报》联系。

2016 年 6 月，发送应用学校教师用书。

2016 年 6 月，应用学校提出教学规划。

2016 年 6 月，课程配套参考书《中小学书法理论知识趣谈》出版，赠送讲师团成员、应用学校课程推广小组。

2016 年 7 月，到马来西亚推广培训。

2016 年 9 月起，应用学校订购教材。

2016 年 9 月起，应用学校项目负责人参加李汉宁名师工作室成员培训。

2016 年 9 月起，到应用学校讲座、指导。

2016 年 12 月，学校成果展示及总结研讨。

2017 年 1 月，应用学校工作总结。

（2）"中小学书法教学法"课程 2017 年度推广工作记录

2017 年 1 月，"李晓燕书法展"观摩。

2017 年 3 月 14 日，观摩黄定明老师在深圳市学校办学水平评估的书法公开课。

2017 年 3 月 14 日，观摩陈宇波老师在深圳市学校办学水平评估的书法公开课。

2017 年 3 月，邀请马来西亚书法名师到深圳进行"中小学书法教学法"研讨活动。

2017 年 3 月 30 日，课程应用学校华一学校领导及书法教师到主持人李汉宁书法名师工作室参观交流。

2017 年 3~6 月，主持人带领讲师团成员到课程应用学校举行公开课培训。

2017 年 4 月 1 日，课程应用学校凤凰学校书法课程成果展示研讨。

2017 年 5 月，课程应用学校书法教师《中小学书法教学法》及《中小学书法理论知识趣谈》学习月。

2017 年 5 月～12 月，课程应用学校书法教师校内公开课。

2017 年 5 月～12 月，课程主持人和课程讲师团成员到课程应用学校开展书法讲座和教学研讨工作。

2017 年 5 月～12 月，课程主持人邀请课程应用学校教师到深圳市李汉宁书法名师工作室参观考察或培训学习。

2017 年 5 月～12 月，各课程应用学校举办书法课程成果展示会。

2017 年 6 月，省教学成果奖申报。

2017 年 8 月，主持人到南京对书法教师进行"中小学书法教学法"培训。

2017 年 10 月，教师层次课程在深圳大学开讲。

2017 年 12 月，推广总结研讨会。

2017 年 12 月，各应用学校年度工作总结、课程推广年度工作总结。

2. 推广对象和数量

2016 年 5 月 17 日，深圳市教育科学研究院下发《关于征集 2015 年度深圳市优秀教育科研成果推广应用项目的应用对象的通知》（深教院通〔2016〕107 号）。经过报名筛选，确认 8 所中小学为"中小学书法教学法"课程首批推广应用学校，选择山西运城师专书法专业、广西百色学院教育系作为大学推广应用学校，选择 4 个培训机构作为社区推广对象，并与马来西亚亚庇书艺协会合作，在沙巴州华文学校师生中推广。

"中小学书法教学法"推广应用中小学为南方科技大学实验小学、宝安区石岩小学、大鹏新区大鹏中心小学、宝安区桥头小学、光明新区长圳学校、宝安区凤凰学校、宝安区冠华育才学校、宝安区华一实验学校等 8 所；大学为山西运城师专、广西百色学院等两所；社会培训机构为宝安小点子画苑、坪山艺格书法、广西樊晨君书法、中山启耀书法工作室等 4 家；马来西亚推广对象为亚庇书艺协会。

3. 成果推广讲师团成员

"中小学书法教学法"课程推广应用讲师团成员有李斌、李晓燕、王铁平、马俊、郭志良、沈水健、马展云、孙昌德、朱宝安、简建明、谢先智、陈云雄等来自深圳各学校的 12 位老师。

4. 经费使用情况

①《中小学书法教学法》出版改版经费 25000 元。

②《中小学书法教学法》书名题字费 5000 元。

③购买《中小学书法教学法》1200 本，费用 30420 元（发放本校师生、推广学校师生）。

④购《中小学书法教学法配套课堂作业》2000 本，费用 19500 元（发放本校师生、推广学校师生）。

⑤购笔墨纸砚购置费 10000 元（学校书法教学、校外推广活动使用）。

⑥书法作品装裱费 700 元（学校书法展示使用）。

⑦其他费用 3080 元（如出差、请专家、成员培训、交流活动等）。

费用总计：100000 元。

5. 推广应用效果

"中小学书法教学法"课程教学成果经过这两年的推广应用，理论与实践都得到了进一步提升，在社会上产生了不小的影响。该成果获 2017 年广东省教育教学成果奖（基础教育）一等奖。

"中小学书法教学法"课程教学（分学生、教师两个层次）实施 10 年来，我前后执教各 5 年的两所学校分别获中国书法最高奖——兰亭奖·教育奖和"书法教育公办学校十佳"称号。2015 年 12 月课程推广项目被确定为深圳市推广立项项目后，我在深圳大学对全市中小学教师开设继续教育课程，到南京等地进行教师培训，进行教师层次的课程推广。学生层次的课程在首批 8 所中小学应用推广，并在 4 个社区培训机构、一所大学的书法专业、一所大学的教育专业应用推广，成果丰硕。其中，中小学层次课程推广成绩更为突出，各应用学校书法教育走上专业化、正规化道路，书法教育特色显现。如 2017 年 4 月，宝安区凤凰学校书法教学成果代表宝安区在深圳市中小学"四点半活动"展示会上进行展示；2017 年 6 月，大鹏中心小学参加全区第二届中小学师生现场书法临帖比赛，表现突出，共摘得 61 个奖，占全区获奖总数的一半以上。

教师、中小学生、大学生层次的推广应用评价如下：

（1）教师层次的应用评价

有了"中小学书法教学法""边学边教"理念和指导方法，在学校没有专职书法教师的情况下，部分有书法爱好或基础的老师实现了向兼职书法教师的转换，学校的书法普及教学更科学、合理地开展，学校书法教育特色能更快地显露。

（2）中小学生层次的应用评价

"中小学书法教学法"课程教学遵照教育部书法教育相关要求开展，解决了学生学习内容系统化、专业化不足的问题，具有开创性、可操作性。课程将枯燥的理论知识与技法与学生生活事例紧密联系，常常通过形象的比喻、生动的故事来说明书写的原则和方法，学生听得有味，学得轻松。这种寓教于乐的教学方法对学生有很大的吸引力，受到学生的喜爱，让学生在较短的时间内获得取书法知识与技能。

（3）大学生层次的应用评价

《中小学书法教学法》被大学教育类专业教师认为是众多书法教材中难得的优秀教材，能将枯燥的理论知识与技法同学生的生活事例紧密联系，寓教于乐，能让学生学得有味、学得轻松、学有所成，受到学生的喜爱。

"中小学书法教学法"在大学书法专业应用中，能让学生对书法教学法有更全面的了解和认识，对书法基础技法的了解更清晰、更深入，让学生就业应聘时更加自信，为中小学书法师资的培养奠定了坚实的基础。教材及其理论体系是对教育部《中小学书法教育指导纲要（2010—2020 年)》的具体落实，极大促进了书法学科的建设和完善。

特别值得一提的是，2016 年，该课程作为国务院侨办、深圳市侨办、市教育局对马来西亚推广课程，在马来西亚分别开展学生、老师两个层次的培训，成果显著，受到马来西亚教育界的欢迎，马来西亚《亚洲时报》《诗华日报》《星洲日报》以及凤凰网、中国新闻网、新华网、中国日报网、新浪新闻、网易新闻、中国侨网等国内多家媒体共有 50 多次报道。目前马来西亚沙巴州多所使用本成果的华文学校普遍认为，本成果具有很强的可操作性，应用效果明显，解决了困惑华文学校多年的书法教育的问题。

6. 推广应用过程产生的理论成果

（1）论著或教材出版

①论著《中小学书法教学法》、教材《中小学书法教学法配套课堂作业》于 2017 年完成修订。

②论著《中小学书法理论知识趣谈》于 2016 年由云南大学出版社出版。

③教材《中小学书法摹写范本·楷书》于 2017 年由江苏凤凰美术出版社出版。

④教材《中小学书法摹写范本·隶书》于 2017 年由东北师范大学出版社出版。

⑤教材《中小学书法示范课教案》于 2018 年由华中师范大学出版社出版。

（2）完成的系列课件

"中小学书法教学法"课程推广应用中完成了从笔画、偏旁、结构、章法、作业美化等书法技法专题，到教学导论、教学内容、师资建设、教材编写、场地设备、教学实施、社团建设等教学法专题共计 14 个专题课件的开发，有近千张幻灯片。课件经过教学实验，反复的修改，趋于成熟，操作性强，对课程推广有很大的促进作用。

（3）正在规划出版的其他系列书籍

目前正在规划出版的其他"中小学书法教学法"系列书籍有《中小学书法摹写范本·行书》《中小学书法教学反思》《中小学书法创作指导范例》《中小学书法教师成长故事》《中小学书法创作类型与方法》《中小学书法名师之路》等。我们希望能在这一领域走在全国的前列。

（三）推广应用存在的问题反思

①要想全面满足中小学各年级书法课的需要，课程教材需要进一步细化，增加内容量。尽管《中小学书法教学法》（学生层次）课程教学，安排了专业化和系统化的书法学科内容，但是相对来说还比较简略。而从小学到初中，以每周一节的书法课来算，原有的教学内容量是远远不够的，今后需要进一步拓展内容。

②将课程作为教师继续教育课程，需要教育行政部门增加经费投入，将教材发送到学员手里。教师继续教育课程面授时间短，如果只发放从《中小学书法教学法》中摘录出来的纲要讲义，学员学到的东西有限，平时想自学也找不到内容。

③个人的时间和精力有限，课程教学与研究的进一步深入受到限制。一门课程的开发、完善或对外推广，都需要大量的时间和精力甚至财力。作为课程的开发者和执教者，如果自己的工作单位给予支持力度不够，有时会感到力不从心。

④教无定法，还有一些地方需进一步完善。一门新学科的教学法实验与研究需要经过长期努力，不断推翻原有的观点和做法这真是一个巨大的工程，难怪国内外书法教学法的成果少之又少！

⑤以做这份工作为乐，既然已做过了 10 年的研究，一定会坚持下去。能为中小学书法教育尽自己的微薄之力，做点开拓性的教学实验与研究工作，我感到很满足。我一心只想抛砖引玉，希望能激发书法界专家、学者们来关注中小学书法教学法问题。

（四）附录材料

因篇幅有限，具体内容、图片在此处省略，附录材料目录如下：

（1）成果获奖文件

该成果获 2017 年广东省教育教学成果奖（基础教育）一等奖文件。

（2）2017 年 12 月李汉宁通过中学书法（美术）正高级教师评审文件

（3）论著、教材、课件

①论著《中小学书法教学法》、教材《中小学书法教学法配套课堂作业》，2017 年完成修订。

②论著《中小学书法理论知识趣谈》，2016 年由云南大学出版社出版。

③教材《中小学书法摹写范本·楷书》，2017 年由江苏凤凰美术出版社出版。

④教材《中小学书法摹写范本·隶书》，2017 年由东北师范大学出版社出版。

⑤教材《中小学书法示范课教案》，2018 年由华中师范大学出版社出版。

⑥系列课件。

（4）专著、教材推广材料

（5）开设教师继续教育课程材料

"中小学书法教学法"（教师层次）被评为深圳市教师继续教育课程材料。

（6）子课程"初中硬笔书法"优化结题材料

（7）推广教学活动材料

①深圳市中小学推广活动材料。

②深圳市教师继续教育活动材料。

③省外推广活动材料。

④马来西亚推广活动材料。

⑤外国学生来访听课活动材料。

⑥外国教师来访交流研讨活动材料。

（8）媒体报道材料

①国内媒体材料。

②国外媒体材料。

（9）应用单位效果证明

①深圳市中小学应用效果证明。

②省外应用效果证明。

③大学书法专业应用效果证明。

④大学教育专业应用效果证明。

◎填写策略点评：本报告按照深圳市教科院《项目考核总报告框架》要求，围绕《深圳市优秀教育科研成果推广应用项目考核标准》的各项指标综合完成。撰写的目的一方面是把成果的推广应用情况如实展现出来，另一方面是尽量关注撰写的方法技巧，争取在考核评审时获得评委的认可。总的来说，这份报告的构思和写作是令人满意的。

第六节　深圳市教师继续教育课程"中小学书法教学法"

李汉宁开发的"中小学书法教学法"课程（教师层次），作为市级名师工作室主持人免试课程，于 2016 年 7 月被评为深圳市教师继续教育课程。几年来，该课程一直在深圳大学面向全市中学教师开课。

现从开发登记表、教学大纲、学员用书等三个方面进行展示。

深圳市教师继续教育课程"中小学书法教学法"讲义

一、深圳市教师继续教育专业科目课程开发登记表

（一）授课教师基本情况

李汉宁，男，高校教龄 19 年，中学教龄 8 年，小学教龄 2 年，老年大学、中职兼职 8 年。西南师范大学汉语言文学专业本科毕业，曾进修于中国美术学院书法专业，书法副教授职称，宝安第一外国语学校书法教师。

◎填写策略点评：授课教师有多层次的教学经历，大学教学经历体现了教学的高度，中小学教学经历体现了对中小学教师的需求有较好的了解。因此，课程作为中小学教师继续教育课程予以开发，是有经验优势的。

（二）教学经历

1988 年 7 月～2007 年 8 月在广西百色学院任书法教师，为本科、专科、中职学生讲授书法（包括毛笔、钢笔、粉笔字）课 19 年。其间停薪留职在广州南方国际实验学校任小学书法教师 1 年，在广西百色老年大学兼职讲授书法 8 年。

2007 年 9 月～2012 年 8 月在深圳市石岩公学任小学书法教师 1 年，任中学书法教师 4 年。

2012 年 9 月至今在宝安第一外国语学校任中学书法教师。

其中，2010 年 5 月至今受聘于宝安区教科培中心，任宝安区中小幼教师硬笔书法培训主讲嘉宾，开设"中小学书法教学法"课程，培训教师 2000 多人次。

2013、2014 年两次受国务院侨办、深圳市人民政府侨务办公室、宝安区教育局选派，赴马来西亚森美兰、沙巴等州的华文学校支教，给当地师生讲授"中小学书法教学法"课程。

◎填写策略点评：有区级教师培训、国外支教等经验，是个良好的基础。

（三）课程名称

中小学书法教学法（2015 年 12 月被深圳市教育局评为深圳市推广课程）。

◎填写策略点评：课程名称是很考究的，要与课程内容吻合，符合在职教师的需要。

（四）授课形式

面授。

（五）学习对象

中小学教师。

（六）课程类别

专业通识课。

（七）授课学时

12 学时。

（八）是否免试讲

是。

（九）免试讲条件

市名师工作室主持人。

（十）课程目标

贯彻教基二〔2011〕4 号《教育部关于中小学开展书法教育的意见》的精神，提高中小学教师书写水平和书法教学能力，从而更好地在中小学开展书法教育活动。

①让中小学教师了解书法基础知识，掌握书法基本技能，提高日常书写水平，加强文字应用能力，培养审美情趣，陶冶情操，提高文化修养，促进教师的全面发展。

②让中小学教师了解和掌握中小学书法教学的基本方法，让他们具备指导中小学生学习书法的能力，做到"边学边教"，以此培养一批合格的书法师资。

◎填写策略点评：目标明确，解决一线教师当前学习书法的困难。

（十一）课程内容

本课程（分教师、学生两个层次）于 2015 年 12 月被深圳市教育局评为深圳市推广课程。

本课程（教师层次）立意于解决当前中小学教师自身学习书法及指导学生练字所碰到的难题，既给中小学教师传授书写技法，又给他们传授"边学边教"的书法教学理论方法。

课程结构新颖、内容实用，教法灵活，学习者将学有所获，学有所乐。课程有讲授分析、现场示范、现场训练、作业评价等多方面的设计。立足运用正反实例进行对比，让学员直观感受所学内容。理论与实践相结合，利用贴切有趣的例子说明问题，让学员受到启发并产生深刻记忆。技法分析注重准确到位，课内作业设计以点带面，力求让学员在短期内高效掌握书法基本技法，了解中小学书法教学的步骤方法，有效解决开展书法（写字）教学所面临的困难。

本课程一共 12 课时，具体内容包括：

第一章中小学书法教学法概论。主要内容为中小学书法教育导论、中小学书法教学的内容、中小学书法师资队伍的建设、中小学书法教材的编写、中小学书法教学的场地设备、中小学书法教学的实施、中小学书法社团的构建等。通过讲授，让学员了解教育部关于中小学开展书法教育的各种文件精神，中小学书法教学的内容，目前中学书法教学所面临的师资、教材、场地等困难及解决办法，中小学书法教学的实施办法等，并让其对中小学书法学科教学有系统化的认识。

第二章笔画。内容包含硬笔和毛笔笔画。通过对笔画形态和技法的讲析、示范，笔画教学方法的介绍，现场作业训练等，让学员学会笔画的运笔及其教学法。

第三章偏旁部首。内容包括独体字和非独体字作为偏旁部首。通过对独立字和非独体字作为偏旁部首在形态上的变化或构成规律的讲析、示范，偏旁部首教学方法的介绍，现场作业训练等，让学员学会偏旁部首的构造及其教学法。

第四章结构。内容包括总体结构和分类结构。通过对结构规律的讲析、示范，结构教学方法的介绍，现场作业训练等，让学员学会结构方法及其教学法。

第五章通篇布局。内容包括条幅、对联、长联、屏条、横幅、横批、匾额、中堂、斗方、信笺、手卷、册页、扇面等。通过对作品通篇布局的讲析、示范、现场作业训练等，让学员学会作品的布局安排及其教学法。

第六章学生作业书写。内容包括学生作业和试卷书写。通过观察学生作业图片，讲析学生书写存在的问题，让学员寻找到学生作业书写所存在问题的解决办法。

◎填写策略点评：内容很系统，有书法技法学习，有书法教学法理论学习。

（十二）教学建议

1. 教 材

李汉宁著《中小学书法教学法》（含配套课堂作业），2013 年 9 月由广西师范大学出版社出版。

《中小学书法教学法》（含配套课堂作业）被誉为"我国基础教育史上第一本书法教学法专著"，并被认为填补了国内空白，获"硬笔书法教育十佳受欢迎教材（字帖）"称号，被国内及马来西亚相关大学书法、文秘、教育等专业及中小学、社会培训机构广泛用作教材。

◎填写策略点评：教材完备，已正式出版，被评为全国"十佳"教材，不可多得。

2. 教学设备

多媒体设施教室。

◎填写策略点评：设备简单，容易支持。

3. 考核要求

作业书写考查。

（十三）实训材料明细

课堂作业 6 张。

二、教学大纲

（一）课程说明

1. 课程性质

"中小学书法教学法"课程是以培养中小学教师掌握书法基本技能和书法教学方法为宗旨的课程。

2. 教学目的

贯彻教基二〔2011〕4号《教育部关于中小学开展书法教育的意见》的精神，提高中小学教师书写水平和书法教学能力，从而更好地在中小学开展书法教育活动。

①让中小学教师了解书法基础知识，掌握书法基本技能，提高日常书写水平，加强文字应用能力，培养审美情趣，陶冶情操，提高文化修养，促进教师的全面发展。

②让中小学教师了解和掌握中小学书法教学的基本方法，让他们具备指导中小学生学习书法的能力，做到"边学边教"，以此培养一批合格的书法师资。

3. 教学内容

本课程（分教师、学生两个层次）于2015年12月被深圳市教育局评为深圳市推广课程。内容包括中小学书法教学法概论、笔画、偏旁部首、结构、通篇布局、学生作业书写等。

4. 教学时数

12课时。

5. 教学方式

有讲授分析、示范表演、作品欣赏、现场作业、作业评价、考核等多种教学方式。

（二）课程文本

第一章　中小学书法教学法概论

①教学要点：通过讲授，让学员了解教育部关于中小学开展书法教育的各种文件精神，中小学书法教学的内容，目前中学书法教学所面临的师资、教材、场地等困难及解决办法，中小学书法教学的实施办法等，并让其对中小学书法学科教学有系统化的认识。

②学时安排：2课时。

③教学内容：

第一节　中小学书法教育导论

第二节　中小学书法教学的内容

第三节　中小学书法师资队伍的建设

第四节　中小学书法教材的编写

第五节　中小学书法教学的场地设备

第六节　中小学书法教学的实施

第七节　中小学书法社团的构建

④考核要求：理论知识的了解。

第二章　笔　画

①教学要点：通过对笔画形态和技法的讲析、示范，笔画教学方法的介绍，现场作业训

练等，让学员学会笔画的运笔及其教学法。

②学时安排：2 课时。

③教学内容：

硬笔笔画：硬笔书法有关常识；执笔、临写与运笔的方法；硬笔笔法分析。

毛笔笔画：毛笔书法常识；毛笔笔法分析。

④考核要求：理论知识的了解和基本技法的掌握。

第三章　偏旁部首

①教学要点：通过对独立字和非独体字作为偏旁部首在形态上的变化或构成规律的讲析、示范，偏旁部首教学方法的介绍，现场作业训练等，让学员学会偏旁部首的构造及其教学法。

②学时安排：2 课时。

③教学内容：独体字既用作偏旁又用作部首的区别；独体字作偏旁或部首；非独体字作偏旁或部首。

④考核要求：理论知识的了解和基本技法的掌握。

第四章　结　构

①教学要点：通过对结构规律的讲析、示范，结构教学方法的介绍，现场作业训练等，让学员学会结构方法及其教学法。

②学时安排：2 课时。

③教学内容：

总体结构：结构的重要性；传统讲述结构的方法；结体美的总特征。

分类结构：独体字的结构方法；合体字的结构方法。

④考核要求：理论知识的了解和基本技法的掌握。

第五章　作品章法

①教学要点：通过对作品通篇布局的讲析、示范，学生作业书写问题的分析，现场作业训练等，让学员学会作品的布局安排及其教学法。

②学时安排：2 课时。

③教学内容：常用的作品形式；通篇要考虑的内容；正文的书写方法；落款的方法；盖印的方法；书法创作的要求。

④考核要求：理论知识的了解和基本技法的掌握。

第六章　中小学生作业书写问题及对策

①教学要点：通过观察学生作业图片，讲析学生书写问题，让学员寻找到解决学生作业书写问题的办法。

②学时安排：2 课时。

③教学内容：中小学生作业书写质量问题的客观因素；中小学生作业书写问题分析及对策；基本笔画方面；结构方面；整体布局方面。

④考核要求：理论知识的了解和基本技法的掌握。

（三）学员使用教材及作业页面

李汉宁《中小学书法教学法》《中小学书法教学法配套课堂作业》。

（四）本课程使用教具和现代教育技术指导性意见

多媒体设施教室、配投影仪，授课过程中书写示范使用。

◎填写策略点评：大纲规范、严谨，目标明确，切合实际。内容安排科学有序，课时合理，教法多样，操作性强，很实在。

三、"中小学书法教学法"学员用书

内容与第二部分的课程文本相同，此处从略。

第六章 "中小学书法教育" 网站创建

第一节 网站创建心得

现代信息技术的发展给教育改革带来了契机。优化网络资源，构建学科网站，则是开展学科教育的重大举措之一。作为一线教师，只要有浓厚的兴趣，凭借钻研精神，巧妙构思，做好细节，就有可能建设出优秀的学科网站。学科网站不仅能整合各项网络资源，而且能推进教学实践的开展，意义深远。

下面我谈谈网站创建的体会：

一、建设书法网站的直接好处

书法网站的建设，最直接的好处是可以发布师生的文章、作品、学校书法活动记录，转发其他网站的新闻、图片。自己主导这个宣传与交流平台，对自己教学、科研会有很大的促进作用。我深刻地体会到，长期从事网站编辑工作，可以让自己的文字写作、图片处理、排版、审美水平有不小的提高。网站也是一个课题，也是一种教研，对教学有一定的指导作用。

二、建一个网站需要的费用

通常域名注册的费用不多，每年几十块钱；购买服务器的费用是每年几百元。如果要求不是太特别，刚开始做简单一点的网站，建设费也就两三千元左右。当然费用有很多个档次，一分钱一分货，要求越高，费用越高，要从多方面去咨询了解。

三、网站如何建设

对于网站建设，没有接触过这方面工作的，真是一头雾水。一个网站的建设、开通和维护，主要有确定网站名称、内容设置、页面设计、写入程序、域名注册、备案、购买服务器、后续编辑等工作。这些工作需要由专业的技术人员来完成。如果周围找不到合适的技术人员来做，你可以在网上搜索，找可靠的、专门做网站设计的公司帮忙。作为网站使用人，我们只要告诉技术人员网站的目的、网站的风格，准备必要的文字内容、清晰的图片，与技术人员配合，就能把个人意愿与技术处理完美地结合，把网站建起来。

四、网站如何编辑

编辑需要一定的技术。网站建成、开通后，内容上传、编辑方面，最好是你自己来动手，按自己的意愿去做。技术上，你可以请教帮你建设网站的技术人员，经过一段时间的实践操作，你会慢慢地熟练。其实做得最多的也就是文章、图片、图像上传，只要你稍为懂得图片处理和文档的排版，做起来并不难。

五、网站如何维护

在网站运营的过程中，可能还会出现各种问题，需要经常维护。你找找帮你建设网站或购买服务器的技术人员，他们会轻松地帮你解决。

第二节 网站创建与改版

网站"中小学书法教育"的创建和改版可从网站简介、创建时所设栏目介绍、网页的风格、网站开通感言和贺词、改版升级和栏目调整等五个分面进行介绍。

一、网站简介

2007年7月，广东省教育厅率先在全国提出要求在全省中小学开设书法课，这一举动引起教育界的广泛关注，得到了书法界的赞赏。但是，书法教育在中小学广泛铺开，国内还没有可行的经验。广东省中小学书法教学面临很多难题，比如师资问题、教材问题、场地设备问题、教法问题、管理评价问题等等。

为了有效开展书法教育活动，探索中小学书法教育模式，为书法教育界提供理论上的指导和丰富的教学资源，2008年8月，在深圳市石岩公学朱文彦校长的大力支持，石岩公学少年书画院院长李汉宁创建了全国首个专门从事基础书法教育研究的网站——中小学书法教育，以"推广中小学书法教育为己任"。

建成之初的"中小学书法教育"网站

网站建设由陆福吉副主任主持协调，冉启木老师编程，徐先文老师进行美术设计，宋登科、何丽慧两位老师负责提供校园书法活动历史图片和相关摄影工作，孙昌德、胡军、曾旭芳任编辑，李汉宁为总编、站长，负责网站的栏目设置策划、写稿及编辑工作。

网站的栏目设置，力求涵盖中小学书法教育所涉及的全方位的内容，包括教学研究、碑帖教材、师资场地、习作点评、文房四宝、书坛人物、交流论坛、书法教育动态、书法教育评论、网上作品展览、用品推荐、贺词题字、本站通告、书法视频、石岩公学书画院、石岩公学艺术教育之窗、李汉宁书法教育工作室等。

网站建成时收到了教育部20多位硬笔书法等级考官、广东省美术教研员周凤甫、时任深圳市教育督导评估团副团长王熙远等专家的题字或贺信，时任深圳市教研室主任尚强、深圳市美术教研员张海亲自到石岩公学视察了该网站运行相关工作并题字，大家对网站都给予高度的评价。网站开通不久便引起了全国书法教育的广泛关注。

网站获2010年广东省"十一五"教育技术研究与教育信息化优秀成果三等奖，2014年荣获"书法教育最具影响力媒体（网站）"称号。

网站起初放在深圳市石岩公学服务器，使用二级域名 http：//www.syps.com/shufa/，备案号为粤 ICP 备 11026717 号。为了适应书法教育形势的需要，网站于2014年11月改版升级，并移出深圳市石岩公学服务器，重新备案，使用专用域名 http：//www.zxxsfjy.com/，备案号为粤 ICP 备 14098629 号，改用由中国硬笔书法协会主席张华庆教授题写的名称。

二、创建时所设栏目介绍

网站的栏目设置，力求涵盖中小学书法教育所涉及的各方面内容，包括教学研究、碑帖教材、师资场地、习作点评、文房四宝、书坛人物、交流论坛、书法教育动态、书法教育评论、网上作品展览、用品推荐、贺词题字、本站通告、书法视频、石岩公学书画院、石岩公学艺术教育之窗、李汉宁书法教育工作室等。这些栏目全在主页呈现，方便点击。内容都是中小学师生学习、交流最喜闻乐见的东西，很好地提高了点击量。

"教学研究"栏目涉及书法理论常识、书法基本技法、教学常规、教案规范、教师教学论文、学生学习心得等，着力收集各种最新研究成果，及时为全社会中小学书法教师提供学习参考资料。

"碑帖教材""师资场地""文房四宝""用品推荐"等栏目，针对中小学的书法教育现状及需要，探讨教材的使用和开发、师资培养方法、场地的布置标准、使用的文房四宝规格，还有优秀书法用品的推荐等内容，为中小学书法教学提供了具有可操性的意见。这些栏目的设置有立竿见影的效果，解了很多没有经验的书法教师之困。

"习作点评"栏目示范性地分析学生作业作品，为教师作业批改、学生赏析提供评价思路，以利于师生赏评能力的提高。

"人物论坛"栏目主要介绍古代、现当代书法家，目前国内的优秀书法教师、优秀书法新苗，介绍他们的事迹、作品，使读者对中国书坛人物有大概的认识。

"书法教育动态""书法教育评论"栏目及时收集全国中小学书法教育的最新动态、经典评论文章，使中小学师生的教学、学习理念与时俱进。

"网上作品展览"栏目展出师生的作业作品，让大家进行广泛的观摩学习。

"书法视频"栏目立意各种高难书法技法的示范，让读者最受实惠。

"石岩公学书画院""石岩公学艺术教育之窗""李汉宁书法教育工作室"这三个栏目

有着示范性的作用。石岩公学着力打造书法教育特色，师资、场地、设备、理念、经费各方面的优势在全国中小学是很明显的，作为进行中小学书法教育模式研究的主力学校，其书法教育的措施、规划、成果如能及时地向社会发布，可为全国中小学书法教育提供参考，同时也可接受书法教育界的纠正，在交流中促使研究向更加科学合理的方向发展。

三、网页的风格

考虑到中小学师生的审美取向，页面以橙色为主色，充满活力。颜色搭配协调，简洁高雅，新颖别致。主页上的书法、印章、印刷体字布局合理，体现了中华传统文化特色。在统一中注重变化，每一个二级页面都各具特色。在内容编辑上传时，尽力做到理论内容见解独到、图片丰富而经典，让人耳目一新，让网站的形式和内容有机地统一。

四、网站开通感言和贺词

时任深圳市石岩公学校长朱文彦感言

"中小学书法教育"网站建成开通，成为我校实施高端办学，推行素质教育，创建艺术教育特色的又一项新成果，令人欣喜！

石岩公学站在广东省一级学校和国家级绿色学校平台上，为了面对新的办学形势，寻求自我突破与发展，实现把石岩公学办成中国最好的现代化民办学校的宏伟目标，我们从 2007 年秋季开始实施新的发展策略——高端办学策略，全面提升教育教学和服务水平，以加强艺术教育为突破口，着力打造中华传统文化教育特色。

顺应广东省教育厅要求全省中小学开设书法课这一大好形势，我们成立了少年书画院、书法教育工作室，从全国高薪聘请中国书法家协会会员、教育部考试中心确认的硬笔书法等级考官、书法副教授李汉宁来主持全校的书法教育工作。在不到一年的时间里，专业化的书法教学模式在我校基本建立，校本教材《中小学书法训练技巧》已由岭南美术出版社正式出版。我校有关中小学书法教学的课题相继被宝安区、深圳市教育部门立项，多项书法科研成果获深圳市一、二等奖。尽管成绩还微不足道，但我们始终认为心动不如行动，脚踏实地地为艺术教育开创一片新天地，是非常值得的。

"中小学书法教育"网站的建成开通，将进一步拓展我校书法教育的空间，同时也为书法教育界提供快捷便利的交流平台。这是我校的一件大喜事，也是书法教育界的大喜事。

希望广大师生热心点击，互相探讨，从中获益。敬请专家同人关注本网的建设，多提宝贵意见。让我们共同努力，使书法这颗中华传统文化艺术的瑰宝发出更加璀璨的光芒！

时任深圳市教育督导评估团副团长、深圳市宝安区人民政府教育督导室主任王熙远贺词

欣闻全国第一个专门从事中小学书法教育研究的网站——中小学书法教育在深圳市石岩公学诞生！这是教育界的大喜事，在此我表示热烈的祝贺！

书法是中华民族的国粹，在中小学进行书法教育意义重大。随着网络科技的迅猛发展，网上教学将成为潮流所向。"中小学书法教育"网站的建立开通，将为全体中小学师生搭建一个相互交流、相互沟通的崭新平台，为普及书法教育、弘扬民族文化起到助推作用。

石岩公学是民办学校中教育教学质量名列深圳市前茅的学校。近年来，该校实施高端办学策略，着力打造艺术教育特色，从全国高薪聘请中国书法家协会会员、教育部考试中心确认的硬笔书法等级考官、书法副教授李汉宁来主持全校的书法教育工作，引起中小学教育界的关注。我坚信，有石岩公学的大力支持，"中小学书法教育"网站必将会办得红红火火。

祝"中小学书法教育"网站能为中小学书法教育研究开创新局面！

李汉宁写在"中小学书法教育"网站开通时：感悟超越

敢于超越是生命中的一种风度。

生活的特别厚爱，使我经历了不少的辉煌与曲折。从农家子到读书郎，从考理科到学英语，从学英语到教书法，从教书法到修文学，从大学副教授到小学教员，从铁饭碗到聘用制，每一个刻骨铭心的交点，我都感到一种铁质的激情在心空中回荡，无论成与败，得与失，都升华了人生的境界，感悟了生活的真谛，隆重了生命的季节！

在咀嚼生活，品味人生中，我慢慢领略了什么是超越。

从建校方略到二次创业纲要，从二次创业纲要到高端办学，从公办体制到股份合作，每一次都是石岩公学的一种自我超越。从写教案到出专著，从出专著到做网站，在把握与没把握之间，我也完成了一种自我超越，这是在石岩公学启发下的新超越。

人生需要超越，死守陈规，留恋曾经，生活就不会多姿多彩。不超越个人得失，就不可能获得博大；不超越风险，就不可能取得成功；不超越名利，就不可能领略人生的完整；不超越过去，就不可能体会生命的广阔。人生要敢于超越，书法艺术更是如此。只有超越形之上，才能升华到神之采；只有超越法之外，才能升华到意之境；只有超越古之人，才能登上新之峰。

热爱生活，感悟人生，生命之星便有了一次次的闪亮；珍惜生命，超越自我，人生便有了无数个收获的季节。

超越成熟的等待，我主持创建的网站"中小学书法教育"开通了。感谢生活，感谢石岩公学！

五、改版升级和栏目调整

"中小学书法教育"网站开通后的 6 年中，点击量达 57 万人次，为全国书法教育普及做出突出的贡献，获广东省"十一五"教育技术研究与教育信息化优秀成果三等奖和"书法教育最具影响力媒体（网站）"称号。但是，随着《教育部中小学书法教育指导纲要》的出台，中小学书法教育普及工作在全国广泛深入地开展，我们发现原来的网站有很多不足，为了提高网站知名度和点击量，必须要进行改版升级和栏目调整。

改版升级后的"中小学书法教育"网站

第一，要更换网站名称题字。

网站创建时，网站名称由李汉宁题字。网站改版后，网名改用中国硬笔书法协会主席张华庆题字。

在北京获赠题字（左起：李杭、张华庆、李汉宁）

第二，网站先前放在学校服务器，使用二级域名，严重影响访问量，要更换服务器，另行备案申请，使用专用域名。

第三，因为李汉宁已调离深圳市石岩公学，主办单位从之前的深圳市石岩公学李汉宁书法教育工作室改为深圳市李汉宁书法名师工作室、深圳市汉宁文化传播有限公司。网站总编为李汉宁，执行总编、站长为李杭。

第四，之前的栏目设置有些不合理，已不利于网站的进一步发展，因此，需做增减调整。根据多年的使用效果、维护经验，网站的栏目设置调整为"首页""网站简介""师资建设""碑帖教材""场地设备""教学视频""展赛新闻""教育文件""本站公告""贺词题字""教育动态""教学理论""名校风采""宝安第一外国语学校书法特色"《中小学书法教学法》及《配套课堂作业》"销售""汉宁书法教育加盟""汉宁简介""汉宁文化传播有限公司""汉宁新闻""汉宁杂谈""艺云笔庄精品""王者书法笔""文房四宝""硬笔书法纸""名师推介""少年书家""网上展览"等。原版中操作不便的栏目取消，增加如"名校风采"等更有意义的栏目。

经过3个月的努力，2014年11月，网站新版隆重联网。网站改版上线后，深受网友的好评。《深圳侨报》2015年1月11日以《华教志愿者李汉宁所创中小学书法教育网改版——向海内外爱好者传经送宝推广书法》为题进行报道。

第三节 网站评奖申报——"书法教育
最具影响力媒体（网站）"申报

"中小学书法教育"网站先后两次参加评比。2011 年，网站获得 2010 年广东省"十一五"教育技术研究与教育信息化优秀成果评选三等奖。2014 年 10 月，在中国硬笔书法协会举办的首届全国书法教育"百强十佳"评选活动中，网站"中小学书法教育"荣获"书法教育最具影响力媒体（网站）"称号。

现将"书法教育最具影响力媒体（网站）"申报表进行展示和点评。

网站获省级奖证书

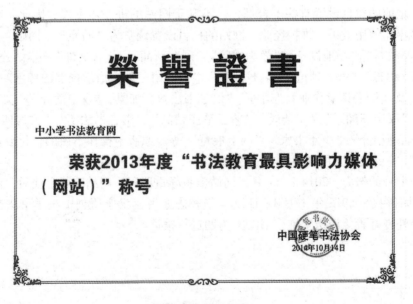

网站获全国奖证书

（一）申报媒体基本信息（部分摘录）

网站名称：中小学书法教育

网站备案号备案序号：粤ICP备11026717号

网站域名：http：//www. syps. com/shufa/

上线时间：2008年

通信地址：广东省深圳市宝安区西乡香缇湾花园2B502

联系人：李汉宁、李杭

◎填写策略点评：评选书法教育最具影响力媒体，"中小学书法教育"这个名称是很有吸引力的，因为当下教育部正在推行中小学书法教育，这给我们参评带来了自信。网站有备案号；从2008年上线到2014年评奖，运营了6年，时间跨度也是足够的；所属单位为学校，容易让人对网站产生信任感。

（二）参评内容

1. 网站规模

网站包括教学研究、碑帖教材、师资场地、习作点评、文房四宝、书坛人物、交流论坛、书法教育动态、书法教育评论、网上作品展览、用品推荐、贺词题字、本站通告、书法视频、石岩公学书画院、石岩公学艺术教育之窗、李汉宁书法教育工作室等17个版块内容。

◎填写策略点评：这个部分展示网站的内容，详细列出17个版块，让人感到网站内容丰富。

2. 受众人群分析

网址面向全国基础书法教育人群，中小学生、中小学书法教师、语文教师及社会书法培训机构教师均从中受益。

◎填写策略点评：既然是中小学书法教育网，受众人群肯定包含中小学生，但教育的主导者是教师，所以书法、语文老师，以及社会培训机构的老师，都在其中。这是中小学师生共同的网站。

3. 日点击量

450人次。

4. 书法教育、硬笔书法教育相关版块

①板块数量：17。

②是否专人负责：是。

③负责人姓名：李汉宁。

④负责人简介（职位、学历、与书法领域相关从业经历等）：

李汉宁，曾进修于中国美术学院书法专业，书法副教授，中国硬笔书法协会教育委员，中国书法家协会会员，教育部考试中心硬笔书法等级考官，中国教育学会书法教育专业委员会会员，深圳市宝安区书法学科名师，宝安区教师硬笔书法培训主讲嘉宾。

曾在广西百色学院从事高等师范"三笔字"（毛笔、粉笔、钢笔）教学19年，在深圳市石岩公学、宝安第一外国语学校从事中小学硬笔书法教学7年。2013年11月、2014年7月受国务院侨办、深圳市侨办的委派，到马来西亚给当地师生讲授中国硬笔书法课程。

大学书法教育、中小学书法教育成果曾先后两次获得中国书法最高奖——兰亭奖·教育奖提名奖。

2013 年 11 月 7 日，《书法报·书画教育》头版整版刊登了记者就中小学书法教学法问题对李汉宁的专访。2013 到 2014 年，中国新闻网、凤凰网及马来西亚《亚洲时报》《诗华日报》《星洲日报》等也做了教学专题报道。

曾被评为中国硬笔书法协会优秀会员、中国硬笔书法协会先进工作者、全国优秀中青年硬笔书法家、全国写字教学先进个人、全国艺术教育先进工作者、全国书法普及优秀教师，任书法报全国中小学书法教育讲师团讲师。

◎填写策略点评：负责人的实力对网站的质量和威望有很大的影响，所以这里介绍负责人的专业实力，副教授职称、中国书协会员身份、获兰亭奖·教育奖、接受媒体专访等材料是很给力的。

⑤板块简介：

面对广东省教育厅要求书法进入中小学课堂而普遍遇到师资、教材、场地设备、教法、管理评价等多方面问题，且在全国还没有可供借鉴的经验的形势，2008 年 8 月，李汉宁副教授创建了全国首个专门研究中小学书法教育的网站——中小学书法教育（http：// www.syps.com/shufa/）。网站大多数版块都是硬笔书法教育的相关内容。

网站的栏目设置，力求涵盖中小学书法教育所涉及的各方面内容，包括教学研究、碑帖教材、师资场地、习作点评、文房四宝、书坛人物、交流论坛、书法教育动态、书法教育评论、网上作品展览、用品推荐、贺词题字、本站通告、书法视频、石岩公学书画院、石岩公学艺术教育之窗、李汉宁书法教育工作室等。

"教学研究"栏目涉及书法理论常识、书法基本技法、教学常规、教案规范、教师教学论文、学生学习心得等，着力收集各种最新研究成果，及时为全社会中小学书法教师提供学习参考资料。

"碑帖教材""师资场地""文房四宝""用品推荐"等栏目，针对中小学的书法教育现状及需要，探讨教材的使用和开发、师资培养方法、场地的布置标准、使用的文房四宝规格，还有优秀书法用品的推荐等内容，为中小学书法教学提供了具有可操作性的意见。这些栏目起到了立竿见影的效果，解了很多没有经验的书法教师之困。

"习作点评"栏目示范性地分析学生作业作品，为教师作业批改、学生赏析提供评价思路，以利于师生赏评能力的提高。

"人物论坛"栏目主要介绍古代、现当代书法家，目前国内的优秀书法教师、优秀书法新苗，介绍他们的事迹、作品，使读者对中国书坛人物有大概的认识。

"书法教育动态""书法教育评论"栏目及时收集全国中小学书法教育的最新动态，经典评论文章，使中小学师生的教学、学习理念与时俱进。

"网上作品展览"栏目展出师生的作业作品，让大家进行广泛的观摩学习。

"书法视频"栏目立意各种高难书法技法的示范，让读者最受实惠。

"石岩公学书画院""石岩公学艺术教育之窗""李汉宁书法教育工作室"这三个栏目有着示范性的作用。石岩公学着力打造书法教育特色，师资、场地、设备、理念、经费各方面的优势在全国中小学是很明显的，作为开展中小学书法教育模式研究的主力学校，其书法教育的措施、规划、成果如能及时地向社会发布，可为全国中小学书法教育提供参考，同时也可接受书法教育界的纠正，在交流中促使研究向更加科学合理的方向发展。

该网站网面设计新颖别致，色调高雅，视觉上富有中华传统文化特色；内容充实，每一个理论页面的内容都力求做到见解独到，图片丰富而经典，让人耳目一新。其对中小学书法教育的指导性非常明显，大的到教学理念，小的到教室布置中桌子的尺寸，硬笔作业本的格子大小、颜色等等。

网站开通时得到了全国20多位硬笔书法等级考官的贺词题字，广东省美术教研员周凤甫也亲自题字祝贺，深圳市教育督导评估团副团长、深圳市宝安区人民政府教育督导室主任王熙远发来了贺信，深圳市美术教研员张海亲自到石岩公学视察，大家都给予该网高度的评价。网站开通不久便引起了全国书法教育的广泛关注，目前每天都有几百人次点击。

该网目前已经成为宝安教育在线"优秀学科网站"中的链接。

◎填写策略点评：栏目设置力求包含中小学书法教育所涉及的各个方面，详细介绍栏目的内容和作用，可以全方位地展示网站，体现网站作为交流探讨平台的价值和意义，很有现实针对性。

5. 参与本次活动的情况

①是否参与：是。

②参与方案、方式、力度、成效等（可附快照、链接、附件等）：

近年来，为了推动中国硬笔书法的发展，中国硬笔书法协会在张华庆主席的带领下，做了大量切实有效的工作，受到全国书法界的高度评价。

书法的发展，关键在教育。中国硬笔书法协会历来重视书法教育的发展，经常不断地举行各种书法创作、师资培训活动，建立教育实验基地，为书法教育的推行立下了汗马功劳。

接到中国硬笔书法协会关于举办2013年度（首届）全国书法教育"百强十佳"评选活动暨2014年度（首届）全国书法教育高峰论坛的通知后，中小学书法教育（http：//www.syps.com/shufa/）在"书法教育动态"（http：//www.syps.com/shufa/contentshow.aspx? bigName=18&newsId=631）、"深圳市石岩公学书画院""李汉宁书法教育工作室"三个栏目进行了转发。

网站总编辑李汉宁副教授，作为中国硬笔书法协会教育委员，撰文《积极参与中国硬笔书法协会评选活动》发表在"书法教育评论"（http：//www.syps.com/shufa/contentshow.aspx? bigName=19&newsId=636）栏目。

◎填写策略点评：利用网站转发评选活动通知，是参与评选的一项硬性条件。我们不仅转发，还在三个栏目同时转发，而且撰文宣传、支持评选活动的开展。这样的精神不值得夸奖吗？

6. 网站特色介绍及申报理由（关于网站的影响力、知名度等，与中国硬笔书法协会建立战略合作的意向、规划及建议等）

本网站是全国首家专门研究中小学书法教育的网站，由李汉宁带领深圳市其他4位书法教师一同创办及维护，目前在全国基础书法教育界已经产生了广泛的影响，每天点击量达450人次左右。

李汉宁具有书法副教授职称，是深圳中小学一线书法教师，是中国硬笔书法协会教育委员，其大学书法教育、中小学书法教育成果曾先后两次荣中国书法最高奖——兰亭奖·教育奖提名奖。李汉宁所著《中小学书法教学法》（含课堂配套作业）于2013年由广西师范大学出版社出版发行。该书被媒体和业界誉为"我国基础教育史上第一本书法教学法专著"，被认为填补了我国中小学书法教育的空白。《中小学书法教学法》（含课堂配套作业）将于今年9月被马来西亚沙巴州所有华文学校用作"中华传统文化教材"。本网站主持人书法教学能力突出，能保证网站在国内的学术高度。

在教育部要求普及中小学书法教育的大好形势下,在深圳市优越的中小学书法教育实践环境的支持下,本网站将会有非常好的发展空间,我们有信心继续办好网站。

本网站急需升级改版,以便做得更大更强,但苦于能力有限,盼望中国硬笔书法协会的领导、专家多加扶持和指导,我们愿意听从中国硬笔书法协会的办网规划和安排。

中国硬笔书法协会主席张华庆(右)、副主席李冰(左)在首届全国书法教育"百强十佳"评选活动颁奖典礼上给网站执行主编李杭颁发"书法教育最具影响力媒体(网站)"证书后合影

本网站为个人自费创建维护,没有任何营利目的,一心义务为书法教育事业做贡献。恳请中国硬笔书法协会的领导、专家给予关照!

在此,向中国硬笔书法协会的领导、专家致以崇高的敬意和衷心的感谢!

◎填写策略点评:点出网站是全国首个专门研究中小学书法教育的网站,由书法副教授、兰亭奖·教育奖获奖者为主的团队编辑,每天有450人次点击量,在深圳优越教育条件下,愿意服从中国硬笔书法协会办网管理和规划,义务为书法教育服务。态度诚恳、友好,理想高尚,能力条件值得信赖,评委能没有好感吗?

第七章　中小学书法论著或教材出版

第一节　十年出书的经验与教训

一、出书的目的

（一）出书，起初为了装着有点文化

出书对我来说是很意外的事，因为从小语文就不好，最怕写作文，常常是作文不及格的。从大学助教时起，为了评职称，慢慢学写了论文，写得很吃力。开始就用平时的零星的教学总结东拼西凑，成了所谓的"论文"，其实充其量也就是我行我素的感想而已，论证很单薄。既然走进了这行，职称还得要评上去，说不定一辈子评不停，只能硬去学、去写。因为读的书不多，之后所写的东西大多是实践中的感悟，更具体地说是教学中的感悟。在评大学副教授的时期，前辈们告诉我，写的文章最好选择某个点，从小的点切入，大了不好把握；再说写论文要系列化，在一个点上系列化，把它搞熟搞透，不要东一篇西一篇，水过鸭背。所以我以"高等师范书法教育"为主题，写了一批文章，在大刊物上发表，作为科研部分的成果，顺利地评上了书法方向的副教授。

最开始，写书是没有想过的。后来，我从大学到深圳市石岩公学，为了中小学书法教学，整理了一些古代字作为范字，进行了排编，想出一本字帖，时任校长朱文彦慷慨地说给我经费拿去出版。我将一推范字打印后拿给他看，他问我有没有文字加以说明。我当时脑子一片空白，我只是想印成范本字帖而已。当天我就想，朱校长是个学术型的校长，擅长写作出版，出过畅销的教育书籍，他的提问应该包含要求我追加理论的暗示。于是，我决定在范字前增加引导性的理论讲释。这一步将单纯的字帖变成了笔法讲释论著之后，我又突发奇想，在前面加了一些关于中小学书法教育论述、教学指导的文章。最终，单纯的字帖变成了个人的第一本勉强称得上著作的《中小学书法训练技巧》。农民出身的我虚荣地发现自己好像有了点文化。

（二）出书，后来为了理论探索和提升

当教育部要求中小学书法进课堂时，大家发现在中小学开展书法教育难度很大。其中，师资、教材、场地、教法等问题特别突出；另外，语文、数学、英语、历史、地理、音乐、美术等课门门都有自己的教学法，唯独书法一直没有。于是，我萌发了对中小学书法教学法进行探索和总结的想法，开始了第二本书《中小学书法教学法》的构思和写作。不久后，书真的出版了，著名书法教育家、中国书法家协会副主席陈振濂教授题写了书名。该书出版后，引起全国书法界的关注，被誉为"我国基础教育史上第一本书法教学法专著"，填补国内空白，之后还获得了多个奖项。

作为专职从事书法教育的人，我时常记起在中国美术学院进修时，恩师陈振濂老师的教导，他说书法教师要在书法创作、理论与教学多方面做努力。我从大学书法副教授的职位来到中小学，也应该保持着大学里学术研究的惯性，在理论方面多做探索和总结。我也希望自己能在中小学书法教育方面找个新的切入点，去做点独特的工作。想到之前出的书和建设的网站名称中都有"中小学书法"，所以我决定以后所做的理论写作，都围绕这个关键词展开。这几年来，我完成出版的关于中小学书法的系列书籍已达 10 部。目前，我还打算继续做下去，希望做得更丰富。

回想起来，"中小学书法"对自己来说是多么的珍贵，已经成为我奋斗目标的关键词或代名词。

二、写书的十点心得

（一）心里装书，不停酝酿

深圳的中小学教师每天都是家和学校两点一线。我们是坐班制的，下课之后，就是待在办公室里。作为一线的书法教师，在办公室的时候，除了备课，也就是写写字，上上网，久了之后，也感到厌倦。于是看看点书法方面的新闻和书籍，结合自己的能力、教学经验和条件，寻找有价值的线索，尝试规划成一本书的主题和内容提纲就成了我在办公室里最常做的事情。

规划一本书的主题、内容时，有可能会出现"有心栽花花不开，无心插柳柳成荫"的情况。如果考虑还不成熟，也不必急于求成，可以把暂时疑问放下来，多角度去思考，必要时征求同事、同行意见。有时，一本书的规划放下一段时间后，你的想法会一下子来个 180 度的改变，这很正常。心急吃不了热豆腐，只要你勤于思考，思路总会不期而至。我们要明白的是，只有具备有价值的主题，完美的内容提纲，你的书才有意义。

（二）多种思路，对比选择

别人的书总是主题鲜明，内容丰富而系统，他们是怎么做到的呢？我认为，有三种做法：

第一种是先定主题，再去定要写的内容。这里的内容，你没有现成的。好比你要做菜，先定菜系风味，比如海鲜，然后列出菜单，有鱼、虾、蟹、贝、螺，然后再去买。这种做法的好处是，主题与内容很合拍、很完美；但不足的是，内容不一定能完整地获得。你的经济能力是否受限？市场是否有某类海鲜？或者是不是要多跑几个地方才找得到？回到我们的书来，你定的内容，你的能力和条件能不能完成？

第二种是先有内容，再去提炼出主题。这种做法与前面的刚好相反，是把相关的多种内容收集在一起后，归纳出一个主题。这些内容是你有过积累或者有把握撰写的。很多中小学老师教学工作忙，科研做得少，写东西觉得没有思路。其实，学术是从工作实践中来的，你的教学心得、总结、感悟，或是已写成文的，或是装在头脑里的，都是你独一无二的、有创造性的最有价值的东西，把它们整理出来，就是一本书。这种方法相当于家里突然来客人，那你就把家里冰箱、橱柜里已有的干菜、腊菜、酒肉选择性地拿出来，合理搭配，做成一桌菜。

第三种是上述两种的综合，把从主题找内容和从内容提炼主题双向同步调和。把你写过或思考成熟的内容拿出来，归类出主题的同时，从主题的需要来增加所缺的内容。好比把家里冰箱中已有的鱼、虾拿出来解冻，再到市场买些蟹、贝、螺，做成海鲜餐。

一本书的主题、内容提纲不是一下子就能详细具体地规划出来的，需要好长一段时间，不断地思考、调整，调整的幅度也难预测。如装修房子时，可以先选定个基调，要中式还是欧式，再根据房子的结构进行设计。但是，有时候你先定了基调，可是你的房子面积、结构，甚至你的经济条件、施工队伍的能力、材料的供应等不合适，你就得反过来改变你的基调。

（三）抓住灵感，及时调整

完成一本书的出版，包括定书名、定内容框架、定详细文稿、定题字、定出版社、定开本、定页面和封面设计等，好多环节都是从零开始的。在做的过程中，需要一点一点地提出设想，进行实施、修改、调整、充实、删减等。每一个部分或环节之间可能会互相制约、互相影响。原来在这个部分也许做得美美的，但发现与其他部分有冲突，你就得部分或全部推翻。这好比进新房，一下子可能配不齐各种用品，家具摆放得也不那么合理。进去生活一段时间后，你会发现需要添置不少东西；之前有些东西感到多余了，清除出去会更好；原来摆好的家电还要调换位置；等等。

所以，当灵感爆发的时候，要及时把想到的记下来，写进书稿里，哪怕一句话、一段文字，都可以让你的书变得越来越充实，让更多的亮点呈现出来。有时候，我在规划一本书时，突然发现另一个内容可能可以写成一本新书；有时候，在书写某个章节时，突然发现一种新内容可以开辟成另一个章节；或者会在写这个章节时才发突前面写过的内容或是离题或是有错误的，需要改进。灵感的出现没有预定的时间、地点，但是如果写书的追求一直在你的心里，新的想法就会不断出现。多年以来，我身上每天都带着一个 U 盘，不管在学校还是在家里，每当有什么新想法或者有写稿的欲望时，只要时间允许，我都会做记录或写作。有灵感的时候就是你的稿子写得最顺，也是写得最愉快的时候。

（四）创设情境，专心写稿

2016 年 3 月 28 日我在微信群里发布了这样的随笔：

新书《中小学书法理论知识趣谈》电子稿过两天要交付云南大学出版社了，刚才打印了一份，厚厚的，满载着无比的喜悦，也碰巧今天的天气突然晴朗。知道其中遗漏和错误会不少，但精力有限，已经三年了，不想再消耗自己了，上一本《中小学书法教学法》那颗追求完美的心，已不再有，所以，这回真的放得下，而且很轻松地放下。等有空的时候，换一个角度，把自己当作读者通读一遍，看看有什么感想。

打印出来后，有人问我，有什么好经验可以传授。我说不出来，没有答案，头脑一片空白。回到工作室，终于想了起来，有一点是可以说一说的。

印象最深刻的是晚上写稿，常常在晚饭后，稍为休息，然后面对电脑敲字。很多时候写了几个小时状态才来，这时大约到十一二点，家人都休息了，家里安静下来了，干劲似乎更大了，一直写到很困、很困，一关电脑就困得想倒下，那个时候洗个澡、拉个窗帘、铺个被子的精力都没有。所以，后来，写稿前我一定会先洗好澡、拉好窗帘、铺好被子，让写作过程更加踏实。那也算经验吧？我想也算吧。因为当你写稿进入状态后，会忘记了时间，不知不觉可能已到凌晨，等你停下来时，会突然感到很困了，一倒就能睡着，这时洗澡、拉窗帘、铺被子都感到力不从心了。

（五）学术积累，学会沉心

写一篇文章也好，写一本书也好，作为一线教师，从功利的角度讲，它对你将来评优评先评职称一定是有帮助的。从个人能力提升的角度讲，写稿能激发个人的理论思考、实践感悟的能力，助你对过去的经验进行归纳总结，对新知识进行探索，使专业理论和写作能力上得到提高。但是学术的东西比较枯燥，很多人觉得无从下手。万事开头难，开始的时候是带自己去找思路，逼自己沉下心来，有时可能要两三个月才能说服自己动笔。但是，这样经历一两次后，我们慢慢会感到，其实也并没有那么难。

在写作的过程中，我们要学会享受收获。我们所写的每一个章节、每一个片段，都融入了个人独特的思想或见解，都有一定的价值，是个人的学术财富。所写的东西，或存于电脑，或传在微信里，或发表于刊物，都是精神的食粮。长此以往，偶尔回头翻阅时，你会突然发现自己已经积累了不少，心中会充满无尽的喜悦。因为有了收获，所以你自然会慢慢地沉下心来。

（六）营造心境　享受过程

一本书从萌发想法到构思，从撰写到出版，最终的时间很难确定。

写书的过程很漫长，对于我，其中有个最关键的半年期，会做出最多的成绩。在这个时期，一天内有时或灵光乍现，写了很长的篇幅，或调整了一下目录，或更改了一个标题，或增加了一个念头，或与出版社就某个问题达成了共识，或获得了同行的一个建议……不管做的工作是多还是少，只要有价值，哪怕只是变了提纲顺序，都值得开心和满足。

一天里有了一点较大的收获后，哪怕那天还有空闲时间，我也会提醒自己要知足，不要贪得无厌，不要再逼自己把所有的时间都用尽。特别是在状态开始变差的时候，要停一停，给自己一点无所事事的闲情，保留一点欲望，犹如吃饭吃到七分饱就行。

我觉得，一本书不是一两天就能写完的，不必要一次一次地把自己消耗到疲惫不堪，甚至反胃。要学会给自己营造轻松、充满回味的氛围，不时出现愉悦，今天写了，明天还有欲望，享受写书的过程！

（七）选题方向　符合时代

写论文也好，写书也好，我认为选题首先要符合时代的需要。特别是我们中小学老师，当你撰写的内容属于教育教学方面时，最好与当前国家教育形势、发展方向，地方、学校的环境和需求相吻合。我从大学到中小学工作，是顺应广东省在全国率先要求书法进课堂形势而来的，不久后教育部也要求书法进课堂，全国开始全面推行"书法进课堂"。在全社会高度重视中小学书法教育的大好形势下，我选择了中小学书法教育教学方向的选题，做我的研究，从论文、论著、网站，到课题、课程，我都去思考和探索。这些具有新时代的特点的选题，容易得到广泛的关注和赞誉。

为了做好选题，我们要认真研究当前国家形势、政策方向，了解本地区执行国家政策的情况；同时对过去国内同行是否已有相关成果，别人的成果是的多少、深度如何，也要了解分析；尽可能地预测一下未来的学术发展趋势，以保证自己的选题在今后一段较长的时间内都有意义和价值。

（八）选题角度　独特新颖

一项实践或理论的研究要有自己独特的角度，否则就会失去自我的价值。大家都在搞研究，一个主题或许已经有成千上万的人在做，甚至有前人已经做过。你找到别人没有做过的主题那当然好，你爱怎么研究就怎么研究，出来的东西都会让人感到新鲜。但这样的主题要么太少太少，要么我们能力不及。不过别人研究过的内容，你可以从另一个角度去做新的研究，不同的角度有不同的风景。

选择了合适自己写的、新颖的主题后，要认真规划好全书的章节。读者翻开一本书，首先要看的是这本书的目录，书的目录内容分量决定着这本书的价值。所以，书的目录要反复推敲，力求每个章节都有亮点，让读者一看就有好感。在学术评比中，评委对一本书的是否心动，往往就在目录上。

（九）力求实用　给人启示

从事基础教育教学的工作或研究，我们首先要追求的是基础的、实用的。另外，还要追求通俗易懂、有较强的可操作性。

现阶段，中小学书法教育刚刚起步，需要大量的理论成果对实践做指导，但是如果你的成果过于深奥或云里雾里，让人看了费劲，甚至无法理解，是不受读者欢迎的。教育需要分层次，但是，过去我们所见到的书法教学都很模糊。比如在中学、小学甚至老年大学里，都在讲同一个"永"字，讲法也没有多大的区别，讲了笔画又讲到结构，讲了形又讲到神，讲完字的审美又讲中华传统文化精神，全部都要讲。你讲的好多东西，让低年级学生听不懂，太学术。我们写中小学书法教育的书要避免出现太学术的东西。我们要学会弯下腰来，与小孩说话，来点实实在在的，基础性的内容。

好的著作，能给人启发，给人引路，让人学以致用，甚至能照搬照用。这要求你的理论有实践经验的支撑，有体会，有感悟，深入浅出，能让人一看就明白，能引起共鸣，产生同感；你讲的方法，要让大多数人可以轻松、有效地运用，要有很好的可操作性。这样，你的书才能得到广泛的传播或推广，才能体现更高的社会价值。

（十）篇幅得当　封面精美

一本书主要的价值不在于它的篇幅或厚度，但是从表面上看，你也需要考虑一下页码的数量。通常一本书也得有200页以上才过得去，至少拿得出手，有300页左右比较有分量。当然，各人有各人的看法。我的《中小学书法教学法》是327个页码，看起来还是比较令人满意的。

我写书的时候，有时最怕找不够内容，做不成一本书，所以有时候不得不加入一些比较勉强的内容。这样一来，一本书里面的内容，就有轻重之分，可能有少数内容是用来陪衬、充数的。这是能力有限，不得已而为之的办法。但也有些书，原材料很丰富，如果全部用进去，篇幅太长，书本太厚，必须忍痛割爱，删除再删除。我个人也不太喜好超过350页的书，因为可能会让读者感到阅读有压力。另外，出版社有编辑跟我说，书太厚，定价会较高，这给发行销售增加了难度。

一本书拿在手上，给人的第一印象是它的篇幅厚度，其次就是它的封面效果。我对封面是比较在意的，希望设计得与众不同，在书堆里耀眼，但不需要过于夸张。因为是中小学书法教育的书，我通常追求封面与书的内容关联一致，体现雅致；书名都尽量请名家题字，提高书本的档次和品质；封底可当作广告宣传的窗口，印上自己的相片和简介。

三、《中小学书法创作指导范例》征稿失败的教训

（一）理想很饱满

1. 编写的目的很明确、很有意义

学生书法创作是书法教学的最高阶段，而书法教学的最终成果是以学生的作品呈现的。所以，每个书法教师都以带出的学生能创作高水平的书法作品为荣。学生创作出一幅作品，背后是数不尽的磨炼和老师的精心指导。每一幅作品都有独特的创作指导过程，饱含着老师的思法和做法。如果书法老师能把指导学生完成某一幅作品的方法技巧展现出来，给予其他书法老师学习和参考，这将对书法教育的发展起到促进作用。目前市面上还没有这样的书，因此，我们很想在这方面做一点尝试或探索。

2. 编写的思路和方法规定得很清晰

要求精选一幅自己指导的学生优秀作品，从工具材料、文字内容、章法布局、幅式大小等的选择方法以及训练过程、调整技巧等方面进行全方位的介绍，把教师的教学意图、指导方法用文字表述出来。

3. 征稿通知也很有指导性

2018 年 8 月 4 日，深圳市李汉宁书法名师工作室发布了《关于出版〈中小学书法创作指导范例〉面向全国征稿的通知》。内容如下：

> 为进一步推进中小学书法学科的教学理论研究和总结，为书法教师提供表现自我的平台，协助书法教师成长，工作室现推出"助你成名师"出版活动，计划在两年内组织全国中小学书法教师编写出版一系列有关中小学书法教学法的书籍，希望能在全国中小学书法教育领域起到一定的示范引领作用。其中出版活动之三——免费出版《中小学书法创作指导范例》，现面向全国中小学教师征集教案。原定 7 月 30 日截稿，现推延至 9 月 10 日截稿。

> 该书出版经费及事务由工作室负责，著作权归全体参编人员，出版后给参编人员每人赠书 2 本，多要可按成本价购买。

> 欢迎大家踊跃投稿，并将本通知通过微信、QQ 等途径转发宣传。稿件到位，即尽快出版，然后启动下一本书规划。请加工作室微信群 13713866803（先加这号再拉入群）、QQ 群 468262547，进行联系。

> 征稿要求如下：

> 1. 题目：自拟。

> 2. 内容：由学生作品、教师指导过程描述两个部分组成。

> （1）学生作品。选择一幅你指导学生完成的优秀作品。学生作品硬笔、毛笔均可，书法、实用作业书写不限，要求笔法、结构、章法（含印章）合理，用纸、用墨规范，有一定的水平。选择作品要考虑到黑白印刷效果。

> （2）教师指导过程描述。这方面与说课的方式方法类似，说说你是如何指导学生完成这幅作品的。这部分可写的内容很多，比如创作的目的，学生的年龄、学习时间长短、学过的书体、个人习性、基础特点，作品的难度所在，作品训练的对策和方法，主要指导环节，所用笔墨纸的规格或特性，作品幅式（比如条幅、扇面）要求，作品大小规格，折格画格方法，章法布局中正文、落款、印章搭配，

整幅训练次数，单个字或单个笔画的突破重点，所用碑帖范本，文字内容选择，教师示范讲评，作品参展获奖，等等。可以写的内容范围很广，但要选择个人教学指导体会深刻，教学效果立竿见影，对同行有示范和启发作用的部分进行精讲，讲到点子上。

3. 原创要求：文稿撰写和图片运用要求原创，杜绝抄袭剽窃他人成果（包括网络下载）。如产生侵权纠纷，一切责任由个人承担。

4. 图片要求：文稿中学生作品和插入图片务求高清，达到出版要求，保证书稿质量。

5. 截稿时间：2018 年 9 月 10 日前。稿件请发到李汉宁邮箱 182839936@qq.com。不建议直接在 QQ 聊天界面发送，以免因外出未及时接收导致文件过期。

6. 联系方式：投稿者请先自觉加工作室微信 13713866803（先加这号再拉入群），QQ 群 468262547。备注真名（指导范例），以便编辑过程中沟通。

附：《中小学书法创作指导范例》稿件结构

1. 题目

2. 作者单位加姓名（用于出版时署名，请写准作者单位，应从省到市到县区到学校，务必写完整）

3. 内　容

4. 通信方式：地址、邮编、姓名、电话、邮箱、QQ、微信（作为编辑沟通或出版后寄书给作者时使用，地址要详细，请写明省、市、县区、哪条路几号、单位全称或家庭门牌号）

（二）现实很骨感

征稿启事发出几个月后，我们只收到十多篇文章，其中一半以上的文章达不到征稿的要求，要么是学生作品水平太低，要么是照片拍摄不合格，要么是从对指导过程的描述上看不到很有价值的做法，或所述创作方法、步骤不严谨，等等。之后，我们在深圳市李汉宁书法名师工作群多次动员，但表示要投稿的不多。因此，该书的征稿顺其自然地暂停了。之所以是这样的结果，经咨询了解，结合我自己的分析，我总结出以下几个可能的原因：

1. 选择学生成功的作品有难度

要完成这样的指导性文章，首先要选出一幅学生的作品。作品要有一定的水平，但很多书法老师可能没有这样的积累，原先指导过的成功的作品，可能被学生带走了找不回来了。有的拍过图片但又没有拍好。要身边的学生现写，可能又一下子找不到高水平的学生，水平高的学生又不太愿意花工夫去完成一张新作品。甚至有些老师觉得，目前学生的作品还拿不出手，他们因此自信心不够。

2. 拍摄学生的作品有点困难

很多书法老师手上可能也不缺学生好作品，但是要拍成好的照片，有点费心。可能找相机是个问题，拍的水平是个问题；另外如果学生的作品没装裱过，不平整也是个问题。由此，很多老师放弃了写稿的想法。

3. 对指导过程进行文字描述可能也有点难

前面的《中小学书法示范课教案》征稿，征集的是教案，最起码人人会会，只是加工提升的问题；《中小学书法教学反思》征的稿，基本上是你想往哪写就往哪写；而《中小学书法创作指导范例》的征稿要求对学生的作品进行创作过程的准确的再现，里面必然有师生思想、行动上的对接、配合，要体现教师的教学高度。叫学生写一幅作品容易，指导学生写出一幅优秀的作品，没有高超的示范、有效的对策，真是不行。因此，大多数老师可能感到写这样的文章有点难。

4. 重现学生旧作品的指导过程可能不好回忆

有些老师手上可能不乏学生的好作品，但是如果是好长一段时间之前的作品，当时是怎么训练的，具体过程也回忆不全，留下的深刻的指导感悟不多，要形成一篇文章，有点不知从何处开始下手。

5. 为投稿而指导学生创作需要花时间，可能不值

要完成这样的征稿，最好是正在给学生进行创作指导课，一边训练一边记录其中的做法。但是，这样的写稿，应该说要付出更多的代价。估计教师们平时工作那么忙，能专心为投稿去做这件事的人也不会很多。

6. 三本书的连续征稿，可能有点应付不过来

2017 年 8 月到 2018 年 8 月，《中小学书法示范课教案》《中小学书法教学反思》《中小学书法创作指导范例》三本书连续不断的征稿，对一些老师来说可能缓不过气来。有些老师投了一本的稿，第二本征稿时就放弃了，到了第三本，保持干劲的老师就更少了。其中很多老师平时就很少写文章，对于出版那么高要求的稿件，的确在心理上还是有点不好勉强自己。

综合上述因素，《中小学书法创作指导范例》征稿不顺，被迫暂停，我作为策划者，不得不承认当初自己没有做好调查与评估，责任主要在自己，对已经投稿的十多位老师表示歉意。

四、出版的操作流程

一本的书的出版，对于从来没有出过书的人来说，恐怕不知道从何做起。下面谈谈步骤和方法。

1. 准备书稿

首先，你必须先有书稿。你的书稿内容要符合国家出版方面的要求，比如内容健康，属原创作品；其次，要有较高的出版价值。

2. 联系出版社

你有书稿后就可以联系出版社（或出版代理商），但要先看你的书的内容适合在什么类型和级别的出版社出版。一个出版社不是什么书都出的，比如有的出文科类的，有的出理科类，都有他们的方向。另外，不同的出版社选择不同分量的书稿出版。所以你的书稿质量很重要。

3. 商定出版方式

所谓出版的方式，对我们老师来说，也就是自费还是免费的问题。如果你的书稿的确很有市场价值，出版社有可能不收你的出版费；但是，大多数情况下，中小学教师的书稿都是要自费出版的。自费要出的费用是多少，各出版社不同，通常是几万元，主要用于支付书号费及排版、编辑、封面设计等的费用。

4. 签订出版合同

一本书要出版，作者与出版社之间会签一份出版合同。合同里会规定作者交稿时间、稿件字数、出版费用、完成出书的时间、赠书数量、作者购书优惠方式、给作者付版税的方法、双方的其他义务和责任等等。书的著作权属于作者，要出版，通常会将版权给出版社，

具体给多少年，由双方商定。书的定价通常由出版社来做规定。一本书版权给出版社之后，只有出版社有资格去印刷，个人是不能随便印刷的，个人用书只能向出版社买。

5. 出版社申报、编排

签订出版合同，把书稿给出版社后，后面的工作大多是出版社的事了，包括书号申请、获取各种批文、排版、三审三校、封面设计等等。到成书出来，要好几个月，如果中间大量调整和修改，会需要更多的时间。在这个过程中，作者需要做一些校对工作。

6. 印刷出书

出版社把样书做出来后，如果你没有修改意见，出版社就会印刷出书了。如果你想要书，请和出版社做好沟通，确定数量和优惠价。

7. 宣传

书出版后，出版社会宣传发行，至少在出版社网上有介绍。如果条件许可，可以在学校网站、相关媒体上做些宣传。

8. 销　售

关于书的销售，出版社会按他们的路子去做。如果作者个人有渠道，也可以销售。书发行之后，网上发售是最受读者欢迎的。

当然，不同内容的书，不同的要求，不同的出版社，出书的步骤和方法会有所差异，以上只能说是一个大概的说法。

第二节　中小学书法教学论著

一、《中小学书法训练技巧》

该书为个人独著，2007 年 9 月开始编写，2008 年 3 月由岭南美术出版社出版。ISBN 978 - 7 - 5362 - 3842 - 8。开本：787mm×1092mm，1/16。147 页。定价：28.00 元。

《中小学书法训练技巧》

（一）编写的目的

2007 年秋季开始，广东省教育厅正式发文要求全省中小学开设书法课，并将书法课教学纳入教学质量考核体系。正是那时，深圳市石岩公学邀请我到该校主持学校的书法教育工作，成立了李汉宁书法教育工作室、少年书画院和书法教研组，由我来领头，并把三个美术老师、一个语文老师分过来和我一起教书法。在全国普遍缺乏教材的情况下，为了方便书法教师教学和学生学习，提高教学质量，我编写了《中小学书法训练技巧》作为校本教材使用。

（二）编写的思路与方法

考虑到在全校刚刚推行书法教育，学生一切得从零开始这一事实，这本校本教材选择了基础性的内容。安排理论和笔法两个部分。理论部分主要有中小学书法教育的意义和方法、教学追求、范字、作业编印、训练方法、范本要求等；笔法部分有笔法分析、训练范字等。

笔法部分有硬笔有毛笔，根据当时相关文件的要求和教研组教师具备的书法特长，毛笔部分选择了楷书颜体、赵体和隶书《曹全碑》。为了适合中小学学生的认识，无论硬笔还是毛笔，每种字体按照 28 个常用笔画及字例从简到难来编字。硬笔笔画及范字由我亲自己书写，毛笔笔画部分我做成双钩，其中标上行笔线路。笔画配上理论讲解，方便学生准确地理解和掌握。

在笔画及范字准备的时候，因为硬笔部分是自己书写的，为了达到最佳水平，我反复多次书写，然后挑出比较满意的部分。毛笔部分笔画双钩是用透明纸描出范字中的笔画。这个过程要求描的笔画流畅，一气呵成。毛笔的范字是从各种碑帖中按照 28 个笔画精选出来的，只要字里包含所需的笔画，尽量选择简单点的字，让学生易学。双钩笔画和范字选好后，进行扫描、裁剪、修图。碑帖里没有的字，自己想办法从别的字中拆偏旁加以组合。在选字、扫描的那个时候，我将一大堆的字帖单页铺在客厅的地板上，慢慢对比，自己就双腿盘坐在一张竹席上。一转眼一两个月过了，脚关节上起了个大蚕茧子。

（三）内容目录

第一章　中小学书法教育的意义和方法
第二章　笔法教学如何引导中小学生进行审美追求
第三章　中小学笔法教学中具有代表性范字的选择
第四章　中小学硬笔笔法练习本的编印要求
第五章　中小学毛笔笔法训练方法和范本要求
第六章　硬笔楷书笔法
第七章　颜体楷书笔法
第八章　赵体楷书笔法
第九章　隶书笔法

（四）效果与评价

书出版后，读者一致认为书中既有前瞻性很强的书法教学理论，又有实用性很强的硬笔、毛笔书法教学实践内容，这本书既是中小学生书法课本，也是中小学书法教师的教学参考书。这本书作为教材，被中小学生、学校教师用了几年的时间，极大地解决了当时书法教学的困难，并产生了很好的教学效果。

作为个人的科研成果，这本书为我作为"深圳市石岩公学特聘拔尖教师'钻石'行动计划"一等特聘教师的考核提供了有价值的材料,让我评上了学校名师、宝安区名师,助我走上宝安区教师硬笔书法培训主讲嘉宾之路,为我之后的学术研究和成果出版树立了信心。

二、《中小学书法教学法》

该书为个人独著,2012 年 3 月开始撰写,2013 年 9 月由广西师范大学出版社出版。IS-BN 978 – 7 – 5495 – 3745 – 7。开本:787mm × 1092mm,1/16。327 页,376 千字。定价:39.00 元。

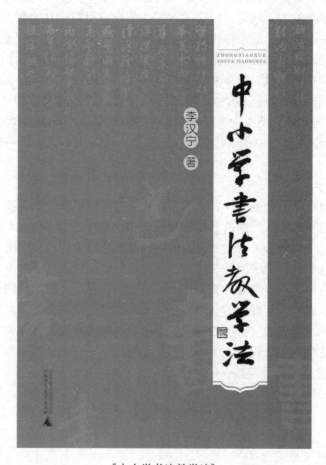

《中小学书法教学法》

(一)编写的目的

2011 年 8 月,教基二〔2011〕4 号《教育部关于中小学开展书法教育的意见》出台后,全国普遍认为在中小学开展书法教育难度很大。其中,师资、教材、场地、教法等问题特别突出;另外,语文、数学、英语、历史、地理、音乐、美术等课门门都有自己的教学法,唯独书法一直没有。因此,我萌发了对中小学书法教学法进行探索和总结的想法,于是便开始了对该书的构思。内容设置上力求涵盖中小学书法教育领域的各个方面,希望它既能成为中小学书法教师的教学法参考书,又能成为中小学生的书法知识和技法学习用书。

（二）编写的思路和方法

1. 关于编写的时机和作者

该书于 2011 年 8 月开始构思，2012 年 3 月进行提纲规划和写作。当时的设想是用一年的时间完成，后来达了预期，2013 年 3 月书稿交到广西师范大学出版社，同年出版上市。那时候我认为，该书选择了最好的出版时机、最合适的作者。

（1）最好的出版时机

从 2007 年广东省要求中小学开书法课到 2011 年教育部建议中小学开展书法教育至今，大家感到中小学书法教育难以推行，主要原因是师资、教材、教法、场地等问题。其中，小学书法教学法急需解决的重大问题，但这一方面的研究成果当时在全国几乎还是一片空白。中国的书法教育在高等教育层面做得比较全面而深入，有 50 多所高校开设了书法本科专业，不少院校已开设书法硕士、博士、博士后培养点，但基础教育层面的中小学书法教育相当落后。为了贯彻《国家中长期教育改革和发展规划纲要（2010—2020 年）》，适应新时期全面实施素质教育的要求，继承与弘扬中华民族优秀文化，2013 年 2 月 7 日，教育部颁发了《中小学书法教育指导纲要》，中小学书法教育将很快在全国广泛有力地推行。在这个时机下，《中小学书法教学法》一书的产生将成为千千万万全国中小学校图书馆、中小学教师热购的书籍。

（2）最合适的作者

我非常自信的自己是最合适的作者。因为，我曾进修于中国美术学院书法专业，专职从事大学、中小学、老年大学、外国留学生等多层次书法教学工作 25 年，是教育部考试中心硬笔书法等级考官、中国书法家协会会员、中国硬笔书法协会会员、中国教育学会书法教育专业委员会会员。在广西百色学院教书法时，我以高等师范书法教学成果荣获中国书法最高奖——中国书法兰亭奖·教育奖提名奖，评上了书法副教授。之后，我到深圳主持石岩公学的中小学书法教育，成果又获得中国书法兰亭奖·教育奖集体提名奖，该校成为全国第一所获得该奖的中小学校，我成为宝安区教师硬笔书法培训主讲嘉宾，被评为宝安区名师。2008 年，我创建了全国首个专门研究中小学书法教育的网站——中小学书法教育，该网站曾获广东省"十一五"教育技术研究与教育信息化优秀成果奖。我带有大学理论教学研究的惯性，同时对中小学书法教育、中小学书法教师培训有较丰富的一线实践经验。因此，我来从事这样一本书的撰写，是合理的，也是对中小学书法教育的爱和责任。

2. 思路和方法

（1）选择最有针对性的内容

该书立意针对当前中小学书法教学面临的师资、教材、教法、场地等急需解决的重大问题设置内容，既考虑教师的教，又考虑学生的学。

规划为上篇——中小学书法教学法概论和下篇——中小学书法教案纲要两个部分。上篇包含中小学书法教育导论、中小学书法教学的内容、中小学书法师资队伍的建设、中小学书法教材的编写、中小学书法教学的场地设备、中小学书法教学的实施、中小学书法社团的构建等章节；下篇包含硬笔楷书笔画教案、毛笔楷书笔画教案、楷书偏旁部首教案、楷书总体结构教案、楷书分类结构教案、书法作品通篇布局教案、中小学教师硬笔书法培训讲稿、中小学生作业书写问题分析及对策等章节。这些内容涵盖中小学书法教育领域的各个方面。

（2）提出最有说服力的方法

在内容的呈现时，我希望有理论有实践，理论有来源、有深度而且简明精辟，通俗易懂，并通过实例、图片来阐明教学中的各种工作、技法问题，从而使各种书法教学问题得到更生动直观和深入浅出的呈现。所以，在30余万字的篇幅中，我加入了808张笔画、字例、作品及实物的图片。

针对今后相当长的一段时间内中小学书法教师紧缺，大多数书法教师都是从其他学科教师转行过来的这一特点，我判断大多数书法教师将会进入"边学边教""教学相长"的成长模式，并以此为出发点来安排书的内容、设置教学方法手段，让该书既是书法技法学习用书也是书法教学法用书，追求实用性和可操作性。我个人从大学英语专业毕业生成长为大学书法副教授，并两次结缘兰亭奖·教育奖，对"边学边教"、"教学相长"有深深的感触，相信该书展示的各环节内容和提出的教学步骤方法是比较科学合理和有说服力的。

（三）封面题字

该书书名由著名书法家、书法理论家、书法教育家、中国书法家协会副主席、西泠印社副社长兼秘书长、浙江大学人文学院艺术学系主任、书法博士生导师陈振濂教授题写。

（四）内容目录

上篇：中小学书法教学法概论
第一章 中小学书法教育导论
第二章 中小学书法教学的内容
第三章 中小学书法师资队伍的建设
第四章 中小学书法教材的编写
第五章 中小学书法教学的场地设备
第六章 中小学书法教学的实施
第七章 中小学书法社团的构建
下篇：中小学书法教案纲要
第八章 硬笔楷书笔画教案
第九章 毛笔楷书笔画教案
第十章 楷书偏旁部首教案
第十一章 楷书总体结构教案
第十二章 楷书分类结构教案
第十三章 书法作品通篇布局教案
第十四章 中小学教师硬笔书法培训讲稿
附录 李汉宁学术研究

（五）效果与评价

《中小学书法教学法》出版后，国内外媒体多次报道。该书被誉为"我国基础教育史上第一本书法教学法专著"，被认为填补了国内空白。网友评论中没有一句负面评价。

2013年11月7日，《书法报·书画教育》头版整版刊登记者吴迪针对《中小学书法教学法》出版的专访《"中小学开展书法教育"大家谈——来自教育一线的声音——李汉宁：教学方法很关键》，向全国强烈推荐该书。

2013年12月18日，《教育时报》刊登评论文章；2013年12月21日，《佛山日报》也有赞美《中小学书法教学法》的评论文章。

2013年12月30日，《宝安日报》刊登记者吴镇山的文章《书法名师两次问鼎兰亭奖，宝安第一外国语学校李汉宁专著填补书法教学空白》。2014 年 8 月 7 日，马来西亚《华侨日报》以《两次问鼎中国书法最高奖的深圳名师——访李汉宁老师》为题进行转载。

2014 年 1 月 22 日，深圳市人民政府兼职督学黄兴林先生在《右江日报》发表评论文章，对《中小学书法教学法》的评价为："实用兼顾审美，方法大于理论。为广大书法教育工作者提供方法论的指导，为中小学书法课堂教学质量起到'保驾护航'的作用。"

2017 年 12 月，教育部原副总督学、中国教育学会书法教育专业委员会原理事长郭振有先生评价《中小学书法教学法》："你的书法教学用书大作资料丰富，论述平实、准确，非常适用。书法作品也甚佳。"

在最近几年的应用实践中，之前编写时所追求的实用性和可操作性得到了印证，真正成了书法技法学习用书和书法教学法参考书。该书被国内外大学书法、文秘、教育等专业及中小学、社会培训机构推广使用，被国务院侨办推广到马来西亚华文学校。这本书最终成了一本不可多得的畅销书，多次印刷多次脱销，实际标价 39 元的书，网上有售到 250 元的高价，还有盗版书出现。

三、《中小学书法理论知识趣谈》

该书为个人独著，2011 年 8 月撰写，2016 年 6 月由云南大学出版社出版。ISBN　978－7－5482－2771－7。本开：787mm×1092mm，1/16。220 页，225 千字。定价：39.80 元。

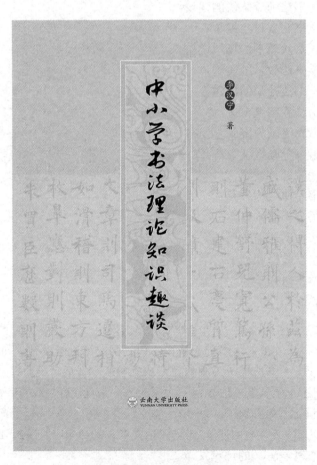

《中小学书法理论知识趣谈》

（一）编写的目的

书法进入中小学课堂，技法与理论的普及应该同时兼顾。但当前的中小学书法读物基本上是清一色的技法讲解类的，没有一本专门针对中小学生的理论知识书籍，常见的理论知识都是零星地插在技法书里，不便于中小学生阅读。于是，我就有了编写这本关于中小学书法理论知识的书。

为了让枯燥的理论变得有味，便于理解和记忆，在书中，我对一些问题以随意漫谈、轻松调侃的口吻，用生动幽默的语言来简述。

中小学书法教育刚刚起步，基础普及研究还有很多工作需要我们去做。我自知做不了更有深度的研究，但来点资料的收集整理、综合提炼也算是对书法教育做点实事吧。基于这样的认识，我坚持了下来。

（二）编写的思路和方法

那是2013年初，《中小学书法教学法》书稿交付广西师范大学出版社后我突然就闲了下来，不太习惯。所以我顺着良好的写作状态，有感而发写了关于书法基础理论知识的随笔——《不解的书法》。到了2015年5月，已经写了100多个事例了，部分发布在QQ空间或微信朋友圈，因为风趣有味，得到了网友的高度评价。但因《中小学书法教学法》的修正、校对，写作被迫停止了。《中小学书法教学法》出版了，我突发奇想，编写了《中小学书法教学法配套课堂作业》，然后推广发行，已经挤不出什么时间来给《不解的书法》续稿了。除了时间之外，《中小学书法教学法》的成功给我带来的满足感让我变懒了。其实还有一个原因，每当我鼓起勇气，想再接再厉时，心里总有如此挥之不去的提醒：花那份精力和财力，为哪般的名和利？

望着落了厚厚尘埃的《不解的书法》，我有些不知该拿它怎么办，淡淡的伤感涌上心头，惋惜、无奈！一个偶然的机会，看到QQ空间有人转发了我写的《不解的书法》的内容，没有标注我为原作者。我突然想到，这样的感想将来或许可结集出版，告诫自己不要再在网络上发布相关内容了。

2015年10月，我回头看看前面所写的100多条《不解的书法》，突然发觉内容很丰富，涉及面广，都适合书法初学者或中小学生阅读，于是下决心重启《不解的书法》的写作。刚好那时候，我到深圳市南山区沙河小学一、二年级写字课堂听课，从中得到不少启发。同一个书法基础问题，不同的年龄段学生有不同的理解，教师也有不同的教法。每一个年龄学生段对书法都有不相同的问题。我突然想，要延续《不解的书法》的写作，从中小学生中征集一些问题进行解答，不是更接地气吗？于是，我设计了一个问卷调查表，调查内容包括"您想让老师回答的书法问题有哪些""书法多奇怪，您想问什么就问什么"，等等。我在几所中小学近2000名学生中征集问题，从所得大约3000个问题中选择有代表性的问题，进行了分类，再加上自己在多年教学实践中发觉的学生最缺乏的知识内容，最终平衡兼顾各类的量，汇集了500多个问题。在对每个问题简述时，考虑到理论的枯燥，多数叙述沿用原本在QQ、微信上随意漫谈、轻松调侃的口吻。最后我决定将《不解的书法》改名为《中小学书法理论知识趣谈》。

值得一提的是，在整理学生的问卷时，我突然发现我们老师对学生太不了解，我们平时想教的与学生想要的有大的偏差，有些问题对他们来说是多么的想知道，可是我们可能会觉得很无聊，从来就不会把它当作一种知识来传授。例如，"字如其人，老师的字那么好看，为什么您长得那么丑？我长得这么帅，为什么字写得不好看？""学书法有什么用，能涨工资吗？""为什么书法老师都是男的？""书上好多漂亮的书法作品是不是 PS 过呀？""书法家一字值千金，书法家与周杰伦比，谁的地位高？"这样的问题，一看就会让老师们笑翻，但是出生在"奥特曼"时代，以网络为通信手段，具有追星特质的少年们，他们的语言、思维特征、追求角度的确与我们想象的有很多不一样。他们的需要是迫切的，他们的提问是慎重的，答与不答，只是我们老师的一念之差！但如何回答却是考验老师的教育智慧的！这时候，我坚信，《中小学书法理论知识趣谈》如果能如期完成，一定是很有意义的一本书。

2016 年 3 月，经过三年的努力，《中小学书法理论知识趣谈》完整的书稿终于交给了云南大学出版社。关于这本书的写作，开始时无意而为，能够坚持完成，我心里有无限的喜悦，也有不少的感慨。2016 年 3 月 25 日，我发了一条《等了三年，新著终于完稿!》的微信朋友圈：

> 写一笔，键一笔，不知不觉，埋头在 A4 和 19 寸显示屏的世界里，又过了三年！抬头看窗外，一眼一惊奇！沿江高速已开通，飞机航线已更改，经济小区已拆架，碧海湾红树林公园已开放，地铁 11 号线已试行，3 万的房价已翻倍，再凑个数吧，自己的名师工作室也已揭牌！

（三）封面题字

该书书名由著名书法家于家全题写。

（四）内容目录

第一章　字体书家

第二章　工具材料

第三章　基础技法

第四章　入门要领

第五章　综合杂谈

附录一：令人困惑的基础书法教育

附录二：中小学书法教育特色学校创建的经验——以深圳市宝安第一外国语学校为例

（五）效果与评价

《中小学书法理论知识趣谈》出版后，因为全面系统地将中小学生需要了解和掌握的书法理论知识，如字体、书家、笔、墨、纸、砚、执笔、姿势、笔画、结构、章法、装裱、范本、临摹、创作、评价等包含在内，被各地书法教师誉为"全国第一本针对中小学书法理论知识普及读物"。它以 500 个问题简答的方式进行书法理论知识的介绍，让学生能够轻松阅读。这些问题基本上代表了当前中小学生在书法理论知识方面存在的疑惑，大多数问题的回答通俗易懂，生动有趣，贴近生活实际。该书因此深受学生的喜爱。

2016 年 6 月 28 日，马来西亚《亚洲时报》以《首部中小学书法理论知识专著出版，作者李汉宁为华文教育志愿者》为题报道《中小学书法理论知识趣谈》的出版。

四、《中小学书法示范课教案》

该书由我主编，朱勇虎、李杭为副主编，2017 年 6 开始征稿，2018 年 10 月由华中师范大学出版社出版。ISBN　978 - 7 - 5622 - 8271 - 6。开本：787mm×1092mm，1/16。408 页，

380 千字。定价：68.00 元。

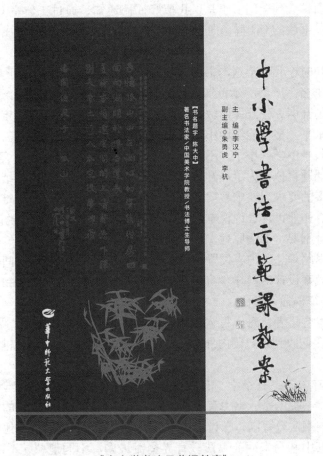

《中小学书法示范课教案》

（一）编写的目的

当前国家弘扬中华优秀传统文化，要求书法进入中小学课堂，但是由于师资、场地、教材、教法等问题，书法课很难像其他课程一样正常开展。就书法师资而言，绝大部分老师是从其他学科教师转行过来的，他们对书法学科技法与理论的学习不够深入，课程理论研究也还存在不少欠缺，上起书法课来就有很多困惑。就拿写教案来说，很多老师有时思路不一定很清晰，授课效果常常不尽如人意。如果有一些优秀的书法课教案参考和学习，那一定是很受欢迎的。加上有深圳市李汉宁书法名师工作室经费提供支持，我坚定了这个出版目标。

（二）编写的思路和方法

2016 年 3 月，深圳市李汉宁书法名师工作室成立。我与工作室的成员们申报了"中小学作业美化书写"课题。课题期中检查时，组员居然不约而同地都上交了作业美化书写训练的教案：有关于笔画运行的，有关于结构搭配的，还有关于谋篇布局的，等等。一个念头突然就从我的脑海中蹦出来："能不能把这些教案集结成书出版呢?!"

2017 年 6 月，我决定组织工作室成员编写一本书法教案集，于是在 QQ、微信群里发出了通知，但是报名的人数不多，一个月后。我把范围扩大到深圳市，在深圳的各书法美术QQ、微信群中发布通知，报名的人数离出一本书的需要还是很远。2017 年 8 月，我应邀到南京进行书法教师培训，在讲课的过程中，突发奇想，邀请前来听课的老师投稿。回到深圳后我又想，何不把面扩大到全国。于是，我拟好征稿通知，通过工作室 QQ、微信群，以及网上其他几十个有关书法的 QQ 群，向全国发出征稿通知，发动工作室成员以及全国一些优秀的书法教师投稿。

在拟写征稿通知时，我希望这本书的教案能起到引领示范作用，于是写下"中小学书法示范课教案"的书名。所谓"示范"，开始觉得有点高，但后来想到，教师们每个学期都会有校级及以上的公开课，公开课的教案应该是经过反复推敲的，在一定程度上，代表了教师最高的教学理论水平，多少能给中小学书法教育同行一些启发和参考。

教案的征集不限于中学、小学，不限于硬笔、毛笔，不限于笔顺、笔画、偏旁、结构、章法，内容自定，课题自拟。为了提升教案的分量，我们对教案的内容结构、理论高度、可操作性等提出了更多的要求。要求教案需由教学目标、教学重点、教学难点、课时安排、课前准备、教学过程、作业设计、说说本课八部分构成。其中特别是"说说本课"部分，要求根据国家书法教育纲要、书法原理、教学规律、教学条件、学生状况、教师能力等谈谈自己对本节课教学的思路理念、内容设置、教学方法、实践训练、拓展空间、教学建议、评价方法等的意图，为教案设计的科学性和高度打下基础。朱勇虎副主编专门设计了《教案标准格式范本》，随同征稿通知发出。

通知说明，教案合格者，每人可入编 1 至 2 篇。经过收稿，初审，要求作者改稿等环节，2018 年 3 月，我们收到来自国内外 65 位作者的 81 个合格教案，交付华中师范大学出版社。

65 位作者中，有中学、有小学、有社会培训机构的书法教师。不少是各级各校名师、省市书协会员。值得一提的是，书中有 4 个教案来自马来西亚华文学校的华裔同胞。近些年来，我一方面与国内书法教育同行探讨中小学书法教学，另一方面也与他国汉字教学、书法教学界常有联系，其中和马来西亚书法教育界交流最多。不同地域、不同文化下的书法教育，显现出不同的特点。这次能有这样的支持与合作，令人兴奋！

当然，我深深地知道，《中小学书法示范课教案》作为一本教案集在真正成为"书法教师的参考"方面还差得很远。毕竟它是来自各地彼此间不熟悉甚至是不认识的教师们的实践与心得体会，如果事先没有足够的时间来统筹规划，每个人的做法对别人来说可能还会"水土不服"。再加上编者个人水平的局限，在书的框架构思、内容审核上，难免出现纰漏。

（三）征稿通知

关于出版《中小学书法示范课教案》面向全国征集教案的通知

为进一步推进中小学书法学科的教学理论研究和总结，为书法教师提供表现自我的平台，协助书法教师成长，深圳市李汉宁书法名师工作室现推出"助你成名师"出版活动，计划在两年内组织全国中小学书法教师编写出版有关中小学书法教学法的一系列书籍，希望能在全国中小学书法教育领域起到一定的示范引领作用。其中出版活动之一——免费出版《中小学书法示范课教案》，现面向全国中小学教师征集教案。原定 7 月 30 日截稿，现推延至 9 月 10 日截稿。

该书出版经费及事务由工作室负责，著作权归全体参编人员，出版后给参编人员每人赠书 2 本，多要可按成本价购买。

征集教案要求如下：

1. 选题范围：中学、小学不限，硬笔、毛笔不限，笔顺、笔画、偏旁、结构、章法不限，自由选定。

2. 教案必须为自己所撰写，杜绝抄袭剽窃他人成果（包括网络下载），以免产生侵权纠纷。个人侵权所产生的一切责任由个人承担。

3. 内容组成：

主要部分为：教学目标、教学重点、教学难点、课时安排、课前准备、教学过程（详细）、作业设计（或作业页面）。

附加部分为：说说本课（简要说明本课思路理念）、内容设置、教学方法、实践训练、拓展空间、教学建议、评价方法等（根据国家书法教育纲要、书法原理、教学规律和学生状况等提出）。

4. 插入的范字、图片要清晰，保证出版印刷质量。

附：《中小学书法示范课教案》稿件结构

1. 教案名称

2. 作者单位＋作者姓名（如：广东省深圳市宝安第一外国语学校李汉宁）（这部分在书里标明，是对作者的介绍。请写准作者单位，应从省到市到区到学校写完整。）

3. 教学目标

4. 教学重点

5. 教学难点

6. 课时安排

7. 课前准备（如没有特别需要的准备，可省略。）

8. 教学过程

9. 作业设计（如为讲授课，没有作业，可省略。）

10. 说说本课（本部分很重要，阐述可多可少，简单说一下也行，但不可缺少。这是本书的一个亮点，是示范课的特别要求。）

11. 通信方式：地址、邮编、姓名、电话、邮箱、QQ、微信（用于出版后寄书给作者。地址要详细，请写明省、市、区、哪条路几号、单位全称或家庭门牌号。）

深圳市李汉宁书法名师工作室

2017 年 8 月 9 日

（四）入选及改稿通知

《中小学书法示范课教案》入选及修改通知

尊敬的书友：

您的教案大作已经收到，经出版编审相关专家审定，决定将您的大作编入该书，特向您报喜，并感谢您的大力支持！本书为全国第一本书法示范课教案，稿件来自全国各地及马来西亚，即将由天津教育出版社出版，中国美术学院书法博士生导师陈大中教授题写书名。

为利于书本的排版或保证全书的内容统一，我们要求凡为表格格式的教案请去掉表格格式，凡内容结构不完整的请补充完整，凡内容的层级、序号、标点不规范的请修改规范。

您的教案还存在缺少"说说本课"，使用表格格式，内容不完整，内容的层级、序号、标点不规范等四个问题中的个别或全部问题，麻烦您检查，并参照发给您的《教案标准格式范本》做修改或调整，2月15日前发回李汉宁邮箱182839936@qq.com，下学期开学转由出版社排版。具体要求如下：

1. 关于"说说本课"问题。本部分很重要，阐述可多可少，简单说一下也行，但不可缺少。这是本书的一个亮点，是示范课的特别要求。

2. 关于去掉表格格式问题。因本书为小16开本，页面没A4那么大，表格形式的教案排版时会掉行掉格，很难看，甚至无法排版，故凡为表格形式的教案请去掉表格格式。

3. 关于内容结构不完整问题。教案结构请以2017年8月9日《关于出版〈中小学书法示范课教案〉面向全国征集教案的通知》中的第5条"教案模版"所要求的内容进行补充。具体内容包含：教案名称＋作者单位、作者姓名＋【教学目标】＋【教学重点】＋【教学难点】＋【课时安排】【＋课前准备】＋【教学过程】＋【作业设计】＋【说说本课】＋附：通信方式

4. 关于内容的层级、序号、标点不规范问题，发给您的《教案标准格式范本》批注中有说明，请参照。

5. 如果原教案图片不够清晰或且撰写不够满意的，更改后可发来更换。

6. 所有修改或更换的教案，以Word文档形式发回，命名为：单位名称＋姓名＋教案名称。

7. 最后再次强调，杜绝抄袭剽窃他人成果（包括网上下载），以免产生侵权纠纷。个人侵权产生的一切责任由个人承担。教案中的图片力求高清。

8. 为方便沟通联系，请您加李汉宁QQ和微信：182839936。请备注您的大名。
谢谢！祝您工作顺利，健康快乐！李汉宁电话：13713866803。

深圳市李汉宁书法名师工作室
2018年1月9日

（五）封面题字

该书书名由著名书法家、中国美术学院书法博士生导师陈大中教授题写。

（六）内容目录

（篇幅有限，此处从略。）

（七）效果与评价

《中小学书法示范课教案》出版后，备受书法教育界的关注。大家普遍认为，其中的教案设计有很强的实用性和可操作性，给书法教师提供了富有参考价值的书法教案模版，认为这是一本不可多得的教学参考书，对当前中小学书法教育普及起到一定的促进作用。

2018年11月16日《南方教育时报》、深圳教育刊登《宝一外：教师主编〈中小学书法示范课教案〉》。

2018 年 11 月 27 日，马来西亚《亚洲时报》以《〈中小学书法示范课教案〉出版，张少纶、杨志枫、郑宝玉、翁金兰参与编写，华小教师与李汉宁书艺交流》为题，《华侨日报》以《沙华小教师编写著作交流书艺，〈中小学书法示范课教案〉出版》为题进行了报道；2018 年 12 月 1 日，马来西亚《诗华日报》以《大马华小教师应邀参与编写，〈中小学书法示范课教案〉出版》为题报道李汉宁主编的《中小学书法示范课教案》的出版。

五、《中小学书法教学反思》

该书由我主编，李杭为副主编，2018 年 8 月开始征稿，2019 年 10 月由云南大学出版社出版。ISBN 978 – 7 – 5482 – 3741 – 9。开本：787mm × 1092mm，1/16。303 页，376 千字。定价：68.00 元。

《中小学书法教学法反思》

（一）编写的目的

为了丰富深圳市李汉宁书法名师工作室的学术交流活动，进一步加强与国内外书法教师的合作；在当前各学科都非常关注教学反思的形势下，我们希望看到各地书法教师对当前书法教学的不同思考，为今后的书法教学实践和研究提供参考。

（二）编写的思路和方法

《中小学书法示范课教案》作为全国第一本追求新高度的中小学书法教案集，出版后得到书法教育界的关注，给来自国内外的参编者带来了无限的喜悦。大家在深圳市李汉宁书法名师工作室微信群里做了大量的书法教学经验交流，增进了友谊，为有一批志同道合的书友感到自豪。与此同时，有人提出，希望工作室继续组织类似的出版活动。

于是，趁着大家被《中小学书法示范课教案》即将出版激起的热情，我决定再借大家之力，拧成一股绳，共同在中小学书法教学理论研究方面再往前迈一步。考虑到各地中小学教师工作忙，很多老师平时在理论写作方面做得不多，合作的选题难度不能太高，我想来个"教学反思"很适合，应该人人都可以写得来。但是，各地教学条件、教材、教法、教师水平等差异，大家对教育部推行中小学书法教育会有不同的角度，即使是相同的角度也会有不同的思考，每个人写出来的东西都会有其独特的价值。所以，最后我决定征集稿件，出版一本《中小学书法教学反思》。

为了让这本书有丰富多样的内容，让老师们发挥自己的想象和特长，征稿时，我们不做约束，让老师们从书法教育教学工作中寻找自己体会最深或思考最多的问题来写，题目自拟，字数不限。

这样的征稿要求，深深吸引了全国一批书法教师。他们踊跃报名，积极撰稿，很多人发信息给我说，有这样的机会，他们非常感激。

为了扩大征稿的面，我们除了向全国 60 多个书法 QQ、微信群发布征稿消息外，还让深圳市李汉宁书法名师工作室近 200 名成员以及《中小学书法示范课教案》的原班编写成员，在朋友圈转发征稿消息。征稿比较顺利。2019 年 1 月 19 日，我们收到 88 篇合格文章，交给云南大学出版社。

（三）征稿通知

关于出版《中小学书法教学反思》面向全国征稿的通知

为进一步推进中小学书法学科的教学理论研究和总结，为书法教师提供表现自我的平台，协助书法教师成长，深圳市李汉宁书法名师工作室现推出"助你成名师"出版活动，计划在两年内组织全国中小学书法教师编写出版一系列有关中小学书法教学法的书籍，希望能在全国中小学书法教育领域起到一定的示范引领作用。其中出版活动之二——免费出版《中小学书法教学反思》，现面向全国中小学教师征稿。

该书出版经费及事务由工作室负责，著作权归全体参编人员，出版后给参编人员每人赠书 2 本，多要可按成本价购买。

欢迎大家踊跃投稿，并将本通知通过微信、QQ 等途径转发宣传。2018 年 9 月 10 日截稿，稿件到位，即尽快出版，然后启动下一本书规划。请加工作室微信群 13713866803（先加这号再拉入群）、QQ 群 468262547，进行联系。

征稿要求如下：

1. 题　目

自拟。

2. 内容范围

从书法教育教学工作中寻找自己体会最深或思考最多的问题来写，题目自拟，字数不限（但字数多，版面大，对职称、教研评定会更有分量）。建议内容如：（国家、省、市）书法教育政策、学校特色创建、教学方案、课程开发与实施、教材开发、场地设备、比赛展览、三笔字、教学课堂、文房四宝、碑帖研究、兴趣提高、参观考察、教学研究、教师培训、名师成长、书法文化、书法与其他学科关系、临摹创作、笔画结构章法、作业设计、评价标准和方法等等。

3. 撰写要求

对所选问题提出自己的看法、见解，或阐述自己处理问题的经验、体会。可一分为二，正反两方面剖析，也可单一方面评述。力求角度新颖、见解独到、体会深刻，能给同行启发。可以是严谨的论述，也可以是有感而发。

4. 原创要求

文稿撰写和图片运用，要求原创，杜绝抄袭剽窃他人成果（包括网络下载）。如产生侵权纠纷，由此引起的一切责任由个人承担。

5. 图片要求

如有插入图片，务求高清，达到出版要求，保证书稿质量。

6. 截稿时间

2018 年 9 月 10 日前。稿件请发到李汉宁邮箱 182839936@qq.com。不建议直接在 QQ 聊天界面发送，以免因外出未及时接收而过期。

7. 联系方式

投稿者请先自觉加工作室微信群 13713866803（先加这号再拉入群）、QQ 群 468262547。备注"真名 + 教学反思"，以便编辑过程中沟通。

附：《中小学书法教学反思》稿件结构

1. 题　目

2. 作者单位 + 姓名（出版时署名用。请写准作者单位，应从省到市到县区到学校写完整。）

3. 内　容

4. 通信方式：地址、邮编、姓名、电话、邮箱、QQ、微信（编辑沟通或出版后寄书给作者时用。地址要详细，请写明省、市、县区、哪条路几号、单位全称或家庭门牌号。该信息为你保密！）

深圳市李汉宁书法名师工作室
2018 年 8 月 4 日

（四）封面题字

该书书名由著名书法家、中国美术学院专业基础教学部党总支书记，硕士研究生导师金琤教授题写。

（五）内容目录

（篇幅有限，此处从略。）

（六）效果与评价

《中小学书法教学反思》和《中小学书法示范课教案》一样，由全国及马来西亚教师联合编写。因为作者地域广，入编的文章涵盖对不同地区、不同经历的书法教学进行的各种反思，可供广大一线书法教师参考。该书于2019年10月刚排版完成，11月印刷装订，尚未上市，目前暂时没有相关评价和反馈。

第三节　中小学书法训练教材

一、《中小学书法教学法配套课堂作业》

该书为个人独著。幅面尺寸：210mm×285mm。64页。

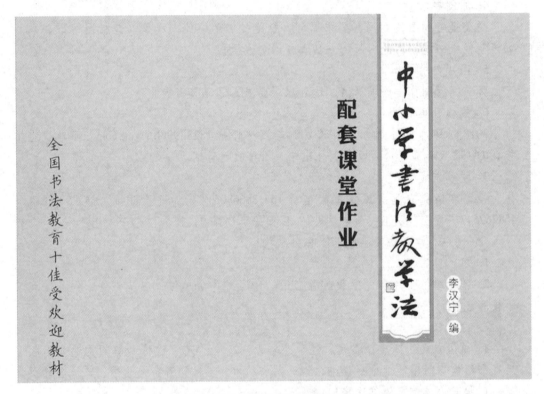

《中小学书法教学法配套课堂作业》

该书于2014年1月开始编写，2014年6月第一版上市；2014年11月修订成第二版，做了一些范字的替换或编排顺序的调整，同时将笔画部分由之前的网上字体笔画改为我个人书写的笔画，让书写感更强烈，容易体现行笔教学意图；2015年6月修订成第三版，从之前笔画、字例只有临摹，变为一半描红一半临摹，将其中少数示范作品也做了更换，作为校本教材用的保持沿用原来的橙色封面，对外用的改为绿色封面。

（一）编写的目的

书法教学中除了技法讲授，还需要有相对应的课堂作业训练。《中小学书法教学法》内设的94个教案为一线书法教师轻松解决了技法讲授的问题，但是如果每一个教案要准备所要求的课堂作业训练材料，涉及内容、数量、页面等问题，对"边学边教"的半路出家的书法教师来说，也是一个难题。为了让使用《中小学书法教学法》的每一个老师都能更科学合理、方便有效地开展书法教学，我们为每个一教案设计出相对应的课堂作业。

（二）编写的思路和方法

考虑到毛笔字字体多，作业页面较大，印刷装订不便，该书以硬笔的形式把课堂作业所要训练的内容呈现出来。如果是将其作为毛笔教学用，教师可以参照硬笔作业中所选的内容，自行处理。

《中小学书法教学法配套课堂作业》的内容安排包含《中小学书法教学法》内 90 个教案、4 个教师书法培训讲稿的作业页面，涉及硬笔楷书笔画、偏旁部首、总体结构、分类结构、作品布局、教师书法培训等六个章节。附加教师综合素质大赛硬笔书法比赛书写题和宝安第一外学语学校学生硬笔书法作品欣赏。编者希望该书既是《中小学书法教学法》配套练习本，也是实实在在的硬笔书法字帖。

作业的内页为 A4 纸，总共 64 页，笔画、偏旁部首、结构等部分作业所配的范字可先描红后临摹，章法部分则全是示范作品临摹。

为了让作业本有很好的视觉效果，提高学生的学习兴趣，我们采用彩色印刷的方式；同时为了与《中小学书法教学法》相互辉映，有整体感，封面设计包含了一些共同的元素。

（三）内容目录

作业包含下列章节，具体请参照前面《中小学书法教学法》目录：
第八章　硬笔楷书笔画教案
第十章　楷书偏旁部首教案
第十一章　楷书总体结构教案
第十二章　楷书分类结构教案
第十三章　书法作品通篇布局教案
第十四章　中小学教师硬笔书法培训讲稿
附一：教师综合素质大赛硬笔书法比赛书写题
附二：宝安第一外学语学校学生硬笔书法作品欣赏。

（四）效果与评价

《中小学书法教学法》可作为师生系统学习书法知识和技法理论用书，《中小学书法教学法配套课堂作业》则可供学生课堂作业训练使用。两者将教案与作业完美地结合，成为一套理论与字帖完美结合的基础书法教材，实现了老师合理地教，学生有效地练，使学校书法教学走向专业化。

《中小学书法教学法配套课堂作业》因实用性强，得到了广大书法教师的赞赏。其内容安排合理，彩色内页页面与精美外观设计相得益彰，深受中小学生的喜爱。

该书上市之后，被国内外大学书法、文秘、教育等专业及中小学、社会培训机构推广使用，被国务院侨办推广到马来西亚华文学校。2014 年，该书获中国硬笔书法协会授予的"硬笔书法教育十佳受欢迎教材（字帖）"称号。

二、《中小学书法摹写范本·楷书》

该书为我和李杭合著，2011 年 8 月撰写，2017 年 8 月由江苏凤凰美术出版社出版。IS-

BN　978－7－5580－3002－4。页面尺寸：210mm×285mm。卡片式盒装，240页。

《中小学书法摹写范本·楷书》

（一）编写的目的

中小学毛笔入门教学是很棘手的问题。如果班级的人数多，个别学生辅导不到位，更加难以引导。书法学习，最初步是从描红开始的，但是，目前国内外罕见有关于中小学书法入门的专门毛笔摹写范本，只有个别字体的描红本，并且是一次性的，页面设置量不够，想多加练习无法实现。于是我想起了编写摹写范本，希望编写出可临可摹，能反复使用的毛笔摹写范本。

（二）编写的思路和方法

1. 最有针对性的内容

《中小学书法摹写范本·楷书》选择了中小学生书法入门学习中最普遍使用的颜真卿、柳公权、欧阳询、赵孟頫、谭延闿等五种字体代表性范字（分大字和小字）。

每一种字体选择包含 28 个基本笔画和复合笔画的代表性范字 36 个。

中小学书法课时相对而言还是偏少的，教师只有选择具有代表性的范字来精讲精练，才能更有效地提高笔法教学效率，以点带面，避免学生临习中走马观花，全面提高学生笔法基本功。

2. 最有说服力的设计

按先大后小的书法学习规律，每一种字体的摹写范本，先设计单张单字的大字，再设计单张 6 字的小字，让学生大字小字均摹写到位。

单张单字页面上部，配有该字所要练习的笔画的行笔示意图，以及行笔要领的说明。

摹写范本为 16 开本，每一张都过膜，可临可摹，并保证摹写后渗在上面的墨迹可以擦掉，能反复使用。

每种字体有代表性范字（大）36 页，代表性范字（小）12 页，共 48 页，双面印刷。四种字体总共 240 页，统一放在一个大包装盒内。

3. 最符合学生的学习需要

书法的学习要从摹写开始，特别是中小学生。但目前书店里的书法出版物基本上是技法分析的书和临写用字帖，这让书法教学只能从临写开始，加大了学习的难度，的确让入门者无所适从。《中小学书法摹写范本·楷书》正是考虑到中小学生学习实际的需要。

4. 最符合教师的教学需要

《中小学书法摹写范本·楷书》针对目前书法教师缺乏，而绝大多数书法教师不是科班出身，正处于"边学边教"的成长阶段这一现实编写，能帮助书法教师轻松地教学。一个班几十个学生同时上课时，只要为每位学生准备一套摹写范本，并准备好普通透明白纸，就可以轻松地教学生摹写或对临，学会运笔方法。

（三）封面题字

该书书名由著名书法家、中国美术学院原书法系主任、博士生导师祝遂之教授题写。

（四）内容目录

颜真卿代表性范字（大）

颜真卿代表性范字（小）

柳公权代表性范字（大）

柳公权代表性范字（小）

欧阳询代表性范字（大）

欧阳询代表性范字（小）

赵孟頫代表性范字（大）

赵孟頫代表性范字（小）

谭延闿代表性范字（大）

谭延闿代表性范字（小）

（五）效果与评价

出版的摹本有两种形式，一种是印刷胶膜的，较薄，一种是相片塑料膜的，较厚，较耐用。无论是书法教师还是家长、学生都认为，使用摹本对笔、墨、纸等材料要求均不高，只要有稍透明的白纸就行，可操作性极强，效果立竿见影。里面的范字具有代表性，能以点带面；内容设置循序渐进，由浅入深，安排独特，科学合理；大小范字都有，可以满足不同的需求；字帖与技法讲解兼顾；单张页面的设计，使用方便灵活。这无疑是一套难得的临摹范本，无论在学校、社会培训机构和家庭中都大受欢迎。

三、《中小学书法摹写范本·隶书》

该书为我和李杭合著，2011 年 8 月撰写，2017 年 8 月由东北师范大学出版社出版。IS-BN 978 - 7 - 5681 - 3693 - 8。页面尺寸：210mm×285mm。卡片式盒装，240 页。

《中小学书法摹写范本·隶书》

该书的编写的目的、思路和方法、效果与前面的《中小学书法摹写范本·楷书》是相似的。《中小学书法摹写范本·隶书》选择了曹全碑、乙瑛碑、张迁碑、石门颂、史晨碑等五种书体。具体目录如下：

曹全碑代表性范字（大）

曹全碑代表性范字（小）

乙瑛碑代表性范字（大）

乙瑛碑代表性范字（小）

张迁碑代表性范字（大）

张迁碑代表性范字（小）

石门颂代表性范字（大）

石门颂代表性范字（小）

史晨碑代表性范字（大）

史晨碑代表性范字（小）

四、《中小学书法摹写范本·行书》

该书为我和李杭合著，2011 年 8 月撰写，2019 年 4 月由吉林大学出版社出版。ISBN 978 - 7 - 5692 - 3745 - 0。页面尺寸：210mm×285mm。卡片式盒装，240 页。

《中小学书法摹写范本·行书》

该书的编写的目的、思路和方法、效果与前面的《中小学书法摹写范本·楷书》是相似的，《中小学书法摹写范本·行书》选择了为智永、赵孟頫、王羲之等三种字体。每种字体含代表性范字（大）60 页，代表性范字（小）20 页，共 80 页。具体目录如下：

智永代表性范字（大）

智永代表性范字（小）

赵孟頫代表性范字（大）

赵孟頫代表性范字（小）

王羲之代表性范字（大）

王羲之代表性范字（小）

五、《中小学书法好课程作品集》

该书由我主编，汇集了深圳市宝安第一外国语学校师生硬笔书法作品 178 幅，2020 年 1 月由云南大学出版社出版。ISBN 978 - 7 - 5482 - 3892 - 8。开本：787mm × 1092mm，1/16。195 页。定价 168.00 元。

《中小学书法好课程作品集》

（一）编写的目的

我从 2012 年 9 月开始在深圳市宝安第一外国语学校初中部任书法教师，我所开发的"初中硬笔书法"课程被评为深圳市中小学"好课程"。为了展示几年来师生的优秀作品，也为了展示课程教学成果，学校办公会议建议出版这本作品集。

（二）编写的思路和方法

1. 师生作品一同收录

我校将硬笔书法课排进学生课表，初一每周一节，全体学生都参加了本课的学习；另外，学校对教师书法很重视，将硬笔字作为教师教学基本功大赛中的一个项目之一，一些教师们业余时间也采用校本书法教材学习训练。所以，作品集收录了学生的作品，也收买了老师的作品。

2. 毕业生、在校生作品一同收录

为了加快作品的收集速度，我们一方面从历届毕业生留下的书法作品中选出一部分，同时通过举行全校学生硬笔书法比赛，选出一部分在校生的作品。

3. 个别优秀学生选用两张作品

在硬笔书法课的训练中，一个学生可能写了好几幅不同内容和形式的作品，而且也写得很不错。我们决定个别优秀学生的作品选用两张，幅式为一大一小。

4. 作品定位为实用性

我们学校的硬笔书法课主要以"写一手好字，提高卷面分"为目的，侧重于实用性。因此，作品主要体现规范正确、整洁端正的特点，有一定的美感就好，对艺术性没有太多的要求。作品集中的作品，准确地说是学生的写字作业。

5. 作品内容和形式种类相对单调

因为历年的作品训练课基本上是统一内容、形式让学生书写的，历届学生留下来的作品在内容和形式上都有雷同；在校生书法比赛规定的内容和形式种类也不多。所以，选出来的作品在内容和形式上都有雷同，这不可避免地导致了作品集内容的相对单调。

6. 要求作品采用 0.5~0.7mm 的笔芯书写

针对网购的作品纸格子较大这一情况，无论是历届学生的硬笔书法课堂训练，还是在校生的书法比赛，我们要求学生使用 0.5~0.7mm 的笔芯书写，与平时学生作业书写用的零点三几毫米的笔芯有所区别，所以作品集中的字的笔画没有那么纤细。

7. 采用彩色印刷方式

学生书写用的作品纸是网购来的，这些纸张款式新颖，色彩丰富。为了让作品集有良好的视觉效果，我们决定采用彩色印刷方式。

（三）封面题字

该书书名由著名书法家彭一晋题写。

（四）内容目录

（篇幅有限，此处从略。）

（五）效果与评价

该书作为市级"好课程"教学产生的作品集，其中作品在学校教育成果展示中得到很好的赞誉。

第四节 论著或教材评奖申报——"硬笔书法教育十佳受欢迎教材（字帖）"申报

论著或教材评奖申报的主要经验是 2014 年 10 月申报 2013 年度（首届）"硬笔书法教育十佳受欢迎教材（字帖）"。现对申报表进行展示并做分析。

榮 譽 證 書

<u>李汉宁</u> 同志

您编著的《 <u>中小学书法教学法（配套课堂作业）</u> 》，荣获2013年度"硬笔书法教育十佳受欢迎教材（字帖）"称号

中国硬笔书法协会
2014年10月14日

李汉宁《中小学书法教学法》（含配套课堂作业）获奖证书

（一）申报教材基本情况（部分摘录）

教材（字帖）名称：《中小学书法教学法》（含配套课堂作业）

主编姓名：李汉宁

出版单位：广西师范大学出版社

发行时间：2013年9月

发行范围：全国

教材（字帖）类别：已出版（ISBN 978 - 7 - 5495 - 3745 - 7）

教材（字帖）适用范围：公办学校使用、社会办学使用、跨省使用

教材（字帖）适用课程类型：公共课、专业课、专业基础课、专业选修课

教材适用对象：本科、高职高专、高中、初中、小学、成教、社会办学书法培训机构

使用时间：2年

◎填写策略点评：当下教育部正在推行中小学书法教育，《中小学书法教学法》（含配套课堂作业）作为全国第一本基础书法教学法教材参加"硬笔书法教育十佳受欢迎教材（字帖）"评选，光是其名称就很有吸引力，这给我们参评带来了自信。广西师范大学出版社是全国有名的图书出版社；教材已印刷12万册，在全国众多本科、高职高专、高中、初中、小学、成人教育学校及社会办学书法培训机构使用2年。这些信息足以证明我们的教材是优秀的。

（二）编者简介

1. 基本情况（部分摘录）

姓名：李汉宁

职称：书法副教授

所在单位：深圳市宝安第一外国语学校

◎填写策略点评：编者为书法副教授，这样的职称在书法教育界里是很有分量的，并且是学校的在职书法教师，说明这本书是以一线教学实践经验为基础的，体现出其有一定的专业性和深度。

2. 主要教学经历

曾进修于中国美术学院书法专业，书法副教授，中国硬笔书法协会教育委员，中国书法家协会会员，教育部考试中心硬笔书法等级考官，中国教育学会书法教育专业委员会会员，深圳市宝安区书法学科名师，宝安区教师硬笔书法培训主讲嘉宾。

曾在广西百色学院从事高等师范"三笔字"（毛笔、粉笔、钢笔）教学 19 年，在深圳市石岩公学、宝安第一外国语学校从事中小学硬笔书法教学 7 年。2013 年 11 月、2014 年 7 月受国务院侨办、深圳市侨办的委派，到马来西亚给当地师生讲授中国硬笔书法课。

大学书法教育、中小学书法教育成果曾先后两次获得中国书法最高奖——兰亭奖·教育奖提名奖。

曾被评为中国硬笔书法协会优秀会员、中国硬笔书法协会先进工作者、全国优秀中青年硬笔书法家、全国写字教学先进个人、全国艺术教育先进工作者、全国书法普及优秀教师，任书法报全国中小学书法教育讲师团讲师。

◎填写策略点评：编者在中国美术学院书法专业进修过，为中国书法家协会会员，有大学、中小学书法教学经历，到国外教过书法，获过两次兰亭奖·教育奖及其他多项荣誉，作为书法教学用书的编写者是不可多得的。

3. 主要科研、实践经历

作品多次入展国家级展览；发表书论 30 多篇。

教学论文入选中国硬笔书法协会举办的第一届全国硬笔书法家作品展。

主持的课题"小学生课堂书法训练对策研究"被宝安区教育局、深圳市教育局两级资助立项，并于 2014 年 4 月圆满结题。

2008 年，论文《中小学书法教学中具有代表性范字的选择》《中小学书法教育的意义和方法》在深圳市教研室主办的深圳市首届中小学书法教学研讨会上分别获一、二等奖。

2008 年创建了全国第一个专门从事中小学书法教育研究的网站——中小学书法教育（http：//www. syps. com/shufa/）。该网站荣获 2010 年广东省"十一五"教育技术研究与教育信息化优秀成果三等奖。

2010 年应邀参加书法报社主办的第三届全国少儿书画教学高峰论坛，以《两年的兰亭之路——深圳市石岩公学书法教育模式探索》为题做教学经验交流报告，亲手创立的"石岩公学中小学书法教育模式"成为论坛的热点议题，得到来自全国各地的中小学书法教育名师的高度评价。

2010 年 2 月 7 日，《书法报·少儿书画》头版整版刊登了《第三届中国书法兰亭奖·教育奖系列访谈之一：桃李芬芳——访深圳市石岩公学副教授李汉宁》一文，文章是记者针对目前中小学书法教育问题对李汉宁进行的专访。

2013 年 11 月 7 日，《书法报·书画教育》头版整版刊登了记者就中小学书法教学法问题对李汉宁的专访。

2013—2014 年，中国新闻网、凤凰网，马来西亚《亚洲时报》《诗华日报》《星洲日报》等都对李汉宁的中小学书法教学法做了专题报道。

4. 曾编写教材（字帖）情况

（教材名称、出版时间、字数、出版社、印数、印次及获奖情况等，不超过300字）

2008年3月，专著《中小学书法训练技巧》（含硬笔、毛笔）由岭南美术出版社正式出版发行。至今已印3次，总发行量为8万册。

◎填写策略点评：发表书论30多篇，有市级书法课题结题，论文、网站获过省市级奖，曾在国家级书法教育论坛做专题报告，出版过其他专著，接受过《书法报》专访，相关经历被国内外媒体多次报道。这充分说明编者科研水平不一般，实践经历丰富。

（三）扩展信息

本教材（字帖）特色，改革思略、创新点及与教材相关的课程情况：

《中小学书法教学法》（含课堂配套作业）于2013年由广西师范大学出版社出版发行。该书被媒体和业界誉为"我国基础教育史上第一本书法教学法专著"，被认为填补了我国中小学书法教育的空白。

2011年8月，教基二〔2011〕4号《教育部关于中小学开展书法教育的意见》出台后，全国普遍认为在中小学开展书法教育难度很大，其中教学法问题特别突出；另外，语文、数学、英语、历史、地理、音乐、美术等课门门都有自己的教学法，唯独书法一直没有。基于此，我萌发了对中小学书法教学法进行探索和总结的想法，并开始了本书的构思。

本教材针对当前中小学书法教学面临的困惑设置内容，37万余字，内含808张笔画、字例、作品及实物图片，具体分"上篇：中小学书法教学法概论"和"下篇：中小学书法教案纲要"两个部分。上篇包含中小学书法教育导论、中小学书法教学的内容、中小学书法师资队伍的建设、中小学书法教材的编写、中小学书法教学的场地设备、中小学书法教学的实施、中小学书法社团的构建等章节；下篇包含硬笔楷书笔画教案、毛笔楷书笔画教案、楷书偏旁部首教案、楷书总体结构教案、楷书分类结构教案、书法作品通篇布局教案、中小学教师硬笔书法培训讲稿、中小学生作业书写问题分析及对策等章节。

上述内容涵盖中小学书法教育领域的各个方面，有理论有实践，理论有来源、有深度而且简明精辟，通俗易懂。作者通过实例、图片来阐明教学中的各种工作、技法问题，使得各种书法教学问题更生动直观，深入浅出。该书既是书法知识、技法学习用书，也是书法教学法参考书，师生均可使用。

本教材上市后，被全国众多师范大学、中小学、业余书法机构选为教材，广大读者在网上给予高度评价。到目前为止，所有评价都是积极的、肯定的，令人欣慰！现摘录当当网读者评价一则如下：

"本书是真正为习书入门者排忧解难的智慧书，帮抓住书法学习关键点！书中循序渐进突破重点，由浅入深攻克难点，抓住本质阐明盲点。打破传统思维方式，探讨问题本质，传授方法技巧，从根本上解决问题，进一步提升运用能力。"

本教材在正式出版前，相关内容已在个人承担的中小学书法课上讲授6年，受培训学生约一万两千多人次，在宝安区中小学、幼儿园教师硬笔书法培训中使用5年，受培训教师达8000多人次。相关教学成果突出，《书法报》《宝安日报》多次报道。

本教材将于今年9月被马来西亚沙巴州所有华文学校用作"中华传统文化教材"。

◎填写策略点评：强调该教材被媒体和业界誉为"我国基础教育史上第一本书法教学法专著"，称为"填补了国内空白"。内容涵盖中小学书法教育领域的各个方面，有理论有实践，通过实例、图片来阐明教学中的各种工作、技法问题，使得各种书法教学问题更生动直观，深入浅出，能够充分展现改革与创新特点。它既是书法知识、技法学习用书，更是书法教学法参考书，师生均可使用；被全国众多师范大学、中小学、业余书法机构选为教材，并且传播到国外。这说明该教材有很强的使用价值和推广价值。这样的教材应该有理由获奖。

第八章　中小学书法教师时期公开课或学术讲座举办

第一节　公开课或学术讲座举办心得

公开课或学术讲座作为一种教研形式，也是教师个人专业成长很好的平台。中小学教师的职称评聘，对公开课或学术讲座都有特定的要求，不同级别的职称有不同级别、不同数量的公开课或学术讲座的要求。

公开课在某种意义上讲是示范课，能充分展示执教者对一定的教学理念、教学艺术、教学风格等的追求和把握，供观摩者评议、学习。公开课也可能是探究课。伴随着新课程改革的深入推进，教育界不仅努力更新指令型课程中已经形成的传统的教学方式，而且也在积极反思着长期沿袭的不乏泡沫的教研方式。公开课往往会突破传统，在某个点上做新尝试，或是进行教学内容的优化、授课形式与方法的更新、师生角色的转换、课内外的联动等等。这是一种积极主动的探索，对教学的研究和发展都有提升的作用。

学术讲座也是一种教学形式，主要通过专题报告会的方式来传授某方面的知识、技巧。讲座的内容相对高端，有较高的学术水平和研讨价值。公开课通常采用平常的一节课来开展，而学术讲座的时间比较灵活，多数情况下时间比较长。

中小学书法公开课主要是面向同行、同事展示。它的种类很多，可以是普通必修课，也可以是社团课，可以是技法讲授课、作品欣赏课、创作训练课，也可以是理论知识课，和美术学科的公开课形式相类似。

中小学书法教师举行的学术讲座可以面向学生，也可同事、同行或社会人员。

中小学书法课教学往往是以学生的技法学习和训练为主，力求提高学生的书写水平。但是，光有技法传授是不够的，与书法相关的文化、审美思想等也需要让学生了解了解。我们可以采用举办专题讲座的形式来完成后者，比如可以以古代书法欣赏、书法历史发展等为主题。可以在班级内举行，也可以集中几个班级的学生，在报告厅内举行。

现在的教育同事、同行或社会人员中，有很多人的字写得不够好，还有很多人书法教学经验不足，也很希望能够了解一下书法基础知识，学习一些书法技法或者教学法理论。我们可以对这些人开设专题讲座。

要成为中小学书法名师，我们需要在同行，特别在青年教师中起到引领示范作用，要尽量争取各种机会，举行各种书法公开课或学术讲座。有些老师说，公开课或学术讲座不知如何去做，一直在做的也不知如何去提升。这里谈谈我在公开课或学术讲座方面的心得。

一、从小做起，大胆实践

在公开课或学术讲座中，教师个人演的是主角，或者完全就是在演独角戏。第一次开讲时，内容可能是比较陌生的，要讲得严谨又灵活，真不容易。所以我们需要多实践、多经历，从小的范围开始锻炼自己，比如先在班级里开始。从小规模到大规模，从对学生到对教师，从校内到校外，逐步升级。

二、一个课件，反复打磨

开发出一节公开课或一个专题讲座后，可以到不同的地方去反复讲，很多专家凭一个相同的内容，就可以跑全国讲好多年。一个课件每讲完一次，都要尽量根据讲授效果和新出现的情况进行修改、充实，让它变得越来越完善。

三、善于开发，积少成多

成功地开发了一节公开课或一个专题讲座之后，要不断地开拓新内容、新专题。比如，你成功做过了笔画的讲座，下一次可以去做结构的、章法的讲座。我讲授的深圳市教师继续教育课程"中小学书法教学法"里包含很多不同内容的专题，都是过去很多年积累下来的，我将它们进行整合，形成了系列。

四、抓住机会，多讲多练

只要手中有了自己认为过得去的一节公开课或一个讲座专题，我们就要积极寻找机会，多去一些地方实验或锻炼。每讲一次，都会有不同的收获，讲课的经历也是你评先评优的资本积累。有些老师到了评比时才发现这部分的材料太少。

五、主动策划，收集证据

对于公开课和讲座，很多人讲完就完，不注意收集保留相关的资料，到想用时就感到很无奈。中小学教师有些级别的职称评聘、评先评优，会要求你提供公开课或讲座的证明材料。在开课的前后，如果是单位要求你主讲的，你尽量要求人家给你一份文件，文件上最好有你的名字。另外，要多拍你讲课时的照片，照片里要有你。如果可能，要求主办方在你讲课场景上挂横幅或用显示屏显示你的名字和讲座主题。这样，等到将来要用照片做证明材料时，会更有说服力。

第二节　校级公开课或学术讲座

一、深圳市石岩公学"汉字文化周"书法表演课

2007 年 12 月 3 日，为了配合石岩公学"汉字文化周"活动的开展，我应邀在学校篮球场给小学部 1000 多名学生，做题为"文字的演变"的现场书法表演和讲解课。这种形式的课，让同学们开阔了眼界。

石岩公学"汉字文化周"开幕式

◎举办策略说明：现场大字表演，对小学生很有吸引力，很受欢迎。因为是大字，需注意纸质要厚些，这样才不易划破。户外书写，纸张四周粘贴要稳，以防风吹。因为要竖起来写，不能用墨过量，以防滴墨。表演时稍侧身子，尽量让学生看到运笔。

二、深圳市石岩公学小学部书法教研课

为了进一步提高学校教育教学水平，整体提高教师队伍的素质，努力打造一支业务水平精湛、教学成绩优良的全新教师队伍，石岩公学小学部开展了校内外特聘教师、公学名师等引领的教研课。

2008年10月24日上午在小学部四年级（1）班的第四节课里，我在学术报告厅给小学部教师举行了内容为"楷书结构：全包围"的书法教研课。小学部朱瑛副校长、刘小仁等年级组长及相关书法美术学科的教师到场听课。

听课的老师认为，这一节课内容设计独到、教法新颖、讲解风趣、师生互动自然、学生兴趣高昂、技法训练到位。

小学书法教研课

◎举办策略说明：给小学生讲课，要通俗易懂，尽量配些小故事，讲解追求有趣。开讲过程中时刻观察学生状态和纪律，该表扬的要表扬，引导他们跟着你的课走。

三、深圳市石岩公学小学部书法欣赏课

应深圳市石岩公学小学部语文组的邀请，2008 年 11 月 17 日下午，我在石岩公学学术报告厅给小学部五年级 8 个班的学生讲授题为"文字的产生以及字体的变化特点"的书法欣赏课。

我从文字前的结绳记事、刻画符号、图画文字讲到象形文字及后面的书体，介绍了文字的产生过程，并讲述了篆、隶、行、草、楷各种书体的变化和艺术特点。讲座中我利用丰富的图片、新颖独特的故事来阐述理论知识，深深地吸引了学生的注意力，让学生在轻松愉快中领略书法的美感和包含的哲理，得到听课师生的一致好评。

小学书法欣赏课

◎举办策略说明：给小学生讲课，多用图片展示，容易吸引学生的注意力，也容易增加学生的记忆。

四、给来访的俄罗斯学生上书法探究课

2011 年，俄罗斯五至七年级学生到深圳市石岩公学访问学习，受学校的安排，10 月 30 日起我在少年书画院给他们上三节书法课。俄罗斯学生对中国传统文化很感兴趣，在书法课上表现得非常兴奋。

为俄罗斯学生上书法探究课

◎举办策略说明：外国学生对毛笔、宣纸感到好奇，尽量让他们亲自体验；同时多给他们示范表演。写点小卡片作品送给他们，他们一定会很喜欢。

五、深圳市塘头小学教师书法讲座

为响应深圳市宝安区开展"教师素质提升年"活动的号召，2012年4月9日下午，我应塘头小学的邀请，给该校全体老师举行了题为"结构方法"的书法讲座。

我在这场讲座中安排了理论讲解、技法示范和现场作业训练，尽量让到场培训的老师们学有所乐、学有所获。讲座结束后，不少老师一致感叹，他们没想到抽象枯燥的汉字结构竟然还会蕴含着那么多生活的哲理和审美的规则，更没想到高不可攀的书法其实有法可依，方法就那么简单。大家对我能潜心于书法净土而取得这样的学术成果表示敬佩，并渴望能再次安排类似的讲座。

为小学教师举办书法讲座

◎举办策略说明：给教师讲技法课，可以先印好一些课堂练习作业，让他们边听边写，学以致用。纯粹讲理论，效果会打折，只有当他们在课堂上练了几笔，才会觉得听你的课真有收获。因为通常回去后，他们是很少会练字的。

六、给来访的英国学生上书法探究课

受学校的安排，2011 年 11 月 14 日，我在深圳市李汉宁书法名师工作室给英国师生访问团举行书法体验教研课。在这节课上，我让学生用毛笔在宣纸上写几个简单的汉字，了解毛笔和宣纸的性能，体验书法的笔墨韵味。同时用圆形作品纸写他们的中文名作为礼品送给他们。

给英国学生上书法探究课

◎举办策略说明：外国学生会觉得书法很好玩。让他们体验学习，用的字不要太难，要让他们有成就感。提前准备些小作品纸，让他们自己写或老师写了送他们，作为纪念，他们可以拿回去再装镜框，这种经历一定很难忘。

第三节　区级公开课或学术讲座

一、深圳市宝安区教师硬笔书法培训民治专场

由深圳市宝安区教育科学研究培训中心举办的宝安区教师硬笔书法培训第一讲于 2010 年 5 月 20 日下午在民治小学举行，我担任主讲，来自民治街道的 100 多名小学教师参加了这次培训。

在一个半小时的讲座中，我通过讲授分析、示范表演、指导训练等多种方式，把学员领进了硬笔书法艺术的殿堂。听课教师课后反映，我有较高的书写技艺和深厚的理论功底，讲课能旁征博引，深入浅出，加上风趣幽默的讲课语言，合理的作业设计，让他们在轻松愉快的氛围中学到了知识和技能。他们感叹，以前从未听过这样立竿见影的书法课。我的这一讲，打响了宝安区教师硬笔书法培训的第一炮，得到了宝安区教育科学研究培训中心培训部的高度评价。

深圳市宝安区教师硬笔书法培训民治专场

◎举办策略说明：教师书法培训课，很多人是不得已来听的，中途走人或睡觉都可能有。你的课要讲得新颖、有趣，要巧妙地安排内容。你可以告诉他们，你不想学，但听一听，懂点基本方法，将来至少可以用来指导你的小孩。

二、深圳市宝安区教师硬笔书法培训松岗专场

由深圳市宝安区教育科学研究培训中心举办的宝安区教师硬笔书法培训第二讲在松岗一小举行，我担任主讲，来自松岗街道约 130 名小学教师参加了这次培训。

在这次培训中，我立意于解决当前小学教师和小学生书法学习的难题，既给学员传授了提高自身书法水平的方法，又给学员传授了"边学边教"的书法教学理论方法，目的是通过培训让学员在提高自身书写能力的同时又能指导自己的学生进行书写训练。讲座得到学员和区教育科学研究培训中心培训部领导的好评。

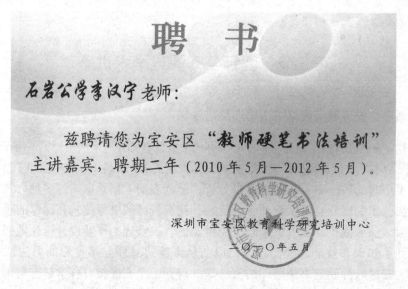

聘　书

石岩公学李汉宁老师：

兹聘请您为宝安区"教师硬笔书法培训"主讲嘉宾，聘期二年（2010 年 5 月—2012 年 5 月）。

深圳市宝安区教育科学研究培训中心

二〇一〇年五月

教师硬笔书法培训主讲嘉宾聘书

◎举办策略说明：教师书法培训要显示你专业的高超，如果你讲的东西他们都早听说了，没有新见解，没有显示效果，人家是不会服你的。

三、深圳市宝安区教师品位提升系列特色讲座：书法讲座

为进一步提升教师的综合素质，由深圳市宝安区教育科学研究培训中心举办的"教师品位提升系列特色讲座：书法讲座"于2012年3月27日下午在宝安实验学校学术报告厅举行，作为石岩公学少年书画院院长、宝安区基础教育系统"名师工程"唯一的书法学科带头人、宝安区教师硬笔书法培训主讲嘉宾，我做了题为"楷书结体美的总特征"的书法专题讲座。讲座活动由宝安区教育科学研究培训中心培训部席梅红老师主持，来自全区直属及新安、西乡、石岩街道各中小学、幼儿园的中青年教师代表近400人到场听课。

在讲座中，我运用大量生活中的具体事例，尽量形象地剖析"楷书结体美"的规律和方法，充分阐述了自己的学术观点。听课老师普遍认为，此次讲座角度新颖，见解独到，语言风趣幽默，引起了他们浓厚的兴趣。难怪在两个小时的讲座中，台下不时发出爽朗的笑声。教科培中心收集的现场信息反馈情况显示，老师们对培训的满意度高达95%。

教师品位提升系列特色讲座

◎举办策略说明：教师书法培训，现场有几百人，没有现场训练环节，他们只能听。对于这种报告式的讲座，你的PPT要做得精美，图文并茂；讲授的方式方法要灵活多变，如投影示范、视频播放等。

四、深圳市宝安区幼儿园教师书法讲座

应深圳市宝安区教育科学研究培训中心的邀请，我于2012年10月21日在新湖中学（上午）、宝安实验学校（下午）分别为来自宝安区直属、西乡、新安街道约1300名幼儿园教师举行书法讲座。我以"楷书结构美的总特征"为主题给学员们讲授了楷书结构规律和练习方法。学员们在课堂上利用讲座特别设计的作业页面进行训练。讲座实现了"学有所获，学有所乐"的目标，得到学员的广泛好评。

为幼儿园教师举办书法讲座

◎举办策略说明：针对教师的书法培训，开始前可以简短地做个学员基础调查，比如练过书法的人多不多，他们平时书写最大的问题是什么，大家想学点什么，等等。开讲时可根据调查结果对内容做适当的调整。

第四节　市名师工作室公开课或学术讲座

一、中马教师教学探究课

2017年3月20日，应深圳市李汉宁书法名师工作室邀请，马来西亚亚庇书艺协会秘书长张少纶先生到深圳宝安第一外国语学校举行教学探究课。张少纶老师和我一起同台给初一（10）班学生上了一节以"中马书法课比较"为主题的课，受到学生们的热烈欢迎。

与马来西亚老师一起讲课

◎举办策略说明：这样的课肯定很有吸引力。两个老师要相互配合，让外国的老师多讲，中国的老师给予补充点评。注意让学生多提问，满足学生的好奇心，让外国老师帮他们探究那个充满神秘感的世界。

二、深圳市石岩小学教学研讨课

2017 年 5 月 9 日上午，我带领深圳市推广课程"中小学书法教学法"讲师团朱宝安、沈水健、简建明等三位老师，到石岩小学举行教学研讨课，该校教科室黄馨君主任负责活动的组织安排。我们四位老师同台给小学生上了一节名为"我们一起说结构"的书法课。在这节课上，每位老师分别给小学生介绍一种楷书结构的方法，听课的学生感到很新奇，觉得受益匪浅。

与多位老师一起给小学生讲课

◎举办策略说明：这种课是一种新鲜的探索课，每个老师都有机会露面，大家都可以轻松应对，但讲的内容要少而精；学生也顶喜欢，一节课里能有那么多个不同的老师传授不同的方法，他们会觉得收获很大。

三、深圳市大鹏中心小学书法讲座

2017 年 5 月 10 日下午，作为深圳市推广课程"中小学书法教学法"的主持人，我和课程讲师团成员沈水健老师，到课程应用学校大鹏中心小学参观考察，该校温逸洪校长和书法教师游明星热情地接待。参观结束后，我用故事的形式给该校四年级全体学生举行了主题为"美丽的结构"的讲座。这种授课方式极大地激发了同学们的兴趣。

为大鹏中心小学的学生讲课

◎举办策略说明：到不同的学校针对类型相似的学生讲课，一个教案可以反复使用，但每一次讲完之后，应尽量根据讲的效果修改提升。

四、深圳市桥头小学公开课

2017 年 5 月 22 日下午，深圳市李汉宁名师工作室在桥头小学举行小学书法公开课，我以"艺术的书写"为题讲授这节课，该校三年级学生及部分教师共 200 多人到场听课观摩。我多次使用幽默风趣的比喻，来说明书写方面的问题，课堂气氛活跃，学生积极互动。从课堂上学生充满欢笑和下课时学生依依不舍的情景，可以看得出这次课非常成功。

在桥头小学举办书法公开课

◎举办策略说明：到不同的学校针对类型相似的学生讲课，虽然一个教案可以反复用，但对自己来说，容易产生惰性。所以，每一次讲课要学会寻找新的点去尝试，有意识地去突破自己，这样才能够不断提高。

五、南方科技大学实验小学课程推广专题讲座

2017 年 5 月 26 日，我在南方科技大学实验学校报告厅给该校三年级学生举行深圳市推广课程"中小学书法教学法"之"美的书写"专题书法讲座。我用形象的比喻、生动的故事来说明写好字的意义和美的书写的几种原则和方法，并让学生在课堂上进行训练。学生听得津津有味，并轻松地掌握了我所传授的知识和技法。这种寓教于乐的中小学书法教学方法，得到了前来听课的师生的赞赏！

"美的书写"专题书法讲座

◎举办策略说明：到不同的场合讲课，教学设备设施不一样，无法强求统一。对同一个教案，自己要懂得用不同方法来讲。比如黑板示范字要大一点，投影仪示范比较随意。

六、深圳市华一实验学校书法讲座

2017 年 6 月 5 日，我在华一实验学校报告厅给来自该校四年级 4 个班的学生举行了题为"书法技法"的书法讲座。听课学生兴致高昂，积极参与。学员反映，他们都从中学到一定的书法知识和技能，感到很快乐！

"书法技法"专题讲座

◎举办策略说明：到不同的场合讲课，要注意观察学生的状态，尽量根据学生的特点，比如学习基础，灵活调整自己讲课的内容、方式和速度，让学生有收获。

七、深圳市长圳学校课程推广专题讲座

2017年6月9日，我在长圳学校报告厅给来自该校四年级全体学生举行深圳市推广课程"中小学书法教学法"之"学习方法"专题讲座。长圳学校的学生书法基础好，听课中热情高涨，勇于发言，积极互动交流，师生间感到没有代沟，讲座像朋友之间的交谈。

"学习方法"专题讲座

◎举办策略说明：书法讲座过程中，如有与学生互动、图书赠送、现场作品表演等环节，要规划好时序，把握好时间，并留意拍摄相片，以备将来有用。

第五节 市级公开课或学术讲座——深圳市 教师继续教育课程

2017 年以来，我在深圳大学面向全市中学教师讲授深圳市教师继续教育课程"中小学书法教学法"。学员普遍反映，这是一门很受欢迎的课程。值得一提的是，每一次网上选课，第一天上午就会爆满，我感到非常欣慰。

开讲深圳市教师继续教育课程

◎举办策略说明：继续教育课比较难讲，因为学员都是在职教师，对课程要求高。所以，备课要精细，内容要符合学员实际，讲课要生动，准备的课堂练习材料要充分，要平等地与学员友好交流。尽量让他们学得有收获，学得快乐。

第六节 省外公开课或学术讲座

一、南京书法教师培训

2017 年 8 月 1 日，我应南京市江宁区教育局的邀请，在江宁区翠屏山小学给全区书法教师讲授"中小学书法教学法"课程。

南京市江宁区书法教学法培训

◎举办策略说明：人家有意请你去培训书法教师，讲课要充分利用时间，不拖泥带水；内容要丰富，浓缩地把方方面面的内容讲齐；要展现你独特的理念，先进的方法。

二、贵州中学生书法讲座

2019年5月5日上午，我应邀到贵州省平塘县者密中学给该校中学生举行题为"从'者密中学'谈结构美的方法"的专题讲座。

在贵州者密中学讲课

◎举办策略说明：到没有书法课的学校去讲课，示范也好，理论也好，学生都会感觉比较新鲜，讲课难度不会很大。这次做的专题很有意思，我从校名这几个字包含的结构原理开始，讲汉字结构的审美方法，让学生从中知道书法原来有那么多奥秘，加上现场楷书的表演，被容易就得到了认可。

三、贵州书法教师、书协会员书法讲座

2019 年 5 月 5 日下午，我应邀到贵州省平塘实验小学给来自全县的书法教师、县书协会员举行书法讲座。

为贵州平塘县书法教师、县书协会员授课

◎举办策略说明：到一个陌生的地方讲课，课前要先了解学员状况，比如各级书协会员有几个，参加国家、省、市级展览的有几个，通常大家都学什么样的字体。了解清楚后，才好把握上课的方向，比如书法欣赏、书法理论、书法创作、学习方法等各要素的内容比例。要兼顾不同层次学员的需要。

第七节　国家级公开课或学术讲座

一、在全国少儿书画教学高峰论坛上做专题报告

由书法报社举办的第三届全国少儿书画教学高峰论坛于 2010 年 5 月 24 日至 27 日在广东省东莞市东城区六小举行，来自全国的 130 多位书法特色学校的校长、书画教育专家、书画教师参加了此次会议。作为全国"名校名师"的七位代表之一，我应邀在高峰论坛上以"两年的兰亭之路——深圳市石岩公学书法教育模式探索"为题做教学经验交流专题报告。石岩公学的书法教育模式以其先进的教育理念、极强的可操作性赢得与会书法教育专家、书法教师的一致好评并成为论坛关注的热点，大家普遍认为石岩公学的书法教育模式值得全国同行借鉴。

在全国少儿书画教学高峰论坛上做报告

◎举办策略说明：给各地同行做经验交流报告，要拿出真才实学，体现出自己的独特性和高度，同时又要谦虚诚恳，以探讨求教的口吻，把做法经验展示出来，让人心服口服。

二、在首届全国书法教育高峰论坛上做专题讲座

2014 年 10 月 16 日我应邀赴北京，在中国硬笔书法协会举办的首届全国书法教育高峰论坛上做关于"中小学书法教学法"课程的专题讲座。

在首届全国书法教育高峰论坛上举行专题讲座

◎举办策略说明：书法教学法专题的讲座，要从书法专业的方法技巧、教育心理学的理论两个方面入手，这样才能让人有深刻的理解，认识到这是你关于一个学科的教学感想，不是一般的教学感想。

第八节　国外公开课或学术讲座

一、2013 年赴马来西亚森美兰州讲授书法

受国务院侨办、深圳市侨办的派遣，2013 年 11 月 17 日至 31 日，我随"中华文化大乐团"讲师团赴马来西亚森美兰州，给当地的华文学校师生讲授中国书法。

援教地点在森美兰州的新华小学，这是一所华人学校，学生都会讲中文。据家长介绍，他们的太爷在 20 世纪初来到这边。他们懂很多种语言，中文、粤语、英文、马来文都会，有的还会客家话。他们的先辈大多来自广东、福建、广西，他们对中国文化历史都比较了解。参加"中华文化大乐团"学习的当地师生有 200 多人。

华人学生非常渴望学习中国传统文化，对书法兴趣浓厚。按原计划，每班安排两节三小时的书法课，让马来西亚的学生对中国书法有一个概念性的认识，体验毛笔和宣纸的性能，学几个笔画，结营时有几张作业拿出来展示，参与方记录教学活动的内容，任务即可圆满完成。然而，当我意外地看到，近 60 人的班级，大家都安静地听课，没有一个人乱出声，练习中没有对话打闹。第一次课上了一个半小时后我问他们中间要不要休息，他们竟然说不用，而且很乐意的样子。这让我感觉他们希望多听一会儿这门稀奇的课。但是无论怎样加速，有限的课时里所授的内容真的太少。因此，我及时调整教学思路，除了现场训练一些基础技法外，还着重教会他们自学学习书法的方法，让他们今后在没有老师在身边的情况下，也能正确地学习训练。

我的讲课风格比较幽默风趣，深受学员的喜欢。听了我的课，学员们大多都有"开窍"的感觉，对书法有了更直接深入的认识，学习兴趣也大大提高了。马来西亚教总主席，芙蓉新华华小董事会、家教协会、校长均对我的书法课给予高度的评价。

中国新闻网以《书法教师李汉宁：让华裔青少年体验书法乐趣》为题进行报道，凤凰网、新华网、中国日报网、新浪新闻、网易新闻、中国侨网、西部网、浙江在线、兰亭书法公社等大量媒体转载，马来西亚《中国报》记者也做了采访。

赴马来西亚森美州讲授书法

◎举办策略说明：因为文化、见识不同，书法学习的思想、物质条件不同，在国外开展书法培训，要讲的内容很多，比如中国书法教育现状、中国中小学生学习书法的内容和方法、书法技法等。课堂中作品表演很受欢迎。因为难得有书法课，学员会很多，多数时候上的是大课，要做好上大课的准备。

二、2014 年赴马来西亚沙巴州讲授书法

赴马来西亚沙巴州讲授书法

2014 年 7 月 26 日至 8 月 4 日，我受深圳市人民政府侨务办公室，市、区教育局的委派，赴马来西亚沙巴州支教，讲授书法。

这次支教的是沙巴州哥打基纳巴卢市（即亚庇）的书法营。这个书法营有 38 个学员，其中有教师，也有中小学生。因为年龄层次不同，加上他们准备的书法学习材料很多是不符合教学规范的，要在短短五天里完成毛笔、硬笔基本知识与技法的传授，并让他们写出作品来展示，对于我来说是从未遇到过的挑战！

但这次授课是自己的学术成果《中小学书法教学法》和《中小学书法教学法配套课堂作业》在海外的教学实验，我感到机会难得，乐意挑战。

经了解，整个班的学员中基本上没有人参加过专门的书法训练，他们都期待着系统化的学习，所以我精选具有代表性的笔法、结构、作品等内容让他们学习。为了让他们深刻理解，增强记忆，我采用多种教学方式，尽量以生活实例、故事、美学原理来说明技法的问题。

五天的教学，除了让学员学到课堂安排的知识和技法内容，还要教会他们一些学习方法，以便书法营结束后，他们能独立去学习、训练，明确方向，不走弯路。对于教师学员，我在教学中有意渗透一些中小学书法教学法理论，让他们学会"边学边教"的方法，这样回到学校后便能大胆地开展书法教学活动。最终，我的教学取得了圆满成功，达到了预期的效果，得到了华文学校董联会及师生、家长的高度赞赏。此次支教，除了给书法营讲课，还应邀与亚庇书艺协会进行笔会交流，受到当地媒体高度关注，《亚洲时报》《诗华日报》《星

洲日报》等报纸分别做了报道。

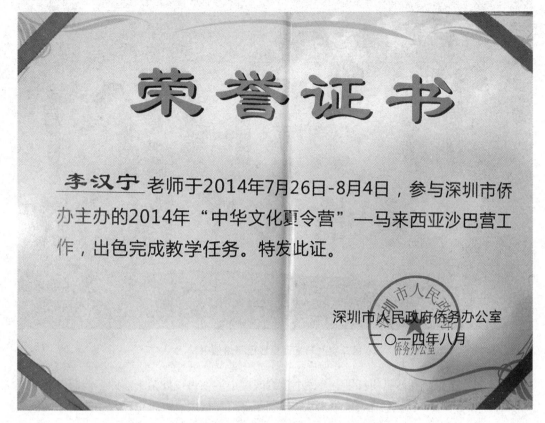

首次赴马来西亚沙巴州讲授书法获得表彰

◎举办策略说明：马来西亚学校的教学条件不如深圳，教室里多媒体设备不是很普遍，在有些地方讲课用不了课件，要做好采用传统方式授课的心理准备。因为那边文房四宝样样缺乏，学校准备的材料不规范，教师用的毛笔、作品用纸等最好从中国带一些过去。

三、2016 年赴马来西亚沙巴州讲授书法

2016 年 7 月 4 日至 7 日，我受深圳市人民政府侨务办公室，市、区教育局的委派，第二次赴马来西亚沙巴州支教。因支教成果突出，我受到华人同胞的热烈欢迎，《星洲日报》《亚洲时报》《诗华日报》等媒体前后做了多次报道，部分报纸用专版刊登对我的专访或我撰写的文章。

第二次赴马来西亚沙巴州讲授书法

7月4日上午，我在沙巴州打里卜公民小学给该校小学生讲授硬笔书法课。他们以前一直认为书法只有毛笔书法，没想到还有硬笔书法，觉得很好奇，很用心听课和训练，效果很不错。

在马来西亚沙巴州打里卜公民小学讲授硬笔书法课

◎举办策略说明：马来西亚只有华文学校开设中文课，教师会教学生写汉字，但是对于硬笔书法，他们是没有接触的。所以要上这个课，笔法讲练是基本的。最好提前准备一些硬笔书法作品纸和范字带过去，课堂让学生书写。现场就能出小作品，学生会很高兴。

7月4日晚上，我在沙巴蔚蓝湾度假村举行毛笔讲座，当地中学生和成人80多人听课。大多数学员第一次拿毛笔，非常兴奋。

在马来西亚蔚蓝湾度假村举行毛笔讲座

◎举办策略说明：这是毛笔体验课，只有两节课的时间，学员基本上没有练过毛笔，想要有点效果，必须用好每一分钟。规划学习的内容是基本笔画的运笔方法，每个人要写一幅简单的作品。基本笔画练习的材料学员自带，作品统一发正方形的小斗方。作品环节，先教折纸，再在黑板上示范四个字正文、名字落款，然后让学员临摹。

7月5日至6日两天，我在沙巴州打里卜公民小学举行毛笔书法培训，当地中小学生、教师、社会人员110多人听课，听课者年龄5到72岁不等。很多学员提前从几十公里外的地方赶来，住在旅馆，等待着这次培训学习。在没有空调的礼堂上课，听课写字汗流浃背，但两天的课中，学员都是早早到达，无人早退。

在马来西亚沙巴州打里卜公民小学举行毛笔书法培训

◎举办策略说明：有两天时间讲课，时间比较充足。可以安排笔画书写、结构安排、作品临摹等一系列内容，让学员全方位体验毛笔书法的魅力。同时，我还讲了些学习方法，供课后自学时使用。因为人数太多，没有投影设备，演示很难让后面的人看清楚，我在教学过程中采用分组示范的策略。

7月7日上午，我在沙巴州古达培正中学举行毛笔讲座，当地中小学40多名学生听课。这个学校在一个很边远的小镇，交通不便，所以我们把书法课送到这里来，学员们都不敢相信，非常珍惜。

在马来西亚沙巴州古达培正中学举行毛笔讲座

◎举办策略说明：在一个教室里上课，比较好操作。没有投影设备，只能把纸贴在黑板上示范。讲练之后，我做了些现场作品创作。这些作品被作为礼物送给当地陪同的领导和工作人员。他们觉得很珍贵。

第九章 中小学书法教师时期文稿发表

第一节 论文发表心得

2007 年 8 月我到深圳市石岩公学任中小学书法教师，五年中，因为从小学到初中，从代课到考试转入正编，我感到生活有点飘浮；加之全力投入学校书法教育特色品牌创建的工作，我从事论文写作的时间不多。2008 年，我写了两篇论文，在深圳市中小学书法教学研讨会上分别获一、二等奖，同年出版了《中小学书法训练技巧》、申报了一个深圳市的教学课题。2011 年 9 月起，我开始了为期两年的《中小学书法教学法》撰写工作。2012 年 7 月我调到宝安第一外国语学校之后，因为连续不断地撰书出版，再也没有兴趣去写文章以及拿去投稿发表了。但是，有一段时间，我倒是不停地写写短文，发在微信上，因为积累了不少，后来汇编成一本书出版了，即《中小学书法理论知识趣谈》。

在这里，我对中小学老师如何发表论文谈谈自己一些不成熟的看法。

一、中小学重教学轻科研

在中小学工作的这些年我发现，可能是工作繁重、升学压力大、学术氛围不佳等多方面的原因，从学校领导到一线教师，大家都对课题、写作等比较冷淡，只有到了职称评定时才开始重视论文。评高级职称只要求有两篇论文，而且对发表刊物的档次要求不高，基本不用核心刊物。在这样的环境里，我在发表论文这块比在大学里时差了很多。

授课时能说会道的中小学教师比比皆是，一个个说课演讲时都精彩纷呈，让你听了之后忍不住感叹现在的年轻人怎么这么优秀。但是，可能是重视程度不够、平时积累不够等原因，很多老师都感到写文章难，发表文章更难。

二、中小学教师教学论文从何处着手，写点什么

其实万事开头难，只要用心去思考、去动手实践，写出了一篇，发现了路子，后面就会越来越有思路。关于论文的题材，我觉得最应该从我们的身边找：找你说过的，比如你讲课时阐述的某个观点；找你用过的，比如你备课时用过的某个方法；找你写过的，比如你对某个时段的经验总结；找你想过的，比如某天你突然参悟到的某个教学逻辑。要学会从教学的各个环节、课上课下发现有价值的题材，把它记录下来，之后你就能有意无间联系其他问题，最后把它们整合到一起来，文章的素材就凑出来了。文章是靠不断打磨出来的，今天你觉得写好了，明天你可能又发现漏洞，又要推翻一部分，再重组、补充。一篇上档次的文章不是不经修改，一屁股坐下来就能顺利写好的。

三、论文的写作格式要规范

我见到一些中小学老师的文章，说是论文，但是却像随笔像散文。有人写的文章，题名、作者、摘要、关键词、正文、参考文献和附录等基本结构都不完整，一大堆文字随意地放在那里让人不知道你要讲什么东西。我要告诫这些老师，不要把论文写成一般的教学总结、教学感想。

四、论文的题目要简明、新颖

要反复推敲，做到凝练、确切，能概括论文的特定内容，还应新颖，能吸引人。我在主编《中小学书法示范课教案》《中小学书法教学反思》两本书时，发现很多同行的教案和文章的题目，写得既长又不通顺，含义也模糊，与内文联系不紧密。有的题目平平淡淡，好像到处可见，与别人的题目区别不明显。

五、论文内容要有独到的见解

在写稿前，想到要写什么后，要尽量去了解别人是否已经将这个问题写透了，尽量找点新东西来写。别人写过的，自己可以找新的角度，发表新的见解，阐述自己的领悟。另外，中小学教学论文要多考虑实用性、可操作性，要通俗易懂，让别人容易理解，能够参考使用。

六、论文的字数要合适

一般中小学高级教师评审要求至少有两篇教育教学论文，字数大约 3000 字。我在编辑书籍时发现，有的老师给我寄来的文章有 800 多字，有的有 1000 多字。我且不说文章的水平，这种文章排版出来后，篇幅上没有一点分量。

七、文章写好了，找什么地方去发表

这得先看你的文章写什么内容，适合发在什么类型的刊物上；然后要评估你的文章水准，看适合发在哪个档次的刊物上；之后就可以与编辑联系沟通，很多刊物在网上可搜到投稿联系方式。通常发表文章，都要交版面费，除非你的文章很有价值，你的名气很大。不同档次的刊物收费不一样，最低也要几百，核心期刊都要几千。也有些代发论文的机构，可以帮你找到合适刊物发表文章。但是要特别小心，好多代发论文的"机构"是骗子来的。想往某个刊物投稿，要了解该刊物是不是正规的，现在有很多刊物名字很气派，但却是非法刊物，你的文章在上面发表了，评职称时是不受认可的。

第二节　书法教育思考

一、广东很神秘，我想来看看

（本文写于 2018 年 5 月。）

2007 年，李汉宁一家来到深圳市石岩公学

那年
广州很神秘
我从大学停薪留职
来做临聘小学教师

第一次乘坐飞机
降落白云机场
来到广州南方国际实验学校
喜欢上世界大观

广州很气派
立交环绕
路桥纵横
好大好大

五羊雕像
中山大道
黄埔军校
承载南国千年的历史文化

夜已深
北京路步行街
依然灯火辉煌
多少人还在优雅闲逛

唯孤身闯荡

行囊简单

心怀牵挂

一念折返家乡

那年

深圳很神秘

我辞去大学副教授公职

来做代课小学教师

第一次自驾高速

穿过虎门大桥

来到深圳市石岩公学

喜欢上世界之窗

深圳很时尚

地铁综错

陆水相依

好潮好潮

拓荒牛

深南大道

国贸大厦

记录中国刚刚苏醒的改革开放

晨尚早

华强北电子城

已经人流如梭

多少人正在繁忙工作

因一家出动

瓢盆俱带

心无牵挂

立意留守他乡

广州转深圳

特区很精彩

来了就是深圳人

好好地看看

二、令人困惑的基础书法教育

（本文写于 2016 年 6 月。）

拟出这样的题目，让人感到很偏颇。但我是冷静的，并没有半点情绪化！这也不是偶然的、表面的有感而发，而是长期的、深刻的理性思考。

在专职从事书法教育工作的 20 多年里，从大学、小学到中学，从内地到特区，从助教、讲师到副教授，从学生书协会员，区、市、省书协会员到中国书协会员，从比赛、展览、理论到教学研讨，从学生到教师培训，这就是我工作的全部。

仅仅从基础书法教育来说，我也算尽了个人的绵薄之力吧。出版了《中小学书法训练技巧》《中小学书法理论知识趣谈》《中小学书法教学法》等专著，《中小学书法教学法》被誉为"我国基础教育史上第一本书法教学法专著"；创建了全国首个专门研究中小学书法教育的网站——中小学书法教育；大学、中小学书法教育成果曾先后两次获得中国书法最高奖——兰亭奖·教育奖提名奖。

一路走来，我曾经兴奋，曾经陶醉，曾经痛苦，但不曾后悔。因为能力有限，认识不足，我自知在书法教育事业上已经走过了个人的高峰，于是心态平静，去留无意，宠辱不惊。我现在来看看中国基础书法教育，应该不至于"一叶障目，不见泰山"吧！

书法教育的重要性，不必多说。而书法教育的普及却任重而道远，多少让人感到困惑。

困惑之一：30 年不断的教育部文件，具体落实的不多

教育部向来重视中小学生的写字、书法教育，1984 年颁发《教育部关于加强小学生写字训练的通知》，1997 年颁发了《九年义务教育全日制小学写字教学指导纲要（试用）》，2001 年印发《基础教育课程改革纲要（试行）》，2002 年颁发《教育部关于在中小学加强写字教学的若干意见》，2011 年颁布《教育部关于中小学开展书法教育的意见》，2013 年颁发《中小学书法教育指导纲要》等等，这个时间跨度达 30 年。

每一个文件，一阵风。文件的关键词是"意见""建议"而已，具体做不做，各省市看着办吧，量力而行吧，于是就不了了之了。

困惑之二：书法学科定位模糊，若隐若现

书法课在中小学里连副科都谈不上，更像是被"寄养"的学科，时而在语文里，时而在美术里，时而在课余兴趣班里，说开就开，说停就停。因为这样的性质，其他学科的老师如有急用，常常毫不客气地出入你的课堂，让你中间下课。

困惑之三：书法教师编制没谁给你

虽然教育部要求中小学开设书法课，但各省市目前基本上没有把书法教师纳入编制。兼职书法教师的专业水平有限，在业务发展上也受到很多限制，甚至很多人是不情愿兼这份职的，因此，书法教学质量难以保证。全国几十所大学的书法专业本科生，不少人愿意从教，却苦于找不到位置，很可惜。

困惑之四：书法教研员极少设立

教育部文件要求设立书法教研员，引领书法教学的研究。但是全国目前有几个书法教研员？不用说县区一级，就是地级市一级，有几个地区愿意落实这个岗位？没有专业的教研员对本地区的书法教学进行调研、统一指导和布置，全面推行书法普及谈何容易。

困惑之五：书法教师自感孤独冷落

中小学的书法教师，通常是一所学校里只有一个，有两个及以上的很罕见。书法教师的工作常常是孤立无援的，如果周围学校缺少书法教师，无从进行业务交流，只能自我封闭，艰难成长。我原先在广西的那个地级市里，从大学到中小学，我是唯一的一个书法教师，这

个岗位原本是没有的，是因为我爱好书法，爱好书法教学，而且有一定的水准，学校顺势而设了岗。我调走之后，这个岗位也自然也不复存在了。过去曾有人开玩笑，你珍贵啊，一个地级市就你一个书法教师，而且是高级职称的书法老师，没谁和你竞争，多舒服。其实他没想到，我前半段的工作历程中，所做的是没保障、可有可无的职业啊；就算到了后来业务稍为过硬的阶段，情况如何呢？要一个是我，撤一个也是我。说到这一点，我算是一个为中国书法教育事业而不顾个人后果的人，因为我大学学的不是这个专业，是有其他工作可以分配的啊。

困惑之六：缺少对书法教师的教学法培训

教师的专业培训很重要，其他科目经常会有学校、教育局组织的培训，书法教师的培训则少之又少。我曾经听了一位自以为会教硬笔书法的语文特级教师给全体老师讲书法示范课，除了把字的笔顺反复讲几遍，最主要的是说今天所学的是上下结构，所谓上下结构就是上下两个部分构成的，而至于所讲述的上下结构字例怎样写才美，用什么样的法则去构造，一句没提，冷不丁告诉学生"上下结构的字要注意他们之间的搭配！"什么叫搭配？如何搭配呢？

书法教师的教学法培训，在当下是势在必行的。在这一方面，我曾经做过努力，值得欣慰的是，拙著《中小学书法教学法》于 2013 年由广西师范大学出版社正式出版，被媒体誉为"中国基础教育史上第一本书法教学法专著"，被认为填补了国内空白，获中国硬笔书法协会授予的"中国书法教育十佳受欢迎教材（字帖）"称号。个人开发的课程"中小学书法教学法"于 2015 年被深圳市教育局确认为深圳市推广课程，并于 2016 年开始在深圳市中小学推广。虽然基础书法教学法的推广不是我个人的能力所能及的，但我乐意参与，希望在遥远的未来能够如愿。

困惑之七：空降无用教材

一般学校里常常出现教师编制没人理，教学监督等于零，90% 以上的学校没有书法教师，也没有开书法课的情况。但有些地方，每个学期由上面下发给学生的书法地方教材，百分之百地发到学校，一批又一批地堆积如山，最后变成废纸出卖。

困惑之八：培养精英争门面，忽略书法普及

书法课进入中小学的课堂，讲的是普及。然而有些学校并不是这样理解的，他们看重的是有没有学生在外面拿奖，因此，学校的书法课仅限于"培优课"。其实，没有全面的普及，长期的培养，精英又从哪里来呢？

综上所述，目前的中国基础书法教育的确存在不少令人感到困惑的地方。虽然基础书法教育是我的衣食父母，真不忍心去揭它的伤疤，但拙著《中小学书法教学法》出版后，很多同行来信咨询我对中小学书法教育的看法。我因此将其中不利一面实话实说，以期让大家一同关注，努力去改变。一切出于善意！

三、角度决定高度

（本文写于年 2018 年 4 月。）

我坚定地选编撰中小学书法系列书籍的自有我坚持的原因。无论是之前的《中小学书法示范课教案》，最近的《中小学书法教学反思》，还是一直规划在心里的创作指导范例、教师成长经历、创作类型、名师之路等题材，都是所有书法教师一入行就接触的内容，也是人人都可以写的内容。从表面上看，这些题材在教育行业里，简直是低级得不能再低级的了。难怪有好心的朋友提醒我，做这样的"论文集"意义不大，不如来点有高度的。

其实这些朋友并不完全了解我，我为什么做这样基础性的工作，坦白说，一个原因是我个人能力不足，有深度的理论我做不来，最主要的原因是，我的想法与他们恰恰相反。基础书法教育起步太晚，现有的成果太少，可供人们参考的，能"拿来就用"的成果更是少之甚少，而书法教育的推行却很紧迫。目前全国大多数中小学书法教师为非科班出身（这里所说的科班有两层含义，一是懂书法，二是懂教育），有时会有赶鸭子上架的感觉。他们首先需要的是"技术"而不是"学术"。基础书法教育中书法和教育要同时兼顾，相辅相成。离开了其中的"技术"去谈深度与高度，显然是不实际的。我主编的所有中小学书法系列书籍在征稿时，按当前国家传承中华传统文化、教育部"书法进课堂"的主要精神，对每一专题都提出了内容构架要求，符合现时政策导向。我觉得这是一种高度！

因为地域、个人条件存在差异，将全国各地不同作者的不同稿件整合在一起呈现出来，是能够综合体现前书法教师队伍的总体状况、教学条件、教学实情的，他们的观点或感悟将给人们带来很好的启示，为今后加强师资队伍的建设、教材编写、教法研究等提供了难得的原始素材。书籍的编写可谓为中小学书法教育的推动和普及带来了及时雨。我觉得这也是一种高度！

如果把中小学书法教育当作农场或果园，书法本体理论、教学论、课程论等就犹如人参、田七，因为最终会成为高档营养补品，还在田地里的时候就会被高看一眼，而我们现在所做的这些教案、反思类研究就是瓜果蔬菜，这是不可或缺的，日常生活都离不开。种瓜果蔬菜不是更接地气吗？当满园无地闲置或丢荒，所耕有所成，收成皆可用，还在一定程度上解决当前不少燃眉之急，何尝不是运用策略上的一种高度？

作为书法教师，既然已经入了行，也走过了一些路程，就好比已走到了山腰，虽然高往上看时会觉得离山顶还很远，但往下看时会发现其实我们也已经有了高度，有了来之不易的高度！我的《中小学书法教学法》成果已获广东省教育教学成果奖一等奖，目前"中小学书法"系列书籍已经接近 10 种，虽然离做广做实做透这些项目还很遥远，但我坚信角度决定高度，我会继续坚持做下去。不知大家以为然否？

四、读懂自己路才不会走错

（本文写于年 2019 年 5 月。）

写写教教意如何，寒窗苦守梦亦多。回首向来风兼雨，一路走来一路歌。

书法对我是爱好，又是职业。但是我从来不敢说我从事书法这一行，我只能说我是书法教师。这是因为，书法是一门艺术，我只是在不停地去描摹和领悟，我还没有成熟的作品展示出来，没有做过个人书法展览，也没有出过个人书法作品集。之所以敢说我是书法教师，是因为我真的一直专职教书法，的的确确还是个正编教师，领了这份财政工资多年。

和好多爱好书法的人一样，开始时我也是学古帖，玩涂鸦，痴迷到不再别的兴趣爱好。常常一帮书友相约创作，酒一杯字一行，发疯般地写到半夜鸡叫。那时，我一心想做个文艺青年，希望有一天成为书法家，让别人也知道我们可不是俗人，于是曾经装扮了自己，留了盖住耳朵的长发。

只是那样的坚持很短暂，加入中国书法家协会后，因为教学工作和评职称的需要，我的路子更改了，不得不把创作放下，把大部分的时间和精力放到了理论研究和教学探索上。后来我真的移情别恋，再也回不去了。

多年之后回首，我对书友们开玩笑说，我之所以在创作上没有建树，就是因为当年我虽然留了长发，但没有留到能绑起来，我也没有穿唐装和布鞋。因此，我没有成为艺术家，而是成为合格的书法教师，评上了中小学书法正高级教师的职称。

第一次读懂自己，是知道自己是教大学书法的。在风风火火玩创作的时期，我一心想入展中国书协举办的展览，取得入会的资格。那个时候，周边的书友大多以写行书为主，自己也跟着做，以便互相交流。但是，我从事的是高等师范"三笔字"教学，在学生中示范的多是实用的字体，因此我的创作多少都带有些比较俗气的习性，被一些书友批评艺术品位不高。另外，因为大学生入门学习所需的字体五花八门，篆、隶、行、草、楷五体都有，楷书还有颜、柳、欧、赵，学生要问你怎么写，你需要先广泛地临摹了解才能应付教学。这样的工作要求，让我很难在某种字体上学得精、学得雅。所以在入中国书协后，为了提高教学能力，保证"三笔字"教学效果，我在临摹、创作上只能走通俗实用、广而不精的路子，同时因为副教授职称评定，我把精力转移到理论和教学研究之中。深知高等师范"三笔字"教学是我的工作，是我谋生的手段，高品质的书法创作对于我而言可以先放在一边。

第二次读懂自己，是知道自己更适合中小学书法教学。2005 年是我丰收的一年，那年我评上了书法副教授，同时加入了中国书法家协会。2006 年，我以高等师范书法教育成果获得中国书法最高奖——兰亭奖·教育奖提名奖。这样的荣誉对于在少数民族地区大学任书法教师的我，已经是心满意足了。因为个人能力、工作平台、地域文化等多方面的问题，我知道自己在高等师范书法教育上要更上一层楼已不太可能。2017 年 8 月，在广东省率先在全国要求中小学"书法进课堂"的形势下，深圳市石岩公学校长朱文彦先生邀请我来主持学校的书法教育工作。我当时认为我能胜任这份工作，而且中小学书法教学是一个很新很好的课题，我凭着自己在大学积累的一点学术惯性，或许能做出点新的成果来。因此，我决定辞掉大学公职，来深圳做中小学书法教师。

第三次读懂自己，是知道自己做教学法研究会更有收获。在中小学里，书法是一个小学科。如果要给老师评优评先的话，通常会优先考虑语、数、英等主科，接下来才是小学科。小学科里，美术、音乐、体育是国家课程，书法作为地方课程或校本课程，在老师们的眼里是不值一提的。因此，要得到别人的认可，必须要做出很有分量的成绩。所以，我除了非常努力地提高教学质量外，还把很多精力投入到教科研之中，希望教学科研双丰收。之所以把重点移到教科研，一方面是因为我觉得中小学教师队伍的教科研氛围不是很好，做的人不多，另一方面是因为评副教授的前后好几年，我一直从事教学理论的研究，有一定的学术积累，这是我的一点优势。中小学书法教育刚刚起步，急需教学法方面的研究成果做指导，但这一领域有很多空白，于是我很有信心地选择了"中小学书法"作为我的研究目标，在课题研究、课程开发、论著教材出版、国内支教、国外交流等多方面进行探索。

很庆幸，从开始的写写字，到做大学书法副教授，再到成为中小学书法正高级教师，我的每一步都有所突破，有所收获。回想起来，我感悟到，在每一个关键的节点上，读懂自己路才不会走错。

五、结缘素面一碗，共舞笔墨半生——我与著名书法家甘文锋这三十年

（本文 2014 年 5 月发表于新平果网。）

我和文锋同时学习书法，之后，我们走不同的路，他走书法创作之路，我走书法教育之路。

我们相识在热播《霍元甲》的年代。那时候，大家身上沾着浓郁的泥土味。我们都是广西平果县旧城公社（乡镇）人，共饮一河之水。

全公社有上十所大队中学，我们大队文化最"发达"，中学里设有高中部，很让人自豪。因为很多老师从教小学改教初中，从教初中改教高中，所以考试评分时，个别老师因为搞不清楚答案，常常问我们这些"尖子生"。这与我们当时背诵的标语"人有多大胆地有多大产"、"鼓足干劲，力争上游，多快好省地建设社会主义"相当吻合。

很幸运，当平果中学高中部开始通过全县统一中考从公社、大队中学招生时，我和文锋都考上去了。乡亲们都说，我们的祖坟冒了青烟，在3500人口的大队里，我们成了"才子"。那年，我去找裁缝师傅做新衣服时，他还特别给我优惠五角钱。那年，我已经14岁，我和文锋第一次见到大世面——平果县城。来到了县城，我见到了柏油路，以学习讲得流利的"桂柳话"为荣。

有一次从县城放假回乡，文锋和我一起先到了我家。家里很清贫，我奶奶给予最体面的招待，煮了两碗素面。我们俩有说有笑地吃起来。奶奶看到我们志趣相投的样子，说我们做"老同"就好了。

作为学友、老乡，在学校里，我们的学习、生活来往越来越密切，于是"老同"真的做了起来。

我喜欢文锋的性格，开朗大度，不拘小节。比如你打饭回来，好不容易在小店加了个菜——一角钱的豆腐，他尝一口就去了三分之二。他风趣幽默，有点艺术才华，在穷酸、枯燥的学生生活里，他常常能创造出点乐趣来。他吹得一口动听的口琴，夏天的傍晚，我们一同在学校的后山上乘凉，他就吹起《走在乡间的小路上》《北国之春》，令人陶醉。一次同学帮我理头，他在旁边吹口琴，那同学听着走神了，不知何时兴奋，动作浪漫起来，把我的头理歪过了一边。

高中毕业，我和文锋都如愿以偿考上高一级学校，这意味着从此我们跳出了"农门"，将来会做"干部"，能吃"麻袋粮"（以前国家干部才能享受国家粮食供应）。他读的是卫校放射专业，1986年到百色人民医院实习，我当时在百色师专读英语专业，加入了学校书法协会，自认为是个"文艺青年"，从那时起，我们开始学习中国画、书法。

为了书法，我和文锋自学、拜师、进修培训，从不间断。文锋曾去北京大学，我曾去中国美术学院进修。2005年，我们同时加入了中国书法家协会，实现了成为书法家的梦想。

文锋思维活跃，善悟，富有创造力，擅长草书，是个创作型的书法家，作品多次入展国展，曾在中央电视台全国电视书法大赛获大奖，被评为2005年中国青年书法"百强榜"人物。他多次举办个展，出版作品集，家乡到处有他的招牌题字，被聘为大学书法客座教授，是广西壮族自治区党委宣传部首批签约书法家。因此，他的口袋自然鼓了起来。

我个性较平和，多写行楷，并侧重于书法理论与书法教学研究，发表书论30多篇；出版了《中小学书法训练技巧》《中小学书法教学法》等专著；创建全国首个专门研究中小学书法教育的网站——中小学书法教育；高等师范书法教育、中小学书法教育成果曾先后两次获得兰亭奖·教育奖提名奖；被评为书法副教授，成为教育部考试中心硬笔书法等级考官。我的精神自然也富了起来。

因为书法，2007年，我从百色调到了深圳。之后两年，文锋从平果调到广西壮族自治区卫生厅。

回忆过去这三十年，我和文锋在生活上相互帮助，在书法上共同成长，成为名副其实的"老同"。

飘飘荡荡人间烟云多苍茫，痴痴迷迷我们依然坚守这份深情！

六、其实你不懂我的心

（本文写于 2020 年 1 月。）

有人用好奇的眼光看待我来到中小学任教，有时真叫我无言以对。不是我在大学里待不下去了，也不是我不喜欢大学的讲台，只是因为过去我生活在那个偏僻的内陆城市时，我太向往特区的生活了。

我坐在"年轻"的末班车上来到深圳，因为缘分，我进入了中小学，因为诱惑，我喜欢上了中小学。在中小学，我发现自己还有一丁儿学术上的优势和希望，里面有一块小蛋糕属于我，等待着我。这让我义无反顾，无法自拔。

我喜新而不厌旧，我仍然怀念大学的讲台。所以我开发了深圳市教师继续教育课程"中小学书法教学法"，只在深圳大学开课。我对其他基地没有太大的兴趣，因为我的大学情结还解不开。

在中小学里，有一件事多少会让我有一点尴尬。那就是，常常会有人关心地提醒我：你应该多带带学生，努力去参赛获奖，学生获奖了，你的名气就出来了。好像那才是书法教师唯一的正道似的。难怪我做学科教研常常被看成是私事，都不被看成是为学校争光，哪怕我出版的书在全国已经有了一点影响力，课程教学成果已经获得了省级一等奖。

其实，我何尝不想带学生。我也想啊，只是我在初中没有这个条件。每年来书法社团的学生，很多是作业书写糟糕透顶被班主任或家长安排过来回炉练字的。要训练他们代表学校去参赛，让他们获奖，难度可想而知。不说让他们好好写字，他们的行为习惯都让人头痛。去年有几个这样的学生，你训练他们写毛笔，他们无心在纸上临帖，倒是能在桌面的画毡、笔筒上津津有味地写古诗。有一个更另类，人家练字，他拿剪刀剪桌上的画毡，问他为什么这么做，他说想试试这把剪刀利不利。真叫人恨得想敲他脑袋！

那些书法基础好的学生自然学习习惯不错，但都被抓去培优了。家长支持学生参加培优，为了中考，没有什么特长发展是牺牲不了的。我曾经尝试过在初一新生入学时就测试寻找有书法基础的学生，想好好带带。于是我用粉红纸打印书法社团招生通知，发给这些学生的家长。开始也招得三五个，但后来，这些学生发现自己哪门主课差了，就慢慢转移到与主课相关的社团去了。我好无奈。

因此，对于我来说，的确只想把精力放在学科教研上。带学生参赛获奖也好，个人参赛获奖也好，我想应该是绝大部分书法教师刚工作时最想做的事，因为这个时候能展现你工作能力的，除了写字还是写字。这个事，我之前已经做了很多年。

学科研究，需要有一定的教学经历和积淀。我从大学到中小学，一路走来那么漫长曲折，思想已经开始发生质变，现在如此痴迷于学科教研是顺理成章的，如果真的能出点成果，也算是水到渠成了。如果我放弃，对自己来说，是不负责任，对培养中青年教师来说，是缺乏担当，说大一点，对刚起步的中小学书法教育来说，是没有尽该尽之力。换句话说，这是懒惰，是不思进取。

回过头来说，中小学书法教育的主要目的是普及，而不是培养书法尖子。作为一线的书法教师，我已经尽可能让学生在我的课上受益，也偶尔能在学科教研上给学校争得一点荣誉，的确是不遗余力，再也顾不上其他了。

有人说，一个那么大的书法室给你，你好享受啊。如果要这么算，那么大的足球场就由那么几个体育老师调配摆布，深圳地皮这么贵，他们不都赚死了吗？

第三节　国外书法教育评论

一、华裔书法名师张少纶

（本文 2016 年 8 月 4 日以《打里卜公民小学书法导师张少纶，以书法艺术打造学校特色品牌》为题刊登于马来西亚《亚洲时报》。2017 年 2 月 9 日，广东侨网以《华裔书法名师张少纶》为题刊载本文；2017 年 2 月 16 日，中国华文教育网进行了转载。）

（一）不经意间将小学科做大

1. 通过书法提高学生文化素养和审美能力

书法在中国的中小学里，常常是备受青睐的中华传统文化学科，但是在马来西亚沙巴，许多学校都没有书法课这一概念，它只是个别学校课外活动中的一个小项目，基本上没有引起当地教育局的关注。其主要原因是，它是外来的文化，是陌生的艺术形式；当地学校对它缺少认识，同时也缺乏师资。所以在沙巴，书法在学校的传播是很新鲜的事情。

少纶天生对文学和书法比较敏感和喜爱，他的文笔不错，字也不错，而从事小学老师这个职业，给他文学和书法上的学习与提高带来了很天然的促进作用。最幸运的是，他所工作的学校——打里卜公民小学课外活动丰富多彩，其中就包含了书法这个项目，自从进这所学校工作起，学校就安排他负责书法组的授课指导工作。

作为书法组的指导教师，少纶深感责任重大，深刻思考学校开设书法组的用意，并在对学生的授课训练中慢慢感受到，书法的确是一门综合性的艺术，它具有建筑的造型、音乐的旋律、舞蹈的姿态、雕塑的立体感、图画的灿烂，是中华传统文化的精髓，和美术、音乐学科一样，能提高学生的文化素养和审美能力。学生学习书法能提高个人的观察能力、模仿能力和领悟能力；能从中发现美、欣赏美、创造美，陶冶情操，其乐无穷。难怪不管是星期二至四每天 75 分钟、星期五 120 分钟的书法训练，还是星期六一整天的书法练习，同学们都很乐意参加，并以作为书法组学员而自豪。因此，少纶更加坚定了带好学校书法组的决心。

2. 通过书法促进学生其他学科的发展

书法的学习，有一系列严格的规范，从桌面上笔墨纸砚的摆放，到执笔坐势，来不得半点马虎。而书法的技法中，从笔画到结构到章法，也都是规矩无数。学生学习书法，必定能促进自己其他行为规范的养成。他开玩说，一个大大咧咧的学生在书法课堂里，如果心静不下来，手定不下来，下课时他要么成花猫，满身黑，要么写出的笔画头不是头，尾不是尾，一个字像一堆骨头。

在这么多年的书法教学中，少纶看到，书法训练不仅提高了学生的书法艺术水平，能让学生写出作品来欣赏或参赛参展，而且使学生其他学科作业的书写质量得到了明显的提高，这表现为写得快、写得准。

另外，练习书法能培养学生学习的耐心、恒心，学生也因此能静得下心来，变得更加细心和专心。学生把这些习惯带到其他学科的学习中去，当然是一件好事情。

从书法学习方面取得荣誉，能增加学生的自信，促进其他学科的发展。据少纶说，有一个学生，三年级时成绩不是很好，而且很捣蛋，常常提弄其他小朋友。有一天她跟随其他小朋友一起来上书法，迷上了书法。之后，在一个小小的比赛中，她不小心拿到一个小奖，于是觉得自己在班上有了超越别人的地方。她很有成功感，上进心被激发，改变了学习态度，学习书法和其他学科都同样努力，终于获得代表当地儿童到香港去参加国际儿童书法比赛资格。她很多科目的成绩也慢慢好了起来。这个学生的家长见到少纶，感激不已。

3. 创建学校书法特色教学品牌

书法本来不是自己教学的主要科目，然而在不经意的摸索中，少纶慢慢地喜欢上书法，最后专注于书法，书法也成为学校的一块招牌。

少纶对书法的专注，有两个方面：一是在亚庇书艺协会担任秘书长，积极参与各种书法活动的策划组织、交流等工作；二是着力打造学校书法教育特色品牌，培养优秀的书法新苗。这两方面，他都表现得相当出色。

由于个性诚实谦和，与人为善，行事低调，他在亚庇书艺协会会员中，深得大家的认可，有良好的人际关系，所以更容易得到同行的支持、理解，也得到书艺协会领导的关照和培养。他工作积极主动，能吃苦耐劳，不计个人得失，所以在书艺协会里，他在参与组织管理、活动方案制定、工作总结、联络接待各方面的能力得到了很好的提升。虽然我与他的接触仅限于两次书法营的活动，但我看到，在每一次书法营活动中，从到访前的联络，到现场教学、书艺协会笔会交流、过后总结，他每一步的工作都做得有条有理。他处事顾全大局，灵活、高效、见解很有独到之处。正是在他的协助之下，我每一次的支教都满载而归。

他凭着出色的组织能力和勇于不断的教学精神，在学校书法教学工作中一步一个脚印地向前走，打响学校的书法教学特色品牌。如果不是亲临他所执教的学校，我不敢相信，他连一间专门的书法教室都没有。在没有专门教室、没有教材、学生对汉字都比较陌生的学校，在书法文具基本上是从中国引进的国度，从事书法教学的难度可想而知。但从少纶的脸上，我看不到一丁点儿的消沉，他很乐观。他对我说，很多困难，只要你多想想办法，总是可以解决的。他说古人学书法，也不见得就有今天那么好的条件。这句话深深地感染了我，我被他的乐观取进的精神所折服。正因为他有这样的精神，近年来，在当地大大小小的书法比赛中，他的学生拿走了超过一半的奖项，让同行刮目相看。学校的书法名气也因此越来越大。

（二）教学有方，从外行成为名师

1. 书法班组建有诀窍

在非华裔的学生中组建书法班，一开始，很多学生和家长都不看好，因为学生的母语是马来话，学习华文都有很大的困难，而书法又算什么样的学问，到底有多大的必要去耗费时间和精力学习呢？加之，非华裔学生个性比较随意，纪律相对松散，这与书法学习的要求格格不入。所有这些，在开始时都让少纶感到很头痛。

但是，既然答应学校负责书法班的组建，再难也要想办法做好。为了让学生将心思放到书法学习上来，他首先从抓好上课的纪律及出席率入手。他要求学生上课不过位，不谈天，认真书写，谁都不能违反，一段时间之后，还真的有效果。至于出席率，他采用了曲线救国的策略——不断地丰富教学内容，采用多种形式的教学方法，增加了学生对书法学习的兴趣，久而久之，学生对书法班产生了依恋感。后来，常常是一到书法课时间，学生就早早到课堂等候，最后还会要求老师增加书法课的时间。

身为老师，少纶很清楚对学生的教育，是需要家长的有力配合的。为了得到家长的认同和支持，他建立了书法学生家长群，经常和家长沟通，和家长汇报教学内容、教学目的、学生学习状况、学生学习遇到的问题等等。有了这个群组，家长终于能理解他的用心良苦，对他的教学更有信心也充满期待。因此，他的教育工作可以说得心应手，达到了事半功倍的效果。

2. 专业化训练点子多

书法是一门艺术，学贵有法。为了能让学生高效地学习训练，少纶认真分析学生的文化基础、学习条件和学习能力，有针对性地对学生进行授课指导。单单是书写姿势这一点，他在教学生时都不会来半点马虎。在中马书法教学交流营里，我忽然发现有好几个学生训练时，头上有一个小巧而精致的布包。开始我以为那是当地特殊民族的装饰品，后面才知道为了使学生养成正确的书写姿势，少纶老师专门出了招，把布包放在头上，姿势不对时，布包就会掉下。难怪这些学生的身姿挺直，平静安稳，少有分心。少纶说，这个办法已用了很久，得到了家长和学生的认可。

在基本笔画、结构及作品章法等的教学上，少纶勤于实践，勇于探索，边实践边总结，一年一年地改进。同时，他钻研各种书法技法和教学理论，与国内外同行交流，互相取长补短。从学生的作品上看到，字字有来源，从中可以看出少纶老师的书法教学很注重对古典法帖的临摹，取法高古，不流于时俗，学生真正走到了书法学习的正道上，有可持续发展的空间。这一点，确实难能可贵。

两年前，我首次到沙巴讲授书法课，推广我的"中小学书法教学法"课程，就在那时，我结识了少纶。恰好他对教学法有相当浓厚的兴趣，也一直在研究，所以，从那时候开始，我们的交流探讨就没有不间断过。这一次再到沙巴，在听他的课，与他交流中，我发现他对书法教学法的评述有理有据，真是可敬！

最让我佩服的是，在斗亚兰书法营的教学中，他提出了在两个小时内给从未接触过书法的学生讲授书法基本笔画然后进行作品创作的方案。开始我认为实施不了，因为时间太短，教学条件又差，难以做到。没想到，教学过程中的难题一一被他攻下了。比如，没有投影设备，他就把画毡挂在白板上，然后铺上宣纸，直接用笔示范，效果也不赖。而在公民小学的作品训练中，他提出的使用红色春联纸来写小斗方作品，的确好操作，也能引起学员的兴趣，展示效果非常好。

3. 非华裔弟子创佳绩

皇天不负有心人，少纶在打里卜公民小学开办的书法班开办三年之后，终于结出了硕果，获得斗亚兰区及沙巴州书法赛小学组总冠军。这次获奖在当地引起了不小的轰动，书法界的前辈们开始关注公民小学的学生书法，纷纷来电祝贺。最令人赞叹的是，获奖的学生全是非华裔弟子。最让人们好奇的是谁带出了这样出色的学生。之后，他的学生不断地在全州、全马各类书赛中获得好名次，还有学生代表大马到香港参加全球华人学生书法比赛并获奖。

除了比赛获奖而得到了社会的追捧之外，少纶受到"印度大雄"的激发，带着中华文化推广的使命，带领学生在加雅街举办"家家贴春联"运动。第一次举行这样的活动，少纶的团队就一炮打响，获得各界人士的支持，并深受好评。之后的每年春节，他都会带学生参加此类的活动。更多的学生在活动中增强了自信心，激发了练字的热情，书艺大进！

由于学校书法组表现优异，引起了州教育局课程发展组的注意，几年前，少纶老师虽然是"临教"，却被破格推选参加了全国老师培训班。从培训班回来后，少纶先后和薛君毅老师到了沙巴多个地区对华小的老师进行书法培训，他的教学经验得到了更大的推广。

作为书法老师，少纶在书法创作、理论和教学等方面也还有一些不足，需要长期地去学习和提高。但作为一个以语文和科学教学为主要工作的老师，从零开始，把书法教学这个副业做到这样的高度，我是相当佩服的。他不愧是书法名师！

二、令我敬佩的亚庇书艺协会

（本文于 2016 年 7 月 19 日刊登于马来西亚《亚洲时报》《华侨日报》，2016 年 7 月 20 日刊登于马来西亚《诗华日报》。2017 年 2 月 16 日，中国华文教育网刊载本文。马来西亚亚庇书艺协会 25 周年庆作品集《翰墨薪传》全文收录本文。）

以书会友，情重于山

亚庇书艺协会是沙巴州最大且最具学术实力的书法团体，第一次与协会接触是两年前的事。2014 年 7 月，我来到亚庇中学负责书法营的教学工作，当地董联会让亚庇书艺协会秘书长张少纶老师来负责我生活上的安排和协助我的教学。因为首次在沙巴授课，那个营有学生，也有老师参加，我对学员完全不了解，所以教学计划的制订、教学过程实施都由张少纶老师来协助完成。我曾经对张老师开玩笑说："教案是您的，讲授是我的。"因为有张老师的帮助，那一次教学取得很大的成功，《亚洲时报》给我做了两个版的报道。

在张少纶老师的细心安排下，亚庇书艺协会理事会隆重宴请我，并举行笔会交流活动。初次见面，理事会成员让我觉得像多年的老朋友一样亲切，他们平和、谦逊、友善，我一下子融入了他们的圈子里。黄文章主席代表理事会对我的到来表示热烈的欢迎。饭桌上，我们无话不谈，他们向我介绍自己的祖辈是中国广东、福建一带来的，大多数人对祖辈成长之地还有零星的认识。因为有相似的文化观，不知不觉中，我们完全消除了陌生感。我们在笔会中共同挥毫，各显所长，我们的书法技艺在融洽的气氛中得到促进和提升。亚庇书艺协会让我感觉在海外如在家一样的自在和温暖。这一份中华情，文化心，深深地留在我的记忆里！

我这一次再度赴沙巴支教，除了要去完成深圳市侨办给予的支教任务之外，最主要的是想见见亚庇书艺协会理事会的老朋友们！

身怀绝技，言行低调

在我的猜测里，海外华人对中国传统文化一定是陌生的，然而当我与亚庇书艺协会理事会成员交流之后，我才知道自己猜错了。理事会成员的文化水准都很高，他们对中国书法的历史有较深入的研究，也时常关注当代中国书坛，所以他们所知道的一些信息可能还会令我感到陌生。从他们身上，我看到了自己的不足。他们身怀绝技却保持低调，我因此感到羞愧。

书艺协会的黄文章主席平易近人，心胸宽广，全心全意服务于理事会成员的发展和当地书法的繁荣，身体力行，所以沙巴州近年来的书法热很大一部分功劳应该归于他。他虽然已是 65 岁的年纪，笔会上却精神抖擞。他的书艺功底深厚，行书笔力遒劲，奔放自如。从亚庇到 200 多公里外的古达，在 7 月 4～8 日中马书法教学交流营的每一站，他都陪同鼓劲，或处理书法营事务，或参与指导学生，始终保持着令人愉悦的态度。我与他共事从不觉得累。他很体贴，从古达教学回来，我和他喉咙都半哑了，但知道我爱吃榴梿，他连续两晚带我出去吃，并教我喝榴梿壳的水防上火。我品够了多个品种的榴梿，深感满足。

周有才副主席性格直爽，多才多艺，能言善辩。有他在的场合，大家总是其乐融融，时不时还会有很有趣的事情发生。我在两年前第一次笔会上认识他。那时他用一枚古钱币当印章反盖到作品的背后，从正面看朦朦胧胧，有一种意想不到的效果，很有创意。据他介绍，他早年就读于台湾文化大学时，他因为繁简体字书写混乱，汉语课考试不及格，便对文字的书写下了不少功夫。难怪他如今辨字能力这么强，能写一手老辣的大篆。因为思想上比较活跃，他的行草书法意趣横溢，很有感染力。值得一提的是，在中马书法教学交流营古达站的教学中，他"忽悠"学生的本领一套一套的，使我深受启发。

张少纶秘书长是理事会里最年轻的小伙，性格温顺，善解人意，知书达礼，个性是生活中人见人爱的那种。他写得一手漂亮的颜体楷书，在海外的年轻人中，有他那样的楷书功底的不多见。他在书法上最强的还是他的书法教学，在沙巴州的各级书法比赛中，每一次大奖大多都是他的学生拿走的。如果不是接触过他的学生，我完全想不到他对学生的训练能有那么多招数。在书法营里，我忽然发现有好几个学生训练时头上有一个小巧而精致的布包。开始我以为那是当地特殊民族的装饰品，后面才知道那是少纶老师为了让学生养成正确的书写姿势专门出的招。把布包放在头上，姿势不对时，布包会掉下。难怪这些学生一个个身姿挺直，平静安稳，少有分心。

书协副秘书长伍锦麒性格随和，温文尔雅，博学多才，具有绅士风度。这次在沙巴的会面是我们的第一次见面。他主要负责书法课的材料准备、分发，给大家泡茶端水。我给学生示范时，他负责在书写板上粘贴书写纸。起初我以为他是学校的后勤人员，后来才知道他是留学日本的高才生，是一所学校的日语教师。我为他如此大才却埋头伺候我的教学而感到内疚。他对人无微不至的关怀让人敬佩。我授课两天后喉咙沙哑了，他当晚回家帮我泡制叶绿素。我服用后第二天就好转了。别看他外表文静，书写时却激情四射，笔下筋健骨挺，每一个字都力透纸背，令人羡慕。他在笔会上所用的茅龙笔，我是第一次见到。见他写的笔画生动有趣，我也试了试，但笔却不听使唤。

书协财政许兼逢和蔼可亲，诚实稳重，诚恳谦虚。他擅长楷书和行书，他和有才副主席的作品多次在国际华人书法展赛中崭露头角，他在马来西亚已有不小的名气。他的颜体楷书功力深厚，他的字笔画果断，意态从容，在古达站的教学示范中，深受学生的喜爱。他的行书，笔画随势而生，结构和章法出奇制胜，体现了他独特的才情与智慧。在前年的结营典礼上，他所写的大字行书气势雄浑，具有强烈的视觉效果，受到大家的好评。我在公民小学讲授硬笔书法课时，他虚心地在台下练习，让我深受鼓舞！

书协理事邓百显今年已68岁，是一位朴实善良的老人，对人热情友好。在前年的书法营里，我第一天讲授硬笔书法到台下指导学生时，一眼就看到他一笔一画地书写。有人向我介绍说他是书艺协会的理事，当时我以为他是书艺协会派来协助培训的，他却说自己是真心想学一学，因为难得有中国老师到沙巴授课，而且硬笔书法的技法让他感到很新鲜。在这一次中马书法教学交流营里，他一半是听课学习，一半是参与管理工作。他谦虚的个性、严谨的治学态度，以及那一手端庄浑厚的楷书书法，真是后生们学习的好榜样。他在书法营上及时为我的支教工作提出了不少有价值的建议，让我收获不浅，心存感谢！

深知我心，助我长进

我是深圳推市广课程"中小学书法教学法"的主持人，但因为近几年一直在中学里教书，到小学里授课的机会很少，此次到沙巴支教，我希望能接触更多的小学生，同时也希望在教师书法培训方面多做一些尝试。此次支教时正值我的《中小学书法理论知识趣谈》出版不到一周，我对中小学书法教学产生了新的探索欲望，同时对海外华文地区的文化考察有了更强烈的兴趣。

在沙巴短短一周的支教时间里，每一节课上，我都对中小学学生、教师的书法基础状况、学习状态、学习效果做了仔细的观察。通过与他们对话交流，我得知了他们的愿望、他们的能力，了解到书法在学校的地位。这为今后我对海外华人地区书法教学进行研究积累了丰富的素材。

无论是在书法营的教学中，还是在笔会交流中，亚庇书艺协会理事会的朋友们都关注着我此行的目的，他们的话题都不约而同地转移到中小学书法教学法方面来。他们把自己的宝贵经验传授给我，提醒我去搜集各种教学图片，记录各种教学问题，并与我一同分析和总结中马两国书法教师授课的优缺点。因此，我此行收获满满。

上一次在沙巴的支教完全是我一言堂，这一次是中马书法教师交流授课，我们从中取长补短。对我来说，真正的收获是学习，学习马来西亚教师的教学理念、教学方法，因此，我有很大的提升。

三、海外华人力推中华传统文化，让我惊讶

（本文 2016 年 7 月 19 日刊登于马来西亚《亚洲时报》《华侨日报》，2016 年 7 月 20 日刊登于马来西亚《星洲日报》《诗华日报》；2017 年 2 月 9 日广东侨网做了转载，2017 年 2 月 16 日中国华文教育网转载。）

群策群力，举办培训

我已经是第三次到马来西亚支教了，每一次活动都是当地学校董总会、董联会、家教协会及文化教育协会等华人社团自发组织的，活动要求中国海外交流协会、深圳市侨办、深圳市海外交流协会等派出优秀教师前往授课。每一次活动，各社团的领导放下自己的本职工作，全程跟进。他们既是组织策划者，又是后勤人员，从接机、入住酒店到饮食就餐、教学协助，无不一一参与。他们对深圳教师无微不至的关怀令人感动。每一个学习营的后勤人员多为在职老师，他们来自沙巴州各地，有的是从上百公里之外的城镇报名作为心愿者过来的。所有参与活动的领导及后勤人员，牺牲他们的假期，投入工作。这些工作完全是义务的，个人的交通食宿费自理，深圳教师每天的伙食由当地志愿者分摊。作为深圳的华文教育志愿者，我对海外华人不遗余力为中华传统文化发扬光大所做的贡献敬佩不已。

身体力行，从我学起

在支教活动中，我发现前来参加中华文化学习营的学员来自社会各阶层：有中小学生、教师、社会人员；有的是华人，有的则不是；有 5 岁的幼儿，也有 72 岁的退休老人。书法营里的大多数人是没有学过书法的，硬笔书法对他们而言则完全是一个新的概念。他们希望利用这一难得的培训机会，增加对中华传统文化的了解，不为名不为利。为了聆听深圳教师的课程，不少学员从沙巴各地赶来，有的人甚至包车赶路，提前入住酒店等候。培训课上，我们常常见到成人携带小孩，两代人共同挥笔。还有不少满头白发的老人，一丝不苟在课堂上做笔记、临范本。尽管天气炎热，挥汗如雨，上百人的课堂里，大家依然静静地听、静静地练。他们对中华传统文化充满热爱写在眼睛里，让你心醉，让你感动！

责任在心，努力感恩

怀着对中华传统文化的向往，华人同胞对中国书法、剪纸、国学、舞蹈、武术等都充满好奇心。参加学习的营员对深圳的老师非常尊重，热情得好像对待自己的亲人一样。负责接待我起居的当地志愿者，在课堂上给我端墨洗笔，课余争着请我品尝当地的美食。这一次授

课，我的嗓子哑了，第二天有好多领导、学员提早给我带来了叶绿素、罗汉果茶、喉片等，让我感受到像在家一样的温暖。

我深深感到教学责任重大，怀着感恩之心努力地完成教学。因为学员年龄差异大、基础不一，加之场地设备简陋，学员所带材料不规范，我在教学内容的设置、教学方法的运用方面都遇到了很大的难题。为了让学员对中国书法有一个更好的理解，在某一个营地，在两个小时的时间里，我要介绍毛笔的材料、笔画的书写方法、作品的构成，然后让学员完成一幅简单的作品，这是对我来说是从未有过的挑战。但无论有多大的困难，我一心所希望的是他们听了我的课之后能找到一条书法入门之路。

第十章　中小学书法教育教学成果奖申报

第一节　成果奖申报心得

教学成果奖评选，能调动广大教育工作者从事教育教学研究，提高教学水平和教育质量的积极性。1994 年，国家颁布了《教学成果奖励条例》，各省、市、自治区也有相应的教学成果奖的评选。

广东省人民政府也于 1995 年 7 月 24 日颁布了《广东省教学成果奖励办法》。《广东省教学成果奖励办法》对教学成果做了这样的界定：是指反映教育教学规律，具有独创性、新颖性、实用性，对提高教学水平和教育质量、实现培养目标产生明显效果的教育教学方案和教学改革、研究成果。对申请省级教学成果奖设定的条件是：省内首创的；经过两年以上教育教学实践检验的；在全省处于领先水平并产生一定影响的。2017 年，广东省要求申报省级基础教育教学成果的个人，要主持并直接参加了成果的方案设计、论证、研究、实施和总结的全过程，做出主要贡献，并至今仍在从事教育教学研究与实践探索。

2017 年广东省教育教学成果奖包括基础教育、职业教育、高等教育 3 个大类。申报程序是：①限额申报。各地市有规定的申报名额。②单位初审。各地市教育行政部门遴选，公示。③省教育厅评审。④全省公示后上报。

我当时以"中小学书法教学法"课程教学成果参加了基础教育类的评选，最后获得了一等奖。在从提交材料，区、市初审，重做材料上报，到省专家实地考察答辩等的过程当中，我有很多感受，更多的是反省自己做得不到位的地方。现说说个人的体会。

一、要有意识地做好方案设计、论证、研究、实施和总结工作

我于 2007 年到深圳从事中小学书法教学工作，当时书法开始进入中小学课堂，全国普遍感到师资、场地、教材、教法问题都很突出，没有太多可以参考的经验。所以在学校书法教育工作策划中，我方方面面的问题都遇到过，做了不少的尝试或研究，也取得了一定的成果。后面一段时间，我凭着装在心里的经验去教学，接下来才写成理论专著《中小学书法教学法》。书出来后，我才开始有意识地把"中小学书法教学法"作为课程做推广，做进一步的实验、研究，不断地取得成果。

在该课程被评为深圳市推广课程立项，特别又经历了参评省教学成果后，我才发现，从来没有主动去梳理、充实、提升方案设计，也没有做论证、研究、总结；眼前看到的东西很多、很漂亮，但成果的呈现流于表面；对实践和研究的规划不够科学、不够严密，没有将工作的重点放到解决问题上，实践和研究方式方法不够合理，很多细节缺乏论证，整个成果从研究开始萌发，到规划实施，最后到出结论，结构比较松散。所以到了申报教学成果时，我

觉得自己前面做的不专业。

二、要留足前期准备时间，反复实践检验并收集好证明材料

要形成一个成果，事先需要有意识地去构想，按方案去实验和研究；要针对教学成果的评选方向去努力，这需要花不少的时间。广东省教学成果奖规定成果要经过两年以上教育教学实践检验，这个时间不长，但以前我是没有留意过的。我参评的"中小学书法教学法"课程成果已经做好10年，但一对照评选标准和条件我才发现好多方面没有做足，只是勉强过关。在有些方面，我做了很多工作，但是没有注意收集文件、活动图片资料，无法提供有有效证明，以致到了实地考察答辩时，还有评委问我如何证明我的成果教学实验达到两年。我的成果的实践活动的层次分布不平衡，有些层次活动过多，有些过少，少到检验出来的数据不可信。教学成果奖评选需要的材料是很系统的，各部分的实验、成果是无法互相代替的。我们必须在项目完成前，把缺少的行动环节补完，把该收集的材料收齐。

三、申报材料要按要求填写，思想依据和文学表达要反复推敲

任何申报材料都讲究填写策略和方法。有了成果，如何把它展示出来，让评委认可呢？你依据的思想基础要符合成果评审要求，文字表达要准确。你要考虑，你填写的材料显示出来的思想基础，是否是坚持了立德树人原则的，是否体现了时代精神和素质教育的核心理念，是否遵循了学生身心发展和教育教学规律；还要考虑你的成果否解决基础教育教学过程中的实际问题，具有独创性、新颖性、实用性，在教育教学中发挥良好示范引领作用。

就说成果概要，只要500字，开始我写了一堆成果："'中小学书法教学法'课程教学（分学生、教师两个层次）经过10年实验，成果突出，在全国有较大的影响。1. 解决两个重大问题。2. 两所学校获全国奖。3. 出版五本教材。4. 三门课程获深圳市奖。5. 市、区两级课题结题。6. 培养一批书法师资。7. 执教人成为市名师。"我自认为很丰富，很不错。

后来宝安区教科培中心朱丽霞博士帮我审核时，发现我填写的材料还存在一些问题，给我非常好的建议："这部分内容物化成果较多，而对实践成果，即师生两个层次的成果体现不多。建议分四个层次来阐述：一是学生发生了什么变化，如欣赏、书写能力，对传统文化的热爱提升等；二是教师得到什么提升，如教学法、艺术素养提升等；三是获得什么成果，包括教材、课题、课程等；四是影响力如何，包括获奖、讲座、报告、报道等。"

后面我按朱博士的建议做了修改，内容框架改变为："国内首创'中小学书法教学法'，既考虑学生的学，也考虑老师的教，侧重解决学生专业化和系统化的学习问题和师资'边学边教'的教学法问题。1. 成果内容。2. 成果价值。3. 成果形式。4. 成果社会影响力。"（具体内容请看本章第二节的申报表）申报材料的档次一下子就提高了。

之后，我去深圳市教科院办事时，又把整个申报表拿去向李贤博士请教。他发现我填写的"成果创新点"框架没有把握好，提出了修改意见。

改之前为："'中小学书法教学法'课程教学（分学生、教师两个层次）根据教育部相关文件精神，针对当前中小学书法教学面临的实际困惑设置教学内容，既考虑到学生的学，也考虑到老师的教。1. 教学内容专业化和系统化、实用和审美兼顾。2. 理论教材与训练字帖配套，避免市面上理论教材与字帖的脱节。3. 突出操作性，让半路出家的书法老师'依葫芦画瓢'，就可以授课。4. 将枯燥的理论知识形象化、通俗化，易于理解，轻松学习。5. 配以22万字的《中小学书法理论知识趣谈》专著供师生选修学习。6. 课程教学以学科理论

和课程建设为一个导向，并形成丰富成果推向社会。"

改之后为："国内首创的本成果至少在教学理念、实施载体、教学方法、推广策略等四方面创新：1. 理念创新。2. 实施载体——课程的创新。3. 教学方法创新。4. 推广策略创新。"（具体请看本章第二节的申报表）申报表明显的更有分量了。

四、注重材料的编辑、打印和装订效果

材料呈现在评委面前，是否能给评委良好的第一印象很重要。要注重材料编辑规范美观。比如，字体大小、搭配、页边距、行距得当，目录引导简练清晰，方便评委阅读。有条件的可以彩打，这样的材料比较醒目。封面颜色、样式也要得体。装订平整，给人稳重的感觉。

第二节　广东省教育教学成果奖申报

我和李杭申报的"中小学书法教学法"成果获 2017 年广东省教育教学成果奖一等奖。现从申报表、附录材料、材料袋封面样式、实地考察答辩等四个方面展示和点评。

"中小学书法教学法"获广东省教育教学成果奖一等奖证书

一、广东省教育教学成果奖（基础教育）申报表

封面：

广东教育教学成果奖（基础教育）申报表

申报成果名称：中小学书法教学法

申报人姓名：李汉宁

申报人所在单位：深圳市宝安第一外国语学校

市级教学成果奖励等级：2015 年被评为深圳市优秀教育科研成果推广应用项目

成果推荐单位：深圳市教育局

申报日期：2017 年 6 月 6 日

◎填写策略点评：获过市级奖励，说明有良好的基础。

（一）成果类别

所属普通教育阶段、领域：其他

所属学科或具体的实践探索领域：艺术教育（含音乐、美术）

成果申报者类别：以个人名义申报

（二）成果简介

成果名称：中小学书法教学法

研究起止时间：2007 年 9 月至 2017 年 6 月

关键词：中小学　书法　教学法

◎填写策略点评：成果检验时间至少需要两年。这里有 10 年，足够了。

1. 成果概要（500 字以内）

国内首创"中小学书法教学法"，既考虑学生的学，也考虑老师的教，侧重解决学生学习的专业化和系统化问题以及师资"边学边教"的教学法问题。

出版五本教材；课程获深圳市立项或嘉奖三项；市级课题结题；创建全国首个专门研究基础书法教育的网站——中小学书法教育；培养一批书法师资；两所学校获全国奖；国内外推广，获媒体报道。

①成果内容。包含针对师生的硬笔与毛笔，笔画、偏旁部首、结构与章法、技法与理论知识等专业化和系统化的内容。针对教师的还有书法教学法理论。

②成果价值。让教师快速提高书法理论和书法创作水平，熟悉并掌握书法教学法理论，胜任学校的书法教学工作；让学生高效、系统地了解书法基础知识和掌握书法基本技能，提高书法欣赏能力，增强对中国传统文化的热爱。

③成果形式。出版《中小学书法教学法》等五种教材。课程成为深圳市推广应用课程项目、深圳市教师继续教育课程、深圳市中小学"好课程"。市规划"小学生课堂书法训练对策研究"课题圆满结题。创建网站"中小学书法教育"。

④成果社会影响力。采用本成果的一所学校获得中国书法最高奖——兰亭奖·教育奖，一所学校获"书法教育公办学校十佳"称号。李汉宁应邀在各级教师培训班讲课，在全国书法教育高峰论坛做交流，在马来西亚华文学校做讲座，受众累计 6000 多人次。《中小学书法教学法》被国内外大学书法专业、中文专业、中小学、培训机构广泛采用，是"硬笔书法教育十佳受欢迎教材（字帖）"。成果被中新网、国务院侨网、凤凰网、《南方教育时报》《书法报》、马来西亚《亚洲时报》等媒体报道达 50 多次。

◎填写策略点评：先做概括——成果解决学生学、教师教两个问题。当前推行"书法进课堂"，这两个问题很受关注。列出丰富的成果：教材、课程、课题、网站、两校获全国奖、国内外报道。有这么丰富的成果，足以证明所申报成果的分量。再从成果内容、价值、形式、社会影响力等方面分类做介绍。这样的概要全面而有高度。

2. 解决的主要问题、解决问题的过程与方法

抓住广东省、教育部"书法进课堂"的时机，选择迫切需要解决的热点问题，进行教学实验和研究。

1）解决的主要问题

解决学生学习的专业化和系统化问题以及师资"边学边教"的教学法问题。

2）解决问题的过程

本课程教学从 2007 年开始构思，2011 年根教育部建议中小学开展书法教育的文件精神做了调整。到 2013 年教育部颁发《中小学书法教育指导纲要》后，本课程教学与研究在已经形成比较可靠的成果的基础上又做了修改或补充；同年 9 月，教材专著出版，并在国内外推广。

教学实验与研究内容力求涵盖中小学书法教育领域的各个方面，为中小学书法教师提供教学法参考，促进中小学生书法知识和技法的学习。具体过程为：选定学生类型→选择教学场地→确定教学时间→制定教学目标→编写教材→研究教法→教学实施→成果评价→总结改进→形成理论→教材出版→推广应用。

3）解决问题的方法

（1）解决学生学习的专业化和系统化问题的方法

针对教材、教法严重缺乏问题，提出要解决学习内容的专业化和系统化问题。解决的过程和方法如下：

①研究教学内容，全面合理安排，循序渐进进行教学。

②每节课的设计，教案和训练字帖相配，保证教师的教和学生的学不脱节。

③普通班教学与兴趣班教学兼顾，满足不同学生的需要。

④同一班次适当给予不同的学生不同的字体或不同的难度，因材施教。

（2）解决师资"边学边教"的教学法问题的方法

一个合格的书法老师必须具备书写、理论与教学三方面的能力。围绕这三点问题，解决的过程和方法如下：

①设置教育导论、教材编写、场地建设、教学实施、社团构建等内容，进行教学引导。

②进行常用书体，如硬笔楷书、行书，毛笔楷书、隶书、行书等的技法训练。

③通过教学法传授、教案撰写训练，以及公开课观摩，提高教师教学技能。

（3）解决教学场地建设问题的方法

大量收集各地各校书法教室、场所的图片以及布置要求和方法等养料，指导学校按实际条件进行建设，并制定与之相适应的教学标准，创建自己的书法教育特色。

（4）解决学科理论建设问题的方法

教学与科研同步，教学中教师尽量自主发现问题或广泛征集学生问题，进行研究，得出结论，回归教学检验，再完善提升。到目前为止，以"中小学书法"为关键词的理论专著或教材已有五部，建成网站一个。这些教材被全国不少大学书法、中文专业、中小学和社会培训机构使用。

◎填写策略点评：成果解决的问题很明确——解决学生学习的专业化和系统化的问题以及师资"边学边教"的教学法问题。这两个问题的提法很好，符合当前教育形势的需要。解决问题的过程步骤合理，方法多样，操作性强。

3. 成果的创新点

本成果为全国首创，至少在教学理念、实施载体、教学方法、推广策略等四方面有创新。

（1）理念创新

在教师层次中，开创性提出"边学边教"的理念，为广大书法教师提供方法指导。在学生层次中，提出区别于以往语文同步训练和社会书法培训的书法学习思想，实现"书法进课堂"的真正目的。

（2）实施载体——课程的创新

理论教材与训练字帖配套，避免出现市面上理论教材与字帖脱节的现象。以《中小学书法教学法》为理论教材，以《中小学书法教学法配套课堂作业》、《中小学书法摹写范本》（楷、隶、行）等为字帖使用，讲练结合。在教师层次，设置写什么、如何写、教什么、如何教等内容，突出可操作性。在学生层次，教学内容的设置做到专业化和系统化、实用和审美兼顾。

（3）教学方法创新

《中小学书法教学法》通过大量的实例图片来阐明学习和教学中的各种问题，化解书法理论知识的枯燥，教学生动直观，通俗易懂。另有22万字的《中小学书法理论知识趣谈》专著供师生选修学习。

（4）推广策略创新

采取书法理论研究和课程建设并进策略，出版五本教材，建成一个网站。在教师层次开设市级教师继续教育课程，着力师资培养；在学生层次以推广立项为抓手，面向中小学推广实验，并同步向全国其他地区、马来西亚推广。

◎填写策略点评：从教学理念、实施载体、教学方法、推广策略等四个方面来谈创新点，与当前教育教学改革和发展所倡导的思想吻合，与时俱进。

（三）成果应用及效果

1. 在本单位实践检验效果

在本单位的实践检验时间为2007年9月至2017年6月。

（注：本人2007年8月至2012年7月在深圳市石岩公学任教，2012年8月至今在宝安第一外国语学校任教，一直进行"中小学书法教学法"课程教学实验和探索。）

"中小学书法教学法"课程（分学生、教师两个层次）实施10年来，两所学校分别获中国书法最高奖——兰亭奖·教育奖和"书法教育公办学校十佳"称号，课程应用于区级教师培训的5年中，教师满意率为95%。本课程在南京等国内多个地方及马来西亚推广4年来，受当地热烈欢迎。深圳市8所首批应用本课程的学校快速成为区域性书法特色学校。全国不少大学、中小学和社会培训机构开设本课程，利用课程教材。国内外媒体报道50多次

①2007年至2012年在深圳市石岩公学中、小学部应用，成果突出，获全国奖。

2009年该校以突出的中小学书法教育成果荣获中国书法最高奖——兰亭奖·教育奖，成为兰亭奖举办至今全国第一所也是唯一一所获得该奖的中小学校。《书法报·少儿书画》头版整版进行了专访。中国书法网也专访报道。该校先后获得教育部、中国教育学会、中国硬笔书法协会等评选或授予的"全国中小学生书法比赛组织工作先进集体奖""全国写字教学工作先进单位""全国书法教育先进单位""全国书法普及优秀学校"等奖项和荣誉。

②2012年至今在深圳市宝安第一外国语学校应用，成果突出，获全国奖。

2014年，学校被中国硬笔书法协会授予"书法教育公办学校十佳"称号。《深圳特区报》《宝安日报》《深圳商报》《南方教育时报》、深圳新闻网、腾讯网等媒体均做报道。

③2010年至今，作为宝安区、深圳市教师继续教育课程应用，区级学员满意率高达95%。

据宝安区教科培中心统计反馈，学员满意率高达95%。《宝安日报》、宝安教育均有报道。

④2013年至今，作为深圳市侨办、市教育局对马来西亚的推广课程，成果显著，受到当地教育界欢迎，国内外媒体报道50多次。

在马方分别开展学生、老师两个层次的培训，马来西亚《亚洲时报》《诗华日报》《星洲日报》以及凤凰网、中国新闻网、新华网、中国日报网、新浪新闻、网易新闻、中国侨网等媒体共报道50多次。

⑤2016年3月以来，在深圳市教科院的主持下，本课程在全市8所推广学校应用，见效快。8所学校快速成为区域性书法特色学校。

⑥2017年8月应邀在南京市书法教师培训中推广，深受欢迎。

⑦2014年3月后，大学教育、书法专业引进该课程，给予高度评价。

《中小学书法教学法》被大学教育类专业认为是众多书法教材中的优秀教材，能将枯燥的理论知识与技法同学生的生活实例紧密联系，以寓教于乐的方法让学生学得有味、学得轻松、学有所成，得到学生的喜爱。

该教材在大学书法专业应用中，能让学生对书法教学法有更全面的了解和认识，对书法基础技法的学习更清晰、更深入，让学生就业应聘时更加自信，为中小学书法师资的培养奠定了坚实的基础。该教材是落实教育部《中小学书法教育指导纲要》的具体体现，极大促进了书法学科的建设和完善。

⑧全国不少大学、中小学和社会培训机构开设本课程，利用课程教材。

◎填写策略点评：前后10年，本人服务于两个学校，不停地进行"中小学书法教学法"课程教学实验和探索，两个学校分别获兰亭奖·教育奖、"书法教育公办学校十佳"称号。本课程作为深圳市推广课程、深圳市教师继续教育课程，被全国不少大学、中小学和社会培训机构推广应用，并被推广到马来西亚华文学校，国内外新闻媒体多次报道。

2. 在其他推广应用单位的实践检验效果

（1）第一个实践检验单位情况

深圳市石岩公学于2007年9月至2017年12月应用本成果。

李汉宁老师于2007年8月到该校主持书法教育工作。仅仅两年后的2009年，学校以突出的中小学书法教育成果荣获中国书法最高奖——兰亭奖·教育奖，成为兰亭奖举办至今全国第一所也是唯一一所获得该奖的中小学校。

从那时起，李汉宁"中小学书法教学法"课程开始确立。李汉宁老师于2012年8月调离我校后，学校还是沿用他的"中小学书法教学法"课程，直到现在。

李汉宁"中小学书法教学法"的优势主要表现在：

①"中小学书法教学法""边学边教"的理念和指导方法，让有书法爱好或有一定基础的老师很快实现了向书法教师角色的转变，书法教学的大面积普及得到了保证。

②"中小学书法教学法"解决了教学内容的系统化问题，也使书法教学更为科学化和

专业化。

③"中小学书法教学法"课程教材、教学方法将枯燥的理论知识、技法与学生生活事例紧密联系，常常通过形象的比喻、生动的故事来说明书写的原则和方法，学生听得有味，学得轻松。这种寓教于乐的教学方法对学生有很大的吸引力，使学校书法教学活动深受喜爱。

◎填写策略点评：深圳市石岩公学在"中小学书法教学法"课程的实验中获得兰亭奖·教育奖。我调离该校后，学校继续沿用这门课程，进一步促进书法教师的专业成长，让学生得以高效地学习。这充分证明了这门课的价值。

（2）第二个实践检验单位情况

百色学院教育科学学院于 2014 年 3 月至 2017 年 6 月应用本成果。

该校高度重视师范生书法教育。以教育科学学院学前教育和小学教育本（专）科生为例，在毕业前每位学生须修满一门硬笔和一门毛笔书法课程，并拿到相应学分。李汉宁《中小学书法教学法》是我院从众多高校书法教材中选出来的优秀教材，它的推广应用帮助我校师范生快速掌握开展中小学书法教学必备的知识和技能，并且帮助他们熟悉中小学书法教学法。开这样的一门课对于师范生来说十分有必要。

"中小学书法教学法"课程教材、教学方法将枯燥的理论知识和技法与学生生活事例紧密联系，常常通过形象的比喻、生动的故事来说明书写的原则和方法，学生听得有味，学得轻松。这种寓教于乐的教学方法对学生有很大的吸引力，使学校书法教学活动深受学生的喜爱。这是一本针对师范生的优秀教材。

◎填写策略点评：一所大学教育学院的学前教育和小学教育专业多年推广应用这门课，说明这门课能提高这些即将走向教师岗位的大学生的书写技能、书法教学理论水平。能增加大学生的本领，为走上工作岗位创造条件和优势，这说明"中小学书法教学法"这门课是有吸引力的。

（3）第三个实践检验单位情况

运城师范高等专科学校于 2015 年 3 月至 2017 年 6 月应用本成果。

该校是一所以培养专科层次小学教师为根本的师范类院校，2011 年成立书法专业后，开设小学书法教学法的课程，但发现教材教法问题尤为突出。该专业主要是借鉴大学书法教学法和小学各科教学法的经验，再加上任课教师自编讲义来完成教学任务。

学校 2015 年开始使用《中小学书法教学法》后，专业教师和学生对中小学书法教学法有了更全面的认识；学生对于书法教案编写有了更明确的把握。书法专业教学也取得了很大的进展，学生在课堂教学大赛中取得优异成绩书法专业学生参加教师资格证面试通过率达到94.1%。

《中小学书法教学法》的使用，为即将走上岗位的年轻教师教学提供了营养，为中小学书法教育培养专业师资奠定了坚实的基础，这是落实教育部《中小学书法教育指导纲要》的具体体现。该书解决了小学书法教师如何教的问题，案例丰富，故事有趣，让学生在就业应聘时的教学中更加自信，极大地促进了书法学科的建设和完善，使学校的书法教育上了一个新台阶。

◎填写策略点评：大学书法专业多年将"中小学书法教学法"这门课作为选修课推广应用，说明课程对学生书法技能的学习有帮助，对学生书法教学理论的学习有促进作用，能为这些大学生将来到中小学做书法教师提前铺好路。

（四）成果曾获奖励情况

①2009 年 11 月，深圳市石岩公学中小学书法教学成果获中国书法家协会举办的中国书法最高奖——兰亭奖·教育奖集体提名奖。

②2014 年 10 月，深圳市宝安第一外国语学校以中小学书法教学成果被中国硬笔书法协会授予"书法教育公办学校十佳"称号。

③2014 年 10 月，《中小学书法教学法》（含配套课堂作业）获中国硬笔书法协会授予的"硬笔书法教育十佳受欢迎教材（字帖）"。

④2014 年 10 月，网站"中小学书法教育"获中国硬笔书法协会授予的"书法教育最具影响力媒体（网站）"称号。

⑤2015 年 12 月，"中小学书法教学法"课程（学生层次）被深圳市教育局评为深圳市推广课程。

⑥2015 年 12 月，"初中硬笔书法"课程被深圳市教育局评为深圳市中小学"好课程"。

⑦2016 年 11 月，"中小学书法教学法"课程（教师层次）被深圳市教科院评为深圳市教师继续教育课程。

◎填写策略点评：成果丰富，包括多项市级政府奖，多项国家级行业协会奖。有课程奖，有学校成果奖，有网站奖，实属不易。

（五）成果持有者情况

（1）主持人情况

李汉宁，本科学历，书法副教授职称，教龄 29 年，深圳市宝安第一外国语学校书法教师，擅长书法教学理论研究。主要贡献：调查研究、一线授课、教学规划和实验、课程开发和推广、撰写教材和出版、成果优化和参评。

（2）其他成果持有人情况

李杭，深圳市汉宁文化传播有限公司员工，主要负责资料搜集和整理、教材编写、网站编辑工作。

（六）推荐意见

（1）申报人所在单位纪检部门意见

（2）申报人所在单位推荐意见

（3）地级以上市教育行政部门意见

（七）评审意见

（1）省教育厅资格审查初评意见

（2）省普通教育学术委员会复评意见（建议奖励等级）

（3）异议受理情况、实地考察情况

（4）省教育厅审定意见

（八）附录材料

二、附录材料

此次申报要求的附录材料包含成果报告、附件、电子版材料。其中附件包含：①支撑成果的其他文字材料，一式一份，如调研报告、论文（含未公开发表的）、课例案例等，总字数不超过 1 万字。②关于实践过程及效果的佐证材料、获奖证书复印件、相关论文的杂志封面、目录页和正文等，如有专著需提供原件一份。佐证材料提交一式一份，总页数不超过50 页（专著除外）。③教学成果如有视频材料，按 AVI、MPEG、MOV 等格式制作，其播放时间不超过 15 分钟。电子版材料包含：《申报表》、成果报告和附件材料，需提供电子版（含视频材料）。其中《申报表》需经申报人签字，所在单位盖章后扫描为 PDF 格式，专著可只扫描封面、版权页和目录页，统一拷贝至一张光盘，光盘表面请用标签纸注明成果名称、申报人和申报单位。电子版材料总容量不超过 500M。

（一）附录材料目录

（因篇幅有限，关于附录材料，除成果报告外，其他部分的具体内容在本书中省略。）

广东省教育教学成果奖（基础教育）评选材料
附录材料目录

申报成果名称：中小学书法教学法　　　　　　　　　　　　　申报人：李汉宁

序　号	内　容	页　码
1	一、"中小学书法教学法"课程教学成果报告	1
2	二、论文《中小学书法教学中具有代表性范字的选择》	8
3	三、书法教案范例《硬笔书法：斜钩、竖弯钩》	13
	四、专著、证书、实践过程及效果佐证材料（以下 20 项）	18
4	（一）李汉宁出版的五本书法教材（封面、版权页和目录页）	18
5	（二）李汉宁开发三门市级书法课程获奖	27
6	（三）李汉宁主持市级、区级书法教学课题结题	30
7	（四）李汉宁创建全国首个专门研究中小学书法教育的网站——中小学书法教育获"书法教育最具影响力媒体（网站）"称号	31
8	（五）李汉宁个人获市级、国家级奖证书	32
9	（六）李汉宁主持书法教育的两所学校获全国奖证书	35
10	（七）李汉宁讲授教师继续教育课程"中小学书法教学法"	36
11	（八）李汉宁应邀在全国书法教育高峰论坛做关于中小学书法教学法的专题报告	38
12	（九）李汉宁在深圳学校推广"中小学书法教学法"	39
13	（十）国内外学校前来参观考察"中小学书法教学法"教学活动，并采用《中小学书法教学法》为教材	40
14	（十一）《书法报》两次对李汉宁中小学书法教育活动的专访	41
15	（十二）2014 年李汉宁在深圳给俄罗斯学生上书法课	43
16	（十三）2013 年李汉宁在马来西亚讲授中小学书法教学法	44
17	（十四）2014 年李汉宁在马来西亚讲授中小学书法教学法	46
18	（十五）2016 年李汉宁赴马来西亚支教，当地媒体报道 30 多次	48
19	（十六）2017 年国务院侨办网、马来西亚大量媒体报道李汉宁主持的中马书法教学交流	51

续 表

序 号	内 容	页 码
20	（十七）2017年李汉宁给南京市书法教师讲授"中小学书法教学法"	52
21	（十八）李汉宁在深圳大学讲授深圳市中小学教师继续教育课程"中小学书法教学法"	53
22	（十九）深圳市督学黄兴林评李汉宁《中小学书法教学法》：实用兼顾审美，方法大于理论	54
23	（二十）深圳各大媒体对李汉宁中小学书法教育的报道	56
24	专著《中小学书法教学法》原件	
25	专著《中小学书法教学法配套课堂作业》原件	
26	专著《中小学书法理论知趣谈》原件	
27	专著《中小学书法训练技巧》原件	
28	电子版材料：光盘	

◎呈现策略点评：以表格形式做目录，序号层级清晰。内容按文件要求的顺序安排，标题简洁，有概括性。要注意字体粗细、色彩的搭配，重点突出，增加可读性，让评委能尽快找到要查验的材料。

（二）成果报告

此次评选要求成果报告需反映成果主要内容和实践探索（包括检验）过程。参照以下要点撰写：①问题的提出；②解决问题的过程与方法；③成果的主要内容；④效果与反思。

"中小学书法教学法"课程教学成果报告
李汉宁

（注：申报人李汉宁曾深造于中国美术学院书法专业，现为书法副教授，中国书法家协会会员，深圳市首位书法学科名师，深圳市书法名师工作室主持人。曾先后两次获得中国书法最高奖——兰亭奖·教育奖。）

十年追求：

2006年，我以高等师范书法教学成果获中国书法最高奖——兰亭奖·教育奖之后，突然感到没有目标了。2007年，广东省率先要求中小学开设书法课。在此大好形势下，为了寻找新的课题研究，突破一下自己，我应深圳市石岩公学校长的邀请，辞去广西百色学院书法副教授的公职，到该校小学部做书法代课教师，之后两年我参加招调考试，正式转为公办教师。这一切就为了一点，那就是对中小学书法教学与研究的兴趣。转眼10年过去了，这种兴趣从不消减，反而愈来愈强烈。每一次在中小学书法教学与研究上的收获，哪怕只是一丁点，我都激动不已，感到无比满足和享受。

成果概要：

（详见申报表，此处从略。）

一、问题的提出

从 2007 年广东省要求中小学开书法课，到 2011 年教育部建议中小学开展书法教育，到《国家中长期教育改革和发展规划纲要（2010—2020 年)》要求全面实施素质教育，再到 2013 年教育部发布《中小学书法教育指导纲要》，可以看出国家对中小学书法教育越来越重视。因此，对中小学书法教育的研究具有时代性、紧迫性。而我对中小学书法教学法的教学实验、探索与研究，基于以下原因：

1. 现实需要激发我开展教学实验与研究

2007 年和 2011 年广东省和教育部先后要求书法进入中小学课堂，书法教学从未受过如此的重视。但是，轰轰烈烈把课排进课表之后，全国都普遍意识到，在中小学开展书法教育难度很大，其中，师资、教材、教法、场地等问题特别突出，书法根本无法像其他学科一样正常开课。这方面的研究成果在全国几乎还是一片空白。中国的书法教育在高等教育层面做得比较全面而深入，有 50 多所高校开设了书法本科专业，不少院校已开设书法硕士、博士、博士后培养点，但在基础教育层面的中小学书法教育却相当落后。因此，对教学法的探索是国家教育形势的迫切需要。

2. 书法学科教学法的缺失让我看到了"中小学书法教学法"的教学实验与研究价值

语文、数学、英语、历史、地理、音乐、美术等课门门都有自己的教学法，唯独书法一直还没有，于是我从 2007 年底开始萌发了对中小学书法教学法进行实验、探索和研究的想法。我一边教学一边研究，并进行教学实验和教材的构思、写作，以期在这门学科上做一点突破性的工作。

3. 我对"中小学书法教学法"的教学实验与研究有一定的学术优势

从大学英语专业毕业生成长为大学书法副教授、中国书法家协会会员，并以高等师范书法教育成果获中国书法最高奖——兰亭奖·教育奖，加之在大学里一直从事教学理论研究，我认为比起大部分中小学书法教师，我有学术上的优势，所以我对"中小学书法教学法"的教学实验、探索与研究有足够的信心。

二、解决的主要问题、解决问题的过程与方法

（详见申报表，此处从略。）

三、成果的主要内容

"中小学书法教学法"课程（分学生、教师两个层次）最为成功的点是教材内容的设计，主要表现在：

1. 有系统和精辟书法基础知识与技法理论内容、教学法讲解及教案（供师生学习）

针对当前中小学书法教学面临的困惑设置内容，教材共 37 万余字，内含 808 张图片，涉及笔画、字例、作品及实物，具体分"上篇：中小学书法教学法概论"和"下篇：中小学书法教案纲要"两个部分。上篇包含中小学书法教育导论、中小学书法教学的内容、中小学书法师资队伍的建设、中小学书法教材的编写、中小学书法教学的场地设备、中小学书法教学的实施、中小学书法社团的构建等章节；下篇包含硬笔楷书笔画教案、毛笔楷书笔画教案、楷书偏旁部首教案、楷书总体结构教案、楷书分类结构教案、书法作品通篇布局教案、中小学教师硬笔书法培训讲

稿、中小学生作业书写问题分析及对策等章节。这些内容涉及中小学书法教育领域的各个方面，有理论有实践，理论有来源、有深度而且简明精辟，通俗易懂，并通过实例、图片来阐明教学中的各种工作、技法问题，使得各种书法教学问题更生动直观，化繁为简。

2. 配有与理论教材相对应的课堂作业或字帖（供师生训练使用）

出版有《中小学书法教学法配套课堂作业》、《中小学书法摹写范本》（楷、隶、行）等可作为字帖使用，讲练结合。

3. 配有含500个问题简答的专著《中小学书法理论知识趣谈》（供师生选修学习）

四、成果的创新点

（详见申报表，此处从略。）

五、应用效果

"中小学书法教学法"课程（分学生、教师两个层次）应用10年来，我前后执教各5年的两所学校分别获中国书法最高奖——兰亭奖·教育奖和"书法教育公办学校十佳"称号。课程应用于在区级教师培训5年，教师满意率达95%。课程在南京等国内多个地方及马来西亚推广4年来，备受欢迎。深圳市8所首批推广应用学校成为书法特色学校。全国不少大学、中小学和社会培训机构使用课程教材。国内外媒体报道50多次

1. 2007—2012年在深圳市石岩公学中、小学部应用，成果突出，获全国奖。

2009年，该校以突出的中小学书法教育成果荣获中国书法最高奖——兰亭奖·教育奖，成为兰亭奖举办至今全国第一所也是唯一一所获得该奖的中小学校。《书法报·少儿书画》头版整版进行了专访。中国书法网也做专访报道。该校先后获教育部、中国教育学会、中国硬笔书法协会评选或授予的"全国中小学生书法比赛组织工作先进集体奖""全国写字教学工作先进单位""全国书法教育先进单位""全国书法普及优秀学校"等奖项和荣誉。

2. 2012年至今在深圳市宝安第一外国语学校应用，成果突出，获全国奖。

2014年10月，学校获中国硬笔书法协会授予的"书法教育公办学校十佳"称号。《深圳特区报》《宝安日报》《深圳商报》《南方教育时报》、深圳新闻网、腾讯网等媒体均做报道。

3. 2010年至今，作为宝安区、深圳市教师继续教育课程应用，区级学员满意率高达95%。

据宝安区教科培中心统计反馈，在宝安区中小幼教师培训中，学员对课程的满意率高达95%。《宝安日报》、宝安教育均有报道。

4. 2013年至今，作为深圳市侨办、市教育局对马来西亚的推广课程，成果显著，受到马来西亚教育界欢迎，国内外媒体报道50多次。

在马方分别开展学生、老师两个层次的培训，马来西亚《亚洲时报》《诗华日报》《星洲日报》以及凤凰网、中国新闻网、新华网、中国日报网、新浪新闻、网易新闻、中国侨网等国内多家媒体共报道50多次。

5. 2016年3月以来，在深圳市教科院的主持下，本课程在全市8所推广学校应用，见效快。8所学校快速成为本区域的书法特色学校。

各应用学校书法教育走上专业化、正规化轨道，书法教育特色显现。2017 年 4 月，凤凰学校书法教学成果代表宝安区在深圳市中小学"四点半活动"展示会上展示。2017 年 6 月，大鹏中心小学参加全区第二届中小学师生现场书法临帖比赛，表现突出，共摘得 61 个奖，占据了全区获奖总数的一半以上。

6. 2017 年 8 月，课程应邀在南京市书法教师培训中推广，深受欢迎。

7. 全国不少大学、中小学和社会培训机构开设本课程，利用课程教材。

六、反　思

1. 要全面满足中小学各年级书法课的需要，课程教材需要进一步细化，增加内容量。

尽管"中小学书法教学法"（学生层次）课程教学安排了专业化和系统化的书法学科内容，但是相对来说，还比较简略。而从小学到初中以每周一节书法课来算，原有教学内容的量是远远不够的，今后需要进一步拓展内容。

2. 作为教师继续教育课程，需要教育行政部门增加经费投入，将教材发送到学员手里。

教师继续教育课程面授时间短，只发放从《中小学书法教学法》中摘录出来的纲要讲义，学员从中学到的东西有限，平时想自学找不到内容。

3. 个人的时间和精力有限，限制课程教学与研究的进一步深入。

将一门课程开发、完善，或对外推广，都需要大量的时间和精力，甚至财力。作为课程的开发者和执教者，如果自己的工作单位支持力度不够，有时会感到力不从心。

4. 教无定法，还有一些地方需要进一步完善。

作为一门新学科，其教学法实验与研究需要经过长期努力，不断推翻原有的观点和做法。这真是一个巨大的工程，难怪国内外书法教学法的成果少之又少！

5. 以做这份工作为乐，既然已做过了 10 年的研究，一定会坚持下去。

我为中小学书法教育尽自己的微薄之力，做点开拓性的教学实验与研究，如果我的成果能起到抛砖引玉的作用，能激发书法界专家、学者们来关注中小学书法教学法问题，我会感到很值得！

◎填写策略点评：成果报告结构严谨，内容丰富，条理清楚，概括力强，深刻地反映了问题提出的时代价值、解决问题的合理思路和有效方法、成果主要内容的科学性和实用性，以及显著的成效。申报者清醒地认识其中的不足，明白将来进一步努力的方向。从中可以看到成果申报人的执着的中小学书法教育理想和坚持不懈的追求，令人钦佩！

三、材料袋封面样式

广东省教育教学成果奖（基础教育）评选材料

内装材料目录

申报成果名称：中小学书法教学法　　　　　　　　　　　　　　申报人：李汉宁

序　号	内　容	数　量
1	广东省教育教学成果奖（基础教育）申报表	2
2	附录材料	1

续　表

序　号	内　　　容	数　量
3	专著《中小学书法教学法》	1
4	专著《中小学书法教学法配套课堂作业》	1
5	专著《中小学书法理论知识趣谈》	1
6	专著《中小学书法训练技巧》	1
7	电子版材料：光盘	1

◎填写策略点评：以表格形式做目录，内装材料内容、数量一目了然。

四、实地考察答辩

（一）时　　间

2017 年 10 月 26 日。

（二）地　　点

宝安区教育科学研究院。

（三）考察组

由省教育厅派 3 人专家组成。

（四）原　　则

对拟评的 2017 年广东省教育教学成果奖（基础教育）特等奖和一等奖成果材料的真实性进行考察。

（五）程　　序

①考察组专家看申报材料的原始材料，60 分钟。

②成果申报人李汉宁介绍申报成果，20 分钟。

③考察组专家对成果提问，成果申报人答辩。

④考察组专家召开座谈会。

⑤考察组专家核议。

⑥考察组专家形成考察结论。

◎说明：此次实地考察答辩，考察组专家听完成果介绍后，翻阅了申报材料，对其中一些内容做了核实提问，材料与现实没有出入。

第十一章　中小学书法正高级教师职称申报

第一节　正高级教师职称申报心得

2018 年 6 月 26 日，我在微信朋友圈里发了一条信息，心里很激动，因为这一天我的正高职称终于确认了。如果我还在大学里，评上这个职称并不奇怪，但在中小学里，书法教师只是一个小小学科的教师，评上正高，多少都会让人觉得有点新奇。所以我写下了这段文字：

> 正高职称终于正式公布了！13 年的副教授职称已成为过去。这些年来，常常被人称为教授，也习惯性地回应或点头，有时想起来很虚荣。有趣的是，两年前在马来西亚讲学成功，好多家报纸报道了，归来后，那边有一位老师发微信时，很认真地问我说，大家都叫您李教授，请问您是正教授还是副教授，我坦白说是副教授，但回答这样的问题多少都有点尴尬。从那时起，稍为正规的场合介绍我时，我大多留意补充一个"副"字。从今以后，就更复杂了，我是中学正高级（与正教授同级），叫教授副教授我都不太适合回应了。

我大学的同事，从副高到正高，快的五年，慢的再多加几年，我用了 13 年时间。在中小学里，13 年算是幸运的，因为政策、学科等多方面的原因，加上中小学正高刚刚开放评审，我本来是一辈子都不必去想的，只是碰上了运气。我并不是为了正高而来深圳，是为了中小学书法教育研究的爱好来的，纯属是爱好，但努力之后碰上了运气。不过，说一句心里话，这么年的中小学书法教育，我做得很累很累，也觉得已经很单调乏味了。

本书也正是我评上正高之后，找到新灵感，最想做的一项工作，也就是回头总结一下走过的路，其中职称参评就是一部分内容。

我参评过助教、讲师、副教授、中小学正高。前面的都是一次性通过，只有中小学正高评了两年，第一年没有通过。我也曾经做过中小学各级职称包括正高级职称的评委，在职称评聘方面留下了一些记忆和感悟。

一、提前几年做好资格条件的准备

职称的评聘一直是常态化的工作，基本上每年都有评审。对于教师来说，职称评聘既是对工作实力的一种检验，也是提高身份和待遇一个台阶，所以职称评聘牵动着每位教师的心。很多老师都想评，但是到了年限时才发现这条件那条件都缺，心急了再想去补，可能又不知道要花多长时间。如果提前有评职称的意识，每年都做一些准备，其实也不难。

不同级别的职称需要不同的条件，越是高级别的职称条件越多，也越高。首先，你要根据你的学历、现有职称去判断需要再任教多少年后可以评更高的职称，然后你才能在这段时期内去积累、去创造足够的资格条件。资格条件包含基本条件和专业条件。基本条件分为思想品德、学历、资历、计算机应用能力、继续教育、身体健康等条件；专业条件分为育人工作（担任班主任年限、所获表彰）、课程教学（周课时量、循环教学或毕业班把关教学、公开课或赛课奖、活动课、选修或社团课、市级名师或兼职教授或省级教材编写）、教研科研（市级以上课题、省级教学成果奖、著作、论文）、示范引领（学科知名度、培养青年教师成为市级以上骨干或获市级以上奖）等条件。

二、提前一段时间做好申报基本材料的准备

职称的申报需要填写不少的表格，做不少的材料整理工作。有时候时间非常紧，工作量特别大。就说正高吧，我参评两年，每年接到文件通知后，一般要求你五天后交材料。那工作量不是一般的大，几个夜晚加班，有时候做到凌晨四点钟，六点又得起床。所以，你要在职称评审通知发布的一段时间前，把估计需要的材料拿出来分类整理好，比如各种荣誉证书、证明材料，别到了申报时，不知放在哪里。

2019年10月12日，我去区教育局领回2017年报送的正高评审材料，与原先留存的草稿材料，加上2016年的申报材料放在一起。这时我突然有感，发了一条题为《特殊的经历》的微信朋友圈：

> 1080个公章换来我的正高。前天去教育局领回正高材料，今天整理存档。做了一个很有意义的总结：两年申报正高，第二年通过，堆积的各种材料有18厘米高，其中包含草稿和不合格需重做、合格可上交的文档，还有代表著作等。2016年的文档每页一个学校公章，150页大约盖150个；2017年的文档每页一个学校公章加一个区教育局公章，465页大约盖930个。两年1080个公章。盖章的情境还历历在目，心里生怕公章被敲坏，也生怕下一年还会重来。"天下熙熙，皆为利来；天下攘攘，皆为利往。"我本凡夫，绕不开也。

值得鼓励的做法是，找前一年评过的同事，把他做过的材料，包括电子版，拿过来看一看，这样心里会更加有底，知道怎么去准备，新一年的条件就算不同，也不会差得离谱。这一点，我以前就是不懂，在2016年第一次评正高时仅靠自己按文件做，好多不明白，反复修改很辛苦。到了第二年，我就做顺了，因为开始理解透了。

三、提前一段时间了解申报流程和各环节要求，做好应对准备

职称的评审，有一定的程序，比如报名、填写申报材料、各种测评、资格审查、公示、初评，终评、教育行政管理部门上会讨论、公示、下文等等。2017年的正高评审，有个人申报、学校（单位）审核推荐（每校限推一人）、县级主管部门审核推荐、市主管部门考核推荐、省评委会评审、评后公示、审核确认、发文公布等环节。省、市、区逐层下放入围指标数，每一个层级都有竞争。没有经历过的老师，对评审有什么环节、各环节的顺序和要求如何可能一下子摸不透，容易出现差错。如果在关键的一步出现小小的过失，很可能就会被淘汰。

职称评审，有些环节相对是固定不变的，有些环节出现的概率比较高，比如述职、讲课、说课、现场答辩、自我介绍等。心里提前有思考，有准备，到时就会更自信。哪怕是申

报材料的印刷、装订这样的一项工作，在哪个门店会做得更好，都是有必要提前留心的。我申报正高时，证明材料有两本，学校的文印室是没有条件做出来的。

讲课、说课与答辩是高难度的环节，要做得好，需要平时的积累，在评审前多了解学习其中的方法和技巧。

四、读透评审文件，精准、高效准备申报材料

每一次职称评审都会发布有关文件，文件对评审范围、申报条件、评审程序、工作都会做规定，对每一项材料，包括评审申报表、评审推荐表的填写，附录证明材料、纸质材料与电子材料提交时限、包装、封面等都有说明。

我们要读透这些规定和说明，才能把材料做得精准。有个例子我想说一下。有一次我做中学高级职称的评委，评审方案规定参评教师要有一篇独立撰写的德育论文，但对论文没有正式发表的要求。有一位参评老师提交了一篇在刊物上发表的德育论文，是两人合写的，他是第二作者。这个问题被评委发现提出来，大家感到很为难，初评给不给他通过令人头痛。本来你自己随后写一篇，又不要求发表，顶容易的事。但可能他理解为一定要发表或者发表了更有分量。要是因为这样的问题通过不了，那你就吃亏大了。有个别老师做的申报材料，哪个部分都比别人的厚，一仔细看就会发现有很多无效材料，明明规定是任现职以来的，也就是你取得现职称以来的，他把前面好多年的成果也列了进来。这种情况评委看到了说不定还会反感。

我们要读透这些规定和说明，才能把材料做得高效。我们要尽力一次性把材料做到位，如果做错了，重新修改整合会浪费更多的时间。2017年我评正高时做的业绩成果材料有174页。做第一次的时候，每个页码都盖上了学校和区教育局的章，装订好了。但我又觉得没有到位，需要更换一些页码，所以又跑一趟学校和区教育局盖章，再拆装重新组合，相当费劲。

五、表格填写要清楚呈现硬性条件要求，不要让评委产生疑惑

正高的评审有严格的基本条件、专业条件，每一项都有具体规定。比如，教研科研方面要求至少符合市级以上课题、省级教学成果奖、著作、论文等四项中的任意两项。你具体符合了哪两项或三项、四项，要清楚地呈现出来。又比如课题方面，你有很多个不同级别的课题，都想写进去，但其中有规划办的课程，有协会的课题，应当将符合条件要求的课题列在前面，其他的放在后面作为辅助参考，次序安排很重要。我在做正高评委时，发现有一个参评的老师，按年度列了很多课题，前面好多个是行业协会的课题，不受正高评审认可，有效的课题插在中间，评委们都觉得找出来很费劲。又比如，假设你要以论文作为一项条件，如果论文很多，那么应该将哪4篇（要求至少4篇）放在前面？其中哪篇是德育论文，哪篇是核心期刊，哪篇是近三年发表的，做个标注或指引，会让评委更方便审核。

六、讲究策略，把评审材料做出亮点

材料呈现在评委面前，有没有给评委有良好的第一印象，你的能力表现能不能在最短的时间内能让评委感知到，你的弱项能不能避开评委的眼睛，对评审结果都是有直接影响的。所以填写材料时既要注意如何去展现自己，也要注意评委期待看到什么。

这方面的有很多问题可以去思考。比如，在装订和打印方面，可以做个颜色、样式好一

点的封面，装订成一本书的样子，而不是随便印好，拿个钢夹夹了就了事；页面最好是彩色的，让人赏心悦目。在深圳，彩打 A4 单面也就 1 元钱左右，封面和装订也就 30 元左右。

又比如，在材料编辑方面，页面设置规范美观，边距、行距得当；目录引导简练清晰，最好页眉也有内容标注，方便评委阅读；各种图片、复印件尽量要高清的；各部分的内容围绕申报要求，做到重点突出，条理清楚，内容有较高概括力，不拖泥带水，不要把一大堆原始素材不做提炼地放在评审材料中。在没有明确规定的顺序的情况下，最有分量、最有说服力的材料要放在最前面或最耀眼的位置。

再比如，在材料呈现重点、亮点方面，可以单行分列，或适当地加粗字体，在彩打的情况下适当变换颜色。这可以让你的长篇大论中的要点一下子突现出来，从而让评委在最短的时间里就能对你有大体的了解。

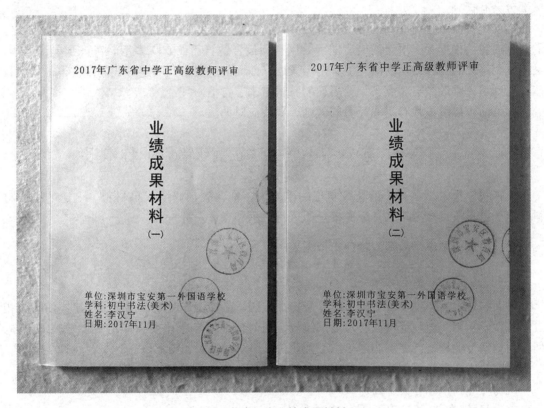

2017 年李汉宁业绩成果材料

七、面试前多思考，做好心理准备，提前模拟演练

对参评者来说，填写、提交评审申报表、评审推荐表、附录证明材料、纸质材料与电子材料等是初评中一个重要的环节。如果审核通过，还有面试审核环节。面试审核在区、市、省等各个级别可能都会有，就看当年的文件规定了。2016 年广东省正高职称评审时，区里没有面试环节，市里有听课、说课、教师评价、单位领导评价等，省里有答辩。2017 年时，区里也没有面试环节，市里有备课、说课、答辩，省里有答辩。

关于备课、上课、说课与答辩，是否能获得评委的认可，一方面看你平时的功底和积累，另一方面看你有没有为这次评审做好有针对性的准备及现场发挥效果如何。你个人要提前对现阶段国家、省、市相关的教育教学政策导向、本学科的教学和发展理念、备课、上课、说课的要素、方法、技巧做个梳理，不要在面试时出现原则上的错误。可以在课型、答辩方向等方面做一些猜测和假设。思考可能出什么类型的题目，我该用什么方式去应付，你提前思考的越多，到面试时就算题目与原先设想的差距很远，你也容易理出思路来。

2017年市里面试前，我思考了中学书法教学的技法问题，内容不外乎笔画、结构、章法等。于是我把《中小学书法教学法》里有关的近百个教案梳理了一遍，思考什么内容应该怎么讲，发现有些内容容易讲得有味，有些内容不好讲清楚。我当时的想法是，如果一个问题比较枯燥，或许可以把它引到另一个有联系的点上去讲，以免答不下去。的确，到了真正的面试时，我思考的内容真用上了，还是顶顺利的。评审通过很长时间后，我碰上了其中的一个评委。他对我的表现记忆犹新，说我当时的说课神采飞扬。（当时的做法，后面的面试部分会有提到。）

提前模拟演练也是个好办法。在省答辩前，我多遍演练写好的自我陈述（自我介绍）的文字内容，根据个人语速，最后把字数调整到最合适自己的600多字。考虑到要讲得顺，又把文字修改成自己惯用的语句。答辩当天，在前面的这段自我陈述，我的确讲得很从容自然，看到了评委的微笑和点头，给后面的答辩带来了自信。

面试前可以多请教有实战经验的教师，寻找应对办法。

第二节　广东省中小学书法正高级教师职称申报

现将我申报中小学书法正高级职称的申报表、推荐表、业绩成果材料、上送的纸质材料、电子材料及市级考核、省级考核经历进行展示和点评。

一、广东省中小学教师职称评审申报表

（一）基本情况（部分摘录）

姓名、性别、出生年月、出生地、身份证号码、参加工作时间、教龄、从事本学科或相近学科教学年限、教师资格层次及证书编号、何时何地何专业评委会评定中小学教师职称、何时何地何专业评委会评定非中小学教师职称从略。

专业技术职务经历：

现聘专业技术职务：中高六级。

首次起聘时间：2011年6月，中高七级。

累计受聘年限：6年。

现申报何职称：初中学段书法学科正高级。

何时参加何学术团体任何职：2005年加入中国书法家协会，中国硬笔书法协会，2006年加入中国教育学会书法教育专业委员会。

社会兼职情况：深圳市书法名师工作室主持人、宝安区兼职督学。

学历教育情况：右江师范高等专科学校英语专业大专毕业，西南师范大学汉语言文学专业本科毕业，中国美术学院书法专业进修结业。

工作简历及证明人：广西百色学院（证明人：徐魁峰）、宝安区石岩公学（证明人：朱文彦）、宝安第一外国语学校（证明人：段天虹）任教。

◎呈现策略点评：文件要求初中教师，本科及以上学历者须在高级教师岗位上从事本专

业教育教学工作 5 年以上。这个是硬条件，个人有 6 年。

（二）继续教育和计算机应用能力情况（部分摘录）

1. 近 5 年参加专业技术人员继续教育的情况

共 622 学时，合格。（因篇幅有限，起止时间、学习内容、课时、学习地点、举办单位、考核单位等从略。）

◎填写策略点评：文件要求，近 3 年完成的继续教育课程需达每年 72 学时，其中公需 18 学时，专业 30 学时，校本 24 学时。

2. 计算机应用能力及考试情况

五个模块考试合格证。（因篇幅有限，具体内容、获得时间、地点、证书编号等从略。）

［又符合《广东省中小学教师水平评价标准（试行）——正高级教师水平评价标准》之：年满 50 岁，计算机应用能力免试条件。］

◎填写策略点评：文件要求有 5 个模块考试合格证或符合免试条件之一：

研究生学历或硕士学位；计算机专业大专以上学位；参加全国计算机软件资格（水平）考试获得程序员以上证书，或取得全国计算机等级考试二级以上合格证书，或在计算机室（中心）专职从事计算机工作 3 年以上者；在县（不含市辖区）属及以下学校工作的；申报当年 8 月 31 日年满 50 岁的。

（三）专业技术工作情况

1. 任现职前主要教育教学情况（部分摘录）

自何年何月至何年何月任教学科、年级、学生人数、周学时数、完成情况及效果：

每年任教书法科目，每年约 600 人以上，每周 12 节以上，效果良好以上。

◎填写策略点评：任现职前同样是教书法学科，课时量每周 10 节以上，说明学科教学经历长。

2. 担任班主任工作情况（部分摘录）

（1）任现职前担任班主任的情况

学校从未安排艺术学科教师担任班主任工作。

（2）任现职以来担任班主任的情况

学校从未安排艺术学科教师担任班主任工作。

（3）班级管理、育人情况与实效

李汉宁同志为书法教师，除了教学，还负责学生书法社团的管理工作，我校从不安排他担任班主任工作。所授课班级每年获校级以上表彰 10 次以上。

校长（单位负责人）签名：　　　（公章）　　　年 月 日

◎填写策略点评：文件要求初中教师担任班主任年限为从教以来 10 年，任现职以来 3 年。学校不安排艺术类教师担任班主任工作，我开具了证明。文件要求所带班级获得校级以上表彰奖励 3 次，或个人获得与德育（班主任）工作相关市级以上荣誉称号。我在此部分附上了班级获奖证书。

3. 教学工作情况

（1）任现职以来课程教学情况

①学年度、任教学科、年级、任教班数（学生人数）、周课时数、学生（家长）满意度、人事年度考核结果：

近七年每年任教初一书法，每年 12 个班以上，人数 600 人以上，满意率达 95% 以上，每周 12 节以上，每年称职。

（因篇幅有限，具体情况，此处从略。）

②任现职以来累计学时数：2916。周平均课时数：11。

◎填写策略点评：要求初中教师胜任并至少进行过循环教学 1 次以上或担任过初三把关教师 3 年以上。我是书法教师，书法课不是国家课程，也不是地方课程，是校本课程，没有循环安排。我从学校开具证明，并附《深圳市九年义务教育课程计划》（无书法课）。专任教师要求周课时 10 节以上，这里为 12 节，达标。

（2）任现职以来开设活动课程、选修课程或指导学生开展社团活动的情况

[起止年月、活动（选修）课程、指导学生人数、总学时数、指导效果]

2007 年 9 月～2012 年 8 月；石岩公学少年书画院书法兴趣课；每学期 80 人；每周 2 节，每学期 30 节；优秀。

2012 年 9 月至今；宝安第一外国语学校初中部书法社书法兴趣课；每学期 50 人；每周 2 节，每学期 30 节；优秀。

2010 年至今；宝安区教科培组织的教师书法培训；3000 人次，15 节；优秀。

2013 年至今；国务院侨办组织的马来西亚书法支教；3 期，每期 300 人；每期 1～2 周不等，每周 50 节；优秀。

◎填写策略点评：文件要求能独立开设活动课程、选修课程或指导学生开展社团活动。

（3）课程教学取得的成效

李汉宁老师专职从事书法教育工作 28 年，2005 年 12 月获得书法副教授职称，出版了 5 本中小学书法教学论著或教材；开发 3 门市级书法课程并获推广。具有大学、中小学、教师培训、国外讲学等多个层次的教学经历，大学、中小学书法教育成果均获过中国书法最高奖——兰亭奖·教育奖；"中小学书法教学法"课程教学成果已被省教育厅拟评为广东省教育教学成果奖（基础教育）一等奖，省专家 2017 年 10 月 26 日在宝安区教科培中心进行抽测、答辩，无异议。教学成果突出，具体表现如下：

①2010 年，获教育部艺术教育委员会颁发的学生书法比赛指导教师一等奖。

②教学得法，书法教学经验丰富，教学方法研究透彻，对学生的教学有针对性，授课方法灵活多变，授课语言风趣幽默，教学成果显著，深受学生的喜爱。2015 年被学生评为"最受欢迎的老师"，同年被深圳市教育局评为首位深圳市书法学科名师。

③教学卓有成效，主持过两所学校的书法教育工作，分别获得中国书法最高奖——兰亭奖·教育奖和"书法教育公办学校十佳"称号。

2009 年 11 月，所主持策划书法教育工作的深圳市石岩公学荣获中国书法最高奖——兰亭奖·教育奖集体提名奖（中国书法家协会主办），成为兰亭奖 2002 年举办以来全国第一所也是唯一一所获得集体教育奖的中小学校。2014 年 10 月，所主持策划书法教育工作的深圳市宝安第一外国语学校获"书法教育公办学校十佳"称号（中国硬笔书法协会主办）。全国媒体多次报道。

④荣登书法报社主办的第三届全国少儿书画教学高峰论坛（2010 年）和中国硬笔书协举办的首届全国书法教育高峰论坛（2014 年），给全国书法教师代表做书法教育模式创建和中小学书法教学法专题报告。

⑤被宝安区教科培中心聘为教师硬笔书法培训主讲嘉宾，讲座得到学员的高度评价，满

意率高达 95%。

2010 年以来，为宝安区中小幼教师举行书法讲座，主讲过 5 场，学员达 3000 人次以上。据宝安区教科培中心培训部统计，学员满意率高达 95%。《宝安日报》、宝安教育均有报道。

⑥面向全市、国内外中学教师开讲的教师继续教育课程"中小学书法教学法"（教师层次），学员满意率达 90% 以上。

⑦面向全市、国内外中小学生开讲的课程"中小学书法教学法"（学生层次）受到学生的热烈欢迎，满意率达 95% 以上。

⑧受国务院侨办、深圳市侨办、市教育局的委派，三次到马来西亚支教，讲授书法，成果显著，媒体报道 50 多次。

2013、2014、2016 年分别赴马来西亚森美兰州、沙巴州给当地师生讲授书法，教学成果显著，备受欢迎，马来西亚《亚洲时报》《诗华日报》《星洲日报》以及凤凰网、中国新闻网、新华网、中国日报网、新浪新闻、网易新闻、中国侨网等国内外媒体做了 50 多次报道。

教务部门负责人签名： （公章） 年 月 日

◎填写策略点评：教学工作方面还要求业绩卓著，并具备下列条件中的一项：

①被评为省特级教师，或省"百千万人才培养工程"培养对象，或市级以上名教师、名校长、名班主任。②被聘为高校或教育学院兼职教授，并承担过培养硕士研究生工作。③参加过经省级以上教育行政部门审定的教材编写工作。

关于业绩方面主要有：出版了 5 本论著或教材，开发了 3 门书法课程，大学、中小学书法教育成果均获过兰亭奖·教育奖，"中小学书法教学法"课程教学成果已被省教育厅拟评为广东省教育教学成果奖（基础教育）一等奖等；还有个人、学校教学的其他具体成果。三项条件之一有：市级名师。

4. 教研科研情况

（1）任现职以来论文、论著情况（包括参加省级以上教育行政部门审定教材编写的情况）

（序号，题目，刊物名称，刊号主办单位，发表时间，本人承担部分）

①《中小学书法训练技巧》（11 万字），ISBN 978 - 7 - 5362 - 3842 - 8，岭南美术出版社，2008 年 3 月出版，独著。

②《中小学书法教学法》（37 万字），ISBN 978 - 7 - 5495 - 3745 - 7，广西师范大学出版社，2013 年 9 月出版，独著。

③《中小学书法理论知识趣谈》（22 万字），ISBN 978 - 7 - 5482 - 2771 - 7，云南大学出版社，2016 年 6 月出版，独著。

④《中小学书法摹写范本·楷书》，ISBN 978 - 7 - 5580 - 3002 - 4，江苏凤凰美术出版社，2017 年 8 月出版，合著。

⑤《中小学书法摹写范本·隶书》，ISBN 978 - 7 - 5681 - 3693 - 8，东北师范大学出版社，2017 年 8 月出版，合著。

⑥《中小学书法教学法配套课堂作业》字帖，校本教材，宝安第一外国语学校 2014 年 6 月印刷，独著。

⑦广东省中小学书法教材编委会会议，做中小学书法教学法专题介绍，广东省教育厅教

研室，2011年12月。

⑧论文《中小学书法教学中具有代表性范字的选择》，深圳市书法教学研讨会论文一等奖，深圳市教学教研室，2008年5月，独著。

⑨论文《笔法教学如何引导中小学生进行审美追求》，全国写字教学成果展评一等奖，中国硬笔书法协会，2009年5月，独著。

◎填写策略点评：教研科研方面要求初中教师需具备以下条件中的两项：

①近5年内主持一项市级以上本专业教育教学科研课题，通过结题验收或成果鉴定，取得创新性的教育教学研究成果，并善于把成果转化为教育教学实践。②任现职以来主持或作为主要成员参与（排名前三）的教学、教研成果获省教学成果二等奖以上。③任现职以来出版发行本专业教育教学类学术著作（本人撰写部分不少于8万字）。④任现职以来独立或作为第一作者在公开发行的学术刊物上发表本专业教育教学研究论文4篇，其中1篇为育人方面的论文，至少1篇发表在核心期刊上，至少2篇为近3年发表。

这方面，我有市级课题结题、省教学成果奖一等奖、论著等三项条件。这里的论文、论著部分，填有3本专著，其中两本是22万字以上的，两本为合著，还有市级论文一等奖。对于一个小学科教师来说，这样的成果应该是算丰硕的。

（2）任现职以来承担课题研究的情况

（序号，题目，立项单位，立项时间，结题时间，本人承担部分）

①"小学生课堂书法训练对策研究"，深圳市教育局，2008年，2014年4月，主持人。

②开发课程"初中硬笔书法"被评为深圳市中小学"好课程"，深圳市教育局，2015年12月，2016年9月完成优化，主持人。

③开发课程"中小学书法教学法"（学生层次）被评为深圳市推广课程，深圳市教育局，2015年12月，推广研究中，主持人。

④开发课程"中小学书法教学法"（教师层次）被评为深圳市教师继续教育课程，深圳市教科院，2016年7月，2016年7月评审通过，主持人。

⑤创建的网站"中小学书法教育"，获"书法教育最具影响力媒体（网站）"称号，中国硬笔书法协会，2014年10月评审通过，总编辑。

⑥"中小学作业美化书写"，宝安区教科培中心，2016年9月，正在研究中，主持人。

⑦深圳市李汉宁名师工作室，深圳市教育局，2015年12月，正在进行中，主持人。

◎填写策略点评：有一个市级课题结题，还有市级"好课程"、推广课程和教师继续教育课程的开发及一个网站上线并获奖等作为辅助材料，都是有创造性的研究成果。

（3）教研科研取得的实效

李汉宁老师有书法、汉语言文学、英语等多个专业的学历背景，原为大学书法副教授，科研理论功底深厚，长期专注于中小学书法教育理论研究，成果突出，出版了5本中小学书法教学论著或教材，开发3门市级书法课程并获推广，主持一个市级名师工作室，主持一项市级课题结题，建设一个学科网站，一篇论文获市级一等奖，在全国中小学书法教育界产生良好的影响。具体如下：

①出版5本中小学书法教学论著或教材，其中《中小学书法教学法》被誉为"我国基础教育史上第一本书法教学法专著"，被认为填补了国内空白，2014年获"硬笔书法教育十佳受欢迎教材（字帖）"称号。该教材被国内大学、中小学、社会培训机构广泛使用，被国务院侨办推广到马来西亚华文学校。

②开发3门课程被深圳市教育局评为推广课程、好课程、教师继续教育课程。

其中课程"初中硬笔书法"于2015年被深圳市教育局评为深圳市中小学"好课程"（获立项经费5万元）；课程"中小学书法教学法"（学生层次）于2015年被评为深圳市推广课程（获立项经费10万元）；课程"中小学书法教学法"（教师层次）于2016年被评为深圳市教师继续教育课程。这些课程在全市有较大的影响，已在国内外一些地方推广应用。

③主持的市级课题"小学生课堂书法训练对策研究"于2014年4月圆满结题。

④创建网站"中小学书法教育"（http：//www.zxxsfjy.com/）。该网于2014年获中国硬笔书法协会授予的"书法教育最具影响力媒体（网站）"称号。

⑤论文《中小学书法教学中具有代表性范字的选择》于2008年在深圳市教研室主办的深圳市首届中小学书法教学研讨会上获一等奖。

⑥2015年个人成为深圳市首个书法名师工作室主持人，工作室有来自全市各区的49位教师学员。

教务（教研、科研）部门负责人签名： （公章） 年 月 日

◎填写策略点评：出版5本中小学书法教学论著或教材，开发3门市级书法课程并获推广，主持一个市级名师工作室，主持一项市级课题并结题，建设了一个学科网站。《中小学书法教学法》获"硬笔书法教育十佳受欢迎教材（字帖）"称号，被国内大学、中小学、社会培训机构广泛使用，被国务院侨办推广到马来西亚华文学校，这是非常难得的。市推广课程、教师继续教育课程、市名师工作室对全市的辐射影响也是不言而喻的。课程已在国内外一些地方推广应用，体现了课程有很高的价值。

5. 示范引领情况

（1）近5年来承担公开课（专题讲座）等情况

（序号，题目，主办单位，承担时间，范围，完成情况和效果）

①书法（5次），宝安第一外国语学校，每学年1次，校级，优秀。

②宝安区教师书法培训——硬笔笔法，宝安区教科培中心，民治小学，2010年5月20日，区级，优秀。

③第三届全国少儿书画教学高峰论坛——书法教育模式探索，广东省教育学会，东莞，2010年5月24日，国家级，优秀。

④宝安区教师书法培训——硬笔笔法，宝安区教科培中心，松岗小学，2010年6月11日，区级，优秀。

⑤宝安区教师品位提升讲座——楷书结体美，宝安区教科培中心，宝安实验学校，2012年3月27日上午，区级（中小幼教师参加），良好。

⑥塘头小学教师培训——楷书结体美，塘头小学，2012年4月9日，校级，良好。

⑦宝安教师品位提升讲座——楷书结体美，宝安区教科培中心，新湖中学，2012年10月21日上午，区级（幼儿园教师参加），优秀。

⑧宝安区教师品位提升讲座——楷书结体美，宝安区教科培中心，宝安实验学校，2012年10月21日下午，区级（幼儿园教师参加），优秀。

⑨首届全国书法教育高峰论坛——中小学书法教学法，中国硬笔书法协会，2014年10月16日，国家级，优秀。

⑩中小学书法（10场），国务院侨办、深圳市教育局，马来西亚森美兰州，2013年11月，国家级，良好。

⑪中小学书法（7场），深圳市人民政府侨办、深圳市教育局，马来西亚沙巴州，2014年7月，市级，优秀。

⑫中小学书法（7场），深圳市人民政府侨办、深圳市教育局，马来西亚沙巴州，2016年7月，市级，优秀。

⑬中小学书法（8场），李汉宁名师工作室，2017年3~6月，市级，优秀。

⑭南京书法教师培训（3场），南京市江宁区教育局，南京，2017年8月，市级，优秀。

◎填写策略点评：文件要求在市级以上开设过3次教学示范课、观摩研讨课、专题讲座并获好评，或获得市级优质课、教学技能竞赛一等奖或省级二等奖以上。这里的市级以上授课远远超过规定的数量，完全达标。

（2）薄弱学校、农村学校任教（支教）工作情况

个人开发的"中小学书法教学法"课程2015年12月被评为深圳市推广课程，目前推广到深圳市南方科技大学实验小学、石岩小学、大鹏中心小学、桥头小学、长圳学校、凤凰学校、冠华育才学校、华一实验学校等8所学校。

个人开发的"初中硬笔书法"课程2015年12月被评为深圳市中小学"好课程"，目前支援福永中学的教学。

2013年11月至今，被国务院侨办、深圳市政府侨办3次派往马来西亚为当地华文学校师生讲授书法课。

◎填写策略点评：市内支教、国外支教均有，有分量。

（3）指导青年教师的情况（包括担任兼职教授指导研究生的情况）

李汉宁老师长期指导宝安第一外国语学校、宝安区及深圳市相关青年教师的书法创作、理论和教学研究，让众多教师快速成长，在各级各类比赛中获奖。

①近年来，李汉宁老师利用课余时间指导有书法兴趣的宝安第一外国语学校教师进行书法练习，增强他们的教学基本功。

②在宝安区教科培中心的安排下，几年来，李汉宁老师一直担任宝安区中小幼教师硬笔书法培训的主讲工作，促进了一大批中小幼教师书写水平的提高，特别是使不少参加培训的语文老师掌握了指导学生练习书法的本领。

③2015年11月，李汉宁老师被深圳市教育局评为"优秀实习指导教师"。

④2015年12月起，李汉宁老师作为深圳市书法名师工作室主持人，指导来自深圳市全市的48位工作室成员的创作、教学、科研等多方面工作。他们获得了很大的进步，有的成员书法作品入选了区、市的展览，有的成员在各级赛课中获奖，有的成员的课题得到区、市立项。

⑤面向深圳市、国内外中学教师开讲的教师继续教育课程"中小学书法教学法"极大地提升了学员的教育教学能力。

（6）据不完全统计，李汉宁任现职以来所指导的青年教师获区、市级以上书法展赛奖、教学基本功大赛奖、学生指导奖者达120人次以上。

教务部门（或相关部门）负责人签名： （公章） 年 月 日

◎填写策略点评：按要求，初中教师任现职以来需在指导和培养本专业青年教师方面取得成效，其中至少2人参加市级以上的教学比赛或班主任技能大赛取得突出成绩。获奖的青年教师人数远远超过这个规定。作为市教师继续教育课程主讲嘉宾、市名师工作室主持人，

本人对青年教师的培养是真实的，至少市名师工作室的49名学员都得到了不同程度的培养和提升。

（四）奖惩情况

（序号，所受奖惩名称，奖惩颁发单位，奖惩时间，本人承担部分）

1. 政府部门奖

①广东省教育教学成果奖（基础教育）一等奖（已列入拟评名单，省专家于2017年10月26日在宝安区教科培中心抽测、答辩，无异议），广东省教育厅，2017年，主持人。

①教育部硬笔书法等级考官，教育部考试中心，2007年，独立。

②深圳市首届中小学书法教学研讨会论文一等奖，深圳市教研室，2008年，独立。

③学生书法比赛指导教师一等奖，教育部艺术教育委员会，2010年，独立。

④宝安区名师，宝安区教育局，2011年，独立。

⑤深圳市名教师，深圳市教育局，2015年，独立。

⑥宝安区高层次人才，宝安区人力资源局，2015年，独立。

⑦深圳市名师工作室主持人，深圳市教育局，2015年，独立。

⑧开发课程"中小学书法教学法"被评为深圳市推广课程，深圳市教育局，2015年，独立。

⑨开发课程"初中硬笔书法"被评为深圳市中小学好课程，深圳市教育局，2015年，独立。

⑩开发课程"中小学书法教学法"被评为深圳市教师继续教育课程，深圳市教科院，2016年7月，独立。

◎填写策略点评：11项市级以上政府部门的奖励，有说服力。

2. 书法行业奖

①中国书法家协会会员，中国书法家协会，2005年，独立。

②中国硬笔书法协会教育委员，中国硬笔书法协会，2005年，独立。

③中国教育学会书法教育专业委员会会员，中国教育学会，2006年，独立。

④中国书法最高奖——兰亭奖·教育奖，中国书法家协会，2006年，独立。

⑤全国优秀中青年硬笔书法家，中国硬笔书法协会，2008年，独立。

⑥全国写字教学先进个人，中国硬笔书法协会，2009年，独立。

⑦策划书法教育工作的深圳市石岩公学获中国书法最高奖——兰亭奖·教育奖集体提名奖，中国书法家协会，2009年，集体。

⑧全国艺术教育先进工作者，中国教育学会，2010年，独立。

⑨全国书法普及优秀教师，中国教育学会，2011年，独立。

⑩独创、主编的网站"中小学书法教育"获2010年广东省"十一五"教育技术研究与教育信息化优秀成果三等奖，广东省电化教育馆，2011年，独立。

⑪策划书法教育工作的深圳市宝安第一外国语学校获2013年度"书法教育公办学校十佳"称号，中国硬笔书法协会，2014年，集体。

⑫专著《中小学书法教学法》9含配套课堂作业）获"硬笔书法教育十佳受欢迎教材"称号，中国硬笔书法协会，2014年，独立。

⑬独创、主编的网站"中小学书法教育"获"书法教育最具影响力媒体（网站）"称号，中国硬笔书法协会，2014年，独立。

⑭写字教育名师，中国硬笔书法协会，2015 年，独立。

◎填写策略点评：获得行业协会的奖励也是个人能力的一种体现，有 14 项之多。有些荣誉对很多人来说，可能是一生也难以得到的，如中国书法家协会会员、兰亭奖。

（五）工作负面情况说明

1. 本人负面情况申报

无。

2. 本人对工作过失的陈述

无。

本人签名：

3. 单位意见（此处从原申报表原文抄录）

李汉宁老师教书育人，为人师表，作风正派，诚恳谦和，为人低调，工作严谨，敬业爱岗，对书法教育执着追求，教育教学科研成果突出。出版了 5 本中小学教学专著，编写了一批校本教材，创建了学科网站，主持了市级课题。他开发的 3 门课程分别被深圳市教育局评为推广课程、"好课程"和教师继续教育课程。被学生评为"最受欢迎的老师"，被深圳市教育局评为"书法名教师"和"书法名师工作室主持人"。他用心组织宝安第一外国语学校的书法教育工作，学校获中国硬笔书法协会授予的"书法教育公办学校十佳"称号。他的工作态度、奋斗精神、学术智慧和教学成效让人敬佩。

经个人申报、资格审查、个人述职、公认度调查，公示无异议，学校考核领导小组考核、校长办公会议研究决定，同意推荐李汉宁老师参加中学正高级教师的评审！

人事部门负责人签名：　　　（公章）　　　年　月　日

（六）个人述职报告

任现职以来在思想政治表现、育人、课程教学、教研科研、示范引领等方面的能力及履行职责的情况、成绩（申报初级、中级不少于 1000 字，副高级不少于 1500 字，正高级不少于 2000 字）

内容摘要：

作为书法教师，我于 2005 年 12 月获得书法副教授职称，有书法、汉语言文学、英语三个专业的学历背景，在书法创作、书法理论、书法教学、课程建设、学科引领等多方面发展。我是中国书法家协会会员，以书法界的标准，是书法家；发表过书法论文 30 多篇，出版了 5 本中小学书法教学专著，是书法学者；具有大学、中小学、教师培训、国外讲学等多个层次的教学经历，大学、中小学书法教育成果先后两次获得中国书法最高奖——兰亭奖·教育奖，是书法教育专家；开发 3 门市级书法课程并获推广，是课程建设行家；是深圳市首位书法学科名师、深圳市首个书法名师工作室主持人，是学科教育教学的引领者。

具体内容：

本人为中共党员，右江师专英语教育大专毕业，西南师范大学汉语言文学专本科毕业，曾深造于中国美术学院书法专业助教进修班。1988 年 7 月参加工作，28 年来一直专任书法教师，年度考核全部为称职以上。学校从未安排过班主任工作，其中 1988 年 7 月到 2007 年

7月任大学书法教师，2007年8月至今任初中书法教师。2005年12月加入中国书法家协会，取得书法副教授资格（同时被聘），2010年4月起被聘为中学高级岗位教师。2015年被评为深圳市书法名师、深圳市书法名师工作室主持人。

任现职以来，德、能、勤、绩综合汇报如下：

1. 德

本人个性淳朴谦和，为人低调，爱党爱国爱人民，忠诚于教育事业，严格要求自己，遵守纪律，服从领导工作安排，与同事团结协作，对学生友好关爱，言行一致，品行高尚，所到之处均能得到领导的认可、同事的敬佩和学生的爱戴。

我一向勤奋好学，开拓创新。为了中小学书法教育的实践与研究，2007年我应深圳市石岩公学的邀请，辞去大学副教授公职，来到中小学做代课教师，后来考入正编，竞聘上中学高级岗位。很多人无法理解这一行为，我也为此付出了无数的艰辛。但我觉得我此番找到了一条适合自己兴趣和发展的路子，那就是国家正在提倡的中华传统文化教育之——中小学书法教育。我心里明白，我到中小学来，是要做一些实事，一些有成效的实事，并希望在这一领域产生一定的影响力。

2. 勤

我服从学校及教育局的安排，长期埋头工作于教学和科研的第一线，在中学里每周完成10到14节不等的教学工作，同时还负责学校少年书画院、书法社团的工作，每周有2到4节不等的辅导训练任务。在石岩公学的五年里，兼任少年书画院院长、书法教研组组长，并承担教职工书法培训等工作。近五年来，负责宝安区教师硬笔书法培训的主讲工作，负责网站"中小学书法教育"的编辑工作。2015年起，主持深圳市书法名师工作室，负责指导49位来自全市的教师学员开展相关学习研究工作，主持深圳市推广课程"中小学书法教学法"（学生层次）向全市8所学校的推广工作，主持深圳市中小学"好课程""初中硬笔书法"的优化工作，主持深圳市教师继续教育课程"中小学书法教学法"（学生层次）的开发工作等。

一个人要完成这么多的工作，而且很多工作是开创性的，非常艰辛。但我不计个人得失，常常加班加点、任劳任怨地刻苦攻关，最终做到有声有色，得到了同行、领导的肯定，得到了国内外书法界的广泛赞誉。

3. 能与绩

作为书法教师，我于2005年12月获得书法副教授职称，我有书法、汉语言文学、英语3个专业的学历，在书法创作、书法理论、书法教学、课程建设、学科引领等多方面同时发展。我是中国书法家协会会员，按书法界的标准，是个书法家；发表过书论30多篇，出版了5本中小学书法教学专著，是个书法学者；具有大学、中小学、教师培训、国外讲学等多个层次的教学经历，大学、中小学书法教育成果均获过中国书法最高奖——兰亭奖·教育奖，是个书法教育专家；开发3门市级书法课程，是课程建设行家；是深圳市首位书法学科名师，主持深圳市首个书法名师工作室，是个学科教育教学的引领者。

（1）教学方面

专职从事书法教育工作28年，有大学、中小学、教师培训、国外讲学等多个层次的教学经历，教学经验丰富，功底深厚。在中学教学工作中，教学方法研究透彻，对学生的教学有针对性，授课方法灵活多变，授课语言风趣幽默，教学成果显著，深受学生的喜爱。2010年被评为第四届石岩公学名师；2011年被评为宝安区名师；2012年被评为第五届石岩公学名师；2015 年被评为"宝安第一外国语学校年级最受欢迎教师"，同年被评为深圳市首位书法学科名师。

有较强的学科教学策划能力。2009 年 11 月，所主持策划书法教育工作的深圳市石岩公学，荣获中国书法最高奖——兰亭奖·教育奖集体提名奖（中国书法家协会主办），该校成为兰亭奖 2002 年举办以来全国第一所也是唯一一所获得该奖的中小学校。2014 年 10 月，所主持策划书法教育工作的深圳市宝安第一外国语学校获"书法教育公办学校十佳"称号（中国硬笔书法协会主办）。全国媒体多次报道。

2010 年以来，被宝安区教科培中心聘为宝安区教师硬笔书法培训主讲嘉宾，为宝安区中小幼教师举行过 5 场书法讲座，听课人数达 3000 人次以上，讲座得到学员的高度评价。据宝安区教科培中心培训部统计，学员满意率高达 95% 以上，《宝安日报》、宝安教育均有报道。2010 年应邀到书法报主办的第三届全国少儿书画教学高峰论坛给全国书法教师代表做书法教育模式创建专题报告，2014 年应邀到中国硬笔书协主办的首届全国书法教育高峰论坛做中小学书法教学法专题报告。

2013、2014、2016 年被国务院侨办、深圳市侨办、深圳市教育局委派到马来西亚森美兰州、沙巴州给当地师生讲授书法课，教学成果显著，备受欢迎。马来西亚《亚洲时报》《诗华日报》《星洲日报》以及凤凰网、中国新闻网、新华网、中国日报网、新浪新闻、网易新闻、中国侨网等国外媒体做了 50 多次报道。

（2）科研方面

本人有书法、汉语言文学、英语等 3 个专业的学历，原为大学书法副教授，理论研究功底深厚，在中学教育教学工作过程中出版 5 本中小学书法教学专著，开发 3 门市级课程并获奖，主持一个市级名师工作室，完成一项市级课题，建设一个学科网站，有一篇论文获市级一等奖，在全国中小学书法教育界产生很大的影响。具体如下：

出版《中小学书法训练技巧》《中小学书法教学法》《中小学书法理论知识趣谈》等 3 本教学专著。其中《中小学书法教学法》被誉为"我国基础教育史上第一本书法教学法专著"，被认为填补国内空白，2014 年获"硬笔书法教育十佳受欢迎教材（字帖）"称号，被国内大学、中小学、社会培训机构广泛用作教材，被国务院侨办推广到马来西亚华文学校使用。另编写有多种校本教材。

成功开发了 3 门市级课程，其中"初中硬笔书法"被深圳市教育局评为深圳市中小学"好课程"（获立项经费 5 万），"中小学书法教学法"（学生层次）被评为深圳市推广课程（获立项经费 10 万），"中小学书法教学法"（教师层次）被评为深圳市教师继续教育课程。

论文《中小学书法教学中具有代表性范字的选择》在 2008 年深圳市教研室主办的深圳市首届中小学书法教学研讨会上获一等奖。主持市级课题"小学生课堂书法训练对策研究"，并于 2014 年 4 月圆满结题。创建网站"中小学书法教育"（http：//www.zxxsfjy.com/）。该网于 2014 年获中国硬笔书法协会授予的"书法教育最具影响力媒体（网站）"称号。2015 年被深圳市教育局评为深圳市首个书法名师工作室主持人，工作室有来自全市各区的 49 位教师学员参加。

在今后的书法教学过程中，还有很多内容值得我去深入地研究和探索，如课堂教学与课外比赛展览活动的相互促进与协调、书法普及与提高的平衡、对学生学习评价标准的细化、地区教材与校本教材的互补等等。中小学书法教育刚刚起步，要在全国稳步地推行的确是一项艰巨的任务，对于我来说更是一项永无止境的工作。"路漫漫其修远兮，吾将上下而求索。"

◎填写策略点评：将文件要求的思想政治表现及育人、课程教学、教研科研、示范引领等方面的能力及履行职责的情况、成绩融入德、能、勤、绩四个方面来综合汇报，条理更清楚，重点更容易呈现，比较符合人们平时考评的习惯。

（七）考核推荐评价意见

（1）公开述职情况、述职时间、述职地点、述职范围

（2）推荐委员会意见

（3）学校（单位）推荐意见

（4）学校评前公示情况

（5）申报人说课、讲课、评课考核

（6）县（区）教育部门审核意见

（7）县（区）人社部门审核意见

（8）地级市教育部门审核意见

（9）地级市人社部门审核意见

（10）评委会日常工作部门审核意见

（八）评委会意见

（1）专业（学科）评审组的评审意见

（2）评审委员会的评审结论

（3）评审结果公示情况

（4）投诉举报核查情况

（5）审核确认发证意见

二、推荐表

因《广东省中小学教师职称评审推荐表》内容与前面的《广东省中小学教师职称评审申报表》类似，此处从略。

三、业绩成果材料

业绩成果材料按要求的内容、顺序来完成。内容包括：

1. 论文、论著、教材

2. 已结题验收或进行成果鉴定的课题有关材料

3. 教学反思

4. 有关证明材料

为了能充分体现自己的成果，我适当增加了内容，如课程、网站及其他（国内媒体报道、国外媒体报道）。因共有 174 页，分两册装订。按要求每一页都通过学校和区教育局的审核并盖章。因篇幅有限，本部分仅展示目录，具体内容省略。

◎呈现策略点评：以表格形式做目录，序号层级清晰。内容按文件要求的顺序安排，内容标题简洁，有概括性。字体注意粗细、色彩搭配，重点突出，有很强的可读性，能让评委尽快找到要查验的材料，同时将亮点很快闪现在评委面前。这样的设计，有思想、有价值。

四、上送的纸质材料

根据要求，我打包上送的纸质材料有：

1.《广东省中小学教师职称评审申报表》（A4 规格纸张双面打印）1 份

2.《广东省中小学教师职称评审推荐表》（A3 规格纸张单面打印）30 份

3. 业绩成果材料（A4 规格纸张双面打印）1 份

这部分材料里包含要求提交的：论文、论著、教材复印件 1 份（注：论著、教材难以复印的，可提交原件）；已结题验收或进行成果鉴定的课题有关材料；教学反思；有关证明材料。

4.《评前公示情况表》1 份

5.《申报人基本情况信息录入表》（由申报评审系统自动生成，统一使用 A4 规格纸张单面打印，由申报人亲笔签名确认）1 份

6.《2017 年中小学正高级教师职称评审申报人名册》（由申报评审系统自动生成，统一使用 A4 规格纸张单面打印）1 份

7.《2017 年中小学正高级教师推荐人员情况表》1 份

8. 专著《中小学书法教学法》1 本

9. 专著《中小学书法理论知识趣谈》1 本

（以上各种材料有要求各部门盖章的要盖好，专著盖区教育局骑缝章，统一装入牛皮纸档案袋后，在档案袋封面贴上填写打印好的《任职资格评审送评材料目录表》。）

◎填写策略点评：材料完整，标识明确。

五、电子材料

评审要求电子材料包括论文、论著代表作、业绩成果材料。其中论文材料包括期刊封面页、目录页、论文正文页。论著、教材材料包括封面、图书再版编目（CIP）数据页、目录页、序言或前言或综述页、总结或结论页等页面。按要求，这些材料是纸质材料扫描后做成pdf 文件，每个 pdf 文件的分辨率控制在 100～300 像素/厘米，每个 pdf 文件大小不得超过100MB。在扫描前，纸质材料每一页都要有学校和区教育局的审核盖章。每个文件以类似"业绩成果材料－姓名"的形式命名。

（一）网上提交的电子材料

纸质材料通过市教育局的初审后，你将会在省教育厅教师工作门户网拥有申报人登账号，用于提交电子材料。我提交的三样文件材料，一为"论文《中小学书法教学中具有代表性范字的选择》等 2 篇－李汉宁"，二为"专著《中小学书法教学法》等 2 本－李汉宁"，三为"业绩成果材料－李汉宁"。

广东省教育厅教师工作门户网申报人员基本情况信息录入界面

（二）刻录光盘的电子材料

将前面所提到的"网上提交的电子材料"刻录到光盘里，放入申报材料袋。

六、市级考核

2017 年 11 月 19 日在深圳进行市级说课考核。流程为：抽题—备课（20 分钟）—说课（10 分钟）—问答（3 分钟）。

（一）备课：左中右结构

关于这次备课，我按书法教案常规，教学目的、重难点及教学过程中的讲授分析、提问互动、示范表演、课堂训练、训练点评、作业设计等要素来安排。我主要追求的是，在理论和技法讲述上体现专业的高度，把平平常常的字里包含的审美哲理和方法讲出来。

◎备课策略点评：我从参加各种评比活动的经历里，发现绝大部分评委对书法专业的理论和技法不是很了解，加上很多书法课讲的书法理论都不太容易理解，所以我备课时力求体现专业的高度，讲出条理。这样的想法应该可行，容易得到认可。

（二）说课：左中右结构

关于左中右结构的说课，我主要是阐述结构美。回忆起来，大概的内容和思路如下：

左中右结构是技法中最难讲的内容之一，这一节课要通过讲授、示范、训练、讲评、纠正等多个环节，让学生学习和掌握多个种类的左中右结构。其中，最核心的是，要把左中右结构的原则和审美方法搞清楚。

古代的分类法可以参照，但不能完全照搬。从唐代欧阳询 36 法沿袭下来，到清代黄自元92法，讲左中右结构主要是讲三个部分的大小、宽度，通常有三均、中稠、中疏等三种。所谓三均，就是三个部分差不多，如"树"字（板书）。中稠是中间部分笔画多、左右笔画少，中间要写得宽大而笔画紧密，如"衡"字（板书）。中疏是中间笔画少，中间部分笔画舒松，如"辫"字（板书）。这样讲，学生对左中右结构就有了一定的把握。

笔画多的部分写大而密，笔画少的部分写小而松，这个容易理解。那什么情况下三个部分是一样的呢？是笔画数量一样吗？不是，你看"街"字（板书）。三个部分的大小不光由笔画的数量决定，也要看笔画之间的空白，空白一致了，大小自然会出来（板书：把双人旁两撇间、中间"圭"部分的横画间、右部分的两横间画上均匀圆圈）。

写左中右结构的字时最容易被忽略的是三个部分的高度，尽量追求错落感，不要三个部分齐头齐尾，如"湖"字（板书：三部分头尾画横线）。中国画讲究画山必有主峰（板书：三座一样高的山），一样高不好看。

左中右结构，不光要从横向看，还要从纵向看。刚才列举的几个字，有腿一类的，要上紧下松（板书，把"树"字的左边木字旁、右边寸字旁的腿部圈出来），腿修长，如舞蹈演员的身材。男人穿衣把衣服插裤子里，也主要是为了显得腿修长好看。把握了以上结构原则和审美方法，左中右结构的字就能写好，这是本节课的关键。

（注：说课时，我是站在讲台上的，背后刚好有黑板，所以我转身就用板书辅助。）

◎说课策略点评：我觉得自己对这节课的把握，主要是在专业理论的理解上，这是个亮点。我想通过这个点来赢得高分。所以，前面先提到"左中右结构是技法中最难讲的内容之一"，给评分留下悬念，并期待看我怎么去讲。但是，光去讲这个部分还不是课，只是书法内容。所以用"这一节课要通过讲授、示范、训练、讲评、纠正等多个环节"点一下课的展开方法，交代我有课的规范流程，接下来就可以大谈我认为的核心把"原则和审美方法搞清楚"。给自己找好台阶，发挥优势。后面我把左中右结构的类型、审美原则、方法讲得有条有理，用板书直观地显示，用贴切的例子进行说明，让人信服。把不好把握、不好讲明白的"左中右"引导到"上中下"来，这是一种智慧，能让自己走出困境。就算有一点牵强，但只要能让评委在迷惑中眼睛一亮，何乐而不为？

（三）评委问答

当时评委让我回答两个问题。因为之前我就知道只有3分钟，所以回答很简练。

①书法教学中如何从临摹转换到创作？

好多书法课，学生都停留在临摹上，写不出作品。大家都认为，功底还不够，继续临吧。其实再怎么临，都会还有差距。那么什么时候才能创作？我觉得学生练字，在临一段时间后，要一边临一边做集字创作或者说模拟创作，在创作中发现自己的缺漏，回去再临，就会更有针对性。创作时遇上字帖里没有的字，才懂得靠自己去组合，去创造。这样就会慢慢从临摹过渡到创作。

②你觉得书法教学最难的是什么地方？

我觉得最难的是，给学生讲解什么样的字是美的。要把这个问题讲清楚很不容易。美的字你一眼就能看出来，但它包含了什么道理在里面，有时真的很抽象，无法用言语表达得很清楚。所以，书法教师要加强理论学习。

◎答辩策略点评：第一个问题，讲出来的方法有道理，有可操作性。第二个问题，书法教学的难题很多，审美的问题的确是其中一个，难解释清楚，但是讲不清楚怎么教学生？

七、省级考核

2017 年 12 月 12 日下午在广州进行省级答辩考核。答辩过程分两部分，第一部分由申报人简明扼要陈述任现职以来的工作业绩、教育教学改革、教学科研创新等方面的内容。第二部分由评委对申报人进行提问并由申报人进行回答。答辩时间原则上为 15 分钟，其中个人陈述 5 分钟，问答时间 10 分钟。

（一）个人陈述（5 分钟）

以下是我当时对工作业绩、教育教学改革、教学科研创新、社会影响等的陈述。

各位专家：

下午好！我叫李汉宁，今天能以书法学科参加评审，非常荣幸。

我曾经进修于中国美术学院书法专业，现为书法副教授、中国书法家协会会员，是深圳市首位书法学科名师、深圳市书法名师工作室主持人。大学、中小学书法教学成果先后两次获得中国书法最高奖——兰亭奖·教育奖，也刚刚获得广东省教育教学成果奖一等奖。

从大学到中小学的 10 年间，我在创作、理论、教学三方面全面发展。针对当前书法教育存在的师资、教材、教法等重大问题，我做了大量的实践和研究，希望能为同行提供方法指导。我以"中小学书法"为主题，出版了 7 本专著，其中《中小学书法教学法》被誉为"我国基础教育史上第一本书法教学法专著"。开发了三门课程，分别被评为深圳市教师继续教育课程、深圳市推广课程、深圳市中小学"好课程"。创建了网站"中小学书法教育"，该网获"书法教育最具影响力媒体（网站）"称号。主持一个市级课题并圆满结题。我的名师工作室促进了一大批书法教师的成长。我执教过的两所学校，一所获得中国书法最高奖——兰亭奖·教育奖，一所获"书法教育公办学校十佳"称号。

我的课程和教材被推广到国内不少大学、中小学以及马来西亚的华文学校。我多次应邀到全国各地培训书法教师，三次被国务院侨办委派到马来西亚讲授书法。国内外媒体做了 50 多次报道。作为教育系统的高层次人才，我获得宝安区政府给予的 100 万元奖励。

我决心继续努力，把书法教育做得更高更远，争取为深圳、为广东树立品牌。

盼望各位专家的批评和帮助！谢谢。

◎陈述策略点评：点明书法学科参评，因为我估计，这很新鲜。前面先介绍身份，把体现个人专业实力的几个关键内容——中国美术学院书法专业进修经历、书法副教授、中国书协会员、市首位书法名师、市书法名师工作室主持人，获过两次兰亭奖和一次省教学成果奖一等奖列出，每位评委来说至少会认可其中一两项，对我产生好感。接下来点明从大学到中小学 10 年的经历，时间足够长，应该能引起评委的好奇。详细介绍创作、理论研讨与教学等方面的发展成果——出版 7 本专著，开发三门课程，主持市级课题并结题，主持名师工作室并培养新人，执教过的两所学校获全国奖。到这一步，已经让评委充分了解自己。后面点明课程和教材在国内外推广，作为人才获区政府的 100 万元奖励，让评委感到实力可信。最后，表决心要努力通过书法教育为深圳为广东树立品牌，从中暗含"请给我正高这个平台作为支持"的请求。整个陈述过程内容简洁，环环相扣，渐渐进入主题，在构思上应该是值得赞赏的。

（二）问答（10分钟）

①书法教学如何做到技道合一？

当时回答的大概内容：

　　技，就是技法，书法讲究技法，有笔法、字法、章法、墨法等。这是教学中需要学生学习掌握的。道可以说是自然的规律、审美的习惯，我们平常说"道法自然"。我们在书法里常常说要中锋运笔。为什么要这样？因为中锋出来的笔画有立体感，是含蓄美，符合中国人的审美习惯，比如有人请你吃饭，你说不好意思，其实是很好意思。

　　我们在教学生时，不能机械地教他们技术的方法，要让学生感受书法中的情趣和意味。过去我们喜欢拿法度森严的唐楷给小孩练，的确能让小孩学会规矩，比较实用，但是又少了一些意趣。现在很多人喜欢拿法度不很严格的字体，比如魏碑、张迁碑隶书给小孩练，外表好像歪歪扭扭，但充满了童真，有笔墨韵味，符合小孩的天性。这两种内容的学习，是重技与重道的不同，没有好坏之分，各有各的收获。在书法教学中，我们要让学生穿插体验，既要重视法的建立，也要重视意的表现。我们要引导学生明白各种技法体现出什么样的审美哲理、精神品质，做到形式和内容的统一，也就是技道合一。

②书法教学如何促进学生的心理成长？

当时回答的大概内容：

　　书法教学不仅能培养学生的书写能力，也能磨炼学生的意志，陶冶性情。很多家长说："我小孩坐不住，想让他练练字。""我小孩粗心，考试时数学题有时不是不会，是经常填错，想让他练练字。"这说明大家都发现练字的作用了。练字可以培养学生的专心、耐心、恒心、细心、静心。打比方，要写好一个字，你要细心观察字帖，看哪一笔长哪一笔短，才能写好。练字要心平气和，心无杂念，安心书写，一幅字一气呵成，有时半小时，有时一个钟头。练字，不是一两天能练好的，要持之以恒，长期不断的训练。所以通过练字，可培养学生的行为习惯，促进学生的心理成长。

◎答辩策略点评：第一个问题比较抽象，不好回答。我首先解释对技与道两个概念的理解，用中锋做例子来说明技法所蕴含的道；后面通过教学内容的不同选择，让学生穿插体验，做到法与意、技与道的统一。对第二个问题，我讲的思路顺畅，内容切题，通俗易懂。

第十二章　中小学书法教师时期媒体报道与评论

第一节　媒体报道心得

成名是很多人的梦想。你脚踏实地，一步一个脚印地撑起一番事业，都希望得到很多人的关注，辛辛苦苦创造出来的成果，也需要分享给社会。一个人有点名气，就有威望，就会得到更多人的爱戴和尊重。工作上有一定的名气，能让你得到更多领导、同事、同行的支持，使你今后左右逢源，获得更多的发展机会。

怎样争取名气？

你的优秀要变成名气，需要一传十、十传百。我们不做虚假、误导的宣传，但实事求是地、恰如其分地展示自己是必须的，是没有什么不好意思的。顺其自然，被动地等待别人的认识，不是这个时代的风格。

要有点名气，平时需主动推销自己。工作中，要保持推介自己的意识，只要有合适的有分量的成果，都可以考虑对外宣传发布，让同行保持对你的记忆和认可。

信息时代里，对于成名这件事，我们可以自己做主。宣传自己的渠道多种多样，如QQ、微信、微博、美篇等等。作为中小学书法教师，你临写的字、创作的作品、教学感想、心得、教学科研活动图片、获奖信息等，随手就可以在QQ、微信、微博、美篇等平台发布。在朋友圈里露露面，有价值的图片、文章、信息一定会有朋友转发出去。

上面所说的QQ、微信、微博、美篇等的宣传，可能让人感觉有点显摆，那么，可以考虑媒体报道宣传。关于这一方面，我谈一些体会。

一、报纸、网站等媒体的宣传效果是很好的

很多报纸除了有纸质版，还有电子版。能够上报，在传统的观念里，是很受认可的。纸质版可以送人交流，可以复印传播，可以作为评优评先的材料。电子版在网上的阅读量大，也容易被其他网站转载。如《人民日报》《燕赵都市报》《佛山日报》等都有过对我的报道。他们的报道是记者从别的网络媒体上收集我的材料，加工出来的。

二、怎样才能让报刊、网站等媒体报道我们

首先，你的东西要有分量，要有价值。如果你的工作真有分量和价值，被记者或编辑发现，他们可能会找上门来，主动写你，刊登写你的文章。如果没有人发现你，你可以主动与记者或编辑联系，说明自己希望上报或上网报道的意图，可能也会被采纳，因为媒体也是要找素材的。还有，你也可以自己写作，给媒体投稿。

这么多年来，国内媒体对我的报道很多。其中有些是记者主动联系，有意宣传的，如中国书法网、《书法报》《南方教育时报》《深圳侨报》《宝安日报》等。有些网站的报道是我主动投稿的，如中国侨网、中国华文教育网、广东侨网、硬笔书法天地。

国外媒体对我的报道也不少。作为华文教育志愿者，我多次到马亚西来支教，和当地书法协会研讨交流。当地华文报刊，如《中国报》《亚洲时报》《华侨日报》《诗华日报》《星洲日报》《亚庇书艺协会会刊》等有关我的报道有 30 多次，其中大部分由他们撰写文章，小部分是我主动联系投稿的。

宣传报道多了，你的信息就会越传越多，越传越广。正因为多种报刊、网站对我的报道，各出版社对我的论著和教材的宣传，同行微博的介绍等，加上我主编的网站"中小学书法教育"有大量的信息发布，全国不少网站，如凤凰网、新华网、人民网、中国日报网、新浪新闻、深圳新闻网等做了很多转载。

三、要别人宣传你，有时花点钱是应该的

关于上报纸宣传，有可能是免费，也有可能会收你一定的版面费。有些报纸不收你的版面费，但要求你买一定数量的报纸。在你的能力范围内，适当花点钱做这事件是值得的。媒体宣传对个人是一种精神上的鼓励，能增加你的自信。同时，媒体报道的材料可能会成为你今后工作中评先评优的证明材料。

四、宣传报道的题目、编者按、段落纲要要有新意，有概括性，能吸引人

一篇文章要让人关注，第一眼就是你的题目能让别人感到好奇，想留下来看一看，同时能体现你宣传的侧重点。如《南方教育时报》记者曾志采写的《李汉宁：书法老师也可以很可爱》，《人民日报》郝雪梅采写的《为书法教师李汉宁点赞》，题目很诱人，让人难忘。另外编者按、段落纲要要能体现出你与众不同的点，让人有欲望去了解。总之，需要从题目、编者按、段落纲要就能领略到你的魅力，初步达到宣传效果。

第二节　媒体报道与评论

李汉宁老师接受过中国书法网、《书法报》等媒体记者的采访，读者对其著作《中小学书法教育》等评价很好，《人民日报》、中国新闻网等媒也对其做了相关报道，其国际交流成绩被《深圳侨报》及马来西亚《亚洲时报》《华侨日报》宣传报道。（关于李汉宁及其书法教学的相关媒体报道与评论见附录一至四。）

附录一：记者专访

中国书法网：李汉宁副教授就当前中小学书法教育答中国书法网网友问

（2010 年新年第一天起，中国书法网对李汉宁副教授主持中小学书法教育工作的深圳市石岩公学获中国书法最高奖——兰亭奖·教育奖集体提名奖进行专题报道。该网同时在网上征集问题，由李汉宁副教授为网友解答。这里登载具有代表性的问答，敬请读者批评！转载自 2010 年 1 月中国书法网。略有改动。）

请问贵校对于培养师生书法方面的兴趣有什么好的先进经验能给我们借鉴学习？

李汉宁答：

谢谢同行专家您的提问，我是 2007 年 8 月广东省教育厅《关于加强中小学书法教育的意见》文件出台后应邀到深圳市石岩公学主持中小学书法教育工作的。短短两年来，我们在中小学书法教育方面做了一些普及性、基础性的探索。中国书法网为我校开设这个专题，是对我校的厚爱与扶持，我们非常感谢！

我们说不上有很先进的经验，所做的工作多数是大家都重复做过的，只是当广东率先在全省推行中小学书法教育时，我们及时实施了书法进入中小学课堂的实践，并全方位多角度地开展这项工作而已。如果要说体会，我认为在培养师生书法兴趣方面，我们做过的学校对书法学习的倡导。我校领导对书法相当重视，倡导教职工人人学书法。学校每年给每个教职工提供价值 100 元的笔墨材料；要求学生人人写一手好写，从小学一至六年级到初中一年级，每周开设一节书法课；制订《深圳市石岩公学学生书法教学实施方案》《深圳市石岩公学教职工书法活动实施方案》，在全校系统地开展书法教育活动，通过行政的手段促进师生对书法学习的兴趣。二是创造良好的书法学习氛围，通过在校园创设各种书法景点，以及开展展览比赛、讲座培训、表演展示、特色班级评比等活动，让书法气息无处不在，激发师生对书法主动追求的欲望和兴趣。这方面的具体信息请登录我校主编的网站"中小学书法教育"（www.zxxsfjy.com）了解。请多提出批评，欢迎您有机会到深圳市石岩公学指导和交流！

请问现在学校有多少学生，每名学生一周有多少练习书法的时间？

李汉宁答：

我校有幼儿园、小学、初中、高中、国际部等多个学部，总共有 5000 多名学生。书法进入课堂的有小学一至六年级及初中一年级，其他学部及年级的学生可以依据个人兴趣爱好选择参加下午活动节开设的书法兴趣班学习。

贵校对学生书法培养的目标是什么？是会写字，还是培养情操，还是培养专业人才？我的意思是在少儿书法教育的过程中，您是怎么来区分这些关系的？您能给我们谈谈贵校书法培养的一些目标方向和操作细则吗？

李汉宁答：

我们的教育主要是以广东省教育厅《关于加强中小学书法教育的意见》为指导的，即培养学生学习书法的基础知识和基本技能，写字与书法、普及与提高、课内与课外、全面培养与尖子扶持技能与情操相结合。具体请登录我校主持的网站——中小学书法教育"石岩公学艺术教育之窗"栏目的《艺术文件方案》了解，并请您多批评！欢迎您有机会到深圳市石岩公学指导和交流！

贵校的学生书法教材是什么？现在有没有一本正在使用的教学生书法的教材，还是只是单纯的写字教材？贵校每年有多少个被大学书法专业录取的学生？

李汉宁答：

深圳市石岩公学师生所用的书法教材多数是校本教材，主要有：

①硬笔教材：曾旭芳老师编写的《学生钢笔楷书字帖》；李汉宁老师编写的《硬笔楷书训练》（三册）。

②毛笔教材：李汉宁老师著《中小学书法训练技巧》，由岭南美术出版社出版发行。

③各种毛笔范本：少年书画院编写《颜体楷书笔法训练范字》（16开，36页）、《柳体楷书笔法训练范字》（16开，36页）、《欧体楷书笔法训练范字》（16开，36页）、《赵体楷书笔法训练范字》（16开，36页）、《隶书笔法训练范字》（16开，36页）、《楷书作品训练范例》（50幅）。

这些教材包括写字与书法的内容，实用与审美兼顾。因为师资力量问题，我们还没有书法高考项目。

您觉得少儿书法教学最吸引您的是什么地方？是什么让您走上书法教育这条路的？

李汉宁答：

书法教育是我的专门职业。我于1988年大学毕业就开始从事高等师范"三笔字"书法教学工作。2007年8月，我来到深圳市石岩公学，转为从事中小学书法教育工作。我之所以走进了少儿书法教育，是因为深圳市石岩公学校长的热情邀请，学校的组织管理、师资队伍建设、设备投入、文化艺术积淀等优越的条件，以及深圳市乃至广东省对中小学书法教育的高度重视。加之我于2006年以高等书法教育成果获第二届中国书法兰亭奖·教育奖提名奖之后，也很想寻找书法教育的新领地，而广东中小学书法进入课堂刚好是个很好的机遇。关于少儿书法教学培训，我在内地时也用业余时间开办，做了10年。但它与学校开课不同，学校有严格的班级教学制，生源年龄整齐、基础一致。在深圳市石岩公学我可以安心地进行40分钟课堂有效探索，这正是当前我国书法教育要从孩子开始普及所必需的学校教育研究内容，对我来说很新鲜，很有吸引力。

对于学校投入这么大精力抓书法教学，家长们是否支持？有多少学生课外专门学习书法？

李汉宁答：

深圳市石岩公学十分重视对学生兴趣爱好的引导和培养。学校充分利用寄宿制学校的优势，根据学生的要求开设了54门选修课，其内容涵盖体育、艺术、科技、学科类等方面。艺术类的包括钢琴、二胡、古筝、合唱、国画、版画、书法等等。每天正课之后，小学生有两节选修课，中学生则有一节选修课。利用这个时间，同学们可以根据自己的个性，选择一到两门自己喜欢的选修课参加学习或活动。家长给小孩选择这个学校，一个很重要的原因就是这个学校能让每个学生充分发挥自己的潜能和培养兴趣特长。所以家长对书法教学非常支持，从小学一至六年级到初一，除了课表里每周一节的硬笔书法课外，选修课时间几个书法教室里坐满了学毛笔的学生。

看完这个帖子我很激动，如果所有的中小学都像你们这么重视书法教育，那书法振兴真的就更有希望了。请问现在深圳以及广东的书法教师缺口有多大，书法教师是从哪里引进的，教师的待遇如何？

李汉宁答：

据深圳子瑛轩书画院李瑛老师文章《广东书法教育的现状和发展模式及对策研究》所述，按照每所学校2名书法专职教师配备，全省书法教师缺口在4.8万人左右。就深圳而言，据统计，深圳现有中小学650所左右，中小学生人数为77.8万，按每周一节课计算，平均每所学校需要书法教师2至3人，全市需要书法教师1600余人。而全市现有正式在编书法老师9人，非正式编制书法代课教师40余人，美术、语文兼课教师70余人，全市书法专兼职教师共119名，师生比例为1∶6538，如开足课时，尚缺书法教师1500人。据我了解，深圳目前引进书法教师的信息很少，在网上能搜到的中小学书法教师招聘信息一年里没有几条。现有非在编的书法教师和其他学科的临聘教师一样待遇并不很高。

学校书法教学的经费投入由国家拨款还是学校承担？

李汉宁答：

目前书法教师在深圳乃至广东还没有正式纳入中小学校教师编制，书法学科也没有像美术、音乐那样明确规定要排入学生的课程表，所以书法教学经费不会在国家拨款之列，开展书法教育的中小学校经费自筹。我校书法教研组5个书法教师中有4个是由学校发工资的，每年购置书法教育用品的几万元经费也是由学校支出的。因为我校是由政府和企业共同创办的股份制民办学校，办学经费使用有更大的灵活性。

学校是从什么时候起开设书法课的？全面铺开又是何时？

李汉宁答：

深圳市石岩公学自1995年成立起就一直都很重视书法教育，书法选修课长期开设。但真正大面积系统地铺开应该是从2007年秋广东省教育厅《关于加强中小学书法教育的意见》下达后开始的。

学校的师资，师资如何引进？

李汉宁答：

学校书法教研组现有专职书法教师5人，师资面向社会公开招聘。

教材和学生的课程安排如何？

李汉宁答：

多数使用书法教研组开发的校本教材。小学一至六年级及初中一年级每周安排一节硬笔书法课，每天下午的活动节开设毛笔书法选修课，各班学生可根据自己的兴趣爱好选择参加学习。

书法是如何融入校园环境中的？

李汉宁答：

营造浓厚的书法环境氛围将对中小学生培养书法学习兴趣、提高书法欣赏能力起到潜移默化的作用。校园的教学楼、图书馆、体育馆、办公楼等处的牌匾，最好用书法题字，提高这些场所的艺术品质。我校凡是有书写的地方，尽量找会书法的人书写，比如校名用字，教室内的书写布置，校服、书包印字等。在校园添置一些石头、木头刻字，作为永久的书法景点，更是耐人寻味。

学生及家长的反馈如何？

李汉宁答：

我校重视学生兴趣爱好的引导和培养，这是我校追求特色办学目标的需要，同时这也受到选择就读我校学生及家长的偏爱。因此我校书法教学的开展得到了广大学生和家长的赞赏，他们认为学习书法，把字练好，能提高作业书写的效率，陶冶情操。通过书法练习，学生变得更加专心、细心，也更有耐心，观察力、模仿力和领悟力得到很好的培养。至少绝大多数家长认为小孩作业字迹东倒西歪是很烦恼的事。

这两年的工作有哪些可喜成绩，又遇到过哪些困难？

李汉宁答：

这两年来，我校主要成绩有：师生获得书法高层次的奖项多；书法教师书法成果不断；书法教学场地设备建设基本实现标准化；书法教学走上准专业化轨道；校园书法景点设置更为丰富，书法教育氛围浓厚；多项书法品牌活动确立；书法交流渗透整个校园；校本教材开发成果累累；课题"小学生课堂书法训练对策研究"得到宝安区、深圳市两级立项；我校创办的网站"中小学书法教育"开通，引起全国书法教育界的广泛关注；具有石岩公学特色的中小学书法教育模式基本成型；少年书画院、李汉宁书法教育工作室在中小学书法教育界受到广泛好评；2009年6月，李汉宁获得中国关心下一代工作委员会、中国硬笔书法协会授予的"全国写字教学先进个人"称号；2009年11月，学校荣获中国书法最高奖——兰亭奖·教育奖集体提名奖。

当然也遇到不少的困难：提高书法教师自身的素质问题，教材的系统化问题，教学方法重复单一问题，书法选修课时间，学生被语、数、英等学科老师拉走的问题都是非常难以解决的。

目前的教学规划及未来的一些展望是什么？

李汉宁答：

①进一步提高对书法教育的认识，加强对书法教育工作的管理。

②提高书法教育质量，全面提高学生的书写水平。

③全面提高教职工的书法水平。

④书法教师努力把自己培养成为具有创作、理论和教学能力的全能人才。

⑤继续多方面开发校本教材。

⑥加快研究步伐，高质量完成宝安区、深圳市立项的"小学课堂书法训练对策研究"课题研究。

⑦建立师生书法评价体系，开展学生书法考级活动，促进书法教学质量的提高。

⑧面向全国中小学书法教育界改进网站"中小学书法教育"的栏目设置和其他方面的建设。

⑨建立高规格的校园书法展厅，提升书法教学场所的设备标准。

⑩增加校园书法作品的布置，营造更浓厚的书法教育氛围。

⑪研究开发中小学书法教育用具。

⑫完善具有石岩公学特色的中小学书法教学模式体系。

⑬编印《石岩公学师生书法作品集》。

⑭努力创建宝安区、深圳市、广东省乃至全国书法教育特色或示范学校。

⑮组建石岩公学书法教师交流团，为校外中小学师生举办书法教育培训指导。

李教授能否说一说个人对石岩公学和全国中小学书法教育的一些看法？

李汉宁答：

现行中小学书法教育能否实现，关键在于学校领导是否重视，在于师资、场地设备和教材是否到位。2007年8月，广东省教育厅《关于加强中小学书法教育的意见》出台后，大约半年时间，媒体上关于中小学书法教育的新闻不少，但近一年多来，很少有人提及了。这主要是因为教育行政管理部门实施的力度不够；最根本的原因是学校没有书法教师的编制，书法课没有像美术等学科必须强制地排进学生的课程表；另外，没有统一的经实验检验的可行性教材，书法教育专用教室、设备很难到位等。

您认为你们学校这次获得兰亭奖最大的优势是什么？你们做了多长时间的准备？

李汉宁答：

其实在深圳市长期开展书法教育的学校并不少，很多学校学生的书法水平很突出。如果仅从学生的作品水平看，我校还是脆弱的。因为即使2005年建校起就一直重视书法教育，但刚开始的好长一段时间内，书法教学是断断续续、零星而不系统的，直到 2007 年成立书法教研组、配齐师资后，我们才真正开始普及书法教育活动。我个人猜测，评委投我校的票，可能是因为我们学校有中学、有小学，我们在中小学书法课进入课堂也即普及书法教育方面进行了全方位多角度系统化的探索，形成了比较完整的、操作性强中小学书法教育的模式。比如，我们的教学管理、教学方案制定、教育场地开辟、设备投入、学生书法评价体系建立、校园书法品牌活动树立、校本教材开发、课题研究、书法教师的培训、中小学书法教育网站的创建等给全国中小学书法教育领域提供了较多有价值的参考，在一定程度上填补了全国中小学书法教育的空白。

您认为教学和创作是否会有冲突？二者有哪些异同？您平时是怎么处理两者之间的关系的？

李汉宁答：

中小学书法教学关注的是最基础的技法传授和训练，一笔一画的运行动作必须讲得清楚，示范到位，讲析得很理性，多停留于临写层面，你很难加入个人的意趣；而书法创作常常在熟练掌握书法基本技法之后，强调个人的理解、个人的审美理想。长期在中小学进行书法教学，会压抑自己的创新意识，给个人书法创作带来负面的影响。就我而言，因为中小学教学工作烦琐，近两年来，我很少有闲情考虑个人的书法创作，成就感慢慢从作品创作成果过渡到教育理论研究成果或教学成果中。但是，目前我也开始有意识地去提醒自己，要注意教师与创作者角色的转变。

《书法报·少儿书画》：第三届中国书法兰亭奖·教育奖系列访谈之一：桃李芬芳——访深圳市石岩公学副教授李汉宁

（本文为 2010 年 2 月 7 日《书法报·少儿书画》头版整版刊登的记者吴迪的专访，2010 年 3 月 31 日，深圳市宝安教育人物专版进行了转载。略有改动。）

李汉宁：广西百色人，副教授，教育部考试中心硬笔书法等级考官、中国书法家协会会员、中国硬笔书法协会会员。曾进修于中国美术学院书法专业，现为深圳市石岩公学少年书画院院长。

作品入展第四届中国书坛新人作品展、首届全国青年书法篆刻作品展；有书法论文三十多篇发表于省级以上刊物；2006 年以高等师范书法教育成果荣获第二届中国书法兰亭奖·教育奖提名奖；2008 年出版个人专著《中小学书法训练技巧》，并创建了网站"中小学书法教育"；2009 年被评为"全国写字教学先进个人"，所主持书法教育工作的深圳市石岩公学荣获第三届中国书法兰亭奖·教育奖集体提名奖。

记者：深圳市宝安区石岩公学获得兰亭奖·教育奖集体提名奖，为全国其他书法教育单位树立了榜样。作为该校书法教育领导者，请您评述一下该校的书法教育模式及成果。

李汉宁：在深圳市长期开展书法教育的学校并不少，很多学校学生的书法水平很突出，如果仅从学生的作品水平看，我校还是比较薄弱的。自 2007 年我来到石岩公学，成立书法教研组后，我们才真正开始大面积的书法普及教育。我觉得，我校之所以被提名，是因为我校在普及书法教育方面进行了全方位多角度系统化的探索，形成了比较完整的、操作性强的中小学书法教育模式。比如，教学组织管理、系列教学方案制定、教育场地开辟、设备投入、学生书法评价体系建立、校园书法品牌活动的树立、校本教材开发、课题研究、书法教师培训、"中小学书法教育"网站的创建等，这一系列的探索和成果，填补了中小学书法教育界的某些空白，对全国中小学书法教育具有一定参考借鉴价值。

记者：2006 年，您荣获第二届中国书法兰亭奖·教育奖提名奖。兰亭奖是中国书法的最高奖，您认为作为兰亭奖的榜上有名者，需要具备哪些素质，需要在书法教育工作中体现怎样的精神？

李汉宁：书法教学的关键是教师，教师水平的高低决定着教学质量的优劣，只有高素质、高水平的书法教师才能有效地开展书法教育，才能培养出好的书法人才。书法教师不是随便一个会写字的人就能胜任的，合格的书法教师应该具有创作、理论、教学三方面的能力。

在临摹创作方面，书法教师应力求书体全面。高超的临摹创作水平能使书法教师在学生中树立威信，在课堂上胸有成竹地进行讲解和示范。除此之外，还要注重理论。社会上很多人片面认为，书法创作厉害的人就是好的老师。书法教学中，教师要做示范、表演、讲解，没有一定的理论高度是绝对不行的。书法教师除了能写字、会理论之外，最重要的是会教学生，有很强的书法教育组织策划能力。教学是一门艺术，书法教师必须懂得书法教学的原则和规律，不能不顾男女老少、文化高低、书法学习历史长短，拿出一本柳公权或颜真卿的字帖，丢给学生，告诫学生熟能生巧、多临多得就了事。这种盲目的做法，只会让学生生厌，觉得书法高不可攀。

我对书法教育很执着，很热爱，英语专业毕业后就教大学书法，从零开始边学边教，怀着对学生负责的态度，做这份相对枯燥的学科教学，拓荒的精神一直激励着我。

我觉得，一个好的书法教师必须耐得住寂寞。

记者：深圳是高速发展的现代化城市，而作为中国传统文化的书法在传播过程中是否"遭拒"？您作为书法教育工作者，是如何开辟书法教育绿色通道的？

李汉宁："深圳模式"经济建设是中国经济建设三十年来的象征性符号。如今深圳市委、市政府对文化建设很重视，强调要文化立市，把文化底蕴提升作为深圳发展的重大目标和方向。来深圳任教之前，我认为圳是以现代科技发展为核心的城市，传统文化是被忽视和冷落的。其实不然，深圳大部分的中小学，已经把中华传统文化教育当作学校的特色教育品牌来抓，深圳电视台就设有"国学小讲坛"栏目。各学校学生诵读国学经典作品、晨练书法、午间习字等早已不是新奇事儿了。由此可见，中华传统文化在深圳大受青睐，从未"遭拒"，书法教育亦然。

在深圳，有良好的书法教育氛围，有比内地更优越的经济条件，有更便捷的信息往来，有移民城市特有的文化多元化融合，作为书法教育工作者，我感觉非常幸运，似乎是一踏进这片土地就踩在了"绿色通道"上。我们之所以能在书法教育上取得一点成绩，与深圳这座城市的多方面深厚资本密不可分。自 2007 年到深圳至今，我对深圳书法教育的信心一直处于增长的状态，很庆幸能够与深圳书法教育界的同仁们一起，全方位多角度地探索中小学书法教育的模式，希望在不久的将来能为全国中小学书法教育的普及提供第一线的经验。

记者：深圳市有哪些部门对书法教育的开展起到了推进作用，有哪些具体政策？

李汉宁：深圳市文化教育行政主管部门、教育科研部门对书法教育起到了政策引导和活动推进的作用。比如市、区教育局美术教研室经常组织开展各种书法教学理论研讨会、书法教学观摩会、书法特色学校评比、学生书法现场比赛；市政协、市委宣传部、市团委等单位每年组织一次书法比赛；科研部门对中小学书法教育研究课题给予资助立项。以上各部门的有效举措都极有力地推进了深圳书法教育的开展。

记者：深圳市各中小学的书法教育工作开展情况如何？请您举例说明其中的闪光点及缺失。

李汉宁：中小学书法教育能否真正落实，关键在于上级教育行政主管部门和学校领导重视与否，在于师资、场地、设备和教材是否到位。2007 年 8 月广东省教育厅《关于加强中小学书法教育的意见》文件出台后，大约半年时间，媒体上关于中小学书法教育的新闻比例不断增加，这样的政策对书法教育的推动在全国是不多见的。但近一年多来，很少有新闻提及书法教育政策了。主要是教育行政管理部门实施力度不够，最根本的原因是学校没有书法教师的编制，书法课没有像美术等学科被排进学生的课程表。还有其他原因，如没有统一的可行性教材，没有书法教学专用教室，设备很难到位等等。当然，也有不少学校非常重视，例如我所任教的石岩公学，学校领导无论是理念上还是行动上都对书法教育给予极大的支持，引进专业教师、出版校本教材、配置专门场地和设施、营造全校人人练习书法的氛围等等，这增加了我对深圳市中小学书法教育的信心。

记者：在公办学校开展书法教育，您认为需要满足哪些条件？

李汉宁：书法教育和其他学科的教育有共同之处，也有其特殊性。要开展书法教育，学校领导要高度重视，要认识到书法教育对于人才培养的重要意义。在此基础上，营造良好的书法教育氛围，配以必要的师资、场地、教材、碑帖、文房用品等，书法教育模式就慢慢形成了。其中观念问题和师资问题最关键。

记者：您如何看待书法教育专门教材的编写？您认为编写此类教材应该遵循哪些原则？

李汉宁：书法要进中小学课堂，必须把书法当作和美术一样的独立学科来看待，要制定书法课程标准，编写系统化的专门教材。中小学书法教材的编写应该立足于书法艺术的普及，实用性、基础性明显，内容含写字与书法、硬笔与毛笔、技法与理论、普及与提高等，循序渐进，通俗易懂，切合学生的特点，具有极强的操作性。不要把书法教材编成为语文教学服务的同步认字习字教材，也不能变成纯粹的培养书法家的专门教材和普通字帖。要能适应中小学课堂的需要，内容分配合理，有课堂的概念，有课本的特征。

记者：您当时创办"中小学书法教育"网站的目的是什么？您认为网络在书法教育中起到了怎样的作用？

李汉宁：我因书法教育工作的突出业绩被评上了副教授，到中小学来执教书法，所属职称较高，我认为有责任在书法教育的方方面面做一些开拓性的尝试。随着网络科技的迅猛发展，网上教学、交流将成为潮流所向。全国各类书法网站上百个，却没有专门针对普及中小学书法教育研究的网站。所以我创建了网站"中小学书法教育"，目的是为全体中小学书法教师及学生搭建一个相互交流、相互沟通的崭新平台，希望能为普及书法教育、弘扬民族文化起到助推作用。网络开通时得到了全国 20 多位硬笔书法等级考官、广东省美术教研员周凤甫等专家的贺词题字，深圳市教育督导评估团副团长王熙远亲自发来了贺信，书法教育界同行给予了认可，为此我感到很欣慰，但更重要的是这个网站在中小学书法教育中起到了日益明显的作用。

《书法报·书画教育》："中小学开展书法教育" 大家谈——来自教育一线的声音——李汉宁：教学方法很关键

（本文为 2013 年 11 月 7 日《书法报·书画教育》头版整版刊登的记者吴迪的专访。略有改动。）

李汉宁，壮族，广西百色人，西南师范大学汉语言文学专业本科毕业，曾进修于中国美术学院书法篆刻专业。书法副教授，教育部考试中心硬笔书法等级考官，中国书法家协会会员，中国硬笔书法协会会员。曾执教于广西百色学院、深圳市石岩公学，现为深圳市宝安第一外国语学校书法教师。

作品多次入展国家级展览；发表书论30多篇，著有《中小学书法训练技巧》；创建网站"中小学书法教育"（http：//www.syps.com/shufa/）。其高等师范书法教育、中小学书法教育成果先后两次获得中国书法最高奖——兰亭奖·教育奖提名奖。

李老师，您曾是高校的书法专业副教授，是什么样的原因让您到中小学来从事书法教育？

2006年，我的高等师范书法教育成果获得第二届中国书法兰亭奖·教育奖提名奖。我并非科班出身，大学第一学历还是英语专业，又是在偏僻的少数民族地区从教，中国书协给我这个奖，的确给我很大的鼓舞，所以我对书法教育更加有激情了。但是因为自己才疏学浅，当时对高校书法教育的进一步探索，已经感到颇为茫然。恰好2007年秋，广东省率先要求在全省范围内中小学开设书法课，作为南粤名校的深圳市石岩学公学朱文彦校长诚恳地邀请我去主持该校书法教育工作。我看到该校有幼儿园、小学、初中、高中、国际留学等多个层面的学生资源，我觉得这是一个很难得的书法基础教育实践基地，于是我从广西辞去大学的公职，来到了深圳这块改革开放的热土，成名一名民办学校教师。至今为止，我觉得勇敢地迈出这一步，是朱文彦校长对中小学书法教育深刻理解的感召坚定了我的决心。

您曾因为获得兰亭奖·教育奖提名奖而接受过本报专访，所做言论深得广大读者的认同和赞许。我们很想了解这几年来您在书法教学领域重点关注和思考了哪些问题？

非常感谢《书法报》读者对我的支持和宽容，我从不认为自己在书法教育上已做出了多大的成果，比起全国的同行来说，我在这里发这个言，还真难以张口。我从英语专业毕业留校教书法，一开始就是一个难以想象的挑战，从大学到中小学任教也是一样。但只要竭尽全力去做，就无愧我心。中小学书法教育之所以落后，是因为长时间被忽略，也是因为我们太缺乏师资，如果要等到教师个个是行家才去做这项工作，那不现实也太遥远。所以，我在学中教，哪怕受批评也乐于尝试。

2009年，我主持中小学书法教育工作的深圳市石岩公学获得第三届中国书法兰亭奖·教育奖集体提名奖，成为兰亭奖举办以来全国第一所也是唯一一所获得该奖的中小学校。从那时起，我更着力于中小学书法教学模式的实践研究，对现阶段推行中小学书法教育中所遇到的师资、教材、场地、教法等实际问题经常进行思考和探索。这些问题的解决需要教育行政主管部门、学校、教师多方面的配合。作为一线的书法教师，我们有责任去探讨和研究力所能及的课题，以便给教育行政主管部门、学校提出意见和建议，并更好地完成自己的教学任务。比如师资的编制问题，你除了呼吁，只能等待；再比如说教材的问题，在具体内容的设置上，一线书法教师最能了解各年级学生需要或能够接受的程度；再如场地的建设，只有一线教师才知道完成特定课程具体要配备什么样的设施。值得一提的是，这几年来，我有幸被宝安区教育科学研究培训中心聘请为全区中小学、幼儿园教师硬笔书法培训主讲嘉宾，也开始思考书法教师的培训方法。

听闻您撰写的《中小学书法教学法》今年9月份已经出版发行。"中小学书法教学法"

这个项目您研究了多久，它的意义何在？

拙著《中小学书法教学法》今年9月由广西师范大学出版社出版发行，我算是完成了我好多年来的愿望。最让我感动的是，我的恩师——著名书法家、书法理论家、书法教育家、中国书法家协会副主席陈振濂教授对这一选题给予大力的支持，并慷慨地为该书题写了书名。

这本书给我留下很多感慨，希望今后能与全国广大同仁，做更多的探讨和交流。

2007年刚到中小学时，第一次上小学的书法课我就感到很吃力。体会最深的一点是，大学里你只管讲，但小学里，你不仅要讲，最头痛的是管理和引导，要不然课堂会乱成一团。后来发现，一个简单的横画，对于小学、初中、高中、国际留学生，讲法也需要有所不同，于是意识到教学法很关键。从那时候起，我便开始注意各种教学方法的尝试，每一节课下来，我都会写教学反思，几年之后，我积累不少的心得。

2011年，教基二〔2011〕4号《教育部关于中小学开展书法教育的意见》出台后，大家都感到在推进书法教学过程中，教师是关键。而教师的教学需要教学法的支撑。然而，很大一部分书法教师是从其他学科转行过来的，他们还缺少教学法方面的积累。中小学其他课程都有自己的教学法用书，唯独书法没有。于是，我萌发了对中小学书法教学法进行探索和总结的想法，开始了对该书的构思。

该书针对当前中小学书法教学面临的困惑设置内容，力求具有实用性和可操作性。全书30余万字，内含808张图片，涉及笔画、字例、作品及实物，具体分"上篇：中小学书法教学法概论"和"下篇：中小学书法教案纲要"两个部分。上篇包含中小学书法教育导论、中小学书法教学的内容、中小学书法师资队伍的建设、中小学书法教材的编写、中小学书法教学的场地设备、中小学书法教学的实施、中小学书法社团的构建等章节；下篇包含硬笔楷书笔画教案、毛笔楷书笔画教案、楷书偏旁部首教案、楷书总体结构教案、楷书分类结构教案、书法作品通篇布局教案、中小学教师硬笔书法培训讲稿、中小学生作业书写问题分析及对策等章节。这样的内容设置，目的是让这本书既是书法知识技法学习用书也是书法教学法参考书，师生均可使用，更希望它有利于书法教师"边学边教""教学相长"，快速成长。

要全面准确地把握中小学书法教学法，对我来说是相当艰难的，因为我对这一领域的了解无论是广度还是深度，都还是有限的。我之所以这样胆大妄为地写这本书，一心只想抛砖引玉，希望能激发书法界专家、学者们来关注中小学书法教学法问题，为刚刚起步的全国中小学书法普及教育出谋献策，恳请大家批评指正。

您在中小学书法教育界耕耘多年，您对书法教育最大的期望是什么？

从事中小学书法教学工作6年来，有时我感到孤独和无奈，因为书法课一直还是停留在提倡的层面，书法课与其他艺术学科尚未有同等的地位。我希望各个学校能真正把书法当作一门独立的学科，作为学生的必修课来开。教育行政管理部门应允许学校设立书法教师编制，学校要关注书法教师的成长，注重教材的开发，支持教学法的研究，建立书法学科的评价体系，专设书法教室，不流于形式，把中小学书法教育落实到位。

附录二：读者评论

黄兴林：实用兼顾审美，方法大于理论——读李汉宁《中小学书法教学法》

（本文 2014 年 1 月 22 日刊登于《右江日报》，作者为作家、小学校长、深圳市人民政府兼职督学黄兴林。）

凝聚了汉宁多年书法教学经验和研究成果的《中小学书法教学法》最近由广西师大出版社出版，该书被媒体和业内誉为"我国基础教育史上第一本书法教学法专著，在一定程度上填补了中小学书法教育在教学法领域研究的空白"。

窃以为，教学法一类的专著，实用是第一要素。因此，《中小学书法教学法》除了具有直接或间接的文化传递、文化生成以及智育、德育、美育的"立人"功能之外，很重要的一个特点就是"实用"。

全书 37 万余字，共 14 章，内含 808 张包括笔画、字例、作品及实物的图片。除了上篇"中小学书法教学法概论"共 7 章不到 100 页的篇幅理论性稍强外，下篇"中小学书法教学教案纲要"共 7 章 200 多页的篇幅，主要都是从书法教学"教什么""如何教"的角度，为广大书法教育工作者提供方法论的指导。

以第 9 章"毛笔楷书笔画教案"为例，从第 1 课"毛笔书法常识"开始一直往后的 18 课，直接为读者提供"横、竖、撇、捺、折、提、竖提、钩、点"等 50 余种笔画的毛笔书法教学的教案。有一定书法基础但没有书法教学经验的老师，在书法教学的起步阶段，直接"依葫芦画瓢"，就可以授课。

在当下，专业书法教学师资准备不足，很多非专业教师承担书法教学任务的现象司空见惯，如何保证课堂教学质量？《中小学书法教学法》的指导意义和实用价值是显而易见的。它从某种程度上起到了为中小学书法课堂教学质量"保驾护航"的作用。

众所周知，书法不仅仅具有工具性的特点，它作为艺术的一个门类，其审美的功能是不言而喻的。因此，《中小学书法教学法》在为我们提供丰富、充实、具体的方法指导的同时，没有忘记"书法之美"。

汉宁除了在全书的不同章节不同环节中适时渗透"书法之美"外，还在第 11 章"楷书总体结构教案"中，专门用 18 课全面阐述"结构之美"和指导如何表现"结构之美"。例如第 2、3、4 课在讲"结构美的总特征——匀"时，从"面积感的匀""力量感的匀""方圆的匀""方向的匀""角度的匀""空白的匀"等六个方面来阐述和指导如何达到和表现楷书结构美的总特征。这些教案，具体细致，具有很强的指导性和操作性，而对学生的书法审美教育也就自然融会贯通于其中。

实用兼顾审美，实用不忘审美。这是《中小学书法教学法》很突出的一个特点。

窃以为，作为教学法专著，方法必须大于理论。我们发现不少教学法专著则相反——理论大于方法。这种情况往往出自理论专家，这些专家们，躲在"象牙塔"之中，对某一学科领域的理论有深入透彻的研究，但对于"教学法"之类的方法却疏于实践和探究，因此往往只能闭门造车，以理论代替实践，编造"教学法"。云里雾里，大而无当，大而无用，不知所云，让人看了无从下手。

而李汉宁恰恰相反，作为书法副教授，他有深厚的书法理论功底，更有书法教学的丰富实践和经验，先后执教于大学、中学、小学的书法教学课堂20多年，深谙中小学书法课堂教学之道，深知学生需要什么样的书法课堂，深知教师应该怎么教，教什么学生才会有收获。《中小学书法教学法》这本专著就是基于这样的深刻体会和认识而付梓。因此，方法大于理论，是这本专著的必然特点。它与"实用""血肉相连"。所以，它是富有生命力的。

当然，对于《中小学书法教学法》而言，方法大于理论，既是优点，也含有不足。"方法"大得可以，但"理论"却略显单薄。如果让"理论"丰满一些，那会使得该专著的学术含量更高。譬如，如何在书法课堂教学中运用教育学、心理学原理来提高课堂教学效益，如何在书法教育中的渗透美学原理和创新思维等等。而且方法和理论结合得好，往往相辅相成，相得益彰。不知汉宁以为然否？

其实，不管如何，作为中小学书法教学领域开拓性的专著，汉宁的贡献显而易见。他为本书付出的智慧和辛劳，或许旁人无法理解。评论者往往是"站着说话不腰疼"。吹毛求疵容易，身体力行才难。汉宁能够做到身体力行，我们应该佩服他。

陈工民：大道至简，雅俗共赏——读李汉宁教授的《中小学书法教学法》有感

（本文作者为深圳明德实验学校语文教师陈工民，写于2019年10月。）

李教授是一个真诚的人，他在前言中说："知道（书稿）离成熟还很遥远，但因水平有限，想改进，头脑却已是一片空白，江郎才尽，只好定稿了。"《大学》有言："知止而后有定……则近道矣。"李教授的自谦、坦诚，让人觉得亲切，有种邻家大哥的风范。再读其文，文白如水，细品有物，有理论支撑更有实例基础，通俗易懂，雅俗共赏，大道简矣。

《中小学书法教学法》讲了很多内容，毫无保留地把自己的点滴体会呈现给读者，足够让一个书法老师全盘拿来就用，细微之处让人体会到李教授思考的周密，为人的实在。我获益良多。不要说"狼毫"之"狼"是"狼狗"之"狼"，还是"黄鼠"之"狼"的笑谈；不要说毛笔的保养、布展与书法社团的创建等，事无巨细地勤耕细耘；我想单说说本书第十一章的结构之美。

李教授讲结构时从传统谈起：一说形象类比法。谈到"鸣"中的"口"部不能写得太低，提到了"大人背小孩不能背到屁股下面来。"这一经验解决了"峰、暗、珠"之类字的结构，但解决不了"勤"的结体，所以得出这两类字的结构理论：笔顺的连贯性要求，一是书写者需要连贯，节约时间；二是欣赏者需要连贯，不希望用时太长。这样的论述既有历史渊源，又有真知灼见，语言平而素，没有噱头，没有玄章，很适合每一个人读，而且都能在平白之中见甘甜。同时李教授在论述中举出许多图例，图文并茂，形象生动，这让初学者觉之亲切，深悟者认为有内涵。二说分类法，提到唐欧阳询的"三十六法"、明李淳的"大字结构八十四法"、清黄自元的"间架结构九十二法"，并指出了它们的优缺之处。

然后提出楷书结构的另一个理论：结构美的总特征——匀、变。初看平实、简洁，但这种结论却非两个"匀""变"字得了。其中"匀"分为面积感的匀，力量感的匀，方圆的匀，方向的匀，角度的匀，空白的匀。其中前三者是从生活中提炼出来的，比如提到方圆之匀时，就说到"一个人长出来，身子圆，各个部分都会均匀一致，如果某个地方露骨，那肯定是这个部分出现了病变"，很形象地说明了方圆之匀的统一性；后三者是从美学中提炼

出来的，提到了中国传统美学中的对称之美。这样的论述没有刀劈斧砍之迹，羚羊挂角，自得风流。

大道至简，绘事后素。李汉宁教授的这本书让我再一次体味到这些先贤真谛。愿我们真诚做事，认真教书，不忘初心，砥砺前行。

杨河源：书道寻常，何人会意

（本文 2013 年 12 月 21 日刊登于《佛山日报》，作者为媒体评论员杨河源。有删改。）

20 年前，我头一次到广州，看到先行一步的广州，林立高楼外墙的马赛克、玻璃窗和铝合金防盗网，很是诧异。本能觉得，广州的今天将是其他城市的明天。那千篇一律的色彩、造型，那粗硬几何化的线条，将历史上摇曳多姿的柔和建筑，扫荡一空，让人不能不心生警觉而无可奈何。所以我也就只能跟师友感慨：耻感和美感的丧失，将会在未来，让我们付出沉重的代价。

20 年过去，情况如何，每个人的感受可能都不同。但将书法看作是中国人审美的基础，这点学术界的常识，渐渐为更多的人所接受。且不说都成为老生常谈的"书画同源"之说的中国画了，几乎中国传统的任何艺术门类、民间习俗，都跟毛笔书写的审美方式有直接或间接的关系。遗憾的是，传统上作为书写工具的毛笔，只能在特别的"书法"训练时才用到，"时习"不足，效果就差了好远。譬如，不少中国宅男心目中偶像人物的国外某女，她"书法"的水平真平，但能呼应粉丝要求写上几句"期末考试加油""给力不挂科"，或者"校长：开房找我，放过小学生"啥的，很有点现实关怀，那字儿也点是点、横是横的，没几年的功夫，还真写不来。说来惭愧，在荧屏上，在生活里，在一些堂而皇之的场合比如高档酒楼的雅间，我亲眼所见不少的"书法作品"，简直不堪。譬如，"范仲淹"而为"範仲淹"，"慶曆"而为"慶歷"，"千里江山"而为"千裡江山"，甚至"九球天后"而为"玖球天後"，包括中国书协领导一级的名家们，偶尔都未能幸免手误——语文老师们，要是看到了，不吐血那也算性格坚强了。

当然，完全将责任推到老师们身上，是不公平的，因为这么多年的纷纷扰扰，中国之大，能有张安静的书桌认真读书的时刻，还真不太多。再说，"万般皆下品，唯有读书高"的传统，基本上对有可能出人头地的少数精英们而言，当时使用的话语，在精英圈子里，可能无需词费，彼此心知肚明，一望而知。但到了教育普及的当下，当年那些恍兮惚兮的词句，就让人摸不着头脑了。譬如，看到"焕若星陈、郁若云布""纤笔浓点、错落其间"，能想到怎样的隶势呢？读到"若坐若行，若飞若动，若往来卧起愁喜，若虫食木，若利刀戈，若强弩之末，若水火云雾日月"，又如何能跟运笔挂上钩？"疏处可以走马，密处不令通风"，该是如何的布局，还真费解。

所以，"说到狼毫笔时还惊叹狼狗的毛怎么那么贵，殊不知是黄鼠狼的毛"，老老实实承认自己的无知，英语专业毕业却专职从事大学、中小学书法教学的半道出家，李汉宁《中小学书法教学法》序言一开场的坦白平实，就决定了全书的基调，让人信任。

果然。据说王献之小时练字，他爹王羲之出其不意，从后面拔笔没拔掉，"笔力"测试过关。我的启蒙老师未必知道这个传说，但也曾有过书圣的同样动作。惭愧，写大楷的我，一手都是墨汁，狼狈不堪。李汉宁不认同用力握笔的主张："过分用力，就会只注意执笔使劲，不能集中注意力于笔端，同时拼命使劲的结果，必然使肌肉僵硬、紧张，不能运用自如，而且容易疲劳。执笔既不紧又不松，只要五指都能牢牢地紧贴笔杆，书写时不使笔摇晃，保持笔杆的相对垂直，长笔不颤动就行。"深得我心，深得我心。

譬如临摹，李汉宁并不欣赏书写数量大而速度快的通临。他认为，通临近似抄书，"较适用于对古法、章法及贯通之趣的学习研究"，显然对那些初习书法者"收效甚微"——这点，也切中了临帖有年但寸功不立的我的软肋。譬如用墨，"若写行、草等字体，则可将墨汁直接使用或稍加稀释后再用，以使行气通畅、用笔贯通；若写楷、隶、篆等书法，则可将书画墨汁倒入容器中，等墨汁内的水分适量蒸发，使墨汁具有一定的浓度之后再用，这样可以增加字迹的凝重度，增强表现效果。"谁谓不然呢？

大到书法训练必不可少的临摹以及他欣赏的历代各式碑帖，小到毛笔的保养、点折钩提具体笔画的写法，李汉宁可谓知无不言言无不尽，虽然局部重复，略有拖沓。一个偷懒的书法老师，完全可以按图索骥，照猫画虎，教材、教案、教学大纲甚至书法社团、"布展"都一应俱全，足够现炒现卖的。

一条可行的书法美育路，所关匪浅。

附录三：综合报道

《人民日报海外版》：为书法教师李汉宁点赞

（本文 2018 年 6 月 25 日刊发于《人民日报海外版》，作者为记者郝雪梅。）

李汉宁原本是一所大学的书法副教授，现在是宝安第一外国语学校的书法教师。在大学好好地当着副教授，为何到一家中学当教师？原来，在大学教学期间，李汉宁发现大学生书写的汉字简直"惨不忍睹""不堪入目"。他认为大学生书写能力降低与书法教育缺失深度关联，让孩子写一手好字是教师的责任，于是就有了"屈尊下嫁"的做法。这样的教育工作者让我们肃然起敬。

学生的汉字书写能力应该被放在一个十分重要位置。曾几何时，书写不再被人们所重视。别说孩子的字不行了，即使是教师，能写一手好字者也不多，甚至连语文教师都把基本的黑板书写能力丧失了。科技时代，教学设备实现了电子化，教师书写的机会越来越少了。一些媒体报道，曾经很火爆的"英雄牌"钢笔也已经"英雄气短"，销量迅速走低；曾经十分火爆的《庞中华字

《人民日报海外版》网站上报道李汉宁的文章

帖》，几乎无人问津。

汉字的美需要用书写来体现。对于中国人而言，写好中国字是每个人应该具备的基本素养。书写汉字，本身就是在传承中华文明。汉字，这笔先民留给我们的文化宝藏和精神财富，不应随着时代的飞速发展而被甩到时代列车之外。让孩子们静下心来，一笔一画地认真书写汉字，对提高孩子们的审美情趣，开启心智，宁心静气，都是有益的。推广书法教育也需要许多有见识者亲自参与。从这个角度，我要为李汉宁点赞。

《宝安日报》：书法名家教幼儿教师学书法——学会卖甘蔗，就会写横画

（本文于 2012 年 10 月 23 日刊发于《宝安日报》。）

本报讯（记者刘正金文/图）21 日下午，李汉宁书法讲座在宝安实验学校举行。他所传授的诸如要像卖甘蔗那样写横画之类的书写技巧，让来自区直属和新安辖区幼儿园的数百名幼教听得津津有味。

"要想写一手好字，掌握汉字的结构搭配很重要。"李汉宁开门见山道："比如横画，在底部时就不能写斜；左右结构的汉字，左半部偏小时位置就要偏上，右半部偏小时位置则要偏下。"

接下来，李汉宁以楷书为例，详细诠释了书法要均匀一致、富有变化。他说，均匀首先表现为笔画的均匀，写横画时，短笔用力要重，长笔用力要轻，"就好像卖甘蔗，细的不甜的部分要砍长一点，粗的甜的部分则可以砍短一点，分量才一样，这样才能吸引顾客购买"。

同时，书法要注意保持力量感均匀，短笔要写直方显阳刚，长笔要写曲愈显柔美；角度要均匀，左、右半部要注意平衡对称；空白要均匀，笔画间的空白大小不一，字便会显得松散。

"书法要有变化才美，而变化则要以均匀为基础。"李汉宁称，书法的变化主要表现在字形、局部和笔画的变化。其中，同种笔画的变化又分为长短、粗细、曲直、方向、方圆等几种变化。

"笔画短，要写粗；笔画长，要写细。全是方笔，字会显瘦像木乃伊；全是圆笔，字会显肥像蚯蚓。"李汉宁说，除此之外，不同种笔画也要有变化，其中对汉字的重心影响最大的为主笔，如竖笔要写得端正、沉稳；有魅力的笔画也是主笔，如竖弯钩、捺等，则一定要写得伸展。

中国新闻网：书法教师李汉宁：让华裔青少年体验书法乐趣

（本文 2013 年 11 月 29 日刊载于中国新闻网，随后凤凰网、新华网、人民网、中国日报网、新浪新闻、网易新闻、中国侨网、海外网、西部网、新民网、汉丰网、浙江在线、兰亭书法公社等大量媒体转载。）

中新网 11 月 29 日电据中国华文教育网消息，2013 年"中华文化大乐园"马来西亚森美兰营已接近尾声，丰富多彩的中国传统文化课程不仅给营员们留下深刻印象，也给本次活动的任课教师们带来很多美好的会议。书法课教师李汉宁就是其中一位。

来自深圳市宝安区第一外国语学校的李汉宁老师担任本届"大乐园"的书法课教师。

李老师是书法副教授，中国书法家协会会员，曾两次获得中国书法最高奖——兰亭奖·教育奖，并出版了国内第一本书法教学法专著。李老师在中小学生书法教学法方面有系统深入的研究，这次到马来西亚，李老师希望把生动活泼的书法教学方式带到海外，让更多"龙的传人"既学习到中国书法文化的精深和巧妙的技法，又体验到中国书法的乐趣。

李老师讲课风格诙谐幽默，深受营员的喜欢。为了传授拿毛笔的技巧，李老师用拿筷子的方式作为比喻，引得营员们哈哈大笑，在潜移默化中懂得了执笔的要领。听了李老师的课，助教们觉得这种书法教学法新颖有效，对今后辅导学生很有助益。芙蓉新华华小家教协会副主席、营员家长符基浓女士说，自己的女儿在当地已经学习了四个月书法，听了李老师一节课有点"开窍"的感觉，对书法有了更直接深入的认识，学习兴趣也大大提高了。课后，马来西亚教总主席，芙蓉新华华小董事会、家教协会以及校长等纷纷找李老师要题字，李老师的作品受到大家的喜爱。

教学期间，李老师告诉我们，马来西亚的孩子非常听话好学，在体验到中国书法的乐趣之后，听课练习十分入迷，认真的程度也超出预期。李老师表示，从到芙蓉小学教授第一节书法开始，他就被营员们学习书法的专注和热情所感染，按目前的学习进度，现有的课程是无法将 28 个笔画讲透。为此，李老师及时调整授课思路，着重加强对自学书法方法的讲授，授之以渔，让中国书法文化的种子在马来西亚生根发芽，更好地在海外传承发扬中华传统优秀文化。

据悉，从 11 月 18 日开始，在两周时间里，森美兰营的营员们学习了茶道、软陶、剪纸、中国功夫、民族舞等 11 项中华文化课程。（佘堉南）

《宝安日报》：书法名师两次问鼎兰亭奖，宝安第一外国语学校李汉宁专著填补书法教学空白

（本文 2013 年 12 月 30 日刊发于《宝安日报》，作者为记者吴镇山。2014 年 8 月 7 日，马来西亚《华侨日报》以《两次问鼎中国书法最高奖的深圳名师——访李汉宁老师》为题进行转载。）

宝安教育系统有一位书法名家，他是宝安教育系统唯一的一位书法副教授，他的弟子遍布国内外，所撰写的新著《中小学书法教学法》是我国基础教育史上第一本书法教学法专著，在一定程度上填补了中小学书法教育在教学法领域研究的空白。他就是宝安第一外国语学校老师李汉宁。

探索　大学教师教小学书法

在全国中小学书法教育界，李汉宁早已小有名气。他曾在中国美术学院书法专业接受过严格的书法训练，得到章祖安、陈振濂、王冬龄、白砥等名师的指点。他专职从事大学、中小学、老年大学、外国留学生等多个层次的书法教学工作 25 年，是教育部考试中心硬笔书法等级考官，中国书法家协会会员，中国硬笔书法协会会员，中国教育学会书法教育专业委员会会员。2006 年，他以高等师范书法教学成果荣获中国书法最高奖——中国书法兰亭奖·教育奖提名奖。

2007 年，李汉宁被请到宝安区石岩公学主持全校书法教学工作。刚开始，他被安排到小学部，上完小学第一节书法课后，他感到万般吃力。因为在大学里，老师只管讲，学生会自觉地听或练习。但在小学里，老师不仅要讲，还要管理和引导，把枯燥的书法理论讲得生动。否则，学生就会乱成一团。于是，他开始追求教学的趣味性，希望让学生学有所获，又学有所乐。

有了这样的认识之后，课堂上的李汉宁常常妙语连珠。有一次，他看到学生的字写得歪歪扭扭，就跟学生说："你的字写得好啊，看了对老师的身体有好处。"学生表示不解。他笑着说，这位同学的字有大有小，有高有低，东倒西歪，老师看的时候，正好可以前后、左右、上下转动脖子，对颈椎病有治疗作用。同学们都笑了。

石岩公学有小学、初中、高中、国际留学等多层次的学生，不同的学生心理不同，书写基础不同，接受能力不同，老师的讲法也应不同。但国内相关的书籍很少。从那时起，李汉宁就开始注意各种教学方法的尝试，并在每节课后写教学反思。作为学校少年书画院院长，他带领其他书法教师，开展课题研究，创建中小学书法教育模式，把书法普及教育工作做得红红火火。2009 年，石岩公学以突出的中小学书法教育成果荣获中国书法最高奖——兰亭奖·教育奖集体提名奖，该校成为全国第一所，也是至今唯一一所获得该奖的中小学。

成果　新著填补教学法空白

2013 年 9 月，《中小学书法教学法》由广西师范大学出版社出版发行。李汉宁说，很多人不理解，作为副教授的他为何放弃高校，转向中小学教育。这本书的出版给出了最好的答案。

从 2007 年广东省要求中小学开书法课到 2011 年教育部建议中小学开展书法教育至今，大家感到中小学书法教育难以推行，主要原因是教师、教材及教法、场地等问题，其中，小学书法教学法是急需解决的重大问题，但这一方面的研究成果目前几乎是一片空白。

《中小学书法教学法》针对当前中小学书法教学面临的困惑设置内容，全书 37 万余字，内含 808 张包括笔画、字例、作品及实物的图片，具体分为中小学书法教学法概论和中小学书法教案纲要两个部分。这些内容全方位涉及中小学书法教育领域的各个方面，通过实例、图片来阐明教学中的各种工作、技法问题，使得各种书法教学问题更生动直观，化繁为简。

新著出版后，立即引起书法界的高度关注。我国著名书法家、书法理论家、书法教育家、中国书法家协会副主席、书法博士生导师陈振濂教授对这本书给予大力的支持，并题写了书名。

愿望　让汉字之美薪火相传

李汉宁说，书斋岁月不知时。目前，他在宝安第一外国语学校任教。写书的两年半，他几乎每天都要忙到凌晨一两点，人也瘦了很多。凭着前期教学丰富的资料积累，他原计划一年可以成书，但著书过程中，他不断提高要求，书成之时已经过去了两年。

这是一本倾注了作者心血的专著。李汉宁白天上课，晚上，他翻阅资料，著书立说。书中的书法范例，很多都是他自己的作品。每一幅作品，他都反复书写，选择最好的一幅。写书时，为了说明对称之美，他曾在雨中跑到公园挑选一片树叶回来拍照，足足选了一个多小时。

2013 年 2 月 7 日，教育部颁发了《中小学书法教育指导纲要》，中小学书法教育将很快在全国广泛有力地推行。《中小学书法教学法》的出版恰逢其时。

为了更好地开展书法教育，李汉宁巧用新媒体，在 2008 年创建了全国首个专门从事基础书法教育研究的网站——中小学书法教育。该网站曾获 2010 年广东省"十一五"教育技术研究与教育信息化优秀成果奖。

2013 年 11 月，他应邀到马来西亚讲学，他的中小学书法教学法得到当地教师的高度赞誉，受到学生和家长的追捧。讲学期间，李汉宁应邀题字达 30 幅。

汉字历史悠久，字体优美、典雅。如何让中小学生在性格成长阶段就能感受汉字书法之美？李汉宁期望通过对中小学生书法教育的研究和推广，让汉字之美薪火相传，并保持创新的活力。

《南方教育时报》：李汉宁：书法老师也可以很可爱

（本文于 2016 年 5 月 13 日刊发于《南方教育时报》，作者为记者曾志。）

他是每周与学生见面仅一次的书法老师，却不妨碍他成为"最受欢迎的老师"。从高校副教授到中小学教师，他用大部分时间研究书法教学，写作、出书、做书法推广网站。他说，他的书法课不是精英教育，不能为奖而教。他就是自认为外表安静、内心狂热的——宝安第一外国语学校书法教师李汉宁。

从高校副教授到民办代课老师

李汉宁并非书法科班出身，大学学的是英语专业，平日里喜欢挥毫泼墨。10 年前的一次获奖改变了他的人生轨迹。2006 年，他的高等师范书法教育成果获得第二届中国书法兰亭奖·教育奖提名奖，点燃了他对书法教育的激情，第二年他应深圳市石岩公学的邀请，不顾家人反对，辞掉了广西百色学院副教授的公职成为民办学校的书法教师。

迫切想突破自己的李汉宁，想在深圳优质的教育环境里，在中小学书法教育这块领地上，做一些突破性的教学实验和学术研究。因此，他安慰妻子，克服家庭和工作的种种困难，埋头于教育工作。从小学教起，再到初、高中，直至教师培训。最多时每周曾有 23 节课，同时担任过教研组长、学校少年书画院院长、策划过学校的书法教育活动等。

经过长时间扎根研究，他的专著《中小学书法教学法》在 2013 年出版，得到了广泛的关注和赞誉。该书在大学书法、文秘、教育等专业及中小学、社会培训机构用作教材，2014 年获中国硬笔书法协会授予的"硬笔书法教育十佳受欢迎教材（字帖）"称号。有专家认为，该书是我国基础教育史上第一本书法教学法专著，填补了我国中小学书法教育的空白。

大学副教授过招小学生

有一次，李汉宁将新书送给一位小学执教的朋友，朋友的反馈让他很惊喜，他说由于自己没有系统归纳，所以教学操作时有些盲目无序。事实上，李汉宁在教学之余，在 QQ、微信上写了不少关于书法基础理论知识的内容，不经意间有 100 条，之后突然发觉内容还很丰富，涉及面广，适合书法初学者或中小学生阅读。

他初步调查，发现市面上鲜见关于中小学书法理论知识的书籍，常见的理论知识都是零星地插在技法的书里。于是他想，书法作为一门学科进入中小学课堂，技法与理论的普及应该同时兼顾。

可是问题来了，学生到底想要知道什么样的书法知识？他觉得有必要了解中小学生的书法理论知识。于是，李汉宁设计了一个问卷调查表，并在 10 多所中小学校近 2000 名学生中征集问题。

在整理学生的问卷时，与学生共处多年的他，突然发现自己对学生太不了解，学生的想法和问题都千奇百怪。"字如其人，老师的字那么好看，为什么您长得那么丑？我长得那么帅为什么字写得不好看?""学书法有什么用,能涨工资吗?""为什么书法老师都是男的?""书上好多漂亮的书法作品是不是 PS 过呀?"……学生的提问让人哭笑不得。

最终,李汉宁从 3000 多个问题中选出有代表性的问题,再加上他多年教学实践,汇编成 500 多个问题。考虑到理论的枯燥,他继续沿用他轻松调侃的口吻,以趣谈形式撰写的《中小学书法理论知识趣谈》,将于 2016 年 6 月由云南大学出版社出版。

每堂课都要有"糖"

传统书法教学强调"苦练",加之很多中小学生有在语文课中被老师罚写字的经历,因此他们感到写字单调乏味。为吸引学生对书法课的兴趣,李汉宁的书法课上总会有"糖"吃,他不仅对学生进行技法上的训练,还将书法学习与思想品德教育、人文修养提高、审美观念的改变结合在一起,让学生感到书法课不仅仅是为了写一手好字,还有多方面的收获。在每节新课里,开始导入的几分钟,他总会先讲一些与书法相关的故事,激励学生,教育学生,培养学生的人文品质。

在技法讲解中,他总尽力选取更"接地气"的生活事例,通过风趣幽默的语言,阐述其中所包含的审美思想和哲理,让学生知其然,知其所以然,并且听得津津有味。李老师的课堂常会让学生快乐无比,老师与学生们如朋友一样,学生们非常崇拜他,喜欢称呼他"宁哥"。今年初,他成为学校"最受欢迎的教师"。

2009 年,由李汉宁主持书法教育的石岩公学,荣获中国书法最高奖——兰亭奖·教育奖集体提名奖,成为该赛全国唯一一所获得集体教育奖的中小学校;2014 年,宝安第一外国语学校获"书法教育公办学校十佳"称号。他成为深圳中小学首位书法学科名师和书法名师工作室主持人,开发讲授的课程"中小学书法教学法"被深圳市教育局评为深圳市推广课程;另一课程"初中硬笔书法"获评为深圳市中小学"好课程"。

校长推荐

宝安第一外国语学校校长段天虹:李汉宁老师诚恳、谦和的个性和对书法教育执着的态度,让人感动。他为人低调,默默工作,教学科研成果突出,成功编写了校本教材,出版了专著,开发的书法课程被市教育局评为推广课程。他被评为市级名师,学校被中国硬笔书法协会授予"书法教育公办学校十佳"称号。他的工作态度、奋斗精神和学术智慧让人敬佩。

《南方教育时报》、马来西亚《亚洲时报》等:深圳教师李汉宁书法教材进高校——全国首个中小学正高级书法教师撰写首本《中小学书法教学法》

(本文 2018 年 6 月 15 日刊登于《南方教育时报》,作者为记者曾志。2018 年 6 月 20 日,马来西亚《亚洲时报》转载;2018 年 8 月 2 日,深圳新闻网转载;2018 年 8 月 2 日,马来西亚《诗华日报》以《教育志愿者李汉宁教材进高校,撰写〈中小学书法教学法〉》为题进行报道。)

近日,深圳市书法名师李汉宁通过正高级教师评审,成为全国首个中小学书法正高级教师,他的"中小学书法教学法"课程成果获广东省教育教学成果奖一等奖。

李汉宁是宝安第一外国语学校的书法教师,从教 30 年的他,从一名大学书法副教授到中学书法正高级教师,在书法创作、书法理论、书法教学、课程建设、学科引领等方面都树立了榜样。作为中国书协会员,算是个"书法家";发表论文 30 多篇,出版了 7 本中小学书法著作，并被高校书法、师范专业用作教研，算是个"书法学者"；具有大学、中小学、教师培训、国外讲学等教学经历，大学、中小学书法教育成果均获过中国书法最高奖——兰亭奖·教育奖，算是个"书法教育专家"；开发的3门书法课程分别被评为深圳市推广课程、教师继续教育课程、中小学"好课程"，课程成果获广东省教育教学成果奖一等奖，算是个"课程建设行家"；成为深圳市首位书法学科名师、深圳市书法名师工作室主持人，算是个"学科引领者"。

在他心里，更愿意被叫"李老师"，被学生选为"最受欢迎的老师"是他最大的满足。

教育情怀：从高校副教授到民办小学代课老师

李汉宁之前在少数民族地区大学英语专业毕业后留校教书法，因为对书法教育的执着，成了书法副教授，大学书法教育获得兰亭奖·教育奖。2007年在广东省要求中小学开设书法课的大好形势下，迫切想突破自己的李汉宁，不顾亲朋的反对，应深圳市石岩公学的邀请，辞去了百色学院副教授的公职到深圳做民办小学书法代课教师。

在石岩公学的5年里，他努力为学校构建书法特色，埋头教学实验和学术研究，从小学教起，再到中学，直至教师培训，最多时每周曾有23节课。2009年，石岩公学以突出的中小学书法教育成果荣获兰亭奖·教育奖，成为该奖举办至今唯一一所获奖的中小学校。此后，学校相继被评为"全国写字教学工作先进单位""全国书法教育先进单位""全国书法普及优秀学校"。

2012年，李汉宁转调宝安第一外国语学校。该校在应用他的"中小学书法教学法"课程两年后，成果丰硕，获"全国书法教育公办学校十佳"称号。

课堂改革：不迷信传统教法，构建趣味和高效课堂

中小学书法教育起步较晚，还存在师资缺乏、教材不规范、设备不科学、课时安排偏少、教法不得当等问题。李汉宁对书法教学有自己的理解，对书法课堂的弊病洞若观火。

比如，很多人认为学生写好了"永"字，笔法就过关了。李汉宁说，过度迷信"永"字的功效显然是一种失误。一些基础笔画在"永"字中是找不到的，比如提、横钩、弯钩、卧钩、平捺等，而卧钩和平捺都是高难度的笔画。

为达到高效的训练，李汉宁出版系列教材，有硬笔字帖、有毛笔摹写范本、有作品训练范例，包含书法笔画、结构、章法等系统内容，做到少而精，能以点带面，还出版《中小学书法理论知识趣谈》作为学生的辅助读物，科学合理地解决中小学生书法学习问题。

有学生曾告诉李汉宁，自己不喜欢书法的原因是，书法课给人的印象是练字，练得越多越好，很枯燥。这件事对他的触动很大。为了吸引学生的兴趣，李汉宁在书法课上，不仅追求高效的技法训练，还将书法学习与思想品德教育、人文修养提高、审美观念的改变结合在一起，让学生感到书法课不仅仅是为了写一手好字，还能提高综合素质。同时在课堂里，他常常会用贴切的生活事例，以故事的方式，通过风趣幽默的语言，去阐述书法所包含的审美和哲理，让学生知其然，知其所以然，并且听得津津有味。

教学研究：教学法填补基础书法教育空白

这10年来，国家要求书法进入中小学课堂，但不少学校轰轰烈烈地把书法课排进课表后，由于师资、教材、教法、场地等问题，根本无法像其他学科一样顺利开课。最为遗憾的是，基础教育里，每个学科都有自己的教学教法，书法教学法的研究却几为空白。因此，对中小学书法教学法的探索迫在眉睫。

　　李汉宁经过十年的实验、探索和研究，出版了中小学书法系列论著和教材七部。其中2013年出版的《中小学书法教学法》就是他的得意之作，有专家认为，该书是我国基础教育史上第一本书法教学法专著，填补了国内空白。该书2014年获"硬笔书法教育十佳受欢迎教材（字帖）"称号。之后，该书被大学书法、师范等专业及中小学、社会培训机构广泛用作教材，并被国务院侨办推广到马来西亚华文学校。

　　为进一步推进中小学书法学科的教学理论建设，李汉宁目前正在组织各地书法教师撰写即将出版的《中小学书法教学反思》《中小学书法创作指导范例》《中小学书法教师成长故事》《中小学书法名师之路》等书籍，希望能给全国中小学书法教育提供参考。

　　课程开发：国内外大、中小学推广

　　针对当前中小学书法教育存在的学生学习内容零散，书法教师大多数为其他学科转行担任的问题，李汉宁首创了"中小学书法教学法"课程（分学生、教师两个层次）。在学生层次中，提出要区别于以往语文同步训练和社会书法培训，实用和审美兼顾，解决当前"书法进课堂"学生专业化、系统化学习不足的问题。在教师层次中，提出"边学边教"的理念，要解决教学法欠缺的问题。

　　经过多年的教学实践和优化，"中小学书法教学法"课程（学生层次）2015年被评为深圳市推广课程；"中小学书法教学法"课程（教师层次）2016年被评为深圳市教师继续教育课程；"初中硬笔书法"课程2015年被评为深圳市中小学"好课程"。课程成果获2017年广东省教育教学成果奖一等奖。

　　在课程实验的10年中，有两所应用学校分别获兰亭奖·教育奖和"书法教育公办学校十佳"称号。教师培训满意率达95%。深圳市8所应用学校快速成为书法特色学校。全国不少大学、中小学、社会机构以及马来西亚的一些华文学校应用本课程，都高度评价其创新性和可操作性。国内外媒体报道达30多次。

　　社会担当：引领学科教师，并赴海外支教

　　作为深圳市唯一的中小学书法名师、深圳市教育局成立的李汉宁书法名师工作室的主持人，他按照市教育局的要求，努力引领学科教学与研究，培养或促进书法教师的成长，加强深圳市推广课程——李汉宁"中小学书法教学法"的优化和推广实施。

　　工作室2016年3月挂牌成立时，有来自全市的49名成员，是全市所有名师工作室成员人数最多的工作室。两年来，成员不断扩展到全国及马来西亚的华文学校，已达到150多人。李汉宁义务进行各种现场培训、网络交流指导，极大促进了学员的成长，提高了成员的书法创作、理论与教学的能力；和成员共同探索有效的中小学书法教学模式，在基础书法教育领域起到了示范与引领作用。

　　因缘际会，2013年开始，李汉宁应国务院侨办、深圳市侨办的委派，三次前往马来西亚担任海外华文义工教师，希望把中国精深的书法文化和巧妙的书法技法、生动活泼的书法教学方式带到海外，让更多"龙的传人"学习和体验。他的教学在当地受到了热捧，马来西亚、国内媒体大量报道。

　　社会评价：解决书法教育的重大难题

　　深圳市石岩公学评价：《中小学书法教学法》"边学边教"的理念和指导方法，让有书法爱好或一定基础的老师，很快实现了向书法教师角色的转变，书法教学的大面积普及得到了保证；同时，解决了教学内容的系统化问题，也使书法教学更为科学化和专业化。教材将枯燥的理论知识、技法与学生生活事例紧密联系，通过形象的比喻、生动的故事来说明书写的原则和方法，学生听得有味，学得轻松。这种寓教于乐的教学方法，对学生有很大的吸引力，使我校书法教学活动，广泛得到学生的喜爱。

山西运城师专书法专业评价：《中小学书法教学法》的使用，为即将走上岗位的书法专业学生提供了营养，为中小学书法教育培养专业师资奠定了坚实的基础，是落实教育部《中小学书法教育指导纲要》的具体体现。该书解决了小学书法教师如何教的问题，案例丰富，故事有趣，让学生就业应聘时的教学更加自信，极大地促进了书法学科的建设和完善，使我校的书法教育上了一个新台阶。

广西百色学院师范专业评价：我校高度重视师范生书法教育，以学前教育和小学教育为例，在毕业前每位学生须修满一门硬笔和一门毛笔书法课程，并拿到相应学分。李汉宁《中小学书法教学法》是我院从众多书法教材中选出来的，它的推广应用帮助我校师范生快速掌握中小学书法教学必备的知识和技能，并且熟悉中小学书法教学法。开这样的一门课对于师范生来说十分有必要。这是一本针对师范生的不可多得的优秀教材。

附录四：国际交流

《深圳侨报》：受追捧的书法课

（本文 2013 年 12 月 7 日刊发于《深圳侨报》，作者为佘埙南。）

2013 年"中华文化大乐园"马来西亚森美营已圆满落幕，丰富多彩的中国传统文化课程不仅给营员们留下深刻的印象，也给本次活动的任课老师们带来很多美好的回忆，书法课教师李汉宁就是其中一位。

来自深圳市宝安第一外国语学校的李汉宁是书法副教授，中国书法家协会会员，曾两次获得中国书法最高奖——兰亭奖·教育奖，出版了国内第一本书法教学法专著，在中小学书法教学方面有系统深入的研究。这次到马来西亚支教，他希望把生动活泼的书法教学方式带到海外，让更多的"龙的传人"既学习到中国书法文化的精深和巧妙的技法，又体验到中国书法的乐趣。

"为什么我要把衬衣摆塞到裤子里？因为这样显得腿比较修长。写书法也一样，李老师的'李'字，腿也要修长才漂亮。"在第一堂课上，李汉宁用一个生动的比喻，潜移默化地向营员们传授中国书法的美学。他风趣幽默的讲课风格，受到了营员的喜爱。芙蓉新华华小家教协会副主席、营员家长符基浓女士说，她的女儿在当地已学习了 4 个月书法，听了李老师的课后终于开了窍，学习兴趣也大大提高了。马来西亚教总主席，芙蓉新华华小董事会、家教协会以及校长等闻讯，也纷纷找李老师要签名和题字。

《深圳侨报》：马华校掀学书法热潮，市海交会所赠教材获"全国书法教育十佳受欢迎教材"

（本文 2014 年 10 月 25 日刊发于《深圳侨报》。）

本报讯（记者谢青芸　通讯员新建）近日，深圳市海交会向马来西亚沙巴州华校所赠教材《中小学书法教学法》荣获"全国书法教育十佳受欢迎教材"等荣誉。该书由深圳市华教志愿者、宝安区第一外国语学校老师李汉宁编写，已被国内一些高校、中小学、社会培训机构用作教材。在市海交会的推动下，该书最近被推广到马来西亚的华人学校使用，在当地掀起学习书法的热潮。

来自深圳市宝安区第一外国语学校的李汉宁是书法副教授，中国书法家协会会员，曾两次获得中国书法最高奖——兰亭奖·教育奖，出版了国内第一本书法教学法专著，在中小学生书法教学法方面有系统深入的研究。去年11月和今年7月，受市海交会委派，他曾分别赴马来西亚森美兰州和沙巴州支教，其生动活泼的书法教学方式不仅让很多华裔子弟学习到中国书法文化的精深和巧妙的技法，而且也体验到了中国书法的乐趣。李汉宁告诉记者，《中小学书法教学法》能够在如此高级别的评选活动中获奖，其海外支教经历功不可没。

书法作为中国文化的一个组成部分，沙巴州热爱书法的华侨华人非常多，当地每年都会在全州范围内开展华文书法比赛，年龄覆盖了7岁的小学生至80岁老华侨。然而，由于没有专业老师的指点，更缺乏相关的教材，当地侨胞学习和推广书法面临很多困难。应当地华教机构要求，市海交会特地购买了200本《中小学书法教学法》赠送给马来西亚沙巴国民型华校董事会和马来西亚亚庇书艺协会。同时，在李汉宁的大力支持下，该书的配套练习本印刷版权也免费赠予当地华校。

收到书籍之后，沙巴国民型华校董联会成员陈俊杰透露，市海交会所赠送的《中小学书法教学法》对当地推广和传播中华文化有很大促进作用，让很多爱好书法的华裔师生得到了更加专业的指点。经过一段时间的学习，当地华校师生书法技艺大有长进，日前还专门举办了书法比赛。

马来西亚《亚洲时报》等：李汉宁邀张少纶到深圳授课，中马书法教学合作

（本文于2017年4月12日由马来西亚《亚洲时报》《诗华日报》《华侨日报》分别刊载，2017年4月19日中国华文教育网刊载，2017年4月21日江苏侨网转载，中国侨网以《马来西亚华裔书法名师到深圳授课，促书法教学合作》为题转载。）

（《深圳侨报》记者谢青芸文）马来西亚华裔书法名师张少纶先生于2017年3月19日至22日，应深圳市李汉宁书法名师工作室之邀请到深圳市宝安第一外国语学校授课、观课及教学交流。

张少纶老师现为马来西亚沙巴亚庇打里卜公民小学教师、亚庇书艺协会秘书长，多年来致力于当地书法教育活动的开展，使书法这一中华传统文化在海外当地得到了认同和推广，培养了一大批书法人才，所辅导的学生曾获马来西亚全国书法比赛一等奖，成为当地书法教育名师，2016年获亚庇书艺协会颁发的"书法教学卓越学校奖"。

张少纶老师此次到深圳，是应深圳市李汉宁书法名师工作室的邀请，前往进行中马书法教学合作与交流。此次中马书法教学合作与交流活动为第三次，由马来西亚亚庇书艺协会与深圳市李汉宁书法名师工作室共同举办。

这几次教学合作交流，中马双方的两位主力老师张少纶和李汉宁先生特别在中小学书法教学法方面进行了全面的探讨和教学实验，积累了丰富的经验。李汉宁副教授对中国海外特别是沙巴州书法艺术推广的情况及面对的困难看在眼里，急在心上，曾经通过深圳侨办处赠送其专著《中小学书法教学法》到马来西亚各地的华文学校。

两位老师都产生一个共同的愿望，就是在下一步在马来西亚举办中小学书法师资培训，让更多的华文学校有能力开设书法课，让书法艺术在海外得到更广泛的传承和发扬光大。

张少纶老师此次来到深圳宝安第一外国语学校，首先是深入课堂观摩该校的书法课；其次是给该校的普通班及书法社团授课；最后是和李汉宁副教授在中小学书法教学法方面，特别在教材、教法、师资培训、展览、出版等方面进行交流。

张少纶老师在深圳的授课课堂上，学生情趣高昂，大家对这位异国教师来讲授书法充满好奇。在深圳学生最初的反应里，张老师应该不会讲中文，不懂中国文化，更谈不上懂中国书法艺术，还能讲什么书法。然而，作为华裔，张老师的普通话、书法水平以及对中国的了解都超棒，让学生们都很佩服。张老师也透露，沙巴推广书法艺术面对多个挑战如本地很难买到文房四宝及书法工具书、书法老师不足、非华裔学生占比例多等，可是这都无法阻止书法艺术在沙巴继续推广下去，而且深受教育团体及家长们的喜爱。张老师的授课，激起深圳学生对传统文化的重视。

李汉宁副教授也表示，中马两国书法老师应多交流，这有助于提升两地老师的书法教学水平，他的书法名师工作室也非常乐意给马来西亚的老师提供这个合作交流的平台。

中马两位老师希望今后继续加强教学合作与交流，把书法艺术教育做得更大更高！

马来西亚《华侨日报》等：《中小学书法示范课教案》出版

（本文 2018 年 11 月 27 日在马来西亚《亚洲时报》以《〈中小学书法示范课教案〉出版，张少纶、杨智枫、郑宝玉、翁金兰参与编写，华小教师与李汉宁书艺交流》为题刊发，《华侨日报》以《沙华小教师编写著作交流书艺，〈中小学书法示范课教案〉出版》；2018 年 12 月 1 日，马来西亚《诗华日报》以《大马华小教师应邀参与编写，〈中小学书法示范课教案〉出版》为题报道李汉宁主编的《中小学书法示范课教案》的出版。）

（一）张少纶、郑宝玉、翁金兰、杨智枫参与编写的《中小学书法示范课教案》出版

根据中国教育部书法进课堂的要求，按照《中小学书法教育指导纲要》的精神编写完成的中国第一本基础书法教学示范性的教案集——《中小学书法示范课教案》于 2018 年 10 月由华中师范大学出版社出版，该书出版后，得到了书法教育界的关注和赞誉。

《中小学书法示范课教案》由深圳市李汉宁书法名师工作室组织策划，李汉宁主编，朱勇虎、李杭副主编，中国美术学院书法博士生导师陈大中教授题写书名。沙巴州亚庇打里卜公民小学张少纶，兵南邦育民小学郑宝玉、翁金兰，亚庇中华小学杨智枫等老师应邀作为编委，参与了该书的编写，这是中马书法教学的又一可喜的交流与合作！

本书编委有中学、有小学、有社会培训机构的书法教师，不少是各级各校名师、省市书协会员。书中的教案有硬笔有毛笔，包含笔画、偏旁、结构、章法等技法和理论内容，这些教案大多是编者反复琢磨，在各级的公开课或示范课中使用过，其中有部分在各类赛课中获过奖。为了突出其中的"示范性"，编写时要求每一个教案都由"教学目标"＋"教学重点"＋"教学难点"＋"课时安排"＋"课前准备"＋"教学过程"＋"作业设计"＋"说说本课"八部分构成。其中"说说本课"的环节要求根据国家书法教育纲要、书法原理、教学规律、教学条件、学生状况、教师能力等谈谈自己对本节课教学的思路理念、内容设置、教学方法、实践训练、拓展空间、评价方法等的意图，凸现了教案的科学性和理论高度。所有教案的设计追求实用性和可操作性，让一线书法教师"拿来可用"！

当前国家弘扬中华优秀传统文化，要求书法进入中小学课堂，但是由于师资、场地、教材、教法等问题，书法课很难像其他学科一样正常开展。就书法师资而言，绝大部分教师是从其他学科转行过来担任，他们对书法学科技法与理论的学习不够深入，对书法教学的特殊要求了解不足，在编写教案时常常感到思路不是很清晰，授课时效果不尽如人意。《中小学书法示范课教案》的出版，将给这些书法教师提供富有参考价值的书法教案模版，对当前中小学书法教育普及起到一定的促进作用。

马来西亚华小教师参与中国书法教学著作的编写，引起了中国同行的关注，张少纶老师编写的《口、日、国字框字的教学》《体验毛笔》，郑宝玉老师编写的《六年级：上下结构》，翁金兰老师编写的《四年级：间架结构、左右结构》，杨智枬老师编写的《四年级：易、旱、目、相》等几个教案，得到了中国同行的好评。

（二）张少纶、郑宝玉、翁金兰、杨智枬、黄祖丰、吴姿霖等正在参与《中小学书法教学反思》的编写

为进一步推进中小学书法学科的教学理论研究和总结，为书法教师提供表现自我的平台，协助书法教师成长，深圳市李汉宁书法名师工作室一直推动"助你成名师"的出版活动，组织国内外中小学书法教师编写出版一系列有关"中小学书法教学法"的书籍，希望能在中小学书法教育领域起到一定的示范引领作用。目前正在编写《中小学书法教学反思》，计划明年由云南大学出版社出版。张少纶、郑宝玉、翁金兰、杨智枬以及亚庇中英小学黄祖丰、亚庇里卡士乐育小学吴姿霖等六位华小教师，应邀作为编委，正在参加这本新书的编写。

《中小学书法教学反思》首先要求编委选择书法教学问题，问题包含有：国家省市书法教育政策、学校特色创建、教学方案、课程开发与实施、教材开发、场地设备、比赛展览、三笔字、教学课堂、文房四宝、碑帖研究、兴趣提高、参观考察、教学研究、教师培训、名师成长、书法文化、书法与其他学科关系、临摹创作、笔画结构章法、作业设计、评价标准和方法等等。然后对所选问题提出自己的看法、见解，或阐述自己对处理问题的经验、体会。力求角度新颖、见解独到、体会深刻，能给同行启发。可以是严谨的论述，也可以是有感而发。这样的著作选题要求，对编委是一种挑战，也是一种难得的学习和思考过程。沙巴的六位华小教师能参与这样的编写活动，是中国同行认可的结果，对个人书法教学的专业发展将起到很大的促进作用。

（三）张少纶、郑宝玉、翁金兰、杨智枬、黄祖丰等常到深圳交流书艺

张少纶、郑宝玉、翁金兰、杨智枬、黄祖丰等华小教师一直对书法有兴趣，近年来，多次赴深圳，跟中国第一位中小学书法学科正高级教师、中国书法家协会会员、教育部考试中心硬笔书法等级考官、深圳市首位书法学科名师李汉宁副教授学习书艺和交流书法教学心得。

据李汉宁副教授所说，他特别喜欢沙巴文化，喜欢沙巴的华教总会、中华文化教育协会、亚庇书艺协会等机构组织的各项文化活动。他与沙巴书法界的交往也很密切。看到亚庇华文学校师生对汉字书写、书法练习的渴望，看到华小老师们对书法教学的热心，他很敬佩，希望中马两国教师能多多交流，互相促进。他着力推广《中小学书法教学法》，得到教育界的赞誉，2018 年 6 月 25 日《人民日报（海外版）》以《为书法教师李汉宁点赞》为题进行报道。

张少纶老师现为亚庇打里卜公民小学副校长、亚庇书艺协会秘书长，多年来致力于当地

书法教育活动的开展，为书法这一中华传统文化在海外推广做出了不小的贡献。他培养了一大批书法人才，所辅导的学生曾获马来西亚全国书法比赛一等奖，2016 年他获亚庇书艺协会颁发的"书法教学卓越学校奖"，成为当地书法教育名师。他和李汉宁副教授在沙巴和深圳，多次进行中马书法教学合作与交流，特别在中小学书法教学法方面进行了全面的探讨和教学实验。他们两位名师，在来往中增进友谊，在交流中互相取长补短。他们希望能促进更多的华文学校开设书法课，让书法艺术在海外得到更广泛的传承和发扬光大。

多年来，郑宝玉、翁金兰、杨智枬、黄祖丰等四位老师一直希望能提高汉字书法水平，但由于工作忙练习时间少，得到专业方面的指导也不多，常常感到很困惑。有幸的是，2014年李汉宁副教授到沙巴支教书法时，大家相互认识，并保持联系，慢慢地像朋友一样地交往。虽然相隔千里，但微信交流从不间断，所谈的话题，自然是书法更多，慢慢地四位老师对书法越来越着迷，为此多次应李汉宁副教授之邀，到深圳学习交流书艺。

每一次在深圳的交流，他们认真听取李教授介绍书法的学习方法，并现场进行了各种技法的训练，他们书写后的每一张作业，李教授都会逐一给他们分析讲解，寻找优点，指出不足，然后亲手示范。听他李教授讲、看李教授写之后，一些常年练习怎么都写不好的笔画、写不美的字，一下子就可以轻松掌握。这样一对一、手把手的教学，一下子就能立竿见影，大家书写起来特别开心。作为华文学校的老师，老师们也有指导学生书写汉字的责任和义务，有时也会涉及对学生书法的辅导，但是对汉字与书法的关系，书法教学的内容、教材、教法等没有多少的研究，所以很模糊。这几年来，在李汉宁副教授的引导和帮助下，四位老师在书法教学理论方面有了不少的提升。

为了让老师们今后更好地进行教学实验，李教授把他利用多年的实践经验写成的各种教材，如硬笔书法作品训练范字、毛笔示范作品，还有著作，如《中小学书法教学法》《中小学书法教学法配套课堂作业》《中小学书法理论知识趣谈》等分送给四位老师。

他们这样的交流与合作，值得赞赏！

第十三章　大学书法教师时期学术论文发表（2005 年度）

第一节　论文发表感想

本章收集了我 2005 年度申报副教授前，在广西百色学院时发表的 10 篇论文，其中有书法理论探索和书法教育研究两个类内容，书法理论探索类中有一篇篆刻方面的文章。这里谈谈当时的感想。

一、大学重科研成果

大学教师职称的评定，很注重科研成果。助教、讲师相对好评些，到了副教授开始就不容易了。一起工作的同事都一样，为了评副教授，大家为发表论文都要准备好几年。

别人专心写论文，我却要分心写写字，再写论文。在评上讲师之后，别人的课余时间，可以一心写论文，但那时候我作为书法教师，还没有办法专心于写论文。我一直把时间和精力投入练字，创作投稿全国各类展览，希望能入展，加入中国书法家协会，成为所谓的书法家。同行们都知道，书法创作需要功底，也需要把握好创作的路子或方向，迎合时代的风气，迎合评委的口味，加上运气，才有可能成功入展。在搞书法创作的日子里，有时一个人孤独地在灯下写到三更半夜，有时与几个书友周末搞笔会。还好笔会就像别人打麻将一样，比较快乐。有时一年两年，都没入展过，但是还会照样坚持。最后，终天入展几次，我加入中国书法家协会的愿望实现了。回过头来，看到一些同事评上了副教授，我有了紧迫感，于是开始潜心去写论文，去追赶。当年写论文的干劲，自己都觉得佩服。

二、科研成果追求系列化

论文写作，对于我来说，起初是很艰难的。因为写作功底不好，加之那个时候艺术类老师在学校比较轻松，懒散惯了，没什么积累，起初感到无从入手。听前辈说，写论文最好不要东一篇西一篇，要选择自己熟悉的某个点，写成系列。于是我选择了我一直从事的高等师范书法教学，也就是"三笔字"教学，从平时的教案、讲座讲稿开始找主题来写。写着写着，思路就出来了，越来越发现还有好多题材可以写成文章。

2005 年是我发表论文最多的年份。这些论文，大多发表在全国各大学的学报上。我们大学的同事，大多喜欢大学学报，因为大学学报的品质都比较高，通常算是省级以上刊物。副教授申报，需要两篇核心期刊，考虑到我评的是书法，所以选择在《艺术教育》上发表了《书法创作如何表现主题——学院派书法作品〈渐渐走近〉的创作构思》《高等师范院校书法教育对策探析》。其中前一篇作为代表做鉴定。

似乎把这些文章放在这本书里有点不合适，因为不是在中小学教师时期写的。但是我始终认为，我在中小学里所取得的学术成果，都是靠大学带来的学术惯性、学术基础支撑的。所以，设置这个章节来做一个承传过渡，让大家了解一下。

第二节　书法理论探索

一、书法创作如何表现主题——学院派书法作品《渐渐走近》的创作构思

（本文为晋升书法方向副教授的论文代表作，原刊载于艺术类核心期刊《艺术教育》2005年第4期。）

[摘　要] 本文通过分析学院派书法作品《渐渐走近》的创作构思，论述了书法创作如何表现文学般的预设主题。

[关键词] 书法创作　表现　主题

古典书法创作在很大程度上存在着重复与雷同，一个人搞创作常常可以重复一百张类似的唐诗，可以幅式都是条幅，书体都是行草，布局都是三行排列。如果书写技术过硬的话，谁都不能否定这一百张作品都是好作品。但如果要区别其中的不同，那最多是每一首唐诗的文字内容不同而已。这样的创作无疑潜藏着不少思想上的懒惰与懈怠。既然是创作，仅仅以技术的好坏来做基本评价，没有思想的支撑，没有落实到具体作品中的构思，没有主题，这种"创作"从何说起？

古典书法创作是实用的写字。古人写书法没有纯粹的如今天那样严格的艺术"创作"概念，因此这样千篇一律的重复倒也无可指责。今天我们所面对的书法早已没有太多实用的需要，书法作品的生存环境首先是艺术展览厅，在作品展出时，每个人都希望自己的作品最突出最引人注目。居于这样的原因，中国美术学院书法博士生导师陈振濂教授倡导了一种新型的创作模式——学院派书法创作。新型的学院派书法创作要求书法作品要确立一个清晰的主题，通过主题的界限，保证每一件创作具有自己的独特性。这就要求书法家们在创作时必须要有思想，要有针对某一个具体作品而发的立意，形式设

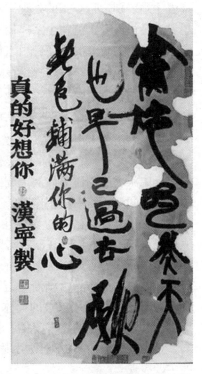

李汉宁《渐渐走近》

定、技巧运用、主题展示等等。书法作品因此就需要一个文学作品般的主题，创作者必须调动一切可能的书法创作元素，如纸、墨、色彩、形式、文字内容等，通过一定的方法手段，来充分表现作品的主题思想。

学院派书法作品《渐渐走近》的创作需要坚强有力的专业理论支撑，更需要独特的见解。创作构思时我立意从多方位、多角度地考虑主题的表现，具体做法如下：

（一）通过纸质调节来表现主题

学院派书法作品《渐渐走近》为了遵循学院派书法创作所提出的"形式至上"的创作理念，力图让作品形式独特、新颖，我有意识地从右到左、从多到少将纸张烧破，右边缘破烂不堪，中间烧出零星洞口，作品左边部分则保留其完整的边缘，然后用浓茶水加土黄色的国画颜料调匀，将作品从右到中、从浓到淡地染色，而作品的最左边缘则保持着纸色的清新洁白。乍看似条幅，字心却不方整；似团扇，却不圆弧。作品形式产生一种朦胧隐秀的美感，加之落墨的大起大落与印章的巧妙搭配，融合成云聚云散的自由形式，从而使人观后产生一种潮涨潮落、起伏不定的感觉。人们在欣赏作品时，按传统从右到左的顺序，开始看到的是残缺无序、破旧枯黄，然后是完整平直、洁白纯净，纸张的前后质地暗示了年代由远而近，从而使"渐渐走近"这一主题思想表现得一目了然。

（二）通过墨色变化来表现主题

书法的技法包括墨法，墨量的多少、墨色的浓淡都会影响视觉效果，对墨色的控制能力在一定程度上可以衡量出一个书家的书写能力。学院派书法作品《渐渐走近》在墨色上围绕着主题表现进行夸张的处理。在开始书写的几个字中采用清代著名书法家王铎的涨墨法，墨量充足得渗溢，使整个字模糊不清；而作品后半部则紧收笔墨，字迹纤细清晰，前后犹如中国画远近景色分明有序。当人们从右至左欣赏时，文字从朦胧到清晰，好像一个人从远处走来，开始只见身材的大致模样，逐步看清脸型方圆特征，再而看清五官鼻眼，近至眼前时嘴边的一颗黑痣清晰可见。这样的墨色层次变化与"渐渐走近"的主题恰恰吻合。

（三）通过书体变化来表现主题

中国书法史上出现了篆、隶、行、草、楷等各种不同特征的书体，每一种书体各有各的笔画和结体规律，各有各的审美价值。古典书法创作往往是一张宣纸上写一种字体，或楷或草。学院派书法创作提倡从单调的书写形式走向灵活丰富的视觉形式，在坚持书法（书写）本位性的同时，给书法创作赋予更宽广的取材范围与艺术表现力。学院派书法作品《渐渐走近》为了作品技法上的多样性和层次的丰富性，使用了多种字体来书写，让漫长的书法风格史过程一瞬间展现在欣赏者眼前。值得一提的是在作品的后半部引入了一行印刷体仿宋木版文字，这是古典书法创作所未有的。

学院派书法作品《渐渐走近》第一行"寒冷的冬天"采用秦代前后的篆书书写，第二行"也早已过去"用汉隶的形体，接下来从第二行最后一个字到第三行"愿春色铺满你的"用的则是晋代成熟的行书字体，而后的"心"字则为唐楷。虽然字体不同，但章法连接得当，过渡自然。而不同时期出现的书体按年代由远而近的排列，最终实现了"渐渐走近"的主题表现。

可以说，这种多书体集中于一幅作品的做法并非与古典作品没有过联系。我们现时所看到的古典作品，上面也有后人另一种字体的题跋，题跋部分并非是原作者思考的内容，但当我们欣赏这些古典作品时，感觉题跋已是作品的一部分，并没有破坏作品的美感。在这一点上，学院派书法作品应该说是在古典作品中有新发现、新启示而成形的。

（四）通过文字含义来表现主题

书法的载体是中国文字，一幅好的书法作品除了讲究形式、笔墨线条之外，文字内容也是极为重要的，文字内容的含义和作品的笔墨情调一样，能激发感染欣赏者的情绪。古典书法创作选择的文字内容无不文采飞扬，隐含着更多的人生哲理和诗情画意。学院派书法作品

《渐渐走近》正文所选择的内容是当代流行歌曲《真的好想你》的一段歌词："寒冷的冬天也早已过去，愿春色铺满你的心"。歌名"真的好想你"则作为落款内容使用。两部分的文字在作品中排列合理、主次分明，并且文意相当切题，主要表现在：首先，作品正文"寒冷的冬天也早已过去，愿春色铺满你的心"含义切题。一年之计在于春，春色多么美丽，令无数人向往。既然冬天已经远去，那么期待中的灿烂春色不是由远而近了吗？其次，落款用的歌名"真的好想你"含义也同样切题。就这么 5 个字，却形象地表现了久别的恋人对心上人的苦苦相思，而强烈的企盼相思无不促使他们"渐渐走近"！因此，从作品的文意看，含蓄而又鲜明地揭示了"渐渐走近"这一主题。

学院派书法作品《渐渐走近》的创作无疑是成功的，它多方位多角度地使用书法创作的各种元素来表现设定的主题，并且着力追求书写技法的精练。作品中所流露的篆书的中锋含蓄，秦简下笔的粗野率意，行草侧锋的奔放不羁，唐代楷法的严谨，以及字形、章法的自然呼应，看似随心所欲，却在法理之中，表现了学院派作品对传统古典的继承和认同。

思想是艺术创新的源泉，尽管学院派作品《渐渐走近》并不是十全十美的，但作为一种新型的作品创作模式，我依然认为，这样的艺术构思及主题表现方法是值得探索的。

一、书法创作如何表现主题——学院派书法作品《渐渐走近》的创作构思

参考文献：

［1］陈振濂 . 书法的未来：学院派书法作品集［M］. 杭州：浙江人民美术出版社，1998.

［2］陈振濂 . 大学书法创作教程［M］. 杭州：中国美术学院出版社，1998.

附一：浙江大学人文学院艺术学系主任、书法博士生导师陈振濂教授的评价

李汉宁同学：

大札收到，颇有成绩。学院派书法作品的"渐渐走近"，构思与处理方式甚好，基本上没有走样。一个人从事这样的主题性创作很难，坚持不易。这件作品，唯一不足的是书写技巧还不够地道，如能在书写上再花些功夫，还会有更佳的效果。希望坚持做下去，精益求精。

文稿也看了，写得也不错。多写多练，最重要。我太忙，先写这些，顺颂

艺祺！

陈振濂
1999 年 7 月 7 日

附二：书法学博士、广西师范大学黎东明教授对本作品及论文的鉴定意见

《书法创作如何表现主题——学院派书法作品〈渐渐走近〉的创作构思》是一篇颇有创造性的学术论文，在借鉴学院派"表现主题"理论的基础上敢于发表自己的独到见解。论文思路清晰，结构严谨，学术理论基础扎实，能始终围绕着中心论题来展开讨论。同时，作者以自己的创作实践来对学术问题进行阐释，使论文具有较强的实践性、应用性价值。

论文表明，在历史文化的转折时期，艺术家的行为不可避免地与传统的艺术惯例发生冲

突，那么，艺术家必须不断地尝试创新手段，超越传统的惯例面表现新的主体情感，以新的艺术表现形式来表达艺术家对世界的感受、体验和解释的方式。从论文的学术成就可以看出，作者具备了较强的独立开展科学研究的能力，完全达到晋升副教授职务的要求。

黎东明

2005 年 9 月 26 日

二、对立统一的审美思想在书法中的运用

（本文发表于广西艺术学院学报《艺术探索》2005 年第 3 期。）

[摘　要] 本文从书法的外在形态、本质、美学规律，以及书法学习和创作过程等方面，详细地阐述了书法艺术中既对立又和谐统一的辩证关系。

[关键词] 对立统一　审美　书法

翻开中国历代书学论著，我们可以看到，具有三千多年悠久历史的书法艺术，无论是艺术审美标准、艺术本质、艺术规律法则，还是书法艺术的学习和创作过程，都包含着许许多多对立而又统一的辩证因素。正如书法美学中强调"若夫学者之用中，则当知不偏不倚，无过不及之义"（郑杓、刘有定）。要求书法外在形态"势和体均"，表现出刚柔相济、骨肉相称、和平含蓄的艺术意境；同时要"志气和平，不激不厉"（孙过庭《书谱》），主张书法表现的情感意蕴适中，不超过理性规范。书法中这种"中和"的审美理想所追求的就是矛盾的和谐统一。

为此，我们应该把握住书法审美理想中庞大的辩证体系，用辩证的观点看每一对辩证因素的相克相生、相违相从、相分相合、相和相争，即既对立又和谐统一的关系。

（一）书法艺术外在形态的辩证统一因素

书法艺术极其重视形式美，一幅作品最先为人注意的就是它的形态。"倘一点失所，若美人之眇一目；一画失节，如壮士之折一肱"（王羲之）。无论哪一家、哪一派、哪一体，都是按照自己的美学趣味来构造美的形态，但必须使各种形式美因素达到和谐统一。这些形式美因素的辩证统一，体现在用笔、结体、章法布局等方面。

1. 用　笔

书法以用笔为主，美的形态只有以富有力度、质感的点画才能达到完美的表现。它要求笔画的外形曲与直、方与圆、断与连、枯与润、平与侧、长与短、轻与重的对立统一。取万物之美，中和为其貌。做到直而不倨，曲而不屈；轻而不浮，重而不浊；枯而不燥，润而不涨；平而不板，侧而不危。如明赵宧光《寒山帚谈》所说："笔法尚圆，过圆则弱而无骨；体裁尚方，过方则刚而无韵。笔圆而用方，谓之遒；体方而用圆，谓之逸。"由此究其手法的辩证关系，有提按、疾徐、转折、行留之交合。提则轻捷，按则稳健；转得圆，折成方；疾则峻利，徐而平和。各对立手法相伴而行，以使轻而不浮，重不笨钝；圆不存滑，方不露骨；疾有洒脱不见轻飘，徐带舒朗不留缓滞。从形质来看，讲究中锋与侧锋、藏锋与露锋的对立统一，使得有丰满圆润渗合峻利爽快之意，浑融厚重添潇洒飘逸之感。

2. 结 体

笔画的美是书法美的基础，而单独的笔画美不能直接构成书法的美，以汉字为表现对象的书法艺术是以整个字出现的，因此以笔画为组成材料的汉字结体美是极为重要的。字的结体，是笔画按一定规律构成的一个完美的整体。这贵在先"匀"，而后又"变"，最富有艺术感染力。首先要求各笔的形质比如方圆等分量均匀、一致，整体协调；同时又要求各笔避免雷同，有形态如长短粗细等等的变化。其次要求空白分割均匀、一致，特别是字的中心，空白分割的"匀"使笔画的排列产生整齐有序之感，并紧密地团结在一个中心里，以保证结构的紧凑；同时又要有疏密变化，不能疏密平均如仿宋体美术字，须"疏处可使走马，密处不使透风，常计白当黑，奇趣乃出"（包世臣《艺舟双辑·邓石如传》）。字的结体，讲求局部之间主次、疏密、纵横、斜正、向背、俯仰、违和等的对比，形成音乐般的起伏，有强烈的激动人心的节奏感。

3. 章 法

一幅成功的书法作品，笔法和字法是主要的，但如果字的排列如一堆乱柴火，似一盘散沙，必然会使人眼花缭乱。为章之道、谋篇之意如列阵之法，聚而成阵，解而为士。要把单独的字贯穿为一个有机的统一体，须使字与字之间，行与行之间首尾呼应、上下相接、气脉通畅，若行云流水、自然天成，而不是机械的、呆板的拼凑。要体现出整体上的精神和美感。"字之体势，一笔而成，偶有不连，而血脉不断，及其连者，气脉通其隔行，惟王子敬明其深指，故行首之字，往往继前行之末。"（张怀瑾《书断》）

在和谐统一的基础上，还需有对比变化，如果全盘排如算子，必丧失艺术的魅力而令人索然败兴。健美操之所以比行军队列更使人爽快，心旷神怡，是因为健美操除具有整齐感之外，它比超行军队列，在局部或整体上，更有或正或侧、或分或合、或聚或展、或进或退、或停或转等队形上的丰富变化。书法作品的篇章也应做到主次、大小、纵横、向背、偏正、疏密、浓淡、枯湿等的和谐统一。

（二）书法艺术本质的辩证统一因素

书法对立和谐统一的审美理想，使我们对书法艺术本质有了确定性的认识，那就是人与自然、主体与客体、主观与客观的相互和谐统一，再现与表现、模仿与抒情，感情与理性的结合。由此说书法是在熟练掌握汉字书写法度、技巧的基础上，以文字的结构形式构成某种艺术意境进行抒情的一种艺术。

在古代书法美学中，书法更以抒情为特长，主张作字要"达其情性，形其哀乐"（孙过庭《书谱》）。字之无情，似石膏模特没有灵魂。书法创作过程，即为书法家借助点画来抒情达意的过程，故有"书为心画""书为心迹"之说，在创作准备阶段，必先蓄积丰富的感情。蔡邕在《笔论》中说："书者，散也，欲书先散怀抱，任情恣性，然后书之。"张旭酒后才书，目的便在于此。书法家在创作作品时宣泄喜怒哀乐之情，从而使心理情感获得平衡，作品表现出书法家复杂多变的内心感受。"喜则气和而字舒，怒则气粗而字险，哀则气郁而字敛，乐则气平而字丽。情有轻重，则字之敛舒险丽，亦有深浅，变化无穷。"（陈绎曾《翰林要诀》）对抒情表现的进一步认识是，主张书法是人的心灵、性格、品质的写照。"书，如也，如其学，如其才，如其志，总之曰如其人而已。"（刘熙载《艺概·书概》）正因为不同的人有不同的性格气质、修养，这千差万别的艺术个性才使书法天地呈现出绚烂的景象。书法家在艺术创作中，把自己的生活体验的情感、悟性传达于书法的形式符号中，使欣赏者也获得了感受，产生丰富的联想。这说明从书法家本身到作品，再由作品到读者的艺术活动过程，其实是一种宽泛、朦胧、含蓄的情感的流传过程。

需要指出的是，在强调抒情表现的同时，我们更要注意线条、结构的摹状或造型技巧。"每为一字，各象其形。"（卫铄《笔阵图》）"艺术就是感情，但如果没有体积、比例、色彩学问，没有灵敏的手，最强烈的感情也是瘫痪的，最伟大的诗人，如果他在国外，不通语言，他能做什么呢？"（《罗丹艺术论》）。一件作品，首先能让我们感受到的是它的外在形式，如果离开形式美的表现，岂不像甩到墙上的烂泥一样一塌糊涂，还有什么情感、趣味可言？

书法外在形体的创造，是状物再现美的过程。要从线条、结构、笔势等对自然形象的模仿之中去探求书法的美，这样才能使欣赏者面对书作时，引起美的联想，得到美的感受。应该说明的是，书法与绘画对自然美物象的描摹是有所不同的。书法不能再现客观世界的客观形象，如绘画的山川河流、花鸟虫鱼。它侧重于"无形"之"相"、"无物"之"象"，主要是通过对自然美形象的气势、韵律、情态等的模仿，创造出抽象的联想符号。"卫恒书如插花美女，舞笑镜台"（袁昂《古今书评》），我们能理解卫恒书法作品画出了美女吗？

总之，既要"置物之形"，又要"输我之心"，二者不可缺之一。

（三）书法艺术规律的辩证统一因素

书法艺术创造活动的美学规律中，自古至今，形与神、意与法这两对审美范畴算为最基本的。深入地理解、分析它们的内部辩证关系，有助于我们全面、系统地把握书法的审美意识结构。

1. 形与神

书法的最终目的在于抒情。情感是通过创造文字的外在形式结构表现出来的，因而书法的线条、结构便是有情的形象，那是"形"与"神"的统一。"形"是由线条组成的文字形体，是"无形"之"相"，"无物"之"象"。"神"则是线条、结构形体本身所隐含的内在的情趣或意味。"形"与"神"的统一，使书法艺术既有"性质"、有"象"，又有"气""味""意"。在"形"与"神"的关系上，"形"是"神"的所生之地，"传神者必以形"，"形质无存，况言性情耶？"（包世臣《艺舟双楫》）因此，在书法创作过程中，必须有较强的形象思维。蔡邕说："为书之体，须入其形，若飞若动，若往若来……纵横有可象者，方得谓之书矣。"即要通过文字形式结构对自然美神态的摹状，塑造书法形象，如一点如"高山坠石"，一横如"千里阵云"。人们正是在模拟万物之美来塑造书法"暗示"形象的审美活动过程中，丰富了自己的形式感，概括、总结了一系列的书法形式美规律。比如，在用笔、结构、布局各方面规定了许多形式法则，如用笔的"藏头护尾"，布局的整齐、穿插避让、虚实对比等等。

在"形"与"神"的对立体中，古代就已把"神"提高到主导地位，王僧虔《笔意赞》中说："书之妙道，神彩为上，形质次之。""书必有神、气、骨、肉、血。五者阙一，不成为书也"（苏轼《论书》）。古人认为造型是为了"传神"，为字有"神韵"，方为佳品。"从心者为上，从眼者为下。"（张怀瑾《文字论》）要得意忘形。因此在临摹前人碑帖时，力求形神兼似，笔短意长。

"形"与"神"是互相依存，不可分割的。重"形"而忘"神"，必然刻板呆滞；重"神"而弃"形"，则易脱离历史现实地形成单纯的审美心理。

2. 意与法

书法的创作过程，实际上是追求"形"与"神"完美统一的过程，为了达到形神兼备的艺术境界，在艺术活动中，必须体现出有意图、有目的的和合乎法则规律的统一，即要处理好"意"与"法"的辩证关系。

"意"是指有目的性的审美意识。"法"是指书法的客观法则规律，如笔法、字法、章法等等。它们是主观与客观、心与笔的关系。两者相互依存，不可偏废。在"意"与"法"的位置关系上，既强调"意"对"法"的支配作用，认为"书虽重法，然意乃法之所受命也"（刘熙载《艺概·书概》）；主张手随意运，反对为笔所用；同时，也注重"法"对"意"的制约，"不合于法者亦终不可语书也"（《佩文斋书画谱》），要做好"字字有法，笔笔用意"（冯班《钝吟书要》）。

"法者，书之正路也。"（郑构《衍极》）在书法创造活动中，要严格法度，反对离"法"而成"古怪"。这里强调"法"的运用。不是死守法，而是"活法"，即从"法"中入，而后又摆脱"法"的束缚，从"法"中出，自有新意。

总之，要求"意"与"法"达到水乳交融的完美统一，从而进入"随心所欲不逾矩"的艺术境界。

（四）书法学习和创作过程的辩证统一因素

书法的学习和创作是一个极为艰辛的过程，要求刻苦实践。苏轼说："笔成冢，墨成池，不及羲之即献之。笔秃千管，墨磨万铤，不作张芝作索靖。"更重要的是要选择一条正确的路子，少走弯路，减少盲目性，提高学习效率。在寻求书艺的道路上，要首先认识的是继承与创新的辩证统一。

继承是创新的前提、条件。书法历史长河中，留下了无数美的珍宝，这些珍宝是无数人智慧的结晶，值得我们去借鉴。离开传统而创新，就成为空中楼阁、无源之水，也就使我们倒退到书法的原始文字时期，重新摸索，去走弯路。历代的大家，无不广集博览前人的经验而取得成就，"书圣"王羲之就师承过张芝、钟繇、蔡邕，也得力于卫夫人等。继承使我们有更高的起点，是我们每个学书者都必须选择的路子。我们不能离开传统的审美标准，脱离汉字结构规律，闭门造就所谓"时代意识"的野、乱、猛、霸、怪、奇的作品。

创新是继承的目的。书法艺术又提倡富有时代精神。"自出新意，不践古人"（苏轼《论书》）。师古而不泥古，要有自己的个性，表现出独特的自我。因为"美就是性格和表现"（《罗丹艺术论》）。如果千人一面、千字一体，停留在古人的笔下，就会失去了艺术的生命力，不可能有任何发展。

在继承与创新的统一体中，既要师古，有古人之法度，有大众的共性，又要学不纯师，书中有我的气质个性；要达到古为今用，推陈出新，把个性与共性、人与我完美结合起来。

综上所述，书法艺术的各个领域都存在着各自对立统一的因素。正确处理好这些对立统一的关系，才使人们走上书法艺术的正确轨道。因此，作为对书法艺术有追求的人，应该认真学习马克思主义辩证思维方法，在书法活动中，自觉地树立对立统一的审美思想。

参考文献：

[1] 宋民. 中国古代书法美学 [M]. 北京：北京体育学院出版社，1989.

[2] 董文. 中国历代书法鉴赏 [M]. 沈阳：辽宁大学出版社，1988.

[3] 祝敏申. 大学书法 [M]. 上海：复旦大学出版社，1985.

三、吴昌硕"缶翁"一印对传统汉铸印和门派让翁印的取弃分析

（本文曾入选《广西书法家协会第九届书学研讨会论文集》。）

[摘　要] 本文从笔法、刀法、结体、虚实、残破等五个方面论述了吴昌硕"缶翁"印对传统汉铸印和门派让翁印的具体承传及其舍弃的因素，以及吴昌硕个人的创新之处。

[关键词] 缶翁　汉铸印　让翁印　取舍

吴昌硕（1844—1927）手下的"缶翁"一印平稳朴实，粗看时似乎平淡如水，但细心观赏，便觉得这方寸之间，变化丰富、气势沉雄、韵味无穷。近现代印人无不为他这种笨拙中见奇趣的高超之技所折服。

吴昌硕·缶翁　　　　汉铸印·福昌长寿　　　　　　让翁印·好学为福

吴昌硕在篆刻上的辉煌成就来自他扎根于肥沃的传统土壤中，饱吸了艺术生命所需的营养，并敢于利用时代的有利条件高明地变法。吴昌硕在中国书法发展长河中处于一个重要的位置，正如著名书法理论家陈振濂在"中国书法发展史"课中所说，吴昌硕是近现代书法的开始，又是古典书法的终结。

确确实实，从他身上我们看到了中国古代书法家孜孜以求地把诗、书画、印融为一体的最高境界。他在诗、书、画、印上都算得上一代宗师，这至少是五百年以上观念的封建文士理想的知识结构。他是最后一个地地道道传统的封建文人书家，他算得上纯粹古典的。

然而，众所周知，总没有"不食人间烟火"的闲云野鹤式的书家。吴昌硕所处的时代是书法变革的时代，他不可能对时代的要求无动于衷；况且吴昌硕知道传统代表不了时代精神这个简单的道理。自魏晋以来的墨客一直在走的文人士大夫之路，充满着温文尔雅的趣味，让人感到油腻单调，路子越走越狭窄和单薄。明代书法的停滞避不开这个原因。一代理论家傅山在清初石破天惊地对巧媚的君子风提出挑战，他反古道而行之："宁拙毋巧，宁丑毋媚，宁支离毋轻滑，宁直率毋安排。"这种宣言真是千年不得一见！正是这"丑"学观念的前导，加上士子应试可以因为一张试卷中的某一个字写得不太规范而被彻底否定的官方"以书取士"的规定，使"馆阁体"盛行得令人倒胃口；当然还有康、雍、乾时代"文字狱"的酷烈使人们转向与时政无关系的碑志考据，书家们从中发觉和确认了书法还有王羲之阴柔灵巧以外的阳刚粗率美的内容！所以，书法的方向在这个时代发生了一百八十度的变化，从帖转向碑。吴昌硕在这千载难寻的机遇里，顺应时代的潮流，率先从阴柔、文雅、含

蓄的格调上转而义无反顾地强调雄浑刚健的阳刚之气，在审美格调方面取得很大的成功。不能不说他是时代的创新者！

他注重艺术表现的手法，比起那些文人士大夫那种雅玩闲适的观念来说，已经具有明显的现代意识。他自然成为近现代书法开始的标志，成了从古典中走来，并开辟现代艺术之路的艺术泰斗和先锋。

就其篆刻艺术而言，他以古为尊，广征博取周秦汉印之精华。著名篆刻家刘江在《篆刻艺术》中归纳其印的来源有：在学汉印方面，有仿或拟汉铸印、封泥印、汉凿印、泉范字、汉砖文、汉碑额、切玉印、汉银印、汉官印之嵌银丝、汉瓦当款等等；在学明清门派印方面，有仿或拟著名篆刻家吴让之（让翁）、完白山人、赵之谦、钱耐青、曼生等人之法的；在周秦玺方面，有仿或拟左陶元押等。他游历传统之面竟如此之广！然而，他师古并不泥古，反对食古不化，他曾在一首刻印诗中说道："天下几人学秦汉，但素形似成疲癃"。他有过人的胆识和敢于创新精神，提倡印从书出，以画理入印，并将常人所用的锐角小刀改制成出锋钝角的圆杆刻刀，并将早年所用的浙派切刀、中年后所用的让翁冲刀以及钱松切刀带削的刀法，综合成一种新的钝刀硬入的刀法来治印。所以，吴昌硕独创一格的篆刻艺术，为印坛开创了一片新的天地。吴昌硕号缶庐、老缶、缶道人等，所以，他给自己刻号印为"缶翁"。刻凿自己使用的名号印，对每位印人来说，毋庸置疑应力求发挥自己的高水平。从"缶翁"一印印面看，从视觉形式到内在意蕴都很完美，从中体现了吴昌硕主动经营的创作意识。此印主要取法于汉铸印和让翁印，同时融入了吴昌硕本人的个性特征。具体分析如下：

（一）笔法方面

从纵横的方向看："缶翁"印大体上保持汉铸印的平直，特别是"翁"字中"羽"部的几横等距排叠、平稳、端庄、浑朴，无不取法自汉铸印；笔画的转折处吸取了让翁印流动的笔意，比汉铸印的方正更活泼生动，这一点在"缶""翁"两字中多处表现出来。吴昌硕受让翁等人"以书入印"的启发，在此印中渗入了笔情墨趣，表现在：笔画中锋含蓄，意味浓厚，力藏画中，笔画有粗有细。特别是几个垂竖更有让翁篆书的提按，舒展自如，像微风中的柳条，婀娜多姿，笔画起止有尖有圆，似笔之藏露，如"翁"字中"羽"部那些横的起笔，圆满含蓄，有汉铸印之意。尖笔更有多处，比如两字中的几根垂竖，无不保持了让翁小篆敛锋出笔的特色。让翁以隶笔入篆的笔法仍在此印中出现，如"翁"字的头两笔，"缶"字的中横。然而缶翁浸淫于《石鼓文》数十年，加之对金文、陶文、封泥、砖瓦文也融会贯通，笔法上比端庄浑穆的汉铸印和圆匀道润的让翁印更显得恣肆烂漫、大气磅礴。

（二）刀法方面

篆刻艺术中，以刀代笔，笔刀相辅相成，构成了丰富的审美内容。"缶翁"印吸取让翁印刀法上爽快利落的面，在笔意墨趣上并不像让翁那样严格要求。比起让翁以冲刀为主的刀法，昌硕在此印中冲切交融，钝刀硬入，因而笔画更加古朴浑厚，另相对于汉铸印多了一层细致入微的刀意。

（三）结体方面

"缶翁"印不像汉铸印用秦篆而用清篆，字形舒展飘逸，灵活多变，整体外形上舍弃汉铸印的方整规矩，增加字形上下宽度的变化。如"翁"字上宽下窄，险峻有趣；"缶"字上窄下宽，如山峰屹立，势不可阻。字形不故作奇怪，有汉铸印之平实自然，无半点哗众取宠之感。昌硕有意渗入了让翁上束下疏的体态，却不再刻意于汉铸印和让翁印的左右绝对对称、等距排列，这一点在两字中均有明晰的对应。除此以外，昌硕在"缶"字中运用了斜线，顿使平静的印面激起波澜，因此，使两字整体活泼而有情调，并顺势上合下离，体现了吴昌硕篆刻疏朗开阔，气度雄伟的特点。

（四）虚实方面

"缶翁"印笔画厚重朴实，但并不呆板，因为吴昌硕能将"虚实相生，疏密有致"的画理运用于印面上。他在处理印面的虚实关系上，做到虚中有实，实中有虚，正如他在谈篆刻的章法中所说："刻印犹如造屋，何处开门，何处启窗，应当作恰当部署。"这里的"开门""启窗"的目的是为了实中有虚，有透气之处。比起汉铸印和让翁印，"缶翁"印的虚实对比更为明显。一方面，由于昌硕用刀技巧丰富，对线条有粗细尖圆不同形状的处理，虚实的对比自然增强；另一方面，因字形不拘泥于汉铸印和让翁印的方整静穆，因此左右不严格对称，上下也不一味等距排叠，虚实便随字形结构出现强烈对比。如"缶"字中"凵"部偏右，因此使此字左疏右密；"翁"字因上紧下松，下部留出大块红面，整个字红白相间；再一方面，昌硕受到封泥印的启发，特意使"缶翁"二字用尽天面，让底边宽粗，达到拙中寓巧，增强印面的生动感。这些虚实的处理，使方寸之内，气象万千。

（五）残破方面

残破可以使印面平添一份古意，也可以救活章法。残破就像断臂的维纳斯一样让人遐思，从中发觉美感。"缶翁"一印因边底粗重，字势被包围于印中，这时在两字头部各有一处残破，让缩头缩尾之感顿时消失。而"缶"字右长竖几乎全破，也有它的理由。此印仅两字便出现七根长竖，如果笔笔清晰，便感沉重单调。这一长竖的残破将我们的注意力引出印面，丰富了我们的联想内容。这几处的残破破除了章法上的平板，得到以虚衬实、虚实互映的特殊效果。"缶翁"印大胆的主动的残破意识是汉铸印所没有的，让翁印所无法比拟的。

从"缶翁"一印中，我们感到了吴昌硕在篆刻上的师承取弃是高明的。其独创更是奇妙的，他充分利用时代的机遇，利用传统的精华，充分发挥自己的聪明才智，创造了自己独特的篆刻艺术风貌，为中国篆刻艺术开创了新的篇章。

（注：吴昌硕所刻"缶翁"印有多方，本文所指的"缶翁"印是1985年9月上海书画出版社出版的《吴昌硕印谱》第10页之"缶翁"印。）

四、灵活多变的柳体笔法之美

（本文发表于《青少年书法》2005年第11期。）

[摘　要] 本文通过对柳体楷书各种碑帖中的字进行比较研究，论述了柳体字各种笔画的变化特征和方法，揭示了其笔法超常的变化之美。

[关键词] 多变　柳体笔法

写字和书法追求的方向是截然不同的。写字居于实用，为了达到交流思想和记事的目的，要求字的形、音、义缺一不可；而书法居于艺术，主要追求的是字形的美。因此，同样是楷书的体式，实用的书写要求"正确、端正、有一定的速度"，在形体上让人容易识读即可；而书法艺术出于欣赏的需要，要求把字写得平衡稳定、比例协调、灵活多变、富有生命色彩，达到"形美以感目"（鲁迅先生语）的目的。

楷书是一种实用性和艺术性兼容的字体，千百年来，它从不间断地被作为通用文字和书法艺术形式来使用。它产生于汉代，真正高度成熟时是在唐代。唐楷集前代之大成，以完备的法度显示了艺术的高度成熟。学习楷书，取法唐楷，心明拟效之方，手达挥运之理，使人容易入门径，又能全面地获取楷法中"八面出锋"这一书法精华。

唐楷中的颜、柳、欧和元代的赵体被誉为中国古代的四大楷书，其中柳体尤为受人们喜爱。所谓柳体，是指柳公权所书的楷书。柳公权（778—865），字诚悬，京兆华原（今陕西省铜川市耀州区）人，元和初年进士。柳公权书法初学王羲之，后习欧阳询、虞世南，既得力于褚遂良，又向颜真卿汲取营养，然后融会贯通、酝酿变化，最后形成了独特的风格，自成一体，俗称"柳体"。欧体刚劲险绝，以"瘦"见长；颜体丰润，以"肥"见长。而柳体则取两家之长，并掺以北碑的骨力洞达、雄强爽健，因而，瘦而不露骨，沉着痛快而气象雍容。其结构和用笔十分严谨，一丝不苟，笔法挺拔，但在严谨中有变化，在规矩中有生动，具有极强的艺术感染力，成为后代书家追捧的楷模。

然而，在以后的书法历史长河中，再没有哪一家楷体能超越柳体的这种高度。宋代雕版印刷术普及后，产生了作为雕版印刷用的标准字体——仿宋体。仿宋体的推行，在一定程度上对端庄平整的唐楷产生了消极的影响，冲淡了唐楷的艺术性而转向实用，楷书因而走向衰落。明代台阁体的出现，把楷体的实用性与艺术性全然分开，只要实用的一面，缺乏一种艺术生命的格调，它走向艺术的大忌——标准化，楷书的丰富审美层次因此而被忽略。清代周星莲《临池管见》中说："自帖括之习成，宋法遂别为一体，土龙木偶，毫无意趣。"不管仿宋体还是台阁体，乃至黑体等美术字，由于现代印刷的高频率使用，致使我们这个时代的人从小到大深受影响，于是大家书写的字往往死板僵硬，没有活力，笔画绝对平直、板刻、匀整，字字单摆浮搁，状如算子。由此，我们对柳体的艺术性更为怀念和敬佩。

我将仿宋体、台阁体等美术字与柳体进行比较，发觉了柳体笔法美之关键所在。它运笔运达，方起圆收，藏露皆宜，手法多样，变幻莫测，生动有趣，审美层次丰富得让人流连忘返。这正是书法笔法的真正意义！世界上的事物是运动变化的，没有变化就没有生机，书法也是如此。书法的变化能使它产生节奏美和韵律美。一件好的作品无不是作者缜密构思，形成的规矩和变化相结合的产物。每个字应各具神态，曲尽曲美，栩栩如生，上下脉络贯通，生动活泼，神采飞扬，富有音乐的旋律，无声而有节奏，显出静中有动，把万物之美融入作品之中，激发人们的情感，让人在精神上有回味无穷的享受。

柳公权可以说是一位伟大的书法装饰家，他的笔下灵活多变，变在人们的意料之外，又变在书法的情理之中。在他的代表作里，方圆兼备，藏露交潜，提按自如，行住相宜，快慢有节，精悍出神。我将其《玄秘塔碑》《神策军碑》和《教弟子言碑》的每一个字反复观察，把同一笔、同一偏旁、同一字的多种写法勾勒出来，进行对比研究，发现其中的变化远比同时代的颜真卿、欧阳询等的书体丰富得多。其中笔法变化的具体表现为：

（一）横

大多方起圆收，运笔过程为逆锋入笔—中锋行笔—提笔轻顿—回锋收笔。这种笔画如斩钉截铁，棱角分明，方折峻整，有骨力劲健的神采。横的形态变化多姿，有粗平横、短仰横、左粗右细横、左细右粗横、长平横、覆舟横等等。如"三"字的第一笔为短平横，整体直；第二笔为短仰横，整体为逆时针方向转；第三笔为覆舟横，形如覆舟，整体顺时针方向转。三横上下俯仰相顾，生动有致。草字头的左右两横分别为左粗右细横和左细右粗横，这种用法使草字头中间聚合相让，避免拥挤，恰到好处。比较特别的是，柳体字的短横常常以点代之，显得更为简练，如"塔、是、之、元"等字。汉字字形中，横画的重复率很高，如果不求变，就会像一堆火柴一样类推并列，枯燥无味。

横画示例

（二）竖

柳体的竖画起笔有方有圆，而同时代的欧体起笔只有方笔，颜体起笔只有圆笔。欧体的方笔是两个棱角，柳体的方笔则有三个棱角，这一笔多在字的显眼部位——头部使用，如"中、者"等字，它把柳体以骨力取胜的特点表现得淋漓尽致。柳体的收笔和其他楷书一样有垂露（如"下"字）和悬针（如"十、中"字）两种。在竖画的整体运行中有直有曲，如"卧"字左竖曲，右竖直，而在曲竖中还分有左弧竖和右弧竖，如"国"字左右两竖，顾盼有情。一字之中有两竖并列时，左竖细而右竖粗，如"口、田"等字。多竖并列还有方向的变化，如"山"字，中竖直下，左竖向右斜，右竖向左斜。柳字竖画，在能保持字形可读可识的情况下，按笔势，可以用点代竖，掺有行书的流动笔意，使平板的楷书活了起来，如"年、兵"等字。

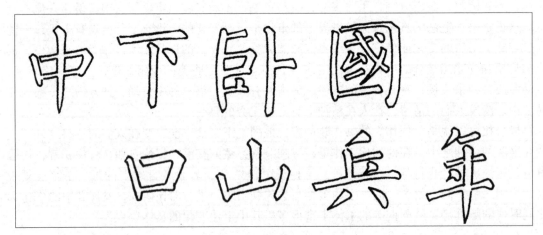

竖画示例

（三）撇

通过长短、曲直、粗细、方圆、藏露等的对比，柳字撇画丰富多彩，形态独特。有弯头撇，起笔有三个棱角，写完方点之后，在点的中下部出锋写撇，如"右"字；有出钩撇，这是借鉴行书笔法写成的，如"风、成"等字；有柳叶撇，起收笔均尖，形如柳叶飘逸，这种撇画多用于"厂"字头中，因逆锋起笔写出的撇头部过大会占用"厂"字头的内部空间，使用此种写法能有效地安排内部结构，这一撇的确用得高明；有针状撇，此撇用于"者、教"等字，与"土"字交叉，直行以留出下部空间让下部摆正，由粗变细，挺拔如钢针；有重端撇，起笔为一圆点，然后从点的中上部写出针状撇，用于"为"字中，因头部重而稳健；还有如同行书收笔的回锋撇，如"夕"字首撇；再有以点代撇的写法，如"弟、其"等字。柳体字的撇画，用得很高妙，如"家"字的重三撇，依次由短变长，由粗变细，由直变曲，由平变纵向，明显地体现出四个层次的变化。

撇画示例

（四）捺

柳体的捺，有平捺和斜捺之分。字底的长捺为了增加趣味情调，多向行走，写成了三段，这就是平捺，如"之"字。不管平捺还是斜捺，整体是逆时针方向行走，但捺脚内凹，有逆时针方向的弧线包含其中，因此捺有起伏变化。柳字常常用长点来代替捺画，在《玄秘塔碑》中用得很普遍，如"使"字，有用捺，有用长点的，捺和长点交替使用。柳字最有特色的捺是回锋捺，此捺不像一般捺画提笔向右出锋，而是行至右下，稍起笔，然后回锋收笔，因此收笔处呈圆形，如"会、承"等字，这是其他楷书所没有出现过的。

捺画示例

（五）提

柳字之提分有两种：一种起笔轻，整体如针状，如提手旁中的提；另一种则起笔重，按成点，然后提笔从点的中上部提出，很有特色，如"以"字、三点水等。

（六）折

柳字的横折，有时会以转代之，因此由方变成圆，如"即"字，左部折为方，右部折改变为圆，方圆对比生动有趣。转与折的交替使用是其他楷体所不敢用的。竖折的书写，有时断开为两笔，前段为独立短撇，后段为独立横画，这是一种出乎意料的做法，如"出"字。撇折也有分为两笔的做法，为一短撇和一出锋点代之，如"去"字。

折画示例

（七）点

柳体的点因字势需要而成形，有头部饱满逆锋起笔的侧点，如"唐"字；有顺锋起笔的左点和右点，如"心"字；有长点，如"不"字；有短竖点，并分有两种，宝盖头第一点使用有三个棱角的短竖点，第二点用普遍竖画两个棱角的起笔；还有出锋点，从左右点的中间出钩或提，如"心"字中间一点、"于"字的上点。而在"雨"字中，柳体出乎意料地用排比的方法全部使用短横代点。并列的四点，柳体处理得非常出色，中两点为短竖点，外两点分别为弧形的左、右点，并且每一点的方向各有不同，如"鱼"字。

点画示例

（八）钩

柳体的钩，力求在一个笔画之中追求细微之变，如竖钩，右边缘稍呈逆时针转，下部再向左转，然后退笔出锋，整个钩昂首挺胸，充满活力，如"水"字。有些竖钩使用弯钩的笔意书写，如"顶、于"字。竖弯钩有省略钩的写法如"指、绝"等字。而横钩的钩有出钩的，如"守"字，有短竖代之的，如"安、雹"字。竖弯钩有用竖折代替的，如"比"字。

钩画示例

总之，柳体字的笔画形态灵活多变，增强了字形的审美层次，体现了书法艺术合乎人生命节律的运动变化，拥有一种强烈的节奏感，这是其他楷书体式所难达到的。难怪，明代大书法家董其昌对柳体如此赏识："自学柳诚悬方悟用笔古淡处，自今以往，不得舍柳法而趋右军也。"

参考文献：

[1] 董友知.书法理论与书法百家 [M].北京：团结出版社，1993.

[2] 董文.中国历代书法鉴赏 [M].沈阳：辽宁大学出版社，1988.

[3] 洪丕谟.书法名作欣赏 [M].南京：江苏古籍出版社.1988.

第三节　书法教学研究

一、高等师范院校书法教育对策探析

（本文发表于《艺术教育》2005 年第 6 期。）

[摘　要] 本文论述了高等师范院校书法教育的重大意义，针对目前的教育现状提出通过加强师资队伍建设、完善教学设备、探求合理教学内容、严格考核制度等方法来提高书法教育的质量。

[关键词] 书法教育　对策　探析

应试教育向素质教育的转轨，使人们对书写技能作为人的一项基本素质要求的认识有了很大提高。高等师范院校是培养中小学师资的重要阵地，而中小学又是写字的入门阶段和提高阶段，在这个阶段中，任课教师的诱导起着决定性的作用。因此，作为高等师范院校的学生，除了要求具备较高的专业素质之外，还应练好一手漂亮的书法，书法教育成为高等师范院校学生必备的职前技能教育。然而纵观近年来高等师范院校书法教育的现状，却有很多不如人意之处，具体表现为学校的认识不足、师资力量短缺、教学设备不全、教学课时偏少、教学内容不合理、教学方法不得当、考核制度不严等等。为了改变这种现状，笔者认为须从以下几个方面予以重视：

（一）充分认识高等师范院校书法教育的重要意义

一个人语言文字的素养，一个民族的成员对本民族语言文字的理解和运用能力，是一个民族素质的基本标志。写好汉字是中国人应具备的民族素质，蔡元培先生在办北京大学时就提出："北大的学生要一口二簧，一手好字。"写好汉字是教师的基本功，书法训练是高等师范院校学生的基本教学技能训练。有些同志说，将来都用电脑打字了，还训学生写字干啥！其实电脑受携带不便、需连接电源、普及环境受限等因素的制约，有时会有不如手执笔挥就得灵活，比如批文、阅读笔记等。因此书写技能对每个人来说极为重要，特别是教师。其表现如下：

首先，准确规范书写，有助教师传道、授业、解惑。教师在教学中，离不开书写活动，如板书、批改作业等。如果书写字迹不清，会影响学生理解文意；如果教师书写没有一定的速度，会浪费自己的教学时间。其次，字如人的衣裳，影响人的外表形象，教师一专多能，拥有一手漂亮的字，能在学生面前树立博学多才的形象，容易说服和教育学生努力上进，全面发展。再次，书写美观，能陶冶学生的情操，引起学生的模仿，对学生的写字产生潜移默化的影响。

为此，各级高等师范院校领导、老师应该高度重视学生的书法教育，把书法课作为必修课来开设，努力保证教学活动的正常开展，避免那种只提倡不落实，只鼓励学生自练不安排教师教，只安排教师教不检查教学质量的局面。

（二）切实加强书法教师队伍的建设和培养

加强师资队伍的建设，提高教师书写水平和教学指导水平，是高等师范院校书法教育向前推进的保证。书法师资队伍的建设必须做到专职化和专业化。

1. 配备专职的书法教师，保证教师把主要精力投入到书法教学中去

目前，不少高等师范院校都未设专职书法教师，只有兼职教师。兼职教师不固定，随意性大，他们有自己的专业课，没有太多的时间来开展书法教学，加上认为书法课是一种额外临时课，反正上好上坏又不是自己的主要工作，影响不了自己的工作业绩，所以课内让学生练练，课后没有书法研究的紧迫感，这严重影响着书法教学的质量。因此，必须配备专职的书法教师，并参照其他学科，按课时量合理安排书法教师的数量，成立书法教研室，开展高等师范院校书法基本功教学研究，真正把书法等同于其他公共课来看待。

2. 培养具有专业学科水准的书法师资，保证书法教学的规范化

书法教学的关键是教师，教师水平的高低决定着教学质量的优劣，只有高素质、高水平的书法教师才能培养出知识水平高、技巧能力强的书法人才。书法教师不是随便一个会写几个字的人就能胜任的，一个合格的书法教师应该具有临摹创作、理论分析、教学技巧三方面的能力。学校应检查、督促、培养书法教师向这些方面提高水平。

（1）临摹创作能力

临摹创作能力是高等师范院校书法教师必备的基本能力之一。临摹创作包括临摹和创作两个方面。临摹字帖有利于提高教师的书写能力，同时又有利于掌握向学生演示模仿的方法。教师在临摹过程中，往往能从字帖里探索出古人书写的技法规律，从而提高自己的创作能力；更主要的是教师长通过长期的临摹实践，懂得如何观察字帖的笔画、结构、章法特点，总结出各种笔画形态所使用的提按顿挫动作，结构搭配方法，心悟其中妙道，能更准确地指导学生学习训练。教学生练字，最基础的是教学生临摹，学生在选帖时会根据自己的兴

趣爱好选择不同的书体或风格临写。因此，书法教师应具有广泛临写古代多种碑帖的能力，这样才能根据不同的学生的需要加以指导训练。可以说老师的临摹能力会直接影响到学生的临摹水平。

除了临摹，书法创作最能代表一个书法教师的书写水平。有高超的创作水平才能使书法教师在学生中树立起威信，在课堂中胸有成竹地进行讲解和示范。如果一个书法教师本身连一条横幅、一张通知都写得不如人意，还会有谁听他讲书法呢？

（2）理论分析能力

书法教学中，教师的示范、表演非常重要，但要学生明白其中的道理，没有理论的分析讲授是绝对不行的。书法理论是前人实践经验的很好总结，学习理论可以使自己少走弯路，站在前人的肩膀上，起点更高。因此，书法教师应该对笔法、结体、章法等技法理论、书法史、书法美学、文字学、书法与其他门类艺术的关系等理论有一定的研究和掌握，并能在课堂上结合实践有条有理地给学生分析讲解。很多人练习楷书的笔画都懂得要逆锋起笔，而为什么要逆锋起笔，却全然不知。如果书法教师不能从美学的角度去讲解，即逆锋起笔能产生一种饱满、含蓄之美，学生就会对这种入笔方式产生怀疑甚至否定它，书写时就会省略这个动作。书法学习以实践训练为主，所以有"字无百日功"之说，意思是说练字不是一朝一夕就能练好的。但社会上很多书法班的老师却因此只一味地压学生埋头苦练，动不动就告诉学生"你练个三年五年难道就练不好？"学生一听都被吓跑了。难道就没有可行的理论指导吗？

（3）教学技巧能力

书法教师除了能写字、会理论之外，最重要的应该是要会教学生。教学是一门艺术，书法教师必须懂得书法教学的原则和规律，不能不顾男女老少、文化高低、书法学习历史长短，拿出一本柳公权或颜真卿的字帖，丢给学生，告诫学生熟能生巧，多临多得，就了事。这种盲目的做法，只会让学生生厌，觉得书法高不可攀。

书法教学的目的是提高学生的书写能力，因此书法教师必须让学生在思想上认识书法形体美的重要特征，领会手法技巧，纠正他们的不良书写习惯，引导学生入帖出帖。书法教学以实践为主，书法教师在制订教学计划和安排教学内容时要懂得以技法训练为主。书法教育是艺术教育，艺术教育强调个性特征，书法教师应尊重学生的笔性笔调，加以引导选择字体和风格。凡此种处，都是书法教学的技巧内容，书法教师应系统地遵循和掌握。书法教师应系统学习书法教学理论，正确把握书法教学规律特征。

高等师范院校的书法教师要具备书写、理论和教学这三方面的能力，必须通过长期学习才能达到。有条件的师范院校应适当选送书法教师到专业院校进修培养；同时应当视书法学科的特殊性，在科研成果奖励方面，除了论文外，将书法作品展省级以上展览算作科研成果加以奖励。在书法界都知道，作品入展省级展不亚于论文发表在省级刊物的功夫啊！

（三）加大投入书法教学的专门设备

书法教学不像普通的文科教学，老师在讲台上讲，学生在下面翻翻课本便是。它要求学生通过眼观名作、看老师示范、手动模仿、互相观摩同学作品、听老师讲授等方式进行学习。因此，它在教学设备上有特殊的要求。但多年来，绝大部分高等师范院校这一方面的设备是跟不上的，因此我们有必要引起重视。

1. 开辟书法专用教室

现阶段高校的教室多为听报告式的装备，桌面倾斜、面积小并与前排座椅相连，椅子过矮并且是活动型的，这样的设置很难适应书法教学的需要。我认为，高等师范院校应设有专门的书法教室，书法教室应面积力求增大，装备水平面板课桌，且桌面稍为宽大，便于铺摆笔墨纸砚。桌椅高度以适合大学生坐姿标准为宜，便于坐着练字。每张桌子上备有画毡、墨碟，便于学生毛笔字训练。每个座位备有一块小黑板，作课堂板书训练使用。讲台旁边设有教师示范表演专用桌子。教室角落装有洗手盆，便于学生用水调墨或洗笔之用。教室墙壁使用木板装修，预留悬挂作品的挂钩等。这些将给教学带来积极有效的作用。这种教室在高等师范院校里甚少配有两间。

2. 购置电化教学设备

书法教学要充分利用现代的教学手段，提高教学效率，书法教室应备有示范投影仪，供教师执笔示范使用，因为学生人数多，在示范桌上示范有时是看不清楚的。还要配有幻灯机、幻灯片，作历代书法作品欣赏使用。还应有电视机、影碟机等设备，用来播放书法影像资料。这些设备将大大提高书法教学的可操作性。

3. 备有历代书法名帖范字

为了让学生练习时有规范的范本，书法教室内应备有各种常用的名帖，如楷书的颜、柳、欧、赵体，行书的苏、黄、米、蔡四家，王羲之、王献之父子法帖等。最好每一种的数量都能满足一个班学生人手一册的要求，上到哪一种字体时，每个学生都有范本在手，听老师分析讲解或在教师的指导下摹仿，避免学生凭空而练习。这些图书资料可以陈列在讲台一侧的专用书架上，随时供教学使用。

4. 备有一定数量的笔墨纸砚

为了方便教师讲解或示范使用，书法教室应备有足够的笔墨纸砚，比如各种毛笔，不同的弹性、不同的大小、不同的锋长都应有一两支，以便教师在介绍毛笔的种类和性能时作为样品出示给学生认识，示范不同书体或风格时有相对应的笔使用。笔墨纸砚在教学表演示范过程中是必须配备的，如果光用理论去讲技法动作，没有专业的材料去演示，那和体育老师用乒乓球去演示投篮动作没有什么两样，其结果可想而知。

体育教学有体育训练的场馆，有体育器材、有体育图书。书法是一门特殊的艺术，书法教学应当备有自己独特的教学设备。其实按以上的要求配置，对一个高等师范院校来说算不上花什么钱，关键是我们是否已经认识到这种投入的功用。

（四）探求合理的教学内容和有效的教学方法

高等师范院校的书法教学，包括三种笔类——钢笔、粉笔、毛笔的书写训练。目前由于各高校安排的课时不同，教师对三种笔类的侧重不同，教师的书写特长不同，所以很难有一本合适的书法教材使用。往往在"三笔字"的教学内容上各校有各校的选择，比如有些学校就只开毛笔字课，认为所谓书法即为毛笔字，而有些毛笔字的训练则以隶书为主来教学，有些还要求学生追求个性，以参加书法展为目标。我以为这样的内容选择不妥，国家教委1992年颁布了《高等师范院校学生的教师职业技能训练基本要求》，1994年又颁布了《高等师范院校学生的教师职业技能训练大纲》。这两份文件针对师范大学生的书法教育做了明确规定，要求"三笔字"楷书、行书的书写正确、美观。因此，我们应该在三种笔类的训练上统筹兼顾，并在训练目标上以实用和美观相结合为原则，要求学生既把字写对又要整齐、有一定的美感；同时应立足于全体学生写字水平的提高，适当要求少数基础较好的学生向书法艺术作品方向迈进。我以为"三笔字"教学中三种笔类之间的内容有差异也有重叠之处，比如楷书，毛笔与硬笔（包括钢笔、粉笔）笔法不同，可分开讲练，而毛笔与硬笔在结构、章法上基本相同，可以"三笔字"一起讲。在行书特别是行楷这种最实用的书体上，三种笔类的结构、章法基本相同，笔法也更相似，比如毛笔行书一横向左下顿即横走最后停笔而收，钢笔、粉笔的横画其实就用这种方法书写。因此，须注意到"三笔字"内容的互相渗透，避免各自为政，互不相干，浪费讲课篇幅。

精选了合理的教学内容之后，还要探求有效的教学方法。在多年的书法教学工作中，我发现绝大多数大学生将书法课等同于小学生习字课，认为书法课不外乎练那几个单调乏味的基本笔画而已，没什么新鲜的。因此，书法教师应力求激发学生对书法课的兴趣，授课中要善于联系实际，强调书法审美的内容，语言生动活泼、幽默风趣。在课堂里，要精讲多练，教师不能大谈特谈不给学生动手的时间。书法教学要培养学生的观察能力、模仿能力、领悟能力、创造能力，因此，教学方法应多种多样，有欣赏名作、参观展览、示范表演、讲授分析、创作交流等等。只有灵活地使用多种教法，才能全面地提高书法教学的质量。

（五）确立考核评价标准，严格实施考核

针对学生的书法考评标准的建立是书法教育质量管理的关键。书法评价标准要根据学生的实际，从书法学科自身的特点来确定，如书写等级的划分，可分为优秀、良好、及格、不及格和特优五级；书体上以楷书为基础，行楷为辅，兼及隶、草、篆各体；笔类上以钢笔、粉笔为主，毛笔为辅；而毛笔与硬笔的书写要求、评价参数有别；还须规定各类笔型的笔画、结构、章法评价参数，比如板书中，整体美感为主要，单字结构次之，笔画再次；还有书写的字数、速度、有无错别字等也要全面衡量；平时书写与期末考查相结合。总之要全方位地量化评估。

有了一个清晰的考评标准之后，教师应该严格按照标准对学生进行本学科的考核。一门书法课，要分三种笔类来考评，最后总评为一门课的成绩，非常麻烦，很多老师往往会因此随意、放松地评判，让写不好的同学过关，写得好的同学得不到高分，这样会破坏考评的严肃性，不利于这门课的正常开展。因此，书法教师必须坚持考核原则，针对学生考核评价工作量很大的情况，学校可以适当召集有书法特长的教师，组成书法基本功考核小组，协助完成对学生书法水平的评定工作。

综上所述，高等师范院校的书法教育意义重大，要改变现行高等师范院校书法教育不合理的现状，提高书法教育质量，我们应该通过调整优化师资、教学设备、教学内容，改进教学方法，建立科学合理的考核评价标准，严格实施考核，从根本上加以解决。

参考文献：

[1] 路棣. 书法教育 [M]. 第一辑. 天津：天津人民美术出版社，1998.

[2] 韩夫，戈弋. 书法教程 [M]. 北京：书目文献出版社，1989.

[3] 陈振濂. 书法教育学 [M]. 杭州：西泠印社出版社，1992.

二、从"匀"和"变"引导大学生总体认识结体美

（本文发表于《广西教育学院学报》2005 年第 2 期。）

[**摘　要**] 本文针对常见的结构教学方法的弊病和大学生的书写特点，论述从"匀"和"变"引导大学生总体认识结体美的意义和方法。

[**关键词**] 匀　变　结体美

比起绘画的五光十色，书法仅有的黑与白就显得逊色得多。然而，一道乌金似的墨线，横空劈来，在洁白的纸上分割出各式各样的空间，塑造出种种精灵活现，囊括世间万殊之美，令人心醉神迷。书法又多么美妙无比！

书法的确很美，但它的美是从抽象的构架中体现出来的，因而要理解和掌握书法很难。面对成千上万的汉字，对于如何把握它们形体美的所在，我们常常感到束手无策。

记得刚刚入门书法的时候，我拜访了一个字写得很不错的前辈为师。有一次我作业里的一个"吗"字没有写好，把口字旁写得太低，老师批评了我。我问为什么不能写低。那时他反问我："你见过大人背小孩吗？大人背小孩背在哪个部位呢？"顿时，我感到豁然开朗，老师的意思不就是口字旁要背在"马"字的背上即中上部吗？以后遇上大小搭配的左右结构，我都按这种方式去构造。不久我的另一张作业出现了一个"勤"字，我便把力字旁写在字的中上部，老师见了很生气地说："怎么把力字旁放得那么高？"我不解地追问他："上一次你不是说背小孩要背在背上吗？"这时他若无其事，愣了一下子，风趣地说："我的意思是不要把小孩背到屁股下面来，但背得太高是很危险的。"我茫然不知所措。到底小的部分该放在哪里呢？我深感这种直觉的不明哲理的引导让我极为糊涂。在以后的结构练习里，我所看到的就是作业里的圆圈和打叉，到底这个字好在哪里，差在何处，没有人能知道。这就是所谓的感性的结构教学方法，真是误人子弟。

有没有理性的可以依赖的结构理论呢？有，只要稍微接触书法理论，我们会发觉古代的结构理论研究成果给我们留下了不少的珍宝，如唐欧阳询"结体三十六法"、明李淳"大字结构八十四法"、清王澍"大字结构五十四法"和黄自元"间架结构九十二法"等等。目前书法的结构教学采用的大多是上述的分法类，这些理论的共同特点就是把汉字分类出来，讲解各类的结构安排，比如宝盖头的字怎么写，大字底怎么写，技法一目了然。按照这些法则构字，有些立竿见影之功效。然而，分类法的弱点是名目繁多，要逐个分析讲解要花太多的课时；再就是即使黄自元的九十二法也远远不能把数以万计的汉字包含进去；还有有些类型的理论尚不能自圆其说。比如说结构法的第一种"天覆"，要天宽地窄，说宝盖头的字，宝盖头要宽，以覆盖下面部分，下面部分要窄。有些字这样写效果的确不错，唐代柳公权的"字"字就是这样写的，但为什么要天宽地窄，以及其他种类之为何要那样安排，却没有说明理由，就像让一个学时装艺术的女孩死记黑色的裙子配白色的或红色的上衣，却没有告诉她其中的理由，未免有点指令强人之意。然而，这尚不多究，著名的南北朝的魏碑和唐代杰出的小楷《灵飞经》的"字"反其道而构之，宝盖头窄，下面"子"字横画大大伸出宝盖头之下，却美妙无比。这说明"字"字可以用两种写法，而到了"完""灾""家""宅"等字，按"天宽地窄"来写简直丑到极点。这种不科学的论断在分类法中是很多的。要以此理论来教学，也还是有些不妥。

因此，我感到结构教学应力求抓住汉字结体美的总特征，把字的结构当作建筑的造型、舞蹈的姿态看待，把结体美的总体思想抽取出来。多年的大学书法教学经历让我发觉，大学生对结构中最基本的平衡对称、重心稳定这一要求都能自觉主动地去追求，但他们的字普遍笔画杂乱无章，搭配不当，字形松散，比例失调，形体呆板，缺乏层次。归结起来这是因为学生没有意识到笔画空白均匀统一和对比变化的辩证因素。因此，我觉得应从"匀"和"变"引导大学生总体认识结体美。

（一）匀

所谓"匀"，是均匀、一致的意思，包括黑色笔画的"匀"和笔画之间空白的"匀"。

1. 笔画的"匀"

笔画的"匀"表现在一个字中，各笔的形质分量感觉趋于一致，不要各自为政，存在严重的差异或冲突，这样组成的结构整体才和谐统一、完美有序。天安门阅兵仪式中，每个方队的成员都是经过严格挑选的，身高、身材均匀一致，这是整体美感的基础。在一个字的整体中，各个笔画应力求在以下几个方面达到一致：

（1）各笔的方向角度

汉字的笔画"八面出锋"，什么方向都有，但它们的排列是有规律和秩序的，特别是同向的笔画排列，平行而走，不可杂乱无序、交叉冲突，犹如一堆随意堆放的柴火，有头无尾，让人眼花缭乱。大型团体操中的行行列列，无不追求平行整齐，以赢得观众的好感。另外，汉字结体力求左右对称，以求平稳。因此，左右笔画的角度趋于一致，如"国"字左右两竖垂直而下，"口"字左右两竖内斜且角度一致。

（2）各笔的块面分量

书法的笔画，因字形需要，各有长短，错落有致，因此，造成长笔分量大，短笔分量小，为使它们的面积感或者说亮度一致，我们需要对各笔的其他方面做一些调整。如短笔写粗，长笔写细，犹如给小孩分甘蔗，粗的给短些，细的给长些，才能使分量一致。据说"山海关"这几个字开始写时，作者用繁体书写"关"字，因为先外后内写，没有预想内部的笔画繁多和空白的紧迫，把"門"字框这些长笔写粗了，到了里面因笔画数量极多，只好写得短而细，里外笔画的面积感差异大，外部笔画显得浓重，内部笔画显得轻淡，所以从远处看"山海关"便成了"山海门"，后来不得不另外书写。

（3）各笔的风格偏向

笔画的书写，在形体上有方有圆、有曲有直、有藏有露、有提有按等等。在一个字中，要求各笔的基调要一致，比如魏碑，笔画起收多为方笔，它的钩、折、捺脚、点等也多为方笔，而唐楷颜真卿则反之，多以圆笔为主，唐柳公权则以方中带圆而代之。方笔、直线显得阳刚，所以魏碑的笔画以方为主，其捺画多挺直。圆笔、曲线显得丰腴，颜真卿的笔画以圆为主，则其捺画多弯曲，捺脚浑圆。赵孟頫行楷笔画均匀一致，粗细变化不大，而米芾行书的笔画则多跳跃，到处起伏连绵。不管是何体，笔画之间都要格调统一，类似相当。

（4）各笔的质感气势

一个汉字里，往往笔画长短不一，这样一来，长笔自然分量要大于短笔。为了使两者减少差异，通常短笔多写得直而挺拔，增添些阳刚之气，而长笔可令其弯曲，显得柔和些，以求分量上的协调。如果一个又短又弯的笔画与一个又长又直的笔画放在一起，就像一只温柔的毛毛虫爬在一根打狗棍上，不可能说它们是一个和谐的整体。所以写"二"字，上横宜直，下横宜曲；"夕"的前撇直而后撇曲。笔画的美，如同人的美，除了形美还需气质美。因而字的结体，也需各笔的质感搭配协调，笔画的气势力量感是值得我们去留意的。

2. 空白"匀"

"匀"最关键的一面是空白"匀"，这是我们常常没有注意到的。空白的"匀"是否达到决定着字是否紧凑。大学生的字字形上下脱节、左右离散的主要原因便在于此。所谓空白的"匀"就是汉字中笔画集中的部分，特别是字的中心，笔与笔之间空白块面的分量要一致。如"日"字，中间一横把围框分成了上下两部分，这两部分的空白大小感觉要一致。为了达到空白的"匀"，同样一个偏旁，在不同的字中的形态往往是不一样的。如三点水，在"沙"字中排列是弧形，中间留有空间让给"少"部的左点；而在"涯"字中的三点为直线倾斜排列，以迎右部的斜撇，如果是弧线排列，"涯"字中心空白会过大，字形必定松散。在书法作品中，我们常见到"南"字内部的一点一撇通向框上，这完全是为了缩小上下两部分的空白，避免中部空白过大而整个字如蜂腰欲断。

行军队列的美感一方面要求人员本身均匀统一，另一方面要求人员之间的间隔也要均匀统一。字的结体就是笔画的排列，不管笔画间的空白块面形状千姿百态，只要我们在视觉上觉得它们的面积感一样，整个字就会结实、饱满，笔画有序可循，具有美感。

（二）变

话又说回来，真正有高度的"匀"莫过于美术字或"馆阁体"，而它们却踏不进书法艺术殿堂，原因何在？因为它们字字方整如一，没有变化，没有情感的强烈表现。中国古代书法美学在主张"匀"的同时，又强调"和而不同"。"疏处可使走马，密处不使透风，常计白当黑，奇趣乃出"。（包世臣《艺舟双楫·邓石如传》）舞蹈的美感是演员全身与四肢必须构成和谐且具有节奏变化的运动。书法的形体美是"匀"和"变"的统一，难怪有人把书法说成是静止的舞蹈。

大学生长期以来，在课本上、书刊报纸里，接触的大多是印刷体字，潜移默化中，他们的字体外形大多状如算子，平整呆板。为此，引导他们追求字形的变化是非常关键的。

1. 笔画的变化

（1）同种笔画的变化

丰富的笔画形态使字形生机勃勃，富有灵气。如仿宋体"正"字要比楷书"正"字逊色得多，因为后者三横长短不一，短横直而长横曲，两竖一正一稍斜，节奏感强。关于笔画的变化，常常从长短、粗细、曲直、藏露、方圆、方向、角度等去追求。如"彩"字右边的重三撇，从上到下依次由短变长、由直变曲、由平向变直向，毛笔字的笔画还由粗变细，比起雷同的三笔排列要生动得多。这就好比两碟萝卜菜，厨师炒成一甜一酸，食客吃而不厌。字的耐看与否应决定于它的内涵是否丰富。

（2）主次笔画的变化

我们在结字时，常常发现有些笔画的形态、位置稍有偏差，整个字就很难看或歪斜，而有些笔画对字形的影响却不很大。在长期的教学中，我感到捺、竖弯钩、横钩、斜钩、撇、悬针竖等美感比较强烈的笔画是体现字的神采气势之处，它们常为字的主笔，因此要伸展，与此同时其他笔画则要相应地缩短。

另外，决定着字的重心稳定性的笔画是字的主笔，宜力求形态位置准确，书写时要体现更多的力度。如"子"的弯钩，一定要认真书写，起笔和出钩处一定在同一垂线上。

2. 局部变化

一个字的上下、左右、里外等各个局部之间应力求"和而不同"，有丰富的审美层次，不能让欣赏者一眼就看腻。局部的变化主要有以下三个方面：

（1）松紧变化

中国画的构图讲究虚实相生，使画面透气。书法的结体也讲究疏密变化。

①先紧后松。启功先生在《书法概论》中谈到"先紧后松"。所谓先紧后松，即按笔顺原则，先写的部分要紧密，后写的部分要疏松。按从上到下的笔顺，一字上紧下松，如"炎"字上下由相同的"火"字重叠而成，但不能把两个"火"字写得一样大小，上部"火"字要紧小，下部"火"字须放松伸展，脚要长，好比人体肚短腿长，否则就犹如猪八戒肚长脚短，很失态。又因为书写需按从左到右的笔顺，故写字应左紧右松，如"林"左

部"木"字紧，右部"木"字松，否则就显得拘谨。关于先紧后松的写法，我觉得主要与书法创作者和书法欣赏者的审美心理活动有关。首先，一个汉字就是一个方块，所有的笔画都必须在这个有限的方块中去排叠，创作者下笔时对这个预想的方块空间分割比较谨慎，生怕把字写出格了，因此，先写的部分往往密些，特别是写到笔画数量很多的字。正如钱的使用，一个月里就那么多工资，我们的开支应该在开始用时节约些，最好到月底里时还留有余地。另外，欣赏一个字时，紧的部分显得压抑，宽松的部分让人感到舒朗，欣赏字往往是按笔顺欣赏的，先紧后松的字让人有从压抑到舒畅的感觉，是一种解放的走向兴奋的感觉。

②中紧外松。笔画组合在一起形成一个整体，必有一个中心，所有的笔画都须向中心靠拢，如中心空白太大字就松散。与此同时，外围的笔画应适当伸展，以形成疏密对比变化，如"女"字第二笔撇和第三笔横要向中心靠，让字心紧小，而所有外围的笔画段落尽势向外伸展。这就好像少女身着缩腰大摆裙，四肢挥展，翩翩起舞，富有节奏和韵律。这样的结体与鸟在天空中展翅飞翔的形态之美有着一定程度的暗合。

（2）纵横变化

一个美的外形，总有曲线的变化。一个字的各个部分，特别是上下相邻的各部分之间，应力求纵横的变化，换言之，应力求宽窄的变化。这好比人体这个美的化身，头小肩宽腰细臀丰。如果人的身体长成膀大腰粗如直筒就会丧失美感。比如"青"字，写出来的效果应该是一个"十"字形的，上两横要短，使上部窄，中横长，使中部宽，月字底要瘦，使下部窄。很多人写"马"字不注意它的变化，上下宽度相近，其实最有魅力的书写应该是上窄下宽的，上部的右上折短，而下部右上折长些。总之一个字从上到下的多个局部中，相邻的两个局部之间应尽量出现变化。

（3）斜正变化

孙过庭《书谱》中说："初学分布，但求平正；既知平正，务追险绝；既能险绝，复归平正。"倾斜富有运动感，动中求静是最有魅力的。杂技演员在险绝中求得身体的平衡不是很有魅力吗？我们常常忽视的是斜的作用。很多汉字的字形天生就有明显的斜正对比的美感，如"易"字的上正下斜，"省"字的上斜下正，"抄"字的左正右斜，"划"字的左斜右正。我们千万别削减了这种对比。

综上所述，"匀"与"变"是结体美的基础。大学生的结体教学，如果能从"匀"与"变"的角度去启发引导，让他们从宏观上对汉字结体美的总特征有个认识，使他们明白今后在结体上的追求方向，这样形成的结体观念的前导作用是不言而喻的。

参考文献：

［1］启功．书法概论［M］．北京：北京师范大学出版社，1986.

［2］祝敏申．大学书法［M］．上海：复旦大学出版社，1985.

［3］陈振濂．书法教育学［M］．杭州：西泠印社出版社，1992.

三、毛笔行楷是高等师范院校书法教学的理想书体

（本文发表于《玉溪师范学院学报》2005 年第 6 期。）

［摘　要］本文阐述了行楷书体在中小学教师工作中的实用性，并论述毛笔行楷利于高等师范院校学生的入门并对钢笔、粉笔字的训练起到促进作用，由此说明毛笔行楷是高等师范院校书法教学的理想书体。

[**关键词**] 毛笔行楷　书法教学　理想书体

在中国书法发展史上，汉字出现了五种不同的体式，即篆、隶、行、草、楷。草书的出现主要以艺术欣赏为目的，没有很大的实用性，而篆、隶、行、楷四种字体都有实用的功能，在特定的时代都履行着交流思想和记事的职责。篆书是秦代及其之前的实用文字体式；汉代隶书代表着隶书的成熟，它的确是实用的文字，但书法艺术的审美思想开始从中萌芽；而汉代草书的出现真正标志着书法艺术开始从实用文字中脱离出来，变成一种门类独立的造型欣赏艺术。行、楷和草书几乎都是在汉代相近的时间内出现的，可以说，行、楷书是伴随着书法艺术思想的觉醒而形成和发展起来的。在行书高度成熟的时代——晋代、楷书高度成熟的时代——唐代，汉字既作为实用文字使用，又当艺术来造型，用于审美欣赏。直至今日，我们在电脑里保存着行、楷书的体式加以使用，又在书法展厅里悬挂着行、楷书的体式作为欣赏。千百年来，人们在书写汉字时除了追求字形正确之外还极力追求它的美感。

篆书属于古文字，现在已经不再通用，隶、楷、行书是目前常用的文字体式，以实用为主要目的高等师范院校学生毛笔书写技能训练理所当然会选择隶、行、楷等书体。长期以来，绝大多数高等师范院校的毛笔书法教学则习惯性地选择楷书为范本。经过多年的教学探索和比较研究，我认为毛笔行楷因为其本身有很大的实用性和强烈的艺术性，利于大学生入门，并对硬笔学习起到直接促进作用，因此它是高等师范院校书法教学的理想书体。

所谓行楷，是介于楷书与行书之间的一种字体，它综合了楷书和行书笔画和结构的特征，笔画大多保持楷书的完整清晰，但又渗进行书的牵丝映带，结构有楷书的平稳又融入行书的欹侧，端庄而不板滞，如元代赵孟頫《三门记》、隋朝智永《千字文》、唐褚遂良《阳符经》等。

（一）行楷书是中小学教师在教学过程中最合适使用的书体

高等师范院校办学的目标是培养合格的中小学师资。中小学教师在教学活动中，特别是在课堂板书、批改学生作业、书写海报等的时候，为了准确表达、提高书写效率，对书写的要求是既要字迹清楚、结构严谨，又要书写快捷。要达到这样的要求，行楷这种书体是最理想的。

1. 行楷书体容易辨认，方便中小学生识读

在篆、隶、行、草、楷五种体中，除了书法行家之外，篆书和草书是普通人特别是中小学生所不能辨认的。中小学生从小认字识字都从楷书开始，因此对楷书笔画和结构非常熟悉；相比之下，他们对隶书的波折笔画、以横或竖代点、结构扁平等特征并不是那么了然。行楷字体其实基本保持着楷书结构的比例特点，只是一些笔画随着笔顺的展开而局部产生前后牵丝连接，一些笔画简省，但整体上的形态模样与楷书没有多大的出入，学生完全可以准确辨认。选择行楷书体作为中小学教师教学用字，不会影响教师对学生的知识传授。

2. 行楷字体写得快，可以提高中小学教师的书写效率

在书法字体中，如果论书写速度快慢的话，要属草书最快，但它毕竟是一种不实用的字体；而篆、隶、楷三种字体一笔一画独立，书写速度相对较慢。行楷严格来说是包括在行书的范畴里，行书分为行楷和行草两种，行楷是带有楷书特点较多的一种行书。因为行楷的很多笔画有连贯、呼应、省略等特征，书写起来比篆、隶、楷书要快捷得多，所以它能提高教师的书写效率。

总之，中小学教师在教学活动中所书写的书体首先要能让学生看得懂，然后要求书写速

度快，符合这一要求的首先是行楷这种书体。

（二）毛笔行楷更适合高等师范院校学生的入门

在书法学习中，入门书体往往选择隶书和楷书较多。选择隶书入门，主要优势是隶书笔画相对简单。隶书笔画以横、竖、圆转为基本笔法，比楷书笔画要少得多，比如以横或竖代点，严格上没有钩画，等等；结构以扁平为主，这些特征容易让初学者掌握。但由于绝大多数大学生从小到大都没有写过隶书，他们的书写习惯与隶书书体相距甚远，在学以致用为目标的高等师范书法教学中，选择隶书作为范本训练，效果并不是很理想。而选择楷书作为入门书体，主要是因为楷书结构工整平直，容易辨识，笔画独立完整又丰富多样，能让人学到多种笔法，因此书法教学千百年来都青睐于楷书体式，把它作为书法初学者必然选择的入门书体。但是，如果不分年龄大小、文化水平的高低，不论是否学过汉字，一概要求书法学习必须从楷书入手，必须先学楷书后学其他书体，那将是片面的。我在教学中感觉到，以实用为目的高等师范院校书法教学，选择行楷作为入门范本更容易让学生上手。

1. 高等师范院校学生都有一定的楷书基础，而毛笔行楷和楷书笔画、结构差别不大，学行楷不存在基础问题

有人说楷书如人站立，行书如人跑步，学习书法要从楷书学起，如果从行书学起，就好像一个小孩还不会走路就去学跑步一样，这种说法有一定的道理。但很多人认为我没有拿过毛笔，当然没有书法基础也即没有楷书基础，必须要从楷书学起，其实这种想法是错误的。如果这种想法是来自一个不会写汉字的外国人，那倒是正确的，但中国的高等师范院校学生都会写汉字，都熟悉楷书形体，就算他们的楷书写得不好，但对笔顺、笔画、结构还是有不少掌握的，这种实用的汉字书写当然算是一定程度的书法基础。因此，书法教学中，我们应该尽量利用学生本身已有的这种基础来加以训练。

行楷结构大多和楷书一样端正，只是有时增加一些欹侧之势，笔画运行也基本保持楷书的形态，只是部分渗进一些连贯呼应的牵丝等。因此从行楷入门学习书法，对高等师范院校学生而言并不存在基础问题。

2. 毛笔行楷笔法来自笔顺的自然连带呼应，高等师范院校学生日常书写中都有过这种手法的体验

行楷的笔画和结构大部分保持着楷书的形态，但它的外观常常能给人以"动"的感觉，这种动感来自快速提按运动在点画之间留下的牵丝连带和呼应，牵丝的前后映带完全是汉字笔顺展开中自然生成的。可以说，一个会写楷书的人，当他因时间匆匆潦草书写时，原本楷书中动作复杂的藏锋、停顿的折笔、清晰的长画将会相应地趋向于改变为动作简单的露锋、流畅的转笔、模糊的短笔，原本楷书各个独立的笔画则有可能会变成缠绵连接或以勾、挑、牵丝的形式来产生呼应，原本楷书四平八稳的结构则有可能变成动荡倾斜，所有变化的结果都与行楷的特点相吻合。

高等师范院校学生从小习字都以楷书为主，在小学低年级阶段，大家书写作业都是一笔一画地写楷书，随着年龄增长升上高年级，作业量大了，书写速度不得不加快了，字迹自然就会潦草了。这种以楷书为基础的潦草书写其实就是行书、草书的原始来源，潦草、简省的程度不同生成的书体则不同。潦草、简省的成分少时成行楷，多时则成为行草或草书。因此说，高等师范院校学生对行楷书体的书写是有一定的经验或体会的，从行楷入门去进行书法训练不会让学生觉得过于力不从心。

3. 毛笔行楷的笔法很多动作比较简单，高等师范院校学生易于学习

书法的训练以笔法为基本。在各种书体中，楷书的笔法最为丰富和完备，如果要强调书法基本功，要在书法艺术上走向更高境界的话，从楷书入手最为可取。著名的颜体、柳体、欧体等唐楷法度严谨，成为后人追逐的楷模。可是正因为法度森严，难度自然不小，很多人感到高不可攀，要写出一手漂亮的唐楷，并不是一年半载的事。而行楷的笔画因为能使书写速度加快，很多楷书的笔法动作明显省略掉了，书写起来较容易得多。具体表现为：

在笔画起收时，楷书通常逆锋起笔、回锋收笔，以藏锋为主；而行楷常常可以顺锋起笔和收笔，用露锋代替藏锋，露锋的难度显然要比藏锋简单得多。在笔画中间运行时，楷书力求笔笔中锋，令力量含蓄；而行楷常常可以伴以侧锋使用，力量外露，中锋运笔要求笔锋严守笔画中心。这是书法训练中的最高目标，不是短时间训练就能轻易达到的。在笔画连接处，楷书以折为主，折锋时提顿交错，非细心调理笔锋不可；而行楷书可以用转锋的方法代替折锋，一转而过。因此，从笔法动作难度上看，高等师范院校学生学习行楷书是易于入门的。

（三）毛笔行楷学习直接促进高等师范院校学生的钢笔、粉笔字训练

高等师范院校学生的书写技能训练要求把"三笔字"即毛笔字、钢笔字、粉笔字练好。由于"三笔字"各自的书写工具不同，笔法上有一定的差距，很多院校的"三笔字"教学往往是毛笔训练的书体与钢笔字、粉笔字训练的书体共性不大，比如毛笔字练隶书，钢笔、粉笔字练楷书。这样会使毛笔与硬笔训练互不相干，分散了书写训练的时间和精力，造成了极大的浪费。因此，选择毛笔、钢笔、粉笔字范本时，要尽可能让各种笔类的字有更多一致的地方，使"三笔字"训练达到相互补充、相互促进。

要把钢笔、粉笔字的笔画写出美感来，必须要追求笔画的提按顿挫，一滑而过没有任何方向变化、提按变化、速度变化的钢笔、粉笔笔画是没有丝毫的艺术美感的。真正的提按顿挫动作在"三笔字"中表现得最为明显的是毛笔字，钢笔、粉笔字的笔法动作通常是模仿毛笔字写出来的。钢笔、粉笔字的笔法事实上与毛笔行楷的笔法最为相似，与楷书笔法差异较大。具体表现为：

钢笔、粉笔字大多笔画的起笔为向右下方按成点，然后行笔，这种用笔技法是毛笔行楷的起笔所常用的；毛笔楷书特别是唐楷如颜、柳、欧各体笔画的起笔则需逆锋起笔，再向右下顿，最后才行笔，这与钢笔、粉笔的起笔就明显不同。钢笔、粉笔笔画的回锋收笔技法为行至画末稍驻笔即提笔离纸，毛笔行楷也多用此法，但毛笔楷书的回锋收笔则很复杂，要提笔再顿笔然后回锋离纸。毛笔行楷中钩画的书写方法为行至钩脚驻笔即提笔出钩，这与钢笔、粉笔的钩相同，但在中国古代四大楷书的颜、柳体中，它们的钩就非常特别，行至钩脚后还要提笔退回再出钩。因此说，毛笔行楷的笔法与钢笔、粉笔字的笔法基本一致，练好毛笔行楷会对钢笔、粉笔字的训练起到促进作用。

综上所述，毛笔行楷的确是高等师范院校书法教学的理想书体。

四、对学生钢笔练习本编印要求的探求

（本文发表于《广东技术师范学院学报》2005 年增刊。）

[**内容提要**] 本文针对当前高等师范院校学生钢笔字练习存在的弊病，论述了学生钢笔练习本编写的必要性和编印的具体要求。

[关键词]　钢笔练习本　编印　要求

高等师范院校学生的书写技能训练包括毛笔、钢笔和粉笔字等三种笔类的训练，其中钢笔、粉笔字是重点内容。钢笔、粉笔字同属硬笔类型，在运笔方法、结字要求等方面基本相同，可以说钢笔字写得好的人，其粉笔字自然会写得很好。正因为钢笔字和粉笔字在写法上一致，加上粉笔字训练常常因为学生多黑板少，无论是课堂还是课外，学生实际能够进行板书练习的不多，绝大多数高等师范院校学生的硬笔字训练便以钢笔字为主，于是钢笔字训练的好坏，很大程度上决定了"三笔字"教学的成果。

毛笔字教学有着很强的操作性，它有特别的工具资料如笔、墨、纸、砚及古代碑帖范本，并很容易就能买到。多少年来，人们都懂得毛笔入门以楷书为佳，并知道楷书范本选择颜、柳、欧、赵准没错。工具资料备好后，经过书法教师的讲解、示范，学生便可以开始动手模仿实践，客观上不会造成训练上的困难。反而因为对毛笔字有一种好奇心和新鲜感，绝大多数高等师范院校学生热情高涨，练得津津有味，一旦教师指导的方法正确，训练应是有条理可循的。但钢笔字教学则不同，大家普遍感到，都写了那么多年的钢笔字了还没有写出个样子来，失望困惑、不知所措在所难免。尽管钢笔字训练所用的材料不多，只有钢笔、纸张、字帖，但是就字帖而言，它远远不如毛笔字那样有着千百年来人们都认可的范字。目前书店里的钢笔字教程也不少，但理论分析的多，可临摹的范字却很少。正式出版的钢笔字帖也蛮多，但大多是什么名人名句、唐诗宋词，字体风格多种多样，水平参差不齐，选择哪一本是一大难题。加之此类字帖对字型的深浅难易没有归类，学生需从哪个字学起也是一大难题。毛笔字练习有毛边纸、回宫格等特定的材料，而钢笔字训练该写到哪里去呢？钢笔字训练常常变成一支钢笔、一张白纸，东写西画，漫无目的，结果收获甚微。

因此，高等师范院校的书法教师必须根据钢笔字教学的特殊需要，选定书体，选定范字，由浅而深，分类设计，编印成练习本，让学生课内外训练。这样才能真正改变学生的不良书写习惯，搞高钢笔字的书写水平。

我认为，高等师范院校学生钢笔练习本的设计编印要充分考虑到学生的基础特点、能支配的训练课时数量、钢笔笔尖的表现功能、书体的实用性、书法的基础技法等因素，在练习本中配上有代表性的标准范字，并预留相应数量的空格让学生直接临写，使钢笔练习本既是字帖，又是教材，也是作业本。具体要求如下：

（一）印刷纸质规格的要求

高等师范院校学生钢笔字训练的目的是提高学生书写的美感，增强字形艺术感染力，因此，对练习使用的纸质规格有着比较高的要求。钢笔笔画的书写追求毛笔字中的提按顿挫、疾迟行驻等多种动作技巧，使笔画产生各种方向、长短、规细、方圆、曲直等丰富的变化。因此，钢笔练习本首先要求纸质细腻、不渗水、洁白、光滑、稍厚且有韧性。纸质细腻、不渗水才能保证笔画虽细小但清晰；纸面洁白写出的笔画黑白对比强烈，清楚易辨；纸面光滑才能运笔流畅，笔画有冲击力；纸质稍厚且有韧性才不易被笔尖划破并容易写出笔画的粗细变化。其次，考虑到高等师范院校学生教室桌子大多为一块小板，桌面窄，练习本最好为32 开本，并以精练为原则，备有 20 页左右即可。再次，为了更好地让学生控制字形结构，练习本内页需要印制成正方格，每个正方格的边长以 12mm 为宜，格子的数量为 8 行 × 10 列最为合适，正方格内用虚线界成米字格。最后，为了能突显字迹，格子的颜色最好是采用浅红色为好。

（二）编写范字字体的要求

为了让学生练习时有直接模仿的对象，练习本内必须写有范字，在范字后面预留一定数量的空格让学生临写使用。这样，练习本本身既是字帖又是作业本，既方便学生书写又方便教师检查。高等师范院校学生的钢笔字训练是以实用为目的的，范字字体应该选择日常书写频率最高的楷书或行楷。考虑到大多数学生从来没有接受过正规的钢笔笔法训练，为了让学生练好基本功，练习本范字的书体首选楷书，每一个学生都必须完成楷书体式的训练。同时，为了让一些书法基础较好的学生进一步提高书写水平，可以设计编写另一套范字为行楷的作业本，供学生自由选用。有了这样的字体规定，就可以避免学生在各种书体中蜻蜓点水式地到处乱临，没有追求的方向。

（三）编写范字内容的要求

高等师范院校学生钢笔字书写存在的不足主要是各种笔画形态书写不规范、偏旁部首不合理、间架结构搭配不当等。因此，钢笔字练习本配备的范字应包含基本笔画、偏旁部首、间架结构等三个部分。为了方便教师分类指导训练和检查批改，这三个部分的内容可以各自独立成一册。这样，一种字体的钢笔字练习本共有三册，学生在训练时可根据自己的需要灵活增加某个方面的内容进行巩固复习训练。各册练习本的范字内容如下：

1. 基本笔画内容

基本笔画的形态之美是书法美的基础，形态的准确性还影响着字形结构的布置。因此，基本笔画的练习是书法学习的关键。基本笔画的内容主要包括横、竖、撇、捺、钩、提、折等八种。每一种基本笔画中还包含着多个写法不同的形态，比如竖画有垂露竖、悬针竖，撇画分短撇、平撇、长曲撇、长直撇，捺画有平捺、斜捺和反捺，折则分横折、竖折、横撇、撇折、撇点，钩有竖钩、弯钩、斜钩、卧钩、竖弯钩、横钩、竖提，点有左点、右占、长点，等等。练习本里应配上每一个笔画的示范形态，并留两三行的练习空格，同时每一个笔画所被使用的代表性汉字也适量示范几个，每一个留一两行的练习空格让学生临摹。这样的设计训练基本上能让学生对该笔画的运行技法有所掌握并了解该笔画在字中的使用规律。

2. 偏旁部首内容

偏旁部首有其独特的构造方式，它对整个汉字的造型影响极大，掌握了一个偏旁部首的书写可以说基本上就够掌握了一种类型的数目不少的汉字的结构。高等师范院校学生在书写偏旁部首时存在的最大问题是，把偏旁部首与独体字整体比例等同起来，主要表现之一是偏旁部首的形态没有因其是字的一部分而按其所处的特定位置，并配合其他部位有意识地压扁变窄，致使字的结构整体感不强，显得松散。另外，很多学生没有注意到一些独体字变为偏旁部首时因空间的紧迫而需要改变个别笔画，比如"木"字最后一笔是长捺，书写而"木"字旁时，为了避免与字的右部分冲突，长捺需要改成点，这是被很多学生所忽视的。所以进行偏旁部首的范字分析训练是必要的。按前述的练习本规格，常用的汉字偏旁部首有近200个，一本练习本有200行左右，每个偏旁部首安排一行进行练习则刚好。

3. 间架结构内容

字的美感首先来自整体的间架结构，要求重心平衡，各部分之间穿插避让，比例协调，整体紧凑而局部有对比变化。高等师范院校学生书写的字字形普遍存在着左右失衡、体态松散、臃肿、缺乏层次变化等，特别是在书写笔画数量极少或极多的字时容易出现问题。因此，对结构的练习是必须加强的。

间架结构训练使用的范字包含独体字和合体字两大部分。独体字形体孤单，难以构造，有对称和不对称字形之分。对称平衡的比如大、小、又、十、山等等，不对称平衡的如戈、夕、户、力、已等，应设置一定数量的这类字让学生临写。合体字笔画繁多、结构复杂，分上下结构、左右结构、上中下结构、左中右结构、半包围结构、三包围结构、全包围结构以及其他特殊结构。我们必须精选各类结构中具有代表性的范字，编印到练习本中，让学生全面临摹。在进行间架结构范字选择时，可以参照唐欧阳询"楷书结体三十六法"、明李淳"大字结构八十四法"等的字例。

综上所述，要提高高等院校钢笔字教学的质量，书法教师必须着重考虑学生课内外的钢笔字作业规范，设计编印适合学生实际的练习本，在练习本内运用实用的楷书和行楷字体，配上书法入门所需临摹的基本笔画、偏旁部首、间架结构等三方面的范字，让学生训练。这样才能使学生更全面更快速有效地掌握实用钢笔字的书写技能。

参考文献：

[1] 骆恒光. 钢笔楷书教程 [M]. 杭州：浙江文艺出版社，1996.

[2] 韩夫，戈弋. 书法教程 [M]. 北京：书目文献出版社，1989.

[3] 陈振濂. 高等书法教程 [M]. 上海：上海书画出版社，1994.

五、高等师范院校笔法教学中具有代表性范字的选择

（本文发表于《广西教育学院学报》2005 年第 4 期。）

[**摘　要**] 本文针对目前高等师范院校笔法教学存在的弊病，论述了高等师范院校笔法教学中具有代表性范字选择的意义、方法和内容。

[**关键词**] 笔法教学　范字　选择

书法作为高等师范院校学生教师职业技能训练的重要内容已早确立了。多年以来，有条件的高等师范院校纷纷配备专职的书法教师，开设书法或"三笔字"课，努力提高学生的汉字书写水平。但是由于目前各高等师范院校书法教学的条件不一，很难规定统一的教材使用，因此各院校的笔法教学要用哪一种范字来训练就比较灵活；加上书法学习时学生往往按兴趣来选帖，因此教师讲解和发放给学生的范本会多种多样，比如颜、柳、欧、赵各体。教师通常要求学生一遍一遍通临，对碑帖里的每一个范字平等对待。由于临习重点不明确，加上课时不足，教学效果并不明显，很多学生上完书法课后仍然感到很多基础的笔法并没有把握。因此，我认为，高等师范院校笔法教学要改变这种现状，必须选择具有代表性的范字，有针对性地向学生讲析、让学生临习训练，才能全面有效地加强学生对书法基础技法的了解和掌握。

（一）高等师范院校笔法教学中选择具有代表性范字的意义

由于存在对书法学科重视不够、专业的书法师资缺乏、教学设备简陋、课时安排偏少等原因，很多高等师范院校对书法教学的研究不够深入，书法教学对学生的指导性明显不足。就笔法教学而言，很多高等师范院校教师动不动是讲解一个"永字八法"就不了了之，认为写好了"永"字笔法就过关了。其实不然，中国汉字还有一些基本笔画在"永"字中是找不到的，比如横钩、弯钩、卧钩等。像卧钩这样的笔画，初学书法的人无不感到无所适

从。就说"永"字中的捺也只是一个斜捺，而捺画真正的难度还是"永"字中所不具备但很多汉字都使用的平捺，如"之"字中的捺。过度迷信"永"字的功效显然是一种失误。笔法教学是书法教学的根本所在，很多书法教师仅告诫学生，选好一本名家碑帖后，要反复多练，多临多得，熟能生巧，到一定的时候笔法自然会过关。这道理当当人人明白，可是，面对厚厚的字帖，成百上千的范字，学生有没有要重点临摹的范字呢？在有限的书法教学课时里应抓住什么样的笔法内容呢？我认为书法教师应当从碑帖中摘选出一些具有代表性的范字加以讲解笔法和让学生训练。

所谓具有代表性的范字，即包含有汉字某个基本笔画的范字。学生通过练习这个范字，能充分认识到其中所包含的这个基本笔画的形态特征、运笔方法和其通常用在一个字的什么部位。

1. 目前高等师范院校书法课时普遍偏少，教师只有选择具有代表性的范字来精讲笔法，才能更有效地提高教学效率

目前各高等师范院校配备的专业书法教师数量普遍不够，学生需要完成的专业课程越来越多，加上毕业前要通过英语、计算机、普通话等考试，学校所安排的书法课时就相当少。广西教育厅1999年10月编写的广西高等师范院校《书写技能训练》教学方案规定书法课程总学时数为18课时，除去书法简史、书法欣赏3课时，剩下15课时的技法学习中要兼顾笔法、偏旁、结构等内容；假设要在这三方面平分的话，笔法教学也仅仅是5个课时，按照讲练结合的教学原则，讲的时间不能超过一半的课时，实际上笔法课中教师能支配讲解的课时大约为2.5个。因此，在这么短的时间内进行笔法教学，教师必须有针对性地精选汉字中具有笔法基础意义的范字来讲解，以点带面，不可能泛泛而谈。

2. 选择具有代表性的范字让学生课后临摹，可以避免学生临习中走马观花，全面提高学生笔法基本功

笔法训练中范字临摹的目的是全面掌握各种笔法的形态特征和技法，学生在临摹中必须要明确自己需要吸收什么东西。但很多人认为"字无百日功"，练字非一朝一夕就能练好的，所以只强调把字帖从头到尾临得越多越好。但这样一年半载下来，拿一首诗自己创作书写时，忽然会发觉自己有很多笔法写不出来。高等师范院校的学生课后能用来临字的时间少得可怜，加上绝大多数学生上大学前从没有经过任何书法训练，笔法基本功差，因此，有必要选择编印具有代表性的范字，让学生课后作为重点内容来临摹。这样才能避免学生临习中走马观花，从而在更短的时间内全面掌握各种基本笔法的要领。

（二）高等师范院校笔法教学中具有代表性范字的选择方法

具有代表性范字的选择，既要考虑它能否代表汉字这一类所特有的基本笔法，又要考虑到学生的学习难度。字例可以通过收集各家碑帖中的字或者通过水平较高的教师亲自书写，然后复印发到学生手中。具有代表性的范字选择的方法和原则如下：

1. 先易后难

书法的各种提按、顿挫、转折等动作对于初学者来说难度极大，特别是毛笔字，一个没有拿过毛笔的大学生悬腕写一横一竖，常常感到难以写得平直。因此，在选择范字时，应尽量先选择笔画数量少、结构简单一些的字。比如要训练斜捺，可选择"人"字，因为此字笔画数量少，学生可以把更多精力花在捺画上，如果选择一个"表"字作为斜捺的训练范字，学生需要应付其他很多笔画，自然对斜捺的训练就少了很多。

2. 基本笔画和复合笔画兼顾

汉字成千上万，但构成它们的基本笔画是有限的。基本笔画有 8 个，即点、横、竖、撇、捺、钩、提、折，这是笔法教学的主要内容。但光重视这些基本笔画还不够，还有一些由基本笔画构成的形态特别的复合笔画，如"马"字中由横、竖、折、钩构成的竖折折钩，对字的形态结构影响很大，需要学生从思想上去认识它特殊的组合，从手法上熟悉它的特别的运行动作。因此，在选择范字时，既要选择包含基本笔画的范字，又要选择包含复合笔画的范字。

3. 选出核心范字，又备有灵活使用范字

包含某个基本笔画的范字有很多个，在选择具有代表性的范字时，首选要定一个核心范字，让学生通过这个范字就可以直接了解某个基本笔画的特征，通过临习它就可以领会这个基本笔画独特的运行技法。同时为了让学生对这个基本笔画应该运用于怎样的汉字类型、结构部位有一个概括性的认识，还需选少量类似的范字，供学生灵活训练使用。

4. 既要全面包含各种技法，又要有意识强调难点

汉字的各个基本笔画形态中长短、曲直、粗细、方圆等差异极大，在运笔时的方向、提按、速度各有不同。与此同时，有些笔画与人手指、手腕的生理活动特征相符，有些则相悖，笔画的书写难度不一，比如按顺时针方向运行由粗变细的撇画比较容易，往逆时针方向运行由细变粗再由粗变细的捺画则不好运笔。在范字选择中，我们应当首先选择包含所有基本笔画的一系列范字让学生训练，同时为了让学生掌握一些难度很大的基本笔画的书写，我们还需强调多选择这方面的范字进行攻克性的训练，比如"风"字中的横折弯钩、"之"字中的走之底等，这样才能使学生对每一个基本笔画有同样的驾驭能力。

（三）高等师范院校笔法教学中具有代表性范字选择的具体内容

根据上述的方法和原则，具有代表性范字选择的主要内容大致列表如下：

基本笔画部分

笔画名称	类　别	核心范字	灵活使用范字	备　注
横		二	三　土　王	
竖	垂露竖	干	仁　正　杠	
	悬针竖	十	斗　平　申	难点
撇	短撇	千	斤　生　共	难点
	斜撇	厂	左　人　在	
	竖撇	月	丹　用　周	
	长直撇	者	孝　教	
捺	斜捺	人	大　文　木	难点
	平捺	之	进　近　迁	难点
	反捺	食	这　达　迟	
提		址	扛　江　场	

续 表

笔画名称	类 别	核心范字	灵活使用范字	备 注
折	横折	口	中 户 日	
	横撇	又	夕 色 径	
	竖折	山	区 凶 巨	
	撇折	云	去 台 红	
	撇点	女	好 安 要	难点
点	右点	主	玉 冬 汉	
	左点	小	心 杰 怀	难点
	长点	不	头 达 返	
钩	竖钩	寸	扣 担 水	
	弯钩	子	手 乎 狂	
	横钩	宁	灾 官 帝	
	斜钩	戈	筏 我 成	难点
	竖弯钩	无	它 化 电	难点
	竖弯		七 西	
	卧钩	心	必 思 忠	难点
	竖提	长	切 民 以	

复合笔画部分

笔画名称	类 型	核心范字	灵活使用范字	备 注
横折钩	横折竖钩	月	丹 用 永	
	横折斜钩	刀	力 方 勿	
横折提		认	讲 语 话	
横折弯钩	横折竖弯钩	九	吃 艺 飚	难点
	横折斜钩	飞	风 氧 汽	难点
横折折撇	横折折长撇	廷	延 建	难点
	横折折短撇	近	远 达 这	难点
横折折钩		乃	奶 盈 秀	难点
横撇弯钩		队	阳 都	难点
竖折折		鼎		
竖折折钩		与	亏 弓 马	
竖折撇		专		

参考文献：

［1］祝敏申 . 大学书法［M］. 上海：复旦大学出版社，1985.

［2］陈振濂 . 书法教育学［M］. 杭州：西泠印社出版社，1992.

［3］韩夫，戈弋 . 书法教程［M］. 北京：书目文献出版社，1989.

六、笔法教学如何引导师范大学生进行审美追求

（本文发表于《广西右江民族师专学报》2005 年第 1 期。）

［摘　要］本文针对当前师范大学生书写字形缺乏艺术美感这一特点，提出笔法教学必须引导大学生进行审美追求，并论述审美追求的主要方法和内容。

［关键词］笔法教学　审美追求

高等师范的培养目标是培养合格的中小学师资。作为教师，写好"三笔字"是基本功。1992 年，国家教委颁布了《高等师范院校学生的教师职业技能训练基本要求》，1994 年又颁布了《高等师范院校学生的教师职业技能训练大纲》。这两个文件都针对高师学生的书法水准做了明确的规定，要求师范大学生把字写得规范、美观。

所谓规范，就是按照现行汉字的标准笔形、笔顺、字形和结构书写，做到正确易认，这是写字的起码要求。所谓美观，就是在书写汉字时，做到笔画匀称、结构平稳、行款整齐，有一定的美感。规范书写，是文字实用的要求，必须经过长期的认真观察和书写应用才能达到。在"三笔字"教学中，通常只是简略地规范书写的一些普遍规则，如"先横后竖""不能乱写繁体字和异体字"等内容，不用很多篇幅。而书写美观是艺术审美的要求，师范大学生往往只能把字写得"对"而不能把字写得美。因此，"三笔字"课主要缺乏的内容便是笔法、结构、章法等艺术法则规律等。

笔法是"三笔字"或书法教学最根本的内容。很多人认为，字的美感主要是力求结构平衡端正，笔画可以忽略或放在次要的位置，这也是当前绝大多数师范大学生的共同观点。其实不然，没有笔画的规范，结构是永远立不起来、美不起来的。笔画是结构的零部件，是结构的基础，好比钢筋水泥是建筑的基本材料一样，离开好的钢筋水泥何谈建筑的造型之美？清包世臣在《答熙载九问》中说过"结体本于用笔，古人用笔，悉是峻落反收，则法字自然奇纵"，揭示了"结体本于用笔"，"点画生结构"这一书法规律。纵观中国书法史中我们可以看到，由于龟甲或兽骨坚硬难刻，甲骨文笔画表现为艰涩峻利，转折处必以方为主，这决定了其结体上的劲峭钻锐、古朴烂漫的风格；而草书由于书写快捷、运笔飞动，其结字则相应地表现出上下错落、左右欹侧、随意无定的特点。

对师范大学生的笔法教学是艺术审美的教学，它不同于小学生认字的写字教学。小学生的写字，只要把基本笔画、复合笔画的种类区别开来就行。比如横是平的，从左到右写的；竖是直的，从上到下写的；捺是斜的，从左上向右下写。而在大学书法教学中，我们所追求的不仅仅是这一层面，为了字形的美感，横是向右上方倾斜的，与水平线构成 3~5 度的夹角，有一种运动的、平衡的美感；竖不光有直下的，也有斜下的，如楷书"口"字的左竖、右竖都向中心斜；捺不光是向右下斜，它首先向右下行然后往右边提笔出锋，变成两段，富有弹性，显示出一种力量感。因此，我们应该注意引导大学生仔细观察古代书法作品，了解

丰富的笔画形态特征，掌握手的各种运动规范，分析笔锋运动变化的方法和产生的效果，从而形成良好的运笔习惯，使今后的书写笔笔有意、字字有法。

（一）引导学生观察古人作品，领会古人笔画特征

书法的美主要来自笔画。古人书法作品的笔画都具有强烈的美感，所以观察古人作品、范字极为重要。师范大学生长期以来由于缺少书法训练，对笔画之美的来龙去脉没有真正的了解，因此，必须督促他们欣赏古人作品的笔法形态，让他们认识到自己平常所写的笔画与古人法帖存在的差距。观察法帖范字也叫"读帖"，唐代欧阳询年轻时有一次和朋友外出到深山探古，在一个山坡的草丛中发现索靖写的古碑。看了一会儿，他觉得索靖的名气这么大，字却不过如此，就和朋友离开了。走了一段路，心想人们对索靖的字评价很高，其中肯定有道理，可能是自己没有仔细看，还没有领悟到其中奥妙，于是欧阳询又返回索靖碑前，一直研读了三天三夜。他一边看一边推敲，一边看一边琢磨，终于悟出其中道理，回去后在实践中汲取索靖书法的长处，创造出具有独特风格、自成一家的欧体。历代书家和当今书家，大都十分重视"读帖"。引导师范大学生对笔画进行观察可以考虑下列内容：

1. 对基本笔画形态的观察

在教学中，我发现很多大学生的字重心不稳、字形离散、笔画杂乱无章，这些缺陷很大程度缘于基本笔画的书写不规范，比如竖钩、弯钩不分，把"子"字的弯钩写成竖钩；斜钩、卧钩、竖弯钩错乱，如把"化"字的竖弯钩写成斜钩，把"思"字的卧钩写成竖弯钩，把"我"字的斜钩写成竖弯钩，等等；横钩、横折互相代替……这些基本笔画的混乱使用，大大减弱了字形结构的美感。因为汉字基本笔画的产生和发展变化，除了为能更多地组成单字而为交流记事服务之外，也受到人们对字形审美思想的影响，这是汉字能成为造型艺术的一个重要原因。基本笔画在书写工具的配合、人手生理运动规范的制约下，形成了特定的形态而富有强烈的美感。因此，首先有必要让学生重新认识基本笔画的正确形态和使用位置。

其次，在对笔画形态的观察之中，要让学生注意书法笔画与一般写字笔画形态的不同。比如，小学生认字时写字，要求横平就行，但楷书艺术的横是不平的，有粗细变化、弯度的。客观上横画的笔势向右上略倾斜，视觉上即显得平衡、安全，同时予人奋发向上的美感；从生理角度分析，向右上略倾斜的横，书写时更符合右手书写习惯；从美学上讲，略倾斜、有粗细、有弧度的横能给人一种运动、活泼、有弹性、有力度的美感。

再次，要让学生观察归纳同一个笔画的多种形态变化和使用方法。汉字的数量极多，基本笔画少，使用有限的基本笔画去构造成千上万的汉字，基本笔画本身的形态会因字而变形。比如，我们所说的撇在学生的观念里是从右上向左下斜，也叫斜撇，如"人"字中的撇，但斜撇在"大"字里使用时，若不做变化，"大"字的头部就会倾斜失衡，所以"大"字中的撇画开头要先竖写。再如横折钩，"力"字因内部笔画少，竖的部分要向左下斜行，而"菊"字因内部笔画多，竖的部分是直下的。如果用得不对，字形结构安排将不合理。

2. 对不同书体笔画形态的对比观察

在"三笔字"教学中，学生将根据自己的兴趣爱好选择书体来训练，不同的书体，笔法都有着很大的差别。很多学生训练时，往往由于笔调不一致导致字形没有和谐统一的效果。一个字就是很多笔画构成的一个整体，这个整体要求组成的材料——笔画形态精细肥瘦、方圆曲直、浓淡枯湿等相似一致。魏碑以方笔为主，所以各笔的起收、转折棱角分明；颜体以圆笔为主，所以各笔起收、转折圆润丰厚。如果用魏碑的横和颜体的竖去构成一个"十"字，那就有一种强迫拼凑的感觉，就好像一件大圆领的衣服配上中山装的四个方袋一

样别扭。同样是横画，颜、柳、欧的写法就区别很大：颜体筋健，起收圆，而中间偏右部分稍细，整体曲；柳体骨挺，起笔方如切，收笔圆，正中间稍细，整体曲；欧体险峻，起收笔方，中间偏左部分稍细，整体直。为了与这些横画风格相匹配，颜体的捺曲而捺脚圆；柳体的捺曲而捺脚方得露骨；欧体的捺挺直而捺脚方。因此，教师应提醒学生对不同书体、风格的笔画形态加以观察、对比，以保证对所学书体笔画形态的准确把握。

（二）引导学生运笔时追求手的多方位运动

丰富的笔画形态来自手多变的运笔动作。书法家挥手运笔时，可以说是手执笔在宣纸上起舞。这是一种立体的运动，一方面要前后左右平面运行，另一方面要伴随着上下提按运动，加上徐疾行留，很合乎人的生命节律或生理运动的进退返转。书法的这种立体运动能使笔画产生强烈的力感和节奏感，比一般写字的动作难度大得多。强调这方面的追求很有必要。主要内容如下：

1. 方向变化

实用的书写要求笔画清楚完整便是，但为了使书法笔画具有欣赏价值，有美感和丰富的审美层次，从起笔到收笔常常不能一溜了之。比如捺画，实用书写时只写成一条直线即可；但在书法中，应先向右下再向右写成两个方面，使笔画显得有弹性，在字底用的长捺，为了不使它单调乏味，应先横后向右下再向右上写成三个方向，有俯有仰，生动有趣。这种多方向、多角度的变换运动在艺术表现力最为强烈的草书中表现得更为明显。人们常常用"龙飞凤舞"来形容草书作品，其所指的是草书笔画的手法运动是灵活多变的。

王羲之《兰亭序》的笔画因字形而上下连接、左右映带，纸面上所产生的这些美丽牵丝都是手多向运动的结果。也许有人会说这种运动在草书里才会明显使用，但我们再看唐褚遂良行楷《阴符经》的运笔，简直就是纸上芭蕾，一个很简短的笔画都会包含着复杂的动作。这是艺术审美的需要，好比时装表演中模特的"猫步"一样，拐来拐去的交叉步法是为了更好地把人亭亭玉立的身姿和服装的魅力淋漓尽致地表现出来，但这在日常走路特别是劳动中是不必要的。

2. 提按变化

平面上手的运动能产生前后左右不同方向的笔画形态，这种运动产生的笔画粗细一致如铁线，仅有这样的线条是无法迎合构字时笔画间的穿插避让的。在唐楷中，我们发现草字头左右两横都有粗细变化，左横为左粗右细，右横为左细右粗，这样可以减少草字头中间的紧迫感。另外，笔画有粗有细，时而有饱满丰腴之态，时而又有纤细清丽之貌，正如姜夔所说"瘦者如山泽之癯，肥者如贵游之子"，内涵丰富。再次，手的上下起伏运动是正常的生理运动的表现，世上不存在永恒的起或永恒的伏，起伏总是交错运行。起伏的概念事实上是节奏的概念，忽视起伏的存在将严重影响书法线条的表现力。后汉蔡邕所谓"性笔软则奇怪生焉"，指的就是依靠柔软的笔毫再加上起伏的动作节奏所导致的"奇怪"效果。即使是坚硬的钢笔笔尖，借助手的压力，依然会有轻重不同的笔画出现。

3. 速度变化

柔软的毛笔所按压的程度、墨量的多少，宣纸的渗透比率，都将决定线条的效果，而其间起统帅作用的，则是速度的快慢。行笔速度快，笔画易干燥枯涩；行笔速度慢，笔画则会滋润或晕化。纵笔疾书，枯笔多则有郁勃之象，畅笔多则有佻滑之感；缓毫慢行，过湿则有臃肿之态，过干又不免估倔之势。张旭草书《古诗四帖》那狂风骤雨式的笔画与秦篆李斯《峄山碑》那平和稳健的笔画来自两种不同的运笔速度。不同的书体、不同的风格，运笔速度不同。而同一种书体各个笔画的速度也不同，如楷书横画前半段需加速后半段需减速，后半段的减速是因为笔画要结束了，该"刹车"了；撇画的书写则是加速运动，这样才能使撇画出锋锐利；在捺画书写中，行至捺脚时要放慢速度，因为要改变方向向右出锋了，这和骑单车经过拐弯处要减速一样，是运动的一般规律。

为了完成一个笔画的书写，有时需根据笔锋、墨量来调整运笔速度，如笔锋压扁散开了，为使其恢复弹性，要放慢调节；墨量多了，为了不使笔画成"墨猪"，可加快速度运行；等等。

（三）引导学生认识笔锋着纸的各种类型和产生的形态

书法的笔画是笔锋在纸上运转而直接完成的。因为笔锋柔软，不同的着纸方式就会产生不同的形态。一个只会写钢笔字的人，拿起毛笔去临摹古代书法作品，要想准确地写出这千姿百态的笔画形状，恐怕还是束手无策。笔锋该从哪里入，从哪里出？笔锋在笔画运行中如何摆动？这都是笔法的重要内容。教学中，值得让学生弄清以下三点：

1. 中锋和侧锋

所谓中锋，是书写时"令笔心常在点画中行"（蔡邕《九势》）。中锋运笔时，笔锋是往后摆的，即笔锋所指的方向与运笔方向相反，这种行笔方法能使笔画外廓光洁。在传统的书学中，常用"锥画沙"来做形象的比喻，意思是中锋行笔，墨渗到纸面上，笔画中心墨浓，两旁变淡，好像锥尖在沙子上划过，其沟痕中间深而旁边渐浅。

所谓侧锋，就是运笔时笔锋偏于笔画的一侧，这种运笔经常会使笔画的一侧残缺，一边浓一边淡。

中锋用笔厚实、丰腴，有立体感，是圆柱形；侧锋书写则相对薄削、扁平，棱角外露，呈铁片状。中锋含蓄之美更接近于中国人的审美习惯。书法的用笔以中锋为主，侧锋为辅。一个没练过书法的学生，在纸上乱写乱画，到处都会有侧锋出现，但中锋运笔则需要主动去调整才能达到。因此，应该引导学生多体会中锋运笔的方法。

2. 藏锋与露锋

行笔过程中，将笔锋藏在点画之中，不露出锋芒，叫藏锋；若笔锋露出笔画的外边缘则叫露锋。藏锋运笔，笔锋含于笔画之中，有内刚外柔、含蓄沉稳、浑融厚重之感；露锋运笔，笔毫锋芒外露、棱角突出，有潇洒奔放、飒爽飘逸之美。宋代姜白石在《续书谱》中说："有锋以耀其精神，无锋以含其气味。"在笔法教学中，藏露锋的训练，重点应在笔画的起收之上。李溥光说："一笔之妙，妙在起止，起止得当，则画无不美。"藏锋起笔，要将笔锋逆入，如篆书、颜体楷书；露锋起笔即按运笔方向顺入，行草书的笔画用得比较多。收笔时要表现为藏锋则需回锋收笔，如唐楷；而要表现为露锋则提笔出锋，如悬针竖。学生研习应对藏锋用笔多加注意。

3. 转锋与折锋

转锋是指运笔过程中笔锋方向渐渐改变，行笔线路圆转。折锋是笔锋方向突然改变，行笔线路为方折。两种用笔方法产生的效果不同，即"转以成圆，折以成方"。

所谓"转以成圆"，意思是说转锋能使笔画呈浑圆弧形，在运笔时，笔锋逐渐转绕，使笔画外形圆，笔锋内裹于笔画中间。所谓"折以成方"，意思是说折笔能使笔画成方状，在运笔时，笔锋稍提起然后突然改变方向而行，使笔画外形有方角出现。转、折锋用于笔画的起收和转折之处。

转锋用笔流畅轻顺，给人以圆柱体一样的感觉，以李斯式的小篆最为典型；折锋用笔斩截劲健，给人生铁板一样的感觉，以《龙门造像记》为最明显。圆转属阴柔之美，方折则属阳刚之美。在古代的各种作品中，很少有绝对的方和绝对的圆，一般书家都是方、圆兼用，转、折锋交错进行的。

综上所述，在进行师范大学生笔法教学时，要想提高学生书写笔画的艺术性或美感，必须通过引导他们对古人书法作品或范字进行观察对比，改变观念，提高认识；同时要培养他们的手腕运笔规范，追求书法艺术运笔中所谓的提按顿挫、徐疾行留等等动作，改变他们的不良书写习惯；再次是要引导他们充分领会各种笔锋的铺设方法及其产生的笔画效果和审美特征，提高他们的模仿和表现能力，从而使眼、手、心合一，在以后书写中增强笔画的艺术魅力。

参与文献：

［1］陈振濂．书法美学［M］．西安：陕西人民美术出版社，1993．

［2］祝敏申．大学书法［M］．上海：复旦大学出版社．1985．

［3］韩夫，戈弋．书法教程［M］．北京：书目文献出版社，1989．

［4］陈振濂．书法教育学［M］．杭州：西泠印社出版社，1992．

［5］路棣．书法教育［M］．第一辑．天津：天津人民美术出版社，1998．

［6］路棣．书法教育［M］．第二辑．天津：天津古籍出版社，1998．

后记　明明白白我的心

　　本书的编辑排版、校对修改工作即将完成，我一下子解放了出来。从 2017 年夏萌生写这本书的想法后，我用了一年的时间才把目录框架写出来，之后又经历了漫长的内容撰写和收集过程。最辛苦的是 2019 年 11 月份，因为出版社按之前的合同催稿，整整一个月，我除了备课、上课，每天坚持抽 8 个小时以上的时间来撰写余下的最难啃的内容。一个朋友开玩笑说："知道女人坐月子的滋味了吧！"

　　现在总算闲下来了，趁脑子里还盘旋着这本书浓浓的气味，我决定写一点心得，让它随着书的出版留存下来作为纪念吧。

一、我产生了从未有过的强烈期盼

　　等待这本关于我的前半生的书的出版很是煎熬。

　　我为它走了太长的时间。因为十五年不间断地专注于大学、中小学书法教学理论研究，才有了今天的遇见。一路走来，我时常封闭自己，透支身体，以致现在开始感到很累，很无趣了。虽然我也曾经得到过不少的精神满足，但也想改行了。摸麻将、打拖拉机、溜溜狗，那个味儿我还没有尝过呢！

　　它逼迫我过多地追求完美。也许是因为这是第十本书了，我预测它将是个人学术上的顶点，所以希望能够更加顺利圆满，让我好好地退出江湖。这导致我修改得很认真、很细致，有时还犯上了强迫症。

二、在时空的夹缝里跋涉

　　这本书和我主编的《中小学书法教学反思》《中小学书法好课程作品集》是 2018 年底放在同一个出版合同里签约的。三本书的策划、稿件撰写与收集同步展开，穿插完成，我因此经常出现角色转换迟钝、内容立意混乱、时空调配错位等情况。尤其这本书是独著，要求更高，让我感到完成的难度好大。个性使然，我不出意外地坚持下来了。回顾整个过程，滋味万千。

三、政府、媒体的支持和鼓励是我的动力

　　我调到深圳中小学只是因为向往特区的生活，安定下来后，我的工作也就是教学校那点可有可无的书法课，备课、上课对我而言并没有多大的困难，我本该好好享受的。只是我幸运地成为市级名师，还得到了政府的奖励补贴，这给了我极大的鼓励，也增强了我对书法教育的责任。再有，众多媒体不断地对我进行报道，如《人民日报海外版》刊登的《为书法教师李汉宁点赞》等，这激发了我对书法教育的浓厚兴趣。为此，我希望自己能在工作岗位上寻求一点新的突破，作为对社会的回报。这是我出版这本书的动力来源。

四、讲述故事，揭开神秘面纱

因为我的经历很特殊，从高考被物理专业录取，到改学英语专业，再到教大学书法，从副教授到中小学代课教师，再到中小学正编、正高级教师，这样的经历为我造就了一定的神秘感。很多周边同事、各地教师同行常常认为书法只不过是小学科，好像也没有什么学术话题可聊，但我竟然把它搞得有点轰轰烈烈，岂不是小题大做。这又为我的职业经历蒙上了一层神秘的面纱。

与写《中小学书法教学法》的想法一样，除了想讲述自己从事书法教育的故事，揭开所谓的神秘面纱之外，我认为自己有这样特殊的经历，应该是比较适合的写这本书的人选。中小学书法教育有很多尚未解决的难题，我从事这项事业这么多年，放下它是回避，是不负责任，也是我的遗憾。

五、坚定保持不折不扣的学术原创态度

最近，深圳某名师因抄袭事件成了"网红"，其大量照搬当作"引用"的做法让人大跌眼镜。回想 2013 年我出版《中小学书法教学法》时，有个经常发表文章的语文老师问我里面的内容真是我自己写的吗。我简直不知道怎么回答这样一个出版常识问题。我心里暗暗地开玩笑说，文字不是我发明的，我抄袭先人的汉字，行吗？

广西师范大学出版社在编辑书稿前要我承诺书稿为原创，非常严肃。为了不出现版权问题，我进行了认真的检查，发现原先书稿里有我从网上下载的用以说明书法结构对称原则的两张图片，一张是蝴蝶的，一张是枫叶的，这让我感到很不安。当时我真找不到更好的解决办法，只好用小孩买的塑料蝴蝶拍成相片，又约一个家长陪同，花半天时间，顶着毛毛雨，在宝安区政府广场附近的绿化带找一片有特色的对称树叶拍成相片，用这两张新图片作为替代，我最终才放下心来。本书自始至终都坚持原创态度。再说，抄袭别人的成果占为己有，我没有那个胆。感谢小时候艰苦生活的磨练，没有糖吃，我就好好地望着别人吃，把口水吞到肚子里。因为我知道，无论如何，不能去抢，不能去偷。

六、真实反映朴实的学术个性

这本书和《中小学书法教学法》一样，写得很平实。我文笔平庸，写不出华丽的文章，智慧平常，也做不出巧妙的布局，学问平凡，更说不了深奥的道理。所以这本书只是一线教师日常工作的朴素组合，样子朴实，表达直白。一定要说它的价值，那就是字里行间蕴含着一点傻人的清醒，一点傻人有傻福的成功之道。

《中小学书法教学法》出版 8 年来，不曾想到定价 39 元的书网络售价最高时达到 200 多元，还不时出现盗版。这说明它没有白写。一位亚马逊买家留言说："一本个人资料集。名不副其实，真正的中小学书法教学法应该在 50 年后有多人合著才能呈现。"这让我想起了当年我在序言中所说的"要全面准确地把握中小学书法教学法，对我来说是相当艰难的，因为我对这一领域的了解无论是广度还是深度，都还是有限的。我之所以这样胆大妄为地写这本书，一心只想抛砖引玉，希望能激发书法界专家、学者们来关注中小学书法教学法问题，为刚刚起步的全国中小学书法普及教育出谋献策"这段话。现在终于有人关注了，与我产生共鸣了，的确令人欣慰！

我从来没有想过要假扮书法教育的救世主，有意为难自己去做第一个吃螃蟹的人。所

以，我出版作为个人学术记录和总结的《中小学书法名师之路》，是想让自己在总结中反思；如果还能对同行有一点启发作用，有幸之至。

七、沿用了我喜欢的取名方式和外观设计风格

我出版的图书书名都以"中小学书法"开头；外观设计做了两点统一，即书名采用名家题字，作者简介安排在封底。本书也不例外。

八、采用我特别挑选的红色封面

出版十本关于中小学书法的书是我这几年的强烈愿望。《中小学书法名师之路》正好是第十本，它与《中小学书法教学法》都是我重点打造的书。个人觉得这本书的出版有"十全十美"的寓意，比较隆重，所以我特别挑选了红色封面，希望红红火火！

九、留下的小小遗憾

书法教师和其他艺术及体育、信息课教师相似，在学校里大多不会被安排班主任工作，在职称评聘、名师评定时是可以免班主任工作年限的要求的。虽然书法教师平时也有管理学校书法社团的任务，但这与班级管理有不少的差距。我没有做过中小学的班主任，缺乏班主任工作的经验和方法，所以不可能在书中谈论相关问题。这本书的书名里有"名师"二字却没有关于班主任工作的内容，或许这是一个小小的遗憾。

十、完成本书后的幻想

本书名为《中小学书法名师之路》，从字面上看，读者可能会认为这本书只是关于书法教师的。其实不然。本书呈现的书法教师成长的路子和方法与语文、数学、英语、历史、地理、生物、物理、化学、美术、音乐、道法、信息等其他学科基本相通，所以也适合这些学科的教师参考，范围可以说面向全体中小学教师。因此，我突然有一种幻想，将来是否能以这本书为基础，做适当的内容调整，编成讲义，做成课件，开发一门以"名师之路"为主题的面向全体中小学教师的市级教师继续教育课程，那将是对这本书的延续和检验。

以上就是我写完这本书后最想说的心里话。

2020 年春于深圳市李汉宁书法名师工作室